# 국제무역결제론

여희정

Theory of International Trade Settlement

도서출판 청람

# 머 / 리 / 말

요즘 가장 화두가 되는 주제 중의 하나가 4차 산업혁명이다. 인공지능, 드론, 블록체인, 핀테크, 스마트 기기 등의 단어가 들어간 뉴스나 기사를 접하면 미래가 성큼 우리 앞으로 다가온 느낌이 들어 가슴이 설레게 된다. 블록체인 기술이나 핀테크가 발달하면서 이를 활용한 결제시스템이 태동하고 있다. 누구나 해외직구나 역직구를 할 수 있는 시대에 발맞춰 비은행 기관들이 각종 간편결제시스템을 제공하기 시작하였고, 무역에서 소액결제에 이 시스템이 활용되고 있다. 국제무역결제시스템의 근본적인 변화가 시작되었다. 이 책은 이러한 변화에 맞춰 무역결제를 배우는 독자들에게 국제지급결제를 구성하는 요소에 대한 종합적인 지식을 전달하고자 쓰였다.

이 책의 구성은 다음과 같다. 1장에서는 국제지급결제를 구성하는 필수요소인 무역과 외환시장에 관해 서술하였다. 2장, 3장, 4장에서는 금융기관, 환리스크, 외국환과 외환결제에 관해 살펴본다. 이를 통해 무역결제에 중요한 역할을 하는 금융기관과 외국환거래 시 나타나는 환리스크에 관한 통찰력을 갖도록 했다. 이제 무역결제를 가능하게 할 수 있는 기관이 은행과 비은행으로 확장되었기 때문에 은행의 본질적인 기능에 관해 파악하는 것이 필수적으로 중요해졌다. 인터넷 은행의 설립으로 은행 또한 근본적인 역할과 형태의 변화를 경험하고 있다.

5장부터 11장까지는 전통적인 무역결제방식에 관해 소개하였다. 특히 SWIFT 망에 대한 소개와 송금과 신용장결제방식에서 어떻게 이 망이 사용되는지를 자세히 서술하였다. 12장에서는 무역결제방식과 결합해서 사용하는 무역금융기법과 정책금융에 관해 소개하였다. 13장에서는 국제금융시장의 구조와 역할에 관해 다루었다. 이를 통해 국제지급결제와 국제금융시장이 어떻게 유기적으로 연결되어 있는지 살펴보았다.

이 책을 집필하기 위해 많은 저서를 인용하였다. 미처 다 밝히지 못하고 누락된 저서도 있음을 밝히며 이해를 구하고자 한다.

끝으로 이 책의 출판을 허락하여 주신 도서출판 청람 이수영 사장님과 이 책이 출판되기까지 많은 노력을 기울여 주신 출판사 직원 여러분께 감사함을 전한다.

2023년 1월

여희정 씀

# 차 / 례 /


## Chapter 01 국제지급결제의 구성요인

**제1절 무역거래의 개념과 유형** ······ 2

1. 무역거래의 개념 2
2. 무역거래의 유형 3

**제2절 외환시장** ······ 8

1. 외환시장의 의의 8
2. 외환시장의 특징 10
3. 외환시장 참가자 13

**제3절 환율의 기초개념** ······ 14

1. 환율의 개념 14
2. 환율의 표시방법 15
3. 매도환율과 매입환율 16
4. 환율의 장단기 변동요인 16

## Chapter 02 금융기관

**제1절 금융기관의 역할** ······ 20

1. 금융의 역할 20
2. 한국의 금융기관 현황 21
3. 금융기관의 기능 22

**제2절 금융기관의 경영원칙** ······ 28

1. 유동성의 원칙 29
2. 안전성의 원칙 30

3. 건전성의 원칙 31
4. 수익성의 원칙 32
5. 공공성의 원칙 32

제3절 금융기관의 종류 ........ 33
1. 은행 33
2. 비은행예금취급기관 40
3. 기타 금융 관련 기관 44

## Chapter 03 환리스크

제1절 은행과 리스크 ........ 54
1. 은행의 이익과 리스크 구조 54
2. 국제금융거래의 리스크 유형 55
3. 환리스크 56
4. 환리스크의 유형 59

제2절 환리스크 관리 ........ 60
1. 대외적 관리기법 60
2. 내부 관리기법 71

## Chapter 04 외국환과 외환결제

제1절 외국환의 개요 ........ 78
1. 외국환의 의의 78
2. 외국환의 종류 83
3. 외국환의 특징 85

제2절 외국환거래의 관리 ........ 87
1. 외국환거래법 87
2. 외국환거래법의 주요 내용 89

제3절 외국환업무 ........ 97
1. 외국통화 매매 97
2. 외국환의 형태 98

3. 외국환의 자금결제방식 99
4. 결제시기를 기준으로 한 결제방식 102

제4절 외환결제 ........ 104
1. 외환결제구조의 특수성 104
2. 전자결제시스템 105
3. 전자통신망을 활용한 결제 106

Chapter 05 송금결제시스템

제1절 SWIFT 망의 이해 ........ 110
1. SWIFT의 영향력 110
2. SWIFT 사용자 111
3. 기업이 SWIFT를 사용하는 이유 112
4. 메시지 사용비용 112

제2절 사전송금방식 ........ 114
1. 송금방법 114
2. 사전송금방식 수출입의 유의점 115

제3절 동시결제방식 ........ 116
1. 상품인도결제방식 117
2. 서류인도결제방식 119
3. 동시결제방식의 한계성 121

제4절 사후송금방식 ........ 122
1. Open Account방식 123
2. 수출업자의 실무적 유의사항 128

Chapter 06 추심결제시스템

제1절 추심결제의 개요 ........ 130
1. 추심의 특성 131
2. 추심과정의 당사자 131
3. 추심의 종류 132

4. D/A와 D/P의 효용 136

제2절 추심에 관한 통일규칙 ........ 137
1. 주요 내용 138
2. 추심거래의 법률관계 141
3. 추심관계 은행의 면책 142

제3절 추심거래의 실무 ........ 144
1. 물품선적과 환어음의 발행 144
2. 수출업자의 추심의뢰 요청 144
3. 추심의뢰은행의 추심의뢰 144
4. 추심은행의 서류제시 148
5. 추심은행의 추심결과의 통지와 추심금액의 송금지급 151

Chapter 07 신용장결제의 기본원리

제1절 신용장의 정의 ........ 156
1. 신용장방식에 의한 거래과정 157
2. 신용장거래의 당사자 159
3. SWIFT 망을 이용한 신용장지급확약 161

제2절 신용장의 특성 ........ 162
1. 독립성의 원칙(principle of independence) 162
2. 추상성의 원칙(principle of abstraction) 164
3. 신용장거래의 한계성(limitation) 165

제3절 신용장통일규칙 ........ 166
1. 신용장통일규칙의 정의 166
2. 전자신용장통일규칙 168

Chapter 08 신용장의 법률관계

제1절 신용장거래 당사자의 의의 ........ 172
1. 기본 당사자 172
2. 기타 당사자 174

**제2절 신용장거래 당사자 간의 법률관계** ······ **177**

1. 발행의뢰인의 지위 177
2. 발행은행의 지위 179
3. 수익자의 지위 182

## Chapter 09 신용장의 종류

**제1절 신용장의 일반적 구분** ······ **188**

1. 상업신용장과 클린신용장 188
2. 화환신용장과 무화환신용장 189
3. 취소불능신용장 190
4. 확인신용장 190
5. 우편신용장, 전신신용장, SWIFT 신용장 191
6. 상환청구가능신용장과 상환청구불능신용장 191
7. 송금신용장과 상환신용장 193
8. 자유매입신용장과 매입제한신용장 195
9. 지급신용장 197
10. 일람출급신용장 198
11. 기한부신용장 199
12. 할부지급신용장 205
13. 양도가능신용장과 양도불능신용장 206
14. 보증신용장과 은행보증서 207

**제2절 특수신용장의 종류** ······ **210**

1. 회전신용장 210
2. 선대신용장 211
3. 구상무역신용장 213
4. Cargo Receipt Credit 217
5. 내국신용장 217

## Chapter 10 신용장 서류심사


제1절 신용장 서류심사의 원칙 ········ 220
1. 엄밀일치의 원칙 220
2. 상당일치의 원칙 221
3. 사기거래배제의 원칙 222
4. UCP 600의 서류심사기준 224
5. 전자신용장 통일규칙 229

제2절 선적서류 ········ 232
1. 선화증권 232
2. 상업송장 241
3. 보험서류 243
4. 포장명세서 246
5. 중량 및 용적증명서 247
6. 원산지증명서 247
7. 검사증명서 247


## Chapter 11 신용장결제 실무


제1절 수입신용장의 발행 ········ 250
1. 신용장결제방식의 거래절차 250
2. 신용장발행 시 유의사항 253
3. 수출대금 회수(Nego) 256

제2절 매입서류의 검토 ········ 262
1. 환어음 262
2. 파손화물보상장 270
3. 신용장통일규칙의 주요 조항 272
4. 수입화물선취보증서 275
5. 수입화물대도 277

제3절 SWIFT L/C의 해설 ········ 279

제4절 신용장발행 SWIFT 메시지 흐름도 ········ 302

## Chapter 12 무역금융

**제1절 무역금융의 의의** ······ 312
1. 무역금융의 기능 312
2. 무역금융의 유형 315
3. 내국신용장 319
4. 구매확인서 322

**제2절 수출팩토링** ······ 326
1. 팩토링금융의 특징 326
2. 팩토링금융의 이용방식 327
3. 수출팩토링의 효용성 329

**제3절 포페이팅** ······ 332
1. 포페이팅의 개념 332
2. 포페이팅 금융의 특징 335
3. 포페이팅의 비용 338

## Chapter 13 국제금융시장

**제1절 국제금융시장의 구조** ······ 344
1. 국제금융시장의 의의 344
2. 국제금융시장의 구조 345
3. 국제금융시장의 기능 347

**제2절 역외시장** ······ 348
1. 유로시장의 생성과 의의 348
2. 유로시장의 특징 351
3. 유로커런시 352

**제3절 국제금융거래** ······ 354
1. 국제금융거래의 특징 355
2. 국제금융거래의 종류 356

- **참고문헌** 359
- **찾아보기** 360

Chapter 01

# 국제지급결제의 구성요인

제1절 | 무역거래의 개념과 유형

제2절 | 외환시장

제3절 | 환율의 기초개념

# 제1절 무역거래의 개념과 유형

## 1. 무역거래의 개념

무역(trade)이란 외국과 교역을 하는 국제경제거래를 의미하는 것으로 협의의 무역은 물품의 매매, 즉 상품거래만을 뜻하며, 광의의 무역은 상품거래와 상품 이외의 서비스거래 및 직접투자거래를 모두 포함하는 개념이다.

일반적으로 무역거래는 실물거래에 한하는 것으로 여기서 실물거래란 국제적인 대차(貸借)거래로 경영활동과 관계없는 외국 주식이나 채권의 취득 등과 같은 단순 자본거래와 구별되는 개념이다.

해외시장에 진출하고자 하는 기업들의 해외 실물거래방식은 크게 수출(export), 해외직접투자(foreign direct investment: FDI), 계약(contract)에 의한 해외사업으로 구분해 볼 수 있다.

수출방식은 다시 직접수출방식과 간접수출방식으로 나누어지며, 해외직접투자방식은 소유권 전략에 따라 신설투자(green field investment), 인수 · 합병(mergers and acquisitions: M&A)과 같은 완전 소유 형태(100% wholly subsidiaries)와 합작투자(joint venture)와 같은 비완전 소유 형태로 구분할 수 있다. 한편 계약에 의한 해외사업은 라이선싱(licensing), 프랜차이징(franchising), 기술제휴, 건설/턴키계약(construction/turnkey contracts), 계약생산(contract manufacturing), 해외엔지니어링 활동 등 기업들이 해외에서 기술, 용역을 제공하고 대금을 지급받는 방식의 국제적 계약을 포함한다.

이러한 해외진출방식은 기업의 인적 · 물적 자원의 개입, 현지 마케팅 활동에 대한 통제력, 시장정보의 획득, 시장침투 정도 등에 영향을 미친다. 따라서 해외사업을 위하여 어떤 진출방식을 선택하느냐 하는 것은 기업의 매출과 이익 그리고 해외시장에서의 영업위험부담 정도 등 기업의 해외시장 진출 성과와 직결되는 중요한 전략적 의사결정이라고 할 수 있다.

## 2. 무역거래의 유형

### 1) 수출

수출은 재화의 국제간 이동을 통한 가장 기본적인 해외시장 진출방식이다. 수출방식은 제품을 현지국이 아닌 본국에서 제조한다는 측면에서 계약에 의한 거래나 직접투자와는 구별된다.

수출방식에 의한 해외진출에는 직접수출(direct exporting)과 간접수출(indirect exporting)이 있다. 직접수출은 제품을 생산한 기업이 직접 해외고객에게 제품을 수출하는 경우를 말한다. 따라서 제품을 생산한 기업은 해외시장조사, 가격결정, 수출서류 작성, 수출금융 모색 등과 같은 제반 수출 관련 업무를 직접 수립 · 수행한다. 간접수출은 기업이 제품을 국내에 있는 중간수출업자를 통하여 해외시장에 수출하는 경우로 제품을 생산한 기업은 수출선이나 수출마케팅전략 그리고 수출금융에 대해 크게 신경을 쓰지 않아도 된다.

해외시장 진출과 관련하여 수출이 갖는 이점에는 크게 두 가지가 있다. 첫째, 현지국에 생산시설을 설치하는 데 드는 비용과 위험을 회피할 수 있다. 둘째, 전 세계 수요에 대응하여 집중된 장소에서 제품을 생산하여 다른 국가 시장에 판매함으로써 규모의 경제를 실현할 수 있다.

그러나 다른 대외거래방식과 비교할 때 수출거래는 다음과 같은 단점도 있다. 첫째, 해외에서 제품을 직접 제조하는 것이 더 싸다면 수출은 부적절한 방법이 될 수 있다. 왜냐하면 비용과 기술의 혼합이 우수한 장소에서 제조하여 세계의 다른 지역으로 수출하는 것이 규모의 경제 측면에서 이점이 있기 때문이다. 둘째, 부피가 큰 제품은 높은 수송비 때문에 수출이 비경제적일 수 있다. 이러면 판매지역에서 제조하는 것이 유리할 것이다. 셋째, 국가 간 높은 관세장벽은 수출을 통한 세계 시장 개척을 제약할 수 있다.

수출입 품목은 농산물, 광물, 원유와 같은 1차 산품과 단순 제조제품에서 선박, 항공기, 플랜트와 같은 거액의 주문 제작형 제품, 반도체 등 첨단기술제품 등으로 다양하다. 제품의 특성에 따라 수출입거래 형태 및 방법이 달라진다.

특히 플랜트는 제품을 제조하기 위한 기계 · 장비 등의 하드웨어와 하드웨어의 설치에 필요한 설계 및 엔지니어링 등의 소프트웨어 그리고 건설시공, 유지보수가 결합된 종합산업으로 수출 시 높은 부가가치 창출과 함께 기자재 및 인력수출이 가능한 미래 수출 유망 산업이다. 일반적으로 플랜트 수출은 수출금액이 매우 크고 대금회수기간이 장기여서 정치적 리스크(country risk), 환리스크(exchange risk) 등 거래리스크가 다른 대외거래에 비해 크며, 동시에 중장기 수출금융이 필요한 분야이다.

## 2) 해외직접투자

해외직접투자란 기업이 경영에 참여할 목적으로 해외에 법인을 설립하거나 이미 설립된 외국법인을 인수하는 것을 말하며 국내의 자본, 인력, 기술 등의 생산요소를 해외에 이전시키는 것으로 정의할 수 있다. 직접투자는 기업경영과 관련된 지분을 보유한다는 점에서 포트폴리오 투자와 다르다. 포트폴리오 투자도 해외법인의 일정 지분을 보유하나, 이는 자본적 이득을 위한 보유라는 점에서 차이가 있다.

해외직접투자는 생산 측면에서 보면 모든 부품을 본국으로부터 수입하여 현지에서 단순히 조립 및 가공만 하는 형태로부터 완전히 현지국의 생산요소를 사용하여 제품을 생산하는 형태까지 다양하다. 또한 소유 및 경영관리 통제의 측면에서 보면 현지 자회사는 단독 소유 자회사와 외부 기업과의 공동투자에 의한 합작회사의 형태로 구분된다.

먼저 단독투자는 모기업이 해외자회사를 설립하는 데 있어서 자회사의 의결권 전체 주식을 모기업이 소유하는 형태로 해외에 진출하는 경우이다. 이러한 단독투자방식에는 기존에 존재하지 않던 기업을 새롭게 설립하여 진출하는 신설투자(green field investment)방식과 기존에 현지국에서 운영되고 있는 기업을 인수하거나 그 기업과 합병하여 진출하는 국제 인수 · 합병방식이 있다. 단독투자방식에 의한 해외진출은 제품이나 기술에 대한 강력한 통제가 가능하고, 자사의 경영방침을 독자적으로 운영할 수 있다는 장점이 있는 반면에 투자리스크가 크다는 단점이 있다.

단독투자방식과 크게 나뉘는 합작투자방식은 합작에 참여하는 기업들이 소유권과 경영을 분담하며, 자본 및 기술 등 파트너 기업이 소유하고 있는 강점을 서로 이용하고 리스크를 분담할 수 있다는 장점이 있는 반면에, 파트너 간 의사소통의 문제로 성과가 떨어질 수 있다는 단점도 있다.

해외직접투자가 일어나는 주요 요인들로는 시장 창출과 생산비용 절감 등이 꼽히고 있는데 최근에는 글로벌 경쟁력 확보를 위한 해외직접투자가 많이 늘어나고 있다. 글로벌 경영을 목적으로 하는 기업은 국제적 생산 · 판매 네트워크 형성을 통해 경영의 효율성을 극대화하고자 한다. 세계경제의 글로벌화가 가속되는 상황에서 기업들은 자신이 보유한 고유한 경영자산을 부가가치활동이 최적인 거점에 배치하고 글로벌 경영 시각에서 통합 조정함으로써 시너지를 최대화할 수 있다.

### 3) 계약에 의한 해외사업

계약에 의한 해외사업은 외국 정부 또는 외국 기업과 일정한 계약으로 물자, 기술, 용역 등을 제공하고 그 대가로 일정의 금액을 받는 것을 의미한다. 대표적인 거래로 해외건설공사, 해외엔지니어링 계약, 국제라이선싱(international licensing) 등을 들 수 있다.

수출은 재화나 용역을 해외로 판매하는 것이 목적이지만 해외공사는 현지에서 재화와 용역의 제공을 통해 특정한 사업(예를 들어, 건설)을 완결하는 것이 목적이다. 또한 자본투자가 요구되지 않는다는 점에서 직접투자와 구별된다.

최근에는 프로젝트를 실행하기 위해 현지에 자회사(project company)를 설립하는 경우가 많은데 이 경우 직접투자와 형태가 같다. 그러나 자회사 설립의 주된 목적이 현지경영이라기보다는 일정기간에 특정 사업의 실행에 있다는 점에서 해외직접투자와 차이가 있다.

#### (1) 해외건설공사

해외건설공사는 해외에서 시행되는 토목, 건축, 산업 설비 등의 공사를 말한다. 넓은 의미로는 해외건설공사에 관한 기획, 타당성 조사, 설계, 구매, 조달 등의 엔지니어링 활동도 포함된다.

우리나라의 해외건설사업은 1970년대 중동에서 주로 토목공사를 위주로 크게 성장한 이래 최근에는 산업 설비(플랜트) 위주로 질적, 양적인 개선을 이룩하고 있다.

해외건설공사는 거래(공사)내용 및 거래범위가 계약에 따라 달리 정해진다. 이 중 대표적인 것이 EPC 계약과 개발투자형 사업이라 할 수 있다.

### 가) EPC(Engineering, Procurement, Construction) 계약

해외건설공사는 주택, 도로, 교량 등 사회기반시설 건설공사에서 발전소, 담수 설비, 석유화학 설비 등과 같은 플랜트 건설공사 등으로 다양하다. 이 건설활동은 프로젝트 발굴, 프로젝트 기획, 타당성 조사, 기본설계, 상세설계, 시공, 감리, 시운전, 인도, 유지 · 보수 등 여러 단체로 구성되어 있다.

여기서 EPC 계약은 설계, 구매, 시공을 담당하는 계약으로 단순히 공사만을 수행해 주는 계약이라 할 수 있다. 최근에 건설 프로젝트가 점점 대형화되고 기술적으로도 고도화, 복잡화되면서 하나의 프로젝트에 다수의 EPC 계약과 다수의 EPC 업체가 포함되는 경우가 흔하게 나타난다.

EPC 업체의 선정은 사업주의 공개경쟁입찰로 이루어지는 것이 일반적이며 우리나라 기업들은 주로 EPC 계약자로 해외건설공사에 참여하고 있다.

### 나) 개발투자형 사업

기업들은 해외프로젝트 수주를 위해 개발투자형 사업을 활용하기도 한다. 개발투자형 사업은 해외프로젝트를 수주한 기업이 현지에서 법인을 설립하고 사업 시행단계부터 자금조달, 건설과 운영, 사후관리까지 전 과정을 담당하면서 사업이익을 실현하는 해외거래로서 수출과 해외투자가 결합된 형태라고 할 수 있다.

개발투자형의 경우 EPC 계약을 경쟁입찰에 의하지 않고 수주할 수 있는 이점이 있다. 그러나 EPC 계약은 공사 완료 후 해당 공사대금을 받으므로 프로젝트 전체의 운영결과와 무관하게 대금을 회수할 수 있지만 개발투자형 사업은 프로젝트의 지분에 참여하고 프로젝트 운영에도 관여하므로 프로젝트의 운영결과에 따라 손실을 볼 가능성도 있다.

선진국 기업들은 단순 EPC 계약에 의한 해외공사보다는 부가가치가 높은 개발투자형 방식의 해외사업에 주력하고 있으며, 우리나라 기업들도 해외공사의 경험과 노하우가 쌓이면서 개발투자형 방식을 늘려나가고 있다.

### (2) 해외자원개발

해외자원개발 역시 계약방식에 의한 해외사업으로 간주할 수 있다. 광산 또는 유전 등의 개발을 위해 현지법인을 설립하는 경우 해외직접투자의 한 형태라 할 수 있지만, 최근에는 자원의 장기구매(off-take) 계약에 의한 해외자원 확보도 중요한 자원개발거래에 포함하고 있다.

해외자원개발사업은 탐사단계와 개발 · 생산단계로 구분되는데 국제입찰이나 지분매입 등을 통하여 탐사권과 광업권 등을 확보하여 사업을 추진한다. 이 과정에서 기업은 단독투자 또는 합작투자방식으로 해외직접투자가 이루어지므로 개발투자형 사업과 동일한 형태를 보인다.

### (3) 국제라이선싱/국제프랜차이징

다국적 기업은 국제기술시장을 이용하여 기술판매전략을 수행하면서 기술이전방법으로 해외직접투자와 국제라이선싱을 이용한다.

국제라이선싱(international licensing)은 한 나라의 라이선서(licensor)가 제조 · 가공 · 상표 · 노하우 · 기술원조 등을 다른 나라의 라이선시(licensee)에게 로열티를 받고 사용허가를 제공하는 국제경영의 한 방식이다. 다국적 기업들이 국제라이선싱을 선호하는 경우는 기술의 성질이 단순하거나 제품수명주기가 짧은 경우, 그리고 직접투자가 현지국 법규에 따라 제한을 받거나 정치적 · 경제적으로 높은 위험성을 내포하는 경우 등이다.

한편 국제프랜차이징(international franchising)은 프랜차이저(franchisor)가 프랜차이즈(franchise)를 소유한 프랜차이지(franchisee)로부터 일정한 수수료를 받고 상표 등에 대한 사용권을 허가해 주고 프랜차이즈의 운영을 계속 지원해 주는 국제경영방식으로서 국제라이선싱의 한 형태라 할 수 있다. 프랜차이저와 프랜차이지는 양 기업이 서로 독립성을 유지하면서 최종소비자에게 이르는 재화 및 서비스 일부를 각기 생산한다는 점에서 수직적 통합과 유사하다고 할 수 있다.

#### (4) 계약생산(contract manufacturing)

자사가 직접 제품을 생산하여 해외시장에 수출하기보다는 생산능력을 가진 현지 기업을 선정하여 그 기업이 자사가 요구하는 제품을 생산하여 공급하도록 하는 계약을 체결하고, 이 계약에 따라 생산된 제품의 마케팅은 위탁기업이 책임을 지는 방식을 말한다. 계약생산은 일반적으로 위탁기업이 직접 상품을 생산할 여력이 없거나 현지의 저렴한 노동력이나 원자재를 이용하고자 할 때 활용된다. 주문자상표부착방식에 의한 수출(original equipment manufacturing: OEM)도 일종의 계약생산이라고 할 수 있다.

## 제2절 외환시장

### 1. 외환시장의 의의

외환시장은 외환의 매매가 이루어지는 특정의 장소나 공간을 지칭하기보다는 외환거래가 정기적 또는 지속적으로 이루어지는 총괄적인 거래체계 및 거래양태를 나타낸다. 외환시장은 기본적으로 서로 다른 통화로 표시된 지급수단의 매매시장(market for means and payments)으로서 자금의 대차가 이루어지는 신용시장(credit market)과는 그 성격을 달리한다.

외환시장에서의 서로 다른 통화 간의 매매는 기본적으로 상품과 용역 그리고 금융자산의 매매에 수반하여 일어나기 때문에 이런 외환거래는 기본적으로 지급구조의 한 과정으로 이해할 수 있다. 따라서 각국의 금융시장이나 유로 금융시장에서 이루어지는 서로 다른 통화로 표시된 거래는 외환시장의 거래와 연계되어 이루어진다. 오늘날 국제외환시장은 세계 주요 외환시장의 거래가 24시간 연계되면서 모든 시장정보를 환율에 신속하게 그리고 지속적으로 반영하는 하나의 범세계적 시장이 되었다.

외환시장에서 외환거래자들의 거래결과는 기본적으로 제로섬 게임(zero-sum game)의 성격을 갖고 있다. 다시 말해, 외환시장거래에 참여하는 한 거래자가 이익을 실현하였다면 다른 거래자는 필연적으로 이에 상응하는 거래 손실이 발생한다는 의미이다. 만일 중앙은행의 시장개입이 순손실(net loss)을 실현하였다면 일반 외환거래자들은 외환거래에서 이익을 볼 것이다. 반대로 중앙은행의 시장개입이 순이익(net profit)을 실현하면 외환거래자들은 외환거래에서 손실을 볼 것이다.

## 2. 외환시장의 특징

### 1) 범세계적 시장

1980년대 들어 각국의 자본 및 외환거래에 대한 규제가 크게 완화(deregulation)되었고 국가 간 자본이동의 자유화에 따라 외환거래법이 개정되었다. 또한 전자통신기술이 급격하게 발전하면서 전 세계 시장정보가 실시간으로 각국의 금융시장으로 전달되어 가격결정이 동시 · 동조화(synchronization)되는 현상이 나타나고 있다.

오늘날 세계의 주요 외환시장으로 [표 1-1]에서 볼 수 있듯이 아시아에는 도쿄와 홍콩 및 싱가포르가 있으며, 중동에서는 바레인이 그리고 유럽에는 런던, 취리히, 파리 등이 있고, 북미지역에는 뉴욕, 로스앤젤레스, 샌프란시스코, 시카고 등이 있다. 외환시장 가운데 런던 외환시장은 일일 평균 외환거래 규모가 세계 최고로 세계 최대의 외환시장이다. 이는 런던시장의 후장이 뉴욕 외환시장의 전장 그리고 런던시장의 전장은 도쿄시장의 후장과 영업시간이 연계되어 있어, 지속해서 대규모 거래가 쉽기 때문이다. 뉴욕 외환시장과 싱가포르 외환시장은 런던시장 다음가는 국제외환시장이다. 최근에는 브렉시트의 영향으로 EU 주요국의 외환시장이 거래 규모 면에서 높은 신장세를 보이고 있다.

| 표 1-1 | 전 세계 외환상품시장의 국가별 거래규모 및 비중 추이[1)2)] (2022년 4월 중 일평균 기준)

(단위 : 십억 달러, %)

| 순위[3)] | 국가 | 2010년 | | 2013년 | | 2016년 | | 2019년 | | 2022년 | |
|---|---|---|---|---|---|---|---|---|---|---|---|
| 1 | 영국 | 1,854 | (36.7) | 2,726 | (40.8) | 2,406 | (36.9) | 3,576 | (43.2) | 3,755 | (38.1) |
| 2 | 미국 | 904 | (17.9) | 1,263 | (18.9) | 1,272 | (19.5) | 1,370 | (16.5) | 1,912 | (19.4) |
| 3 | 싱가포르 | 266 | (5.3) | 383 | (5.7) | 517 | (7.9) | 640 | (7.7) | 929 | (9.4) |
| 4 | 홍콩 | 238 | (4.7) | 275 | (4.1) | 437 | (6.7) | 632 | (7.6) | 694 | (7.1) |
| 5 | 일본 | 312 | (6.2) | 374 | (5.6) | 399 | (6.1) | 376 | (4.5) | 433 | (4.4) |
| 6 | 스위스 | 249 | (4.9) | 216 | (3.2) | 156 | (2.4) | 264 | (3.2) | 350 | (3.6) |
| 7 | 프랑스 | 152 | (3.0) | 190 | (2.8) | 181 | (2.8) | 167 | (2.0) | 214 | (2.2) |
| 8 | 독일 | 109 | (2.2) | 111 | (1.7) | 116 | (1.8) | 124 | (1.5) | 184 | (1.9) |
| 9 | 캐나다 | 62 | (1.2) | 65 | (1.0) | 86 | (1.3) | 109 | (1.3) | 172 | (1.7) |
| 10 | 중국 | 20 | (0.4) | 44 | (0.7) | 73 | (1.1) | 136 | (1.6) | 153 | (1.6) |
| 11 | 호주 | 192 | (3.8) | 182 | (2.7) | 121 | (1.9) | 119 | (1.4) | 150 | (1.5) |
| 12 | 룩셈부르크 | 33 | (0.7) | 51 | (0.8) | 37 | (0.6) | 58 | (0.7) | 92 | (0.9) |
| 13 | 덴마크 | 120 | (2.4) | 117 | (1.8) | 101 | (1.5) | 63 | (0.8) | 83 | (0.8) |
| 14 | 네덜란드 | 18 | (0.4) | 112 | (1.7) | 85 | (1.3) | 64 | (0.8) | 74 | (0.8) |
| 15 | 한국 | 44 | (0.9) | 48 | (0.7) | 48 | (0.7) | 55 | (0.7) | 68 | (0.7) |
| | 기타 | 472 | (9.4) | 529 | (7.9) | 479 | (7.3) | 527 | (6.3) | 585 | (5.9) |
| 합계 | | 5,045 | (100) | 6,686 | (100) | 6,514 | (100) | 8,280 | (100) | 9,848 | (100) |

주 : 1) 국내 조사대상 금융기관 간 중복거래(double-counting) 제외
2) ( ) 안은 전체 거래 대비 비중(%)
3) 2022년 거래비중 기준

자료 : 한국은행

## 2) 24시간 시장

외환시장은 24시간 시장(24-hour market)이라고 하는데, 이는 주요 외환시장의 거래시간이 부분적으로 중복 · 연결되면서 24시간 연속적으로 외환거래가 가능하기 때문이다.

[그림 1-1]에서 보는 바와 같이 도쿄 외환시장의 개장에 이어 홍콩과 싱가포르 외환시장의 개장이 이어지고 이들 시장이 폐장되기 전에 바레인시장이 외환거래를 시작하며, 이어 프랑크푸르트와 취리히시장이 개장되고 곧바로 런던 외환시장도 개장된다.

그림 1-1 | 세계 주요 외환시장의 거래시간대

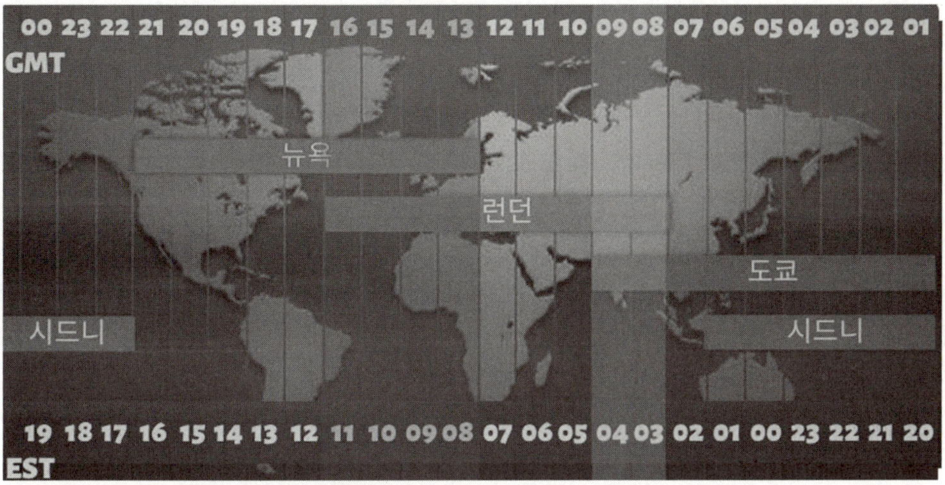


국제외환시장에서 거래가 가장 활발히 이루어지는 시간대는 뉴욕 외환시장의 개장시간대인데, 이는 동 시간대가 런던, 취리히 등 세계의 주요 외환거래 중심지와 동시에 외환거래를 할 수 있는 시간이기 때문이다. 국제외환시장이 24시간 거래시장의 성격을 갖게 됨에 따라 외환 딜러들의 업무시간은 통산 주간의 8시간으로 되어 있으나 주임 딜러(chief dealer)의 경우에는 로이터(Reuters)나 블룸버그(Bloomberg) 수신기 등을 주거장소 등에 설치해 두고 일과 후에도 시장정보를 입수하면서 필요한 경우 거래 및 포지션 조정을 지시하게 된다. 특히 외환시장에서 환율이 예상치 못한 뉴스로 급변하는 장세에서는 해외딜러로부터의 거래 관련 협의가 빈발해지는데, 이때부터는 시간대에 구애됨이 없이 시장정보 파악과 함께 신속한 거래지시를 내리게 된다.

### 3) 점두시장

외환시장 거래는 대부분이 점두시장(over the counter market)의 거래형태를 갖는다.[01] 점두시장거래는 증권거래소와 같은 특정 장소에서 이루어지는 거래소

01 점두시장이란 증권거래소가 개설, 운영하는 유가증권시장 밖에서 유가증권의 매매가 이루어지는 비공식적인 광범위한 시장을 말한다. 증권거래소가 개설, 운영하는 유가증권시장이 구체적이고 고도로 조직화한 시장인 데 반하여 점두시장은 개개의 증권업자가 점두에서 업자와 고객 간 또는 업

(exchange)거래와는 달리 일종의 장외시장으로서 은행이나 딜러들의 거래실(dealing room)에서 거래자들이 로이터 딜링 기계(Reuters dealing machine) 등 컴퓨터 단말기를 이용, 은행 간 · 대고객 간 거래를 수행하는 장외거래 형태를 말한다.

점두거래를 통한 외환거래는 전화 등의 통신수단을 이용하여 수초 내에 이루어지는데, 이때 쌍방 거래자는 거래내역에 대한 확인서(confirmation message)를 상호 교환한다. 외환거래에 수반된 국제간 거래 메시지 대부분이 벨기에 브뤼셀에 설치된 국제민간통신기구인 스위프트(Society for Worldwide Interbank Financial Telecommunications: SWIFT)를 통하여 상호 교환된다.

### 4) 직접거래와 중개거래시장

외환거래는 은행과 고객 간에 주로 고정률(fixing rate)로 소액단위의 거래가 이루어지는 대고객거래와 은행 간 포지션 조정을 위하여 이루어지는 은행 간 거래가 있다. 거래의 대종은 은행 간 거래이다. 뉴욕 등 주요 외환시장에서 은행 간의 거래 규모는 전체 외환시장 거래 규모의 90~95%를 점하고 있으며 나머지는 대고객거래로 구성되고 있다.

은행 간 외환거래에는 은행 간 직접거래(direct dealing)와 중개인거래(trading through brokers)가 있는데, 두 거래방법은 상호 보완적인 기능을 수행하게 된다. 은행 간 직접거래는 거래은행 간의 호혜주의(spirit of reciprocity) 원칙에 따라 현물환이나 선물환거래 그리고 스왑(swap)거래가 은행 간 직접 일어나게 된다. 직접거래의 이점은 은행 간의 기존 거래관계를 상호 활용할 수 있을 뿐만 아니라 거래 성사가 중개거래와 비교하여 확실하다는 것이다. 즉, 거래가격이 시장 상황이나 거래은행의 포지션 사정에 비추어 다소 어려움이 있다 하더라도 거래 의사가 확실한 경우 은행 간 거래는 언제나 성립할 수 있다.

중개인거래는 은행이 먼저 중개인에게 매입가격 또는 매도가격을 제시하고 중개

---

자 상호 간에 증권의 매매를 하는 것을 총칭하는 추상적인 시장개념이다. 점두시장을 조직적인 유가증권시장 밖에 있다는 의미에서 장외시장이라고도 하며 거기서 이루어지는 거래는 점두거래 또는 장외거래라고도 한다.

인은 이 가격과 거래 규모를 은행 상호 간에 연결하게 함으로써 거래가 이루어진다. 중개인 외환거래는 직접거래와 달리 거래가 체결될 때까지 매매 쌍방 거래자를 서로 공개하지 않으며 거래계약이 이루어진 후 상대 거래은행을 상호 확인하게 된다. 오늘날 외환시장의 중개인은 국제외환시장을 커버할 수 있는 통신시설을 갖추고 주요 외환거래센터에서 수백 개 은행과 동시거래를 통해 국제거래를 중개한다.

## 3. 외환시장 참가자

외환시장의 주요 참가자(participants)로는 ① 상품 및 용역의 대외거래에 수반하여 서로 다른 통화 간의 매매가 계속 필요한 수출입업자와 해운회사 등 일반고객(customer), ② 국제금융시장에서 외화자산의 포지션 및 금리 · 환리스크를 관리하는 재무관리자(portfolio manager), ③ 정부거래를 대행하고 국제기구나 타 중앙은행과의 거래 그리고 외환시장 개입업무를 수행하는 각국의 중앙은행, ④ 은행 간 시장에서 환포지션을 계속 조정 · 관리해야 하는 시장조정자(market maker)로서의 상업은행, ⑤ 외환매매를 중개하는 외환중개인 등이 있다.

오늘날 외환시장 참가자로서 주목받는 기관은 증권회사, 보험회사 그리고 투자신탁회사와 같은 비은행금융기관(non-bank financial institutions)이다. 이 기관의 거래는 일반거래결제에 수반된 상업은행의 외환거래에 비하여 거래 규모가 클 뿐만 아니라 포트폴리오 전략상 상대적으로 투기적 성향을 띠고 있는 것이 특징이다. 이들 기관의 거래는 투자자산의 수익 극대화와 차입비용의 최소화를 위하여 통화선물거래와 옵션거래 그리고 장기 스왑거래 등을 결합한 포괄거래(package deal)도 활용하고 있다.

또한 다국적 기업과 같은 비금융기관도 자산가치의 보전 또는 환차익의 실현을 위해 통화선물 등 다양한 거래기법을 활용하면서 외화자산의 포지션 관리에 나서고 있어 오늘날 이들도 숙달된 시장참가자로 주목을 받고 있다.

# 제3절 환율의 기초개념

## 1. 환율의 개념

한 국가에서 거래되는 재화와 용역의 가격을 그 나라의 국내통화로 표시하는 것과 같이 외국통화의 가격도 국내통화로 표시할 수 있다. 이처럼 일국통화의 가격을 다른 나라의 통화단위로 나타낸 것이 환율(foreign exchange rate)이다. 즉, 환율은 한 나라의 통화가치를 다른 나라의 통화로 표시한 것으로 양국 통화 간의 교환비율을 말한다.

환율을 자국의 입장에서 보면 자국통화의 대외가치가 되고 외국의 입장에서 보면 외국통화의 국내시장가치가 된다. 기본적으로 환율은 외국통화라는 금융자산의 가격이므로 해당 통화들의 수요와 공급에 따라 결정되지만, 통화라는 금융자산의 가격은 일반상품과는 다른 특징을 가지고 있다.

**참고 평가절상과 상승, 평가절하와 하락의 차이점**

환율변동을 기술하는 용어는 해당 국가가 고정환율제도와 변동환율제도 중 어느 환율제도를 채택하느냐에 따라 평가절상(revaluation)이나 평가절하(devaluation) 또는 절상(상승, appreciation)이나 절하(하락, depreciation)로 구분된다.

일반적으로 평가절상(또는 평가절하)은 고정환율제도(fixed exchange rate system)하에서 정부가 정책적 목적 등으로 자국통화의 대외가치인 환율을 인위적으로 일시에 조정하였을 경우 사용된다. 상승(또는 하락)은 변동환율제도(floating exchange rate system)하에서 외환에 대한 수요·공급의 변화 등으로 환율이 외환시장의 수급기능에 의해 변동하였을 경우에 사용된다.

이 밖에 특정 통화의 가치변동을 기준으로, 예를 들어 유로화가 미 달러화에 대하여 강세(strong 또는 bullish 등) 혹은 약세(weak 또는 bearish 등)를 나타냈다고도 한다.

## 2. 환율의 표시방법

### 1) 자국통화표시법(직접표시법)

환율의 표시방법은 자국통화를 기준으로 하여 표시하는 방법과 외국통화를 기준으로 하여 표시하는 방법 등 두 가지 방법이 있다. 먼저 외국통화의 국내가격, 즉 외국통화 1단위와 교환될 수 있는 자국통화단위 수로서의 환율표시법을 직접표시법(direct quotation), 지급계정표시법(giving quotation) 또는 자국통화표시법(rate in home currency)이라고 한다.

자국통화표시법 또는 직접표시법에 의한 환율표시법으로 원/달러 환율을 표시하여 U$1=1,443.22원 또는 ₩/US$=1,443.22으로 미 달러화 1단위에 대한 국내통화인 원화의 교환비율을 표시할 수 있다(2022년 9월 기준). 자국통화표시법에서 환율이 상승(가치 하락)하였을 경우에 변동환율제도하에서는 이를 자국통화가 하락(상승)되었다고 표현한다. 미 달러 1단위에 대한 외국통화단위의 교환비율인 U$1=¥144.80 또는 ¥/US$=144.80은 직접표시법 또는 자국통화표시법에 의한 것이며 이를 European terms라고도 지칭한다.

### 2) 외국통화표시법(간접표시법)

자국통화 1단위와 교환될 수 있는 외국통화의 단위 수로서의 환율표시법을 간접표시법(indirect quotation), 수취계정표시법(receiving quotation) 또는 외국통화표시법(rate in foreign currency)이라고 한다. 원화의 대미 달러화 환율을 1원=0.000693달러 또는 U$/₩=0.000693로 표시하면 외국통화표시법이 된다.

한편 국제외환시장에서 외국통화 1단위에 대한 미 달러화의 교환비율인 €1=U$0.9557 또는 U$/€=0.9557 등은 외국통화표시법인데, 이 표시방법을 American terms라고도 지칭한다.

제2차 세계대전 이후 미 달러화가 세계의 기축통화 역할을 담당하면서 대부분의 외환거래는 미 달러화와의 매매를 통하여 이루어지고 있어, 국제외환시장에서 대부분의 환율 고시는 미 달러화에 대한 외국통화의 교환비율인 European terms로 표시되고 있다. 다만 유로화, 호주 달러화, 남아프리카공화국 란트(Rand)화 등의 경우에는 American terms(예컨대, U$0.9557/€)로 표시된다. 또한 미국의 통화 선물(currency futures)이나 옵션시장에서의 환율도 American terms로 표시되고 있다.

자국통화표시 환율과 외국통화표시 환율과의 관계는 자국통화표시 환율의 역수가 외국통화표시 환율이 되며, 외국통화표시 환율의 역수가 자국통화표시 환율이 된다. 예를 들어, $(U\$/€)=\frac{1}{(€/U\$)}$의 관계에 있게 된다. 따라서 한국의 경우 자국통화표시 환율인 1달러=1,443원을 외국통화표시 환율로 전환하면 1원=$\frac{1}{1,443}$ 달러가 된다.

## 3. 매도환율과 매입환율

외환시장에서 환율은 매도율(offered 또는 asked rate)과 매입률(bid 또는 buying rate)의 두 가지 환율(two way price)이 동시에 고시된다. 외환시장의 매도율과 매입률은 은행 딜러 입장에서의 환율로서 전자는 딜러가 일정 외환을 고객에게 매도하는 경우, 후자는 고객으로부터 매입하는 경우에 각각 적용되는 환율을 의미한다. 예컨대, 미국의 외환딜러가 American terms로 미 달러화에 대한 유로화의 환율(U$/€) 제시를 요구받았을 때 '0.8580~0.8590'으로 응답하였다면, 전자 '0.8580'은 환율 U$0.8580/€로 딜러가 고객으로부터 달러화를 대가로 유로화를 매입하겠다는 매입률이다. 후자 '0.8590'은 환율 U$ 0.8590/€로 딜러가 고객에게 달러화를 대가로 유로화를 매각하겠다는 매도율을 말한다. 또한 '0.8580~0.8590'은 딜러가 대고객거래에서 매매율차(spread)를 U$ 0.001/€로 유지하겠다는 의사표시이다.

## 4. 환율의 장단기 변동요인

외환거래에 대한 규제가 전혀 없는 자유외환시장(free exchange market)에서 환율은 외환의 수요와 공급 등 자율적인 시장기능에 의해 결정된다. 구체적으로 환율변동에 영향을 미치는 주요인으로서는 물가, 경제성장, 금리수준, 통화량 등과 같은 기초적 요인과 시장 분위기(market sentiments), 중앙은행의 외환시장개입, 시장의 추세적 · 순환적 국면, 새로운 뉴스의 출현 등과 같은 기술적 요인이 있다. 환율변동의 원인은 경제성장이나 물가 등과 같이 상품시장의 수급을 통해 경상수지에 영향을 미치는 장기적인 환율변동요인이 있고, 금리나 시장기대의 변동 등과 같이 주로 자산시장(여기서 자산시장은 상품시장과 대칭되는 개념으로 금융자산시장을 말함)의 수급조정을 통하여 자본수지에 영향을 미치는 단기적인 환율변동요인이 있다.

그러나 환율변동에 영향을 미치는 여러 요인을 장기적 요인과 단기적 요인으로 엄격히 이원화하여 구분하기는 곤란하며 현실적으로 장단기 요인이 상호 간에 복합적으로 작용하면서 시장 환율에 영향을 미치고 있다.

Chapter 02

# 금융기관

제1절 | 금융기관의 역할
제2절 | 금융기관의 경영원칙
제3절 | 금융기관의 종류

# 제1절 금융기관의 역할

## 1. 금융의 역할

금융의 기본역할은 자금이 공급자로부터 수요자에게로 효율적으로 흘러가도록 하는 것이다. 국가경제가 지속해서 성장하려면 금융이 잘 작동하는 것, 즉 자금공급자의 저축과 자금수요자의 투자가 서로 효율적으로 연결되는 것이 필수이다.

금융의 효율성은 일반적으로 분배 효율성(allocational efficiency)과 운영 효율성(operational efficiency)으로 구분된다. 분배 효율성은 주어진 저축자원이 여러 투자안 중 생산성이 가장 높을 것으로 기대되는 투자계획에 우선 배분됨으로써 달성된다. 다른 조건이 일정하다면 분배 효율성이 높은 산업일수록 성공적인 투자가 많을 것이다. 한편 운영 효율성은 저축자원이 실물투자로 연결되는 전 과정에 드는 비용이 최소화되는 것을 말한다. 금융서비스 제공은 저축의 동원과 투자대상에 대한 정보분석, 투자, 투자 후 감시 등 수많은 중간과정에서 발생하는 비용을 줄일수록 운영 효율성이 높아진다고 할 수 있다. 두 가지 효율성이 달성될 때 주어진 저축자원은 생산성이 가장 높은 부문에 최저의 비용으로 배분됨으로써 투자의 순생산성이 극대화될 것이다.

금융의 기본역할인 자금수요자와 자금공급자의 연결이라는 기준에서 보면 직접금융시장과 간접금융시장으로 구분할 수 있다. 이런 구분은 금융거래가 공급자와 수요자 간에 직접 연결되는지 또는 간접 연결되는지에 따른 것이다.

직접금융방법은 기업이 100만 원의 회사채를 발행하여 개인에게 판매하는 경우(개인이 현금으로 회사채를 사들이는 경우)의 거래를 생각해 볼 수 있다. 자금의 수요자인 기업과 공급자인 개인은 회사채라는 유가증권을 통해 법적인 권한과 의무가 서로 연결된다. 기업이 약속한 원금과 이자는 개인에게 직접 전달되고, 기업이 약속을 지키지 못할 때는 개인이 손해를 본다. 실제의 거래에서는 기업과 개인 사이에 금융투자회사(또는 증권사)가 개입한다. 즉, 증권사는 기업이 회사채를 발행하여 자금을 조달할 때, 기업에 대해서는 증권의 발행과 판매업무를 보좌 또는 대행하고 개인투자자에게는 정보제공과 거래 및 계좌관리 등의 서비스를 제공한다. 그러나 이는 어디까지나 대리인의 역할에 그치는 것이며, 기업이 회사채에 약속한 사항들에 대한 책임을 지지는 않는다.

간접금융방법은 자금이 개인에서 기업으로 이전하는 것은 같지만, 법률적인 권한과 의무의 주체가 달라진다. 예를 들면, 개인이 은행에 예금(은행이 개인으로부터 차입)을 하고 기업이 은행으로부터 자금을 차입(은행이 기업에 대출)하는 경우가 이에 해당한다. 개인의 현금 100만 원이 기업으로 전달되지만, 그 사이에 은행이 개입되었다. 은행은 위에서 살펴본 증권사와는 달리 개인으로부터 자금을 수취하고 자신의 이름으로 예금이라는 부채증서를 발행하여 내준다. 대출의 경우에도 기업에 자신의 이름으로 자금을 대출한다. 이 경우 개인과 기업 간에는 법률적인 채권 · 채무관계를 갖게 되는 것이다.

## 2. 한국의 금융기관 현황

한국의 금융기관은 은행, 증권사, 보험사를 축으로 하여 형성되어 있다. 소수의 대형 금융기관이 은행, 증권업, 보험업에 집중되어 있고, 그 외에 수적으로는 대다수를 차지하지만 중소 규모인 비은행 예금취급기관이 다수 존재한다.

[표 2-1]에서 보듯이 우리나라에는 2021년 말 현재 총 4,144개의 금융기관이 영업하고 있다. 이 숫자는 2009년 말과 거의 비슷한 숫자이다. 이 숫자는 6,650개에 달했던 1997년 말과 비교하면 약 1/3이나 감소한 것으로 1997년 말 외환위기 이후 구조조정으로 인해 많은 금융기관이 정리 · 합병된 결과이다. 현재 영업 중인 금융기관의 대부분은 신협, 새마을금고, 단위농협 · 수협 등과 같은 중소 규모 비은행 예금취급기관이며, 금융업의 기간산업부문이라 할 수 있는 은행, 증권사(투자매매업자 및 집합투자업자), 보험사는 480개 남짓한 수준으로 전체 금융기관의 10% 정도에 불과하다.

| 표 2-1 | 우리나라의 금융기관 현황

(단위 : 개)

| 구분 | | | 1997년 | 2009년 | 2021년 |
|---|---|---|---|---|---|
| 은행 | 일반은행 | 시중은행 | 16 | 7 | 6 |
| | | 지방은행 | 10 | 6 | 6 |
| | 특수은행 | | 7 | 5 | 5 |
| | 인터넷전문은행 | | 0 | 0 | 3 |
| | 계 | | 33 | 18 | 20 |
| 비은행 예금취급기관 | 종합금융회사 | | 30 | 2 | 1 |
| | 상호저축은행 | | 231 | 105 | 27 |
| | 상호금융 | 신용협동조합 | 1,666 | 982 | 873 |
| | | 새마을금고 | 2,743 | 1,501 | 1,297 |
| | | 농협 단위조합 | 1,539 | 1,178 | 1,118 |
| | | 수협 단위조합 | 86 | 91 | 91 |
| | | 산림조합 | 143 | 133 | 141 |
| | | 소계 | 6,177 | 3,885 | 3,548 |
| 보험회사 | 생명보험회사 | | 31 | 22 | 23 |
| | 손해보험회사 | | 14 | 30 | 30 |
| 증권기관 | 투자매매업자1) | | 36 | 73 | 62 |
| | 집합투자업자2) | | 30 | 69 | 350 |
| 여신전문금융기관3) | | | 68 | 58 | 131 |
| 합계 | | | 6,650 | 4,262 | 4,144 |

주 : 1) 증권회사 및 선물회사, 2) 자산운용회사, 3) 신용카드사, 할부금융사, 시설대여사, 신기술사업금융사
자료 : 1997년 통계 : 한국은행, 『우리나라의 금융제도』 2005. 12.
2009년, 2022 통계, 여신전문금융기관 통계 : 금융감독원 금융통계정보(www.fss.or.kr), 새마을금고연합회(www.kfcc.co.kr)

## 3. 금융기관의 기능

### 1) 거래비용 절감기능

금융기관은 이용자들의 거래비용을 낮춘다. 예를 들어, 부산에 계신 어머니가 서울에 유학 중인 딸에게 생활비를 보내주는 경우를 고려해 보자. 어머니가 직접

전달해 주고자 할 때의 시간과 금전적 비용을 고려하면 은행의 송금수수료 1,000원은 무시할 정도로 낮다. 이처럼 금융시장 참가자들이 필요한 서비스를 각자 수행하는 것보다 금융기관을 이용할 때 비용이 최소화될 수 있다. 또 다른 예로 주식투자를 위한 의사결정 시 자신이 직접 정보를 수집 · 분석하고 분산투자하고 모니터링을 하는 시간과 비용을 고려하면 일정한 수수료를 부담하더라도 전문가에게 위임하는 것이 유리할 수 있다.

금융기관이 거래자들의 거래비용을 낮추어 줄 수 있는 것은 정보 수집 및 분석, 거래비용 등에서 규모의 경제(economies of scale)와 범위의 경제(economies of scope)가 존재하기 때문이다. 규모의 경제는 특정 서비스를 제공할 때 고정비용이 존재하므로 생산량이 많아질수록 단위당 원가가 감소하는 현상을 의미한다. 범위의 경제는 기존의 시설로 서로 연관된 상품을 추가로 생산할 때 단위당 비용이 낮아지는 현상을 의미한다.

고객의 금융거래비용을 낮추는 것이 금융기관의 한 가지 존재 이유가 되겠지만, 고객을 만족시키기 위해서는 금융기관의 비용 증가가 초래된다. 고객의 편익 증대에 따른 수입 증가가 그에 드는 비용 증가보다 적다면 고객은 이득이지만 금융기관은 손해를 보게 된다.

### 2) 자산변환기능

금융기관은 다수의 자금공급자로부터 자금을 집적(pooling)하여 이를 자금수용자에게 연결해 주는 자금중개기능을 하고 있다. 금융기관이 이와 같은 기능을 가능하게 하는 것은 자산변환(asset transmutation)기능에 기인한다.[01]

자산변환기능이란 자금의 규모, 이용 기간, 이자율 등에 있어 자금의 수요자와 공급자들이 각각 희망하는 조건들이 달라 당사자 간의 거래가 성립되기 어렵기 때문에 금융기관이 개입하여 거래가 이루어지도록 하는 기능이다. 금융기관은 자금제공자의 기호에 맞는 조건으로 다양한 간접증권(secondary security)을 발행하여

01 G. Benston and C. W. Smith, “The Transaction Cost Approach to the Theory of Financial Intermediation,” *Journal of Finance*, May 1976.

자금을 조성하고, 이렇게 조성된 자금을 자금수요자의 기호에 맞는 조건으로 발행된 직접증권(primary security)을 사들임으로써 자금을 공급하게 된다.

간접증권이란 금융중개기관이 발행하는 증권을 말하고 직접증권이란 자금의 최종수요자가 발행하는 증권을 말한다. 간접증권의 예로 은행의 예금증서나 보험회사가 발행하는 대출증서나 주식, 회사채 등을 들 수 있다. 금융기관은 이처럼 자금의 공급자와 수요자의 요구조건을 모두 충족시킬 수 있고, 따라서 이들 소득의 시간적 배분을 가능하게 한다.

자산변환기능은 다시 금액변환(denomination transmutation)기능과 만기변환(maturity transmutation)기능 및 위험변환(risk transmutation)기능 등으로 분류된다.

금액변환기능이란 대여자의 대여 희망 금액과 차입자의 차입 희망 금액이 다르더라도 금융기관이 개입하여 양자의 희망을 모두 충족시켜 주는 기능을 말한다. 구체적으로 거래가 성립하기 위해서는 욕망의 쌍방 일치가 필요하듯, 대여하려는 금액과 차입하려는 금액의 규모가 일치해야 한다. 그러나 이와 같은 조건이 서로 일치하는 거래 당사자들이 직접 만난다는 것은 현실적으로 쉽지 않다. 금융중개기관은 소액예금을 받아 거액대출을 하거나 반대로 거액예금을 받아 소액대출을 하는 등 자금대여자와 차입자의 희망 대차금액을 모두 충족시켜 줄 수 있다.

만기변환기능이란 자금의 대여자는 유동성과 위험성을 고려하여 되도록 만기가 짧은 대여기간을 원하고, 자금의 수요자는 안정적 자금 사용을 위해 되도록 만기가 긴 차입기간을 원하므로 양자의 희망 대차기간은 일치하지 않는 것이 일반적이다. 금융중개기관은 단기로 자금을 조달하여 장기로 운용하거나 반대로 장기로 조달하여 단기자금으로 운용하는 등 자금공급자와 자금수요자가 희망하는 만기를 모두 충족시켜 준다.

위험변환기능이란 금융기관이 자신이 가지고 있는 기술과 정보를 이용하여 자금제공자가 부담하게 될 위험을 감축, 분산 또는 위험구조를 변경시켜 주는 기능을 말한다. 여기서 자금제공자가 부담하는 위험은 유동성위험, 대손위험, 포트폴리오 위험 등을 들 수 있다.

유동성(liquidity)이란 자금을 필요한 시기에 즉시 가치상의 큰 손실이 없이 현금으로 전환할 수 있는 정도를 말하며, 유동성위험이란 이와 같은 유동성이 저하되는 위험을 말한다. 금융기관은 여타 금융수단과 비교해 유동성이 훨씬 큰 상품들을 제공함으로써 자금제공자의 유동성위험을 감소시켜 준다. 특히 은행은 명목가치와 환금성을 동시에 보장하는 예금증서를 발행하기 때문에, 유동성은 있으나 명목가치를 보장해 주지 못하는 주식과 채권 같은 상품을 취급하는 투자회사 등에 비해 유동성 제고기능이 훨씬 크다.

대손위험이란 자금공급자가 제공한 자금과 그 대가의 전부 또는 일부를 약속대로 받을 수 없는 위험을 말한다. 금융기관은 자금차입자에 대한 정보를 더 쉽게 얻을 수 있고, 또 이를 효과적으로 분석할 수 있는 능력을 갖추고 있으므로 대출자를 선별하여 불량고객에게 대출하는 역선택(adverse selection)을 방지하고 대출의 사후관리를 통해 차입자가 대출을 상환하지 않으려는 도덕적 해이(moral hazard)를 범할 가능성을 줄여 준다. 특히 금융기관은 자금차입자가 약속대로 상환하지 못할 경우라도 이에 대비한 채권 보전장치(protection)를 갖추고 있으므로 자금공급자는 안심하고 금융기관에 자금을 맡길 수 있다.

포트폴리오위험이란 충분한 분산투자를 하지 않음에 따른 위험으로 금융기관은 이러한 위험을 보다 효율적으로 줄일 수 있다. 즉, 금융기관은 예금자가 맡긴 돈을 여러 사업에 분산 대출하면 모든 대출이 동시에 부도가 날 가능성은 매우 적어지므로 예금자 개인별로 부담하는 위험은 감소한다.

### 3) 지급결제수단의 창출기능

금융기관은 현금이나 수표 등을 공급함으로써 거래를 구체적으로 실행시키는 지급결제수단(means of payment & settlement)을 제공한다.[02] 시장경제체제하에서 모든 거래는 반드시 일반적으로 인정되고 있는 지급수단에 의한 대가의 지급을 수반한다. 지급수단의 종류는 현금, 수표, 어음, 카드, 계좌이체, 전자머니 등 다양

02 일반적으로 지급(payment)은 경제주체 상호 간에 채권 · 채무관계의 해소를 위하여 지급수단을 제시하는 행위를 의미하고, 결제(settlement)는 비현금 지급수단의 이용에 따른 지급인과 수취인 간의 자금이체과정을 의미한다. 최근 지급수단 및 결제수단의 전자화 등으로 인해 지급과 결제를 엄격하게 구분하기가 어렵게 되어 이를 포괄하여 지급결제라는 용어를 사용한다.

하다. 거래의 종결을 위해서는 중앙은행이 공급하는 현금통화인 화폐나 화폐 이외 지급수단의 이전이 필요하다. 화폐는 법에 따라 강제 통용력이 부여된 중앙은행의 부채로 화폐에 의한 결제는 그 자체가 최종결제로서 별도의 결제과정이 필요치 않다.

화폐 이외의 지급수단은 통상 예금통화의 이전을 전제로 하는 것으로 이에 의한 결제의 경우 당사자 간의 대차관계는 일단 청산되나 거래 쌍방의 은행계좌 간 예금의 이전이라는 2차 결제과정이 뒤따른다. 이 결과 은행 간 대차관계가 새로 발생하며 이를 청산하기 위해 은행 간 결제과정이 다시 필요하다. 그래서 은행들이 중앙은행에 보유하고 있는 당좌예금의 계좌 간 이체로 최종적으로 종결된다.

이와 같은 지급결제제도를 통해 금융기관이 신속하고 낮은 거래비용으로 결제할 수 있는 지급수단을 제공함으로써 거래를 더 활성화하고 나아가서는 생산과 소비를 촉진해 경제성장에 이바지하게 된다.

종래에는 은행이 지급 및 결제수단을 독점적으로 제공하였으나 최근 금융의 전자화와 지급결제서비스 과정의 기술적 분화(technical segmentation)[03]로 비은행 금융회사와 소프트웨어회사, 원격통신회사나 전자금융업자 등 비금융회사들의 결제업무 참가가 증가하고 있다.[04]

현재 금융투자회사는 신용카드회사와 업무제휴를 통해 CMA 연계 신용카드를 발급하고 있으며 증권금융㈜이나 신탁업자에 투자자예탁금을 예치 또는 신탁하는 투자매매 · 중개업자는 금융결제원의 소액결제시스템에 직접 참가하여 자금이체업무를 영위하고 있다. 한편 일부 통신회사 등 비금융회사들도 자체적으로 보유하고 있는 네트워크를 서로 연결하여 공동으로 결제시스템을 구축, 은행의 계좌를 통하지 않고 결제서비스를 제공하고 있다. 이러한 비금융회사의 결제시스템이 은행의 결제서비스에 비해 수수료가 낮고 결제에 관한 정보의 질적 수준 및 부가가치 그리

03 지급결제기능의 기술적 분화란 지급결제서비스의 일부 또는 전부가 전자 네트워크상에서 전자기술의 몇 가지 과정으로 대체되는 현상을 말한다.

04 구글 등과 같은 플랫폼, 페이스북 등 SNS, 이베이 등 전자상거래업체 등이 모바일 지급결제 및 송금서비스업에 진출하는 등 전자금융서비스가 발전하고, 나아가 금융혁명이라 불리는 핀테크(Fintech)가 진행되고 있다. 우리나라는 최근 삼성전자㈜가 미국의 모바일 결제 솔루션업체인 LoopPay를 인수하여 본격적으로 스마트폰을 이용한 지급결제시장에 진출하고 있다.

고 편리성 등의 면에서 은행보다 우수한 경우도 많다.

현재 「전자금융거래법」에 의한 전자금융사업자로는 금융기관과 전자금융업자가 있다. 전자금융업자란 금융기관 이외의 자로서, 전자화폐의 발행 및 관리업무를 행하기 위하여 금융위원회의 허가를 받거나 전자자금이체업무 등을 행하기 위하여 금융위원회에 등록을 한 자를 말한다. 비금융회사들이 제공하는 지급결제서비스는 주로 소액결제로 전자화폐, 모바일 결제서비스 등이 있다. 모바일 결제는 휴대전화를 전자결제서비스 전달 매체로 사용하는 방식과 휴대전화기에 IC 카드형 신용카드나 전자화폐를 판독할 수 있는 리더기를 부착하거나 칩 자체를 내장하여 휴대전화기를 신용카드나 전자화폐의 단말기로 사용하는 방식 등이 있다.

이와 같은 현상은 거래비용의 절감과 규모와 범위의 경제 실현으로 지급결제서비스의 효율성을 높이는 데 이바지하고 있으나, 다른 한편으로는 네트워킹에 대한 해킹이나 전산장애 등과 같은 운영위험과 결제위험 등 각종 위험에 노출되어 지급결제시스템의 안정성을 저해할 수 있다는 문제점도 있다.

**그림 2-1** | 금융기관의 기능

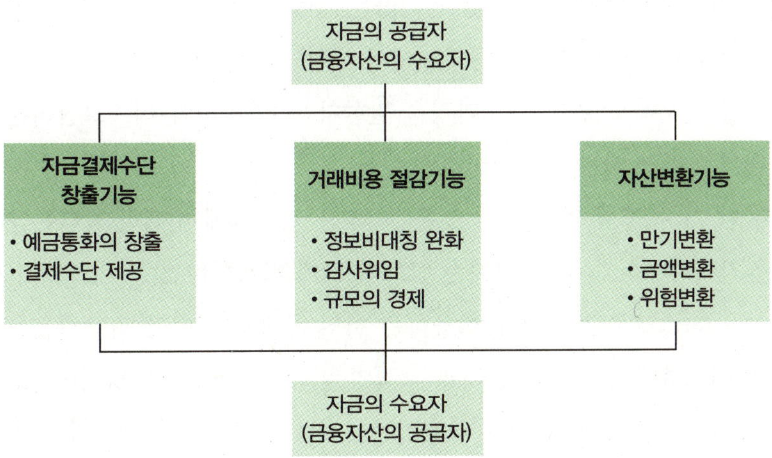

## 제2절 금융기관의 경영원칙

이윤을 추구하는 기업이란 점에서 보면 금융기관 경영 또한 여타 기업경영과 크게 다를 바 없다. 그러나 일반기업은 돈을 받고 그 반대급부로 재화나 용역을 제공하는 데 비해 금융기관을 돈을 받고도 그 당시에는 아무런 반대급부를 제공하지 않고 대신 장래의 반대급부에 대한 믿음만을 제공할 뿐이다. 금융기관이 대중에게 이러한 믿음, 즉 공신력을 제공할 수 없다면 존립할 이유가 없다.

금융기관은 또한 국민경제에 미치는 영향력이 매우 커 일반기업과 비교해 공공성이 훨씬 강하다. 이런 의미에서 금융기관은 공신력과 공공성이라는 토대 위에 세워진 기업이라 할 수 있다. 금융기관의 공신력은 지급능력의 확보 여하에 달려 있다. 이를 위해 단기적으로는 충분한 유동성과 장기적으로는 재무구조의 안정성, 자산의 건전성 그리고 적절한 수익성이 보장되어야 한다.

금융기관의 부가가치 창출과정은 이익관리와 리스크관리로 크게 나뉜다. 이익관리는 주주에게 귀속되는 가치를 극대화하기 위해 금융기관이 수익성을 어떻게 창출하고 유지해 나가야 할 것인가를 관리하는 과정을 말하며, 리스크관리는 금융기관이 수익성을 추구하는 영업활동과정에서 내부 및 외부요인에 의해 야기되는 각종 리스크를 통제하고 관리하는 과정을 말한다. 이익관리와 리스크관리는 금융기관의 성패에 있어서 가장 핵심적인 요소이다.

여기서 한 가지 꼭 유의해야 할 것은 “이익은 리스크에 비례한다”라는 재무이론의 기본원칙이다. 즉, 높은 이익에는 반드시 그에 비례하는 많은 리스크가 따르며, 반대로 높은 리스크부담은 그에 상응하는 이익이 확보될 때만 타당성을 지닌다는 사실이다. 이로부터 우리가 금융기관의 경영을 공부할 때 잊지 말아야 할 두 가지 중요한 진리가 도출된다. 첫째는 금융기관의 이익관리와 리스크관리는 동전의 양면과 같이 떼려야 뗄 수 없는 불가분의 관계에 있다는 사실이고, 둘째는 금융기관의 방만한 규모 확대는 그에 수반되는 리스크를 감당할 만큼의 수익을 창출하지 못할 가능성이 있으며, 수익성 면에서 정당화되지 않는 규모의 확대는 부가가치를 파괴하고 궁극적으로는 금융기관이 부실화할 수도 있다는 사실이다.

한편 금융기관이 사적 기업으로서 수익만을 추구하면 공공성이 저하될 우려가 있으므로 양자를 적절하게 조화시킬 필요가 있다. 일반기업과 비교해 금융기관에 대한 정부의 각종 규제가 상대적으로 강한 이유가 여기에 있다. 이러한 의미에서 금융기관의 경영원칙은 유동성 원칙, 안전성 원칙, 건전성 원칙, 수익성 원칙, 공공성 원칙 등이 제시되고 있다.

## 1. 유동성의 원칙

전통적으로 금융기관의 예금 또는 부채는 즉시 인출이 가능하다는 신념에서 제공되는 금융상품이며, 이러한 신념에 조금이라도 금이 가면 금융기관은 공신력을 잃어 도산하게 된다. 따라서 금융기관은 이와 같은 금융상품의 인출에 대비하여 적정수준은 유동성(liquidity), 즉 현금 또는 현금 유사 자산(cash equivalent assets)을 보유해야 한다는 것이 유동성 원칙이다.

은행의 경우 유동성이라 하면 우선 예금인출에 대비한 이른바 예금 유동성을 뜻하는 것으로 생각할 만큼 예금 유동성이 은행경영에서 차지하는 비중은 거의 절대적이라 할 수 있다. 예금 유동성을 적절히 확보하기 위해서는 예금의 유출입을 사전에 파악하거나 예상하여 필요한 유동성 확보대책을 마련해야 한다.

역사적으로 초기 자유은행제도(free banking system)하에서는 은행들이 적정수준의 유동성을 확보하지 않고 도산하는 사례가 빈발하여 금융질서가 문란하게 되자 중앙은행과 예금보험제도의 설립 등을 통해 은행의 예금 유동성에 대한 공공의 신뢰를 높여 왔다. 특히 중앙은행은 법정지급준비제도의 도입 등으로 유동성을 확보하도록 강제하고, 그러고도 보유한 현금자산이 예상 밖의 예금인출에 대처하기에 부족한 비상사태가 발생하면 중앙은행으로부터 재할인(rediscount) 등의 형식으로 은행이 자금을 차입하여 유동성 필요를 충족시킬 수 있는 제도적 장치를 마련하고 있다.

이처럼 중앙은행의 설립, 예금보험제도의 도입 등으로 은행예금이 일시에 인출되어 유동성 부족을 일으키는 이른바 은행예금의 대규모 인출사태(bank run)가 현실적으로 발생하기 어렵게 되자 오늘날 법정지급준비제도는 은행의 유동성을 마련한다는 애초의 취지는 크게 퇴색하였다. 이에 따라 정부도 법정지급준비율의 변동을 은행의 유동성 필요에 따라 조절하기보다는 통화정책의 측면에서 통화량의 규제수단의 하나로 활용하고 있다.

최근에는 콜머니 등 일시적인 자금차입이 쉬워짐에 따라 유동성 원칙은 적정수준의 유동성만을 보유하고 나머지 가용자금은 수익성 향상에 활용해야 하는 것으로 보는 새로운 시각이 더 일반화되고 있다. 이에 따라 은행의 유동성은 단순히 예금인출에 대비하는 예금 유동성의 확보만을 의미하는 것이 아니고, 고객의 대출 요구에 신속하게 응할 수 있도록 자금조달원을 확보하는 이른바 대출 유동성의 확보라는 의미 또한 강조되고 있다.

## 2. 안전성의 원칙

금융기관이 공신력을 유지하기 위해서는 단기적인 유동성의 확보만으로는 불충분하며 보다 근본적인 지급능력 또는 청산능력(solvency)을 갖추어야 한다는 것이 안전성(safety)의 원칙이다.

청산능력이란 금융기관이 영업을 중지하는 경우 예금주 등 금융기관에 대한 청구권자들에 대한 부채를 모두 갚을 수 있는 능력을 의미한다. 구체적으로 보유자산 가운데 회수가능한 자산을 현금화하여 외부부채를 갚을 수 있는 능력을 의미한다.

금융기관의 청산능력은 사내유보의 축적 등을 통한 자기자본의 충실화(capital adequacy) 정도, 부채의 많고 적음과 이들의 질적 구성 등으로 평가된다. 일반적으로 감독 당국은 금융기관의 자기자본비율이 적정수준에 미달할 경우, 해당 금융기관에는 자산 규모 및 배당을 줄이고 새로운 업무를 취급하지 못하도록 하는 등 자기자본 충실화를 유도하기 위한 규제를 한다.

금융기관의 안정성을 평가하는 재무비율지표로서 국제결제은행(Bank for International Settlements : BIS)이 정한 위험가중자기자본비율이 가장 보편적으로 이용되고 있다.

## 3. 건전성의 원칙

금융기관 경영에는 리스크가 따르게 마련이다. 그러나 금융기관이 부담하는 리스크는 일반투자자들이 부담하는 리스크와는 달리 사전에 충분한 예측을 통한 계산된 리스크이다. 금융기관은 이러한 계산된 리스크를 부담하고 이에 상응하는 수익을 추구하는 기업이기도 하다.

금융기관이 이와 같은 리스크 부담을 회피하면 금융기관의 본연의 책임을 수행한다고 할 수 없다. 금융기관의 본질은 고객의 리스크를 대신 부담해 주고, 이에 대한 대가를 받는 것이기 때문이다. 그렇지만 리스크 부담은 비록 그것이 사전에 계산된 것이라 하더라도 금융기관 경영에 부담을 주는 것은 사실이다. 따라서 금융기관이 리스크를 부담하더라도 그것이 적정한 수준을 벗어나서는 안 된다는 것이 건전성(integrity)의 원칙이다.

금융기관이 부담하는 리스크는 크게 재무리스크(financial risk)와 비재무리스크(non-financial risk)로 나눌 수 있다. 재무리스크는 다시 채무자의 상환능력 상실, 담보가치의 하락 등으로 인한 운용자산의 회수불능(default)이나 등급 저하로 인한 손실의 신용리스크(credit risk)와 이자율, 환율, 경기변동 등에 따른 시장가격 하락으로 인한 손실의 시장리스크(market risk)로 크게 나뉜다.

비재무리스크는 재무적 측면이 아닌 금융거래의 기술적 · 관리적 측면에서 부담하는 리스크로 운영리스크(operating risk)로 통칭한다. 운영리스크는 주로 운영시스템의 장애로 인한 시스템 리스크(systemic risk), 법률적 분쟁이 발생할 경우의 법리스크(legal risk)나 시장에서의 신뢰의 저하로 인한 사업가치의 손실을 의미하는 평판리스크(reputational risk) 등이 그 예이다.

시스템 리스크는 개별 컴퓨터의 다운(computers fail)과 컴퓨터 망의 다운(network fail) 등에 의한 이미지 손상과 거래 상실, 해커(hacker)들의 침입에 의한 사기적 거래가능성에 대한 리스크 등이 그 예이다. 따라서 금융기관은 이와 같은 리스크가 발생하지 않도록 사전에 예의주시하고 예방조치를 하거나 부실화를 최소화하는 사전 및 사후조치들이 항상 마련되어야 한다.

## 4. 수익성의 원칙

금융기관도 일반기업과 같이 수익성이 확보되지 않으면 사회적인 제도로서 존립할 수가 없다. 예컨대, 주주들에 대한 적정수준의 배당금지급, 종업원에 대한 후생복지 향상 등이 이루어져야 금융기관이 영속하는 기업으로서 국민경제의 한 제도로 유지될 수 있다. 주주들에게 적정한 배당금을 장기적으로 지급하지 못하면 금융기관에의 출자 유인이 없어져서 증자를 통한 추가 자금조달이 어려워지고 종업원에 대해 적정한 대우를 하지 못하면 자질 있는 인재를 확보할 수 없다.

그런데 일반적으로 유동성과 안전성이 높은 자산은 수익성이 낮고 수익성이 높은 자산은 유동성과 안전성이 낮다. 그러므로 금융기관의 자금관리란 단기적으로는 유동성과 안전성을 유지하고 장기적으로는 수익성을 도모함으로써 금융기관을 지속가능한 기업으로 성장 · 발전(sustainable development)시키는 것이다. 그래서 이러한 목적을 위하여 얼마만큼의 수익성 자산과 유동성 자산을 어떠한 비율로 보유할 것인가가 금융기관 경영에 있어 중요한 과제가 된다.

## 5. 공공성의 원칙

금융산업은 다른 어떤 산업보다도 사회자본(social capital)적 성격이 큰 산업이다. 사회자본이란 사회구성원 간의 광범한 신뢰와 협조를 바탕으로 생성되는 기준과 규칙 등 사회 공동의 무형자산을 말한다. 따라서 금융기관의 경영결과는 여타 산업보다 공공성이 특히 강조된다.

금융기관의 공공성은 상업성 · 영리성과 대비되는 개념으로서 소극적 의미의 공공성과 적극적 의미의 공공성으로 구분할 수 있다. 전자는 금융기관의 도산, 예금인출사태 등 시장실패 시 정부의 개입이 불가피한 측면을 말하고, 후자는 금융기관이 사회적 가치나 공공의 이익에 이바지할 사회적 책임(social responsibility)이 있음을 말한다. 종래에는 소극적 의미의 공공성만 중요시되었으나 최근 전 세계적으로 적극적 의미의 공공성에 관한 관심이 증가하여 금융기관이 이윤추구 외에 국가 · 지역 경제발전, 윤리경영, 환경보호, 사회공헌 등 공공의 이익이나 사회적 가치에 이바지할 책임이 있다는 사회적 책임이 강조되고 있다.

금융기관 중에서도 특히 은행의 공공성이 강조된다. 은행은 일국의 통화 채널, 자금중개 및 자금결제의 중추적 기능을 수행하는 금융제도의 근간으로 국민경제에서 차지하는 역할이 막중하기 때문이다. 따라서 대부분 국가에서는 은행의 사회적 책임경영을 보다 적극적으로 유도하기 위해 지역사회 기여 등 공익활동을 평가하거나 이를 공시하도록 의무화하고 있다.

## 제 3 절 금융기관의 종류

### 1. 은행

은행은 불특정 다수의 일반국민으로부터 예금을 받아 기업, 가계 등에 대출해 주는 대표적인 간접금융기관이다. 즉, 은행은 자금의 사용기간, 규모, 위험 등이 다른 예금자와 대출자를 연결하는 중간매개자 역할을 한다. 은행은 이 외에도 지급결제업무, 외국환 관련 업무, 신용카드업무 등을 한다. 우리나라의 은행에는 민간 상업은행인 일반은행과 공적 목적을 가진 특수은행이 있고, 일반은행은 다시 영업지역에 따라 전국을 대상으로 영업을 하는 시중은행과 주로 특정 지역에서만 영업하는 지방은행이 있다. 특수은행은 정부가 특정 정책목적을 위해 설립 · 운영 · 관리하는 은행으로서 산업은행, 수출입은행, 기업은행, 농협중앙회, 수협중앙회 등이 이에 해당한다.

법적으로 은행은 아니지만 예금 및 대출업무를 주로 영위하는 소규모 금융기관들이 있는데, 이들을 총칭하여 비은행예금취급기관이라고 부른다. 비은행예금취급기관은 과거 은행의 문턱이 높았던 시절에 서민과 영세자영업자, 농어민들이 소액의 가계생활자금이나 영업자금, 영농자금 등을 쉽게 대출받을 수 있게 하려고 정책적으로 육성한 신용협동기구 또는 상호금융 형태의 지역 서민금융기관이다. 주로

도시지역에서 볼 수 있는 상호저축은행, 신용협동조합, 새마을금고와 농어촌지역에서 볼 수 있는 단위농협 · 수협, 산림조합 등이 이에 해당한다.

### 1) 일반은행

오늘날 은행이라는 명칭은 중앙은행, 상업은행, 투자은행 등 다양한 형태의 금융기관에 공통으로 쓰이고 있으나, 전통적인 의미에서 은행이란 예금을 받아 대출이나 어음할인 등 단기적 상업자금을 공급하는 좁은 의미의 상업은행을 지칭한다.

우리나라의 은행은 설립 근거법에 따라 일반은행(commercial bank)과 특수은행(specialized bank)으로 구분되는데 일반은행은 「은행법」[05]에 의해 설립되어 이 법의 규제를 받고, 특수은행은 각 설립법에 따라 규제되고 있다.

일반은행은 다시 영업구역의 제한 여부에 따라 전국을 영업구역으로 하는 시중은행(nationwide commercial bank)과 영업구역이 특정 지역으로 제한된 지방은행(local bank) 그리고 외국은행 국내지점으로 구분된다.

종래 우리나라는 은행과 증권업무의 분리, 장기금융과 단기금융의 분리 원칙에 따라 원칙적으로 일반은행은 1년 이내의 단기예금 및 대출업무, 환업무, 지급보증업무 등 전통적인 단기상업금융업무를 주된 업무영역으로 하였었다. 그러나 장 · 단기금융의 구분이 철폐되는 세계적인 추세에 따라 대출금의 기한연장 등을 통해 사실상 장기금융을 취급했으며, 1996년 「은행법」의 개정으로 일반은행의 대출기간 제한이 폐지되어 공식적으로 장기금융 취급이 가능하게 되었다.

한편 1970년대 초반까지만 하더라도 직접금융시장이 발달하지 못하고 은행 이외에 기타의 금융기관은 보잘것없었기 때문에 은행은 고유업무뿐만 아니라 그때그때 필요에 따라 주변업무를 직접 또는 자회사를 통하여 취급했다.

은행의 고유업무는 「은행법」상 은행의 업무로 정의되는바 예 · 적금의 수입 또는 유가증권, 그 밖에 채무증서의 발행, 자금의 대출 또는 어음의 할인 및 내 · 외국환 등이다. 은행의 부수업무는 은행업무의 수행에 부수하는 업무로 금융위원회에 사

---

05 「은행법」은 「한국은행법」과 함께 은행업무에 대한 기본법이다. 「은행법」은 행정법의 성격(은행의 영업행위 규제가 주된 내용으로 위반 시 과징금, 이행강제금, 과태료 부과 등)과 형사법적 성격(금지되는 행위의 유형 및 위반행위에 대한 징역형, 벌금형 부과 등)을 동시에 갖고 있다.

전신고를 하면 포괄적으로 운영할 수 있도록 하되06 은행건전성과 금융시장의 안전성 등을 해칠 때에는 이를 제한하거나 시정할 수 있다(동법 제27조의2).

은행의 겸영업무는 은행업무가 아닌 업무로서 타 법령에서 인·허가 또는 등록 등을 받았거나 은행이 운영할 수 있도록 허용된 업무로서 은행이 겸영업무를 운영하고자 할 때 금융위원회에 사전신고로 운영할 수 있도록 하되 은행의 경영건전성 및 금융시장의 안정성 등을 해칠 때에 그 운영을 제한하거나 시정할 것을 명할 수 있다(동법 제28조). 그리고 겸영에 따른 은행과 은행이용자 간 및 특정 이용자와 다른 이용자 간의 이해상충을 관리하는 방법과 절차 등을 대통령령으로 정하는 내부통제기준에 반영하도록 하고 있다(동법 제28조의2).

현재 은행의 겸영업무로는 신탁업무, 카드업무, 자산운용회사 및 판매회사업무, 증권업무 등 국공채의 간사 및 판매업무, 사모채 인수업무, 인수단 및 청약사무단에 참가할 경우의 주식인수업무, 환매조건부 매도업무, 기관투자가로서 유가증권의 보유 및 운용업무, 금융 및 일반상품의 파생거래업무, 보험대리점업무, 각종 수수료업무 등은 직접 겸영하고 기타 증권업무와 리스업무 등 일부 종합금융업무는 자회사를 통해 취급하고 있다.

### (1) 시중은행

시중은행은 전국을 영업구역으로 하고 서울에 본점을 둔 전형적인 상업은행 및 특수한 목적을 수행하기 위해 특수은행으로 설립되었다가 일반은행으로 전환된 국민은행07 등이 있다.

---

06 다만 채무의 보증 또는 어음의 인수, 상호부금, 팩토링, 보호예수, 수납 및 지급대행, 지방자치단체의 금고대행, 전자상거래와 관련한 지급대행, 은행업과 관련한 전산시스템 및 소프트웨어 판매·대여, 금융 관련 인수, 도서 및 간행물 출판, 금융 관련 조사 및 연구, 그 밖에 은행의 업무에 부수하는 업무로서 대통령령에서 정한 업무 등의 경우 신고를 하지 않고도 운영할 수 있다(동법 제27조의 2).

07 현재의 국민은행은 구 국민은행과 한국주택은행이 2001년 11월 합병하여 새로 신설된 은행이다. 구 국민은행은 서민과 소규모 기업에 대한 금융 편의를 제공하기 위해 1962년 「국민은행법」에 의해 설립되어 운영되어 오다가 신용협동조합, 상호신용금고 등 서민금융기관의 비중이 증대함에 따라 그 존재의의가 감소하여 1995년 동법의 폐지로 일반은행으로 되었다.
구 한국주택은행은 서민주택금융자금의 조성을 뒷받침하고 주택자금공급과 관리의 효율화를 위해 1967년 「국민은행법」에 의해 종래 한국산업은행이 취급하던 주택금융업무를 인수하여 설립되었다

종래 외국은행의 국내진출 형태는 지점 및 합작 형태만이 허용되고 그 설치도 국내금융시장 사정에 따라 인가 여부를 결정하였으나, 금융 국제화의 진전에 따라 현지법인 등 국내진출 형태가 다양화되었다.

### (2) 지방은행

지방은행은 금융의 지역적 분산과 지역경제의 균형적 발전을 위해 1967년 부산시와 각 도단위로 한 개씩 총 10개 은행이 설립되었으나, 1998년 6월 경기은행과 충청은행이 퇴출당하고 1999년 중 강원은행과 충북은행이 조흥은행(현, 신한은행)에 합병됨에 따라 현재는 6개 지방은행이 존속하고 있다. 지방은행은 지역에서 조성된 자금을 가능한 한 그 지역으로 환원하기 위해 설립되어 담당 행정구역 밖의 점포진출을 제한하여 지점설치는 서울 및 5개 광역시에만 제한적으로 허용하고 서울 소재 지점의 대출한도를 규제했다. 하지만 1998년 11월 이러한 규제가 완전히 폐지되어 시중은행과 지방은행의 구분이 사실상 없어졌다.

### (3) 인터넷전문은행

인터넷전문은행(internet only bank)은 별도의 점포 없이 온라인이나 모바일 환경에서 예 · 적금, 대출, 지급결제 등 금융거래를 하는 은행이다. 인터넷전문은행은 점포가 없어서 임대료나 인건비 등이 적게 드는 만큼 고객에게 높은 예금금리와 낮은 대출금리 및 수수료를 제공하는 것이 가능하다.

정부는 2015년 11월 비대면으로 고객의 실명을 확인할 수 있도록 관련 규정을 바꾸고 ICT업체가 주도하는 2개의 컨소시엄에 은행업 예비인가를 주고 2016년 초에 본인가를 주었다. 이에 따라 2017년 4월과 7월에 케이뱅크은행(현, 케이뱅크)과 한국카카오은행(현, 카카오뱅크)이 출범하였으며, 이어 2021년 10월 토스뱅크가 세 번째로 사업을 시작하였다. 인터넷전문은행이 성공하기 위해서는 빅데이터를 활용하여 정교한 신용평가모형을 구축하는 것이 필수적이다. 이와 함께 보다 간편한 인증절차와 인터페이스를 구축하여 더욱 유연한 체제를 갖추고 해킹 등으로부

가 1997년 7월 동법의 폐지로 일반은행으로 되었다.

터 철저한 보안과 안전장치의 확보가 중요하다.

인터넷전문은행은 은산분리 원칙(산업자본의 은행소유 제한)에 따라 산업자본이 의결권 있는 은행 지분의 4% 이하만 소유할 수 있어 이들이 실질적인 경영권을 갖고 혁신적인 사업을 주도하는 데에는 한계가 있었다. 이를 해결하기 위해 2018년도에 산업자본의 인터넷전문은행 지분 상한을 기존 은행법 기준 10%(의결권이 있는 주식은 4%)에서 인터넷전문은행에만 의결권 있는 주식의 34%까지 높이는 「인터넷전문은행 설립 및 운영에 관한 특례법」이 국회에서 통과되었다.

## 2) 특수은행

특수은행은 일반은행이 수익성이나 전문성 또는 재원 조달상의 제약 등으로 필요한 자금을 충분하게 공급하지 못하는 국민경제의 특수분야에 대한 금융지원을 위해 설립되었으며, 한국산업은행(현, KDB산업은행), 중소기업은행(현, IBK 기업은행), 농협은행(현, NH농협은행), 수산업협동조합(현, 수협중앙회)의 신용사업부문 등이 있다.

특수은행은 그 설립 취지가 자금운용에 있어서는 일반 상업금융의 취약점을 보완하고 특정 부문에 대한 전문성을 살리고, 자금조달에서는 예금 이외에 정부 및 해외로부터의 차입금, 채권발행 등에 많이 의존하였다. 그러나 그간 금융환경의 변화로 특수은행들의 자금조성이 일반은행과 같이 민간으로부터의 예금에 대부분 의존하고 취급업무도 일반은행에서 취급하는 대부분의 업무를 취급하고 있어 일반은행과 특수은행의 구분이 사실상 없어졌다.

이하에서 한국산업은행과 중소기업은행의 주요 기능을 설명한다.

### (1) 한국산업은행

한국산업은행은 1918년 설립된 조선식산은행(해방 이후 한국식산은행으로 개칭)의 후신이다. 한국산업은행은 한국전쟁 이후 전쟁피해 복구와 물자생산 증대의 필요에 따라 산업부흥과 국민경제의 발전을 촉진하기 위한 중요 산업자금의 공급 및 관리를 목적으로 제정된 「한국산업은행법」에 의거 1954년 4월 전액 정부 출자와 한국식산은행의 자산과 부채를 승계하여 설립되었다. 설립 당시는 자본시장이 발달하지 못하여 장기 설비금융의 조달이 극히 어려웠으므로 원조자금과 재정자금이 이 은행의 주요 재원이었으나 현재는 정부와 한국은행으로부터의 차입 이외에 국내외 금융시장을 통한 산업금융채권의 발행, 외국 차관 등이 주요 재원이 되고 있다.

한국산업은행은 대출을 통한 직접적인 지원 이외에도 지급보증, 출자 등을 통하여서도 중요산업을 지원한다. 이를 위해 1997년 요구불예금의 수입 확대, 단기수신상품인 CD 및 표지어음 발행업무, 유가증권의 인수업무 등 유가증권업무의 확충 등이 이루어져 일반은행과 투자은행의 업무가 대폭으로 확충되었다.

이에 따라 한국산업은행의 설립목적인 개발금융의 의미가 많이 퇴화하여 그 정체성에 관한 오랜 논의를 거친 끝에 「한국산업은행법」의 개정과 「한국정책금융공사법」의 제정을 통해 2009년 10월 상업금융을 담당하는 산은금융지주회사와 정책금융을 담당하는 한국정책금융공사로 분할되었다. 하지만 2012년 7월 다시 관련 법률을 개정, 양사를 산은금융지주회사로 통합하고 수출입은행으로 이관되는 대외금융기능을 제외한 종래 정책금융회사가 취급하던 모든 업무를 승계하도록 하였다. 산은금융지주회사는 산하에 한국산업은행과 금융투자회사, 여신전문금융회사 등을 자회사로 거느리고 한국산업은행은 소매금융을 확대하는 등 상업은행과 투자은행업무를 포괄하는 상업투자은행(commercial investment bank)의 기능을 수행하고 있다.

### (2) 중소기업은행

중소기업은행은 중소기업자에 대한 효율적인 신용제도를 확립함으로써 중소기업자의 자주적인 경제활동을 원활히 하고 이들의 경제적 지위의 향상을 도모할 목적으로 1961년에 농업은행으로부터 분리되어 설립되었다.

그러나 중소기업은행은 자금조달에서 상당 부분 일반은행과 동질화되었으며, 자금운용에서도 지방은행, 지방저축기관 등의 설립으로 중소기업금융 전담기관으로서의 비중이 많이 저하되었다.

### 3) 기타 은행제도

기타 은행제도로서 열거할 수 있는 것은 코레스은행(correspondent bank)제도와 그룹은행(group banking)제도로서 연쇄은행(chain banking)제도 등을 들 수 있다.

코레스은행은 한 은행이 자기의 지점이 없는 지역에 소재하는 다른 은행과 코레스계약을 체결하고 상대방을 대신하여 금융서비스를 제공하는 은행제도로 국제간 은행들의 코레스제도가 그 전형이다. 코레스은행은 주로 국제 환거래업무를 대행하나 이 밖에도 코레스은행은 상대 은행에 대해 전문서비스를 제공하기도 한다. 미국의 경우 지방은행이 대도시 소재 대규모 은행과 코레스관계를 갖게 될 때 대도시 소재 은행이 결제, 외환, 리스, 신탁, 투자대행, 협조 대출 등을 지방은행에 제공해 주는 대신 지방은행은 대도시 소재 코레스은행에 구속성예금(compensating balance)을 무이자로 예치하기도 한다.

그러나 최근 들어 이와 같은 패키지거래보다는 코레스은행이 제공하는 개별 서비스별로 상대 은행이 수수료를 지급하고 대신 코레스은행에 예치한 예금에 대해서는 명시적인 이자를 지급하는 방식이 늘어나고 있다.

연쇄은행이란 한 개인이나 기관이 두 개 이상의 은행을 소유하거나 경영권을 통제하는 경우를 말한다.

우리나라의 경우 현재 금융그룹으로 금융지주회사그룹, 모 · 자형 순수금융그룹 및 금융 · 비금융 계열집단으로 분류할 수 있다. 금융지주회사의 경우 대부분 은행 중심 그룹이다. 비은행금융그룹의 경우 모 · 자형과 금융 · 비금융 계열집단이 주종을 이루고 있다.

금융 · 비금융 계열집단의 경우 순환출자, 교차출자, 공동출자 등 복잡한 출자관계로 얽혀 있어 자회사 간 리스크의 전이 · 집중이 쉽게 이루어질 수 있고 개별 금융회사 단위의 규제 · 감독이 이루어지고 있어 비금융부문의 리스크가 금융부문에 전이될 수 있는 우려 등 금융소비자 보호 문제와 시스템 리스크를 초래할 가능성 등이 상대적으로 크다. 따라서 현재 금융 · 비금융 계열집단 등 금융그룹을 금융지주회사로 전환하도록 정책적으로 유도하고 있다.

## 2. 비은행예금취급기관

비은행예금취급기관은 자금 대부분을 특정 지역의 서민이나 영세상공인으로부터 저축성 예금 형태로 조달하여 이를 특정 목적과 연관된 대출로 운영하는 저축예금기관(savings institution)들이다. 비은행예금취급기관으로는 상호저축은행과 신용협동기구 등이 있으며 전자는 주식회사 형태를, 후자는 주로 조합 형태를 취하고 있다.

신용협동기구는 신용협동조합, 새마을금고 및 농 · 수 · 산림조합의 지역(단위)조합에서 운영하는 상호금융을 말한다. 신용협동기구의 일차적인 목적은 구성원 간의 유대 및 상호부조에 있으며 금융업무는 이와 같은 목적을 달성하기 위한 보조수단이라 할 수 있다. 신용협동기구는 주로 조합원을 대상으로 상호금융업무를 수행하나 이 밖에 제한적으로 은행 등을 이용하지 못한 서민이나 영세상공인을 대상으로도 금융업무를 수행하고 있다.

### 1) 상호저축은행

상호저축은행은 사금융을 제도금융으로 흡수, 발전시키고자 1972년 8월에 공포된 「상호신용금고법」에 의하여 설립된 서민금융기관으로 2001년 3월 「상호저축은행법」으로 개칭되면서 그 명칭도 상호신용금고에서 상호저축은행으로 바뀌었다.

상호저축은행의 취급업무는 크게 수신업무와 여신업무로 나눠 볼 수 있다. 수신업무는 애초에는 일정기간을 정해 부금을 내고 약정기간의 중도 또는 만료 시 부금자에게 일정금액을 지급할 것을 약정하는 신용부금업무와 일정 계좌 수별로 기간과 금액을 정하고 정기적으로 예금을 내도록 하여 계좌마다 추첨, 입찰 등의 방법에 따라 계원에게 금전의 지급을 약정하는 상호신용계업무 및 일반예금과 유사한 부금예수금 등이 주된 업무이었다. 그러나 금융환경의 변화로 상호신용금고의 상호금융적 성격이 퇴색되고 일반은행화됨에 따라 업무범위가 종합적인 예금 및 저축업무로 확대되었다.

여신업무로는 애초에는 계원 또는 부금가입자를 대상으로 하는 어음할인과 할부

상환방식의 소액신용대출로 제한되었으나 1994년 및 1997년 「상호신용금고법」의 개정으로 이와 같은 제한이 해제되어 일반적인 대출업무로 범위가 확대되었다. 이와 동시에 부대업무로 공과금 대리수납, 보관업무, 내국환, 표지어음 매출업무 등이 허용되었으며 1998년 1월부터 외국환업무, 2015년부터 할부금융업무 취급도 허용되었다.

상호저축은행중앙회는 1999년 4월부터 내국환업무 및 국가 · 공공단체 또는 금융기관의 대리업무(국고수납 등) 취급이 허용되었고 2006년 4월부터 금융위원회로부터 권한을 위탁받아 상호저축은행에 대한 리스크관리 이행 점검, 업무조사방법 준수 여부 등에 대한 조사와 조사결과 시정 요구 등 일부 감독 및 검사업무를 수행하고 있다.

상호저축은행중앙회는 통합금융정보시스템을 구축하여 전국에 소재한 회원기관들을 온라인으로 연결하여 회원사 간 자금이체서비스를 제공하고 소속 회원의 결제자금 부족 시 유동성을 제공한다. 이들은 또한 금융결제원의 은행공동망에 특별회원으로 참가하여 은행의 창구나 CD/ATM 등을 이용하여 자금 입출금, 은행으로의 자금이체, 공과금의 자동 납부 등 소액결제서비스를 제공하고 있다.

### 2) 신용협동조합

신용협동조합(credit union) 기구들은 개별 법에 따라 예금보호기금을 운영하고 있다. 신용협동조합의 기금은 주로 단위조합의 보험료, 정부출연금 및 타 회계 차입금 등으로 조성되며 퇴출 조합의 예금대지급과 부실조합에 대한 경영개선자금 등으로 사용된다. 이들은 각 설립 근거법에 따라 해당 정부 부처(농 · 수협의 경우 농림축산식품부, 신협의 경우 금융위원회, 새마을금고의 경우 행정안전부, 산림조합의 경우 산림청)의 지도 · 감독을 받는다.

신용협동조합은 예탁금 · 적금의 수납, 조합원에 대한 대출, 내국환, 국가 · 공공단체 · 신용협동조합중앙회와 금융기관의 업무 대리, 조합원을 위한 유가증권 · 귀금속과 중요 물품의 보관 등 보호예수업무, 어음할인, 직불 및 선불전자지급수단의 발행 · 관리 및 대금의 결제 등의 업무를 한다.

중앙회는 조합으로부터 예·적금 및 상환준비금 등을 수납하여 조합에 자금을 대출하거나 조합이나 조합원을 위한 내국환 및 외국환업무를 수행한다. 국가·공공단체 또는 금융기관의 업무를 대리하는데, 조합에 대한 지급보증 및 조합에 대한 어음할인, 국채증권 및 지방채증권의 인수·매출, 직불 및 선불전자지급수단의 발행·관리 및 대금의 결제도 수행한다. 조합이나 조합원을 위한 공제사업, 국가 또는 공공단체가 위탁하거나 보조하는 사업, 이들 사업에 부대하는 사업 또는 기타 목적달성에 필요한 사업 등을 수행한다. 중앙회의 신용사업부문 중 조합이나 조합원을 위한 내국환업무와 국가·공공단체 또는 금융기관의 업무 대리는 「은행법」(제2조) 및 「한국은행법」(제11조)의 규정에 따른 은행으로 본다.

중앙회는 결제리스크를 방지하기 위해 은행공동망의 차액결제와 국고금의 결제는 결제대행 은행을 통해 수행하는데, 이를 위해 중앙회(연합회)는 결제대행 은행과 계약을 맺고 당좌계좌를 개설하여 해당 기관의 차액결제자금 및 국고금 수납자금을 엄금한다. 중앙회(연합회)는 또한 거액의 결제를 위해 한국은행에 당좌계좌를 개설하고 한은금융망에 가입하고 있다.

한편 서민금융기관의 경쟁력과 금융거래 이용자의 편의를 높이기 위해 2007년 1월부터 상호저축은행과 신용협동조합 및 이들의 중앙회도 직불카드 및 선불카드의 발행 및 결제업무를 영위할 수 있도록 하였다.

### 3) 새마을금고

새마을금고(new community finance association)는 도시의 동과 농촌의 리단위 및 직장단위로 조직된 신용조합으로 주로 회원으로부터 예탁금, 적금 등으로 조달된 자금을 회원에 대한 대출로 운용하는 신용사업을 수행하고 있다. 이 밖에 국가, 공공단체와 금융기관의 업무 대리, 보호예수, 회원을 위한 공제사업과 교육사업, 문화복지 후생 및 지역개발사업 등을 수행한다.

새마을금고는 예·적금 잔액의 10% 이상을 상환준비금으로 보유하고 상환준비금의 50% 이상을 새마을금고중앙회에 예치하여야 한다.

새마을금고는 회원의 출자로 설립된 개별 금고와 별도 법인인 중앙회로 구성되고, 중앙회는 금고에 대한 지도 감독, 검사, 금고를 대상으로 예탁금의 수입과 대출, 내국환, 보호예수, 공제사업 등을 수행한다. 중앙회는 중앙회 내에 예 · 적금에 대한 보호장치로서 안전기금을 설치 운영하고 있다. 이 기금은 회원 금고로부터의 출연과 중앙회의 타 계정으로부터의 차입 등으로 조성되며 퇴출 금고의 예금 대지급과 부실 금고에 대한 구조조정지원자금 등으로 지원된다.

새마을금고의 신용사업에 대한 감독은 행정안전부 장관이 금융위원회와 협의하여 행하게 되어 있으며 행정안전부 장관은 다시 시 · 군 및 구청장 등 지방자치단체장에게 감독 권한을 위임하고 있다.

### 4) 농 · 수 · 산림조합

농 · 수 · 산림 협동조합은 각각 농어민 등에 상호 부조를 목적으로 설립되어 농업, 수산업 및 산림업에 대한 조합원 지도 및 공동이익 도모사업과 조합원 상호 간의 금융을 취급하고 있다. 이러한 조합들도 신용협동기구로서 주로 회원으로부터 예탁금, 적금 등으로 조달된 자금이나 국가에서 지원하는 정책자금을 회원에 대한 대출로 운용하는 신용사업을 영위하고 있다. 또한 각 조합의 특성에 따라 농수산물 판매 · 유통, 산림사업 등 경제사업을 수행하고 있다.

### 5) 한국수출입은행

한국수출입은행은 중장기 신용에 의한 수출입 및 해외투자와 해외자원개발을 지원하기 위하여 1969년 7월에 제정된 「한국수출입은행법」에 의거 1971년에 설립되었다. 수출입은행의 주요 업무는 수출업자에 대한 중장기 수출자금(6개월 이상), 해외기술제공자금, 주요 원자재 수입자금, 주요 자원개발수입 지원자금, 수출환어음 재할인과 우리나라 상품 수입업자에 대한 자금제공, 수출입은행의 지원대상이 되는 자금이 채권발행을 통하여 조달되는 경우 해당 채권의 응모 · 인수 · 투자 · 보증 및 해외투자 · 해외자원개발을 위한 집합투자기구에의 출자 등이다. 한국수출입은행의 자본금은 정부, 한국은행과 한국산업은행이 공동출자하고 있으며 자금조달을 위하여 출자기관으로부터의 차입과 수출입금융채권의 발행도 가능하다.

한국수출입은행은 1987년 6월부터는 개발도상국에 대한 공적개발원조자금의 지원을 위해 설치된 대외경제협력기금의 관리업무를 대행하고 있으며 2003년 8월 남북경협합의서의 발효에 따라 남북 간의 청산 · 결제은행으로 지정되었다. 종래 한국은행이 취급하였던 수출보험 대행업무는 1992년 7월 설립된 한국무역보험공사에 이관하였다.

### 6) 우체국

우체국에서 취급하는 우체국 금융(postal savings)은 경제개발 초기에 국가 정책사업에 드는 자금을 조달하고 농어촌 등 민간금융 취약지역 주민들의 편의를 위해 도입, 1970년대 후반에 폐지되었다가 1983년에 부활하였다.

현재 우체국은 이 밖에도 보험, 개인연금, 지로(postal giro), 환매채 및 우편환업무 등을 취급하고 있으며 최근에는 온라인 전산망을 금융전산망에 연결하여 지역주민의 이용상의 편리성을 높이는 등 업무를 더욱 확대하고 있다. 우체국 금융이 조성한 자금은 일상적인 영업자금을 제외하고 전액을 재정투융자특별회계 등에 예탁하여 공공부문에 운용하고 있다.

## 3. 기타 금융 관련 기관

### 1) 신용보증기관

신용보증이란 신용이 낮고 담보력도 부족하여 스스로 자금을 차입하기 어려운 개인 또는 기업에 대하여 채무의 이행을 보증하여 줌으로써 자금의 차입을 쉽게 해주는 제도를 말한다. 신용보증기관이 피보증인의 신용위험을 보증하면 자금대여자는 피보증인에게 자금을 안전하게 대여할 수 있다. 원칙적으로 개인이나 법인 모두가 피보증인과 보증인이 될 수 있는데 보증인이 개인일 경우에 이를 인적 담보라 부른다. 이는 우리가 흔히 알고 있는 담보, 즉 물적 담보에 대비되는 개념이다.

신용보증기관은 신용보증서비스를 전문으로 제공하는 기관이다. 우리나라의 신용보증기관으로는 신용보증기금, 기술신용보증기금, 지역신용보증재단, 서울보증

보험 등이 있다. 우리나라 최초의 공적 신용보증기관인 신용보증기금은 「신용보증기금법」에 따라 1975년 3월 특수법인으로 설립되어 중소기업은행에 의한 잠정적인 업무대행체제를 거친 후 1976년 6월 독립기구로 정식 발족했다. 현재 신용보증기금이 취급하고 있는 보증의 종류는 대출보증, 지급보증의 보증, 사채보증, 납세보증, 어음보증, 시설대여보증, 이행보증, 무역어음 인수보증, 제2금융보증, 상거래담보보증, 담보부보증 등 일반보증과 회사채나 채권담보부 증권보증 등 특수보증이 있다.

신용보증기금의 주요 재원은 법적으로 정부, 금융기관과 기업의 출연으로 조성하게 되어 있으나 현실적으로 기업의 출연은 이루어지지 않고 주로 금융기관과 정부의 출연에 의존하고 있다. 신용보증기금에 출연이 의무화되어 있는 금융기관은 일반은행, 특수은행, 개발기관과 신탁회사 등이다. 정부는 매 회계연도 정부예산 중 일부를 출연하며 금융기관은 출연대출금의 0.2%에 해당하는 금액을 매월 출연하게 되어 있다.

기술신용보증기금은 중소기업의 기술개발을 지원하기 위해 1986년 12월 「신기술사업 금융지원에 관한 법률」(2002년 「기술신용보증기금법」으로 변경)이 제정됨에 따라 신용보증기금 내에 기술신용보증기금이 설치운용되어 오다가 1988년 12월 이 법률이 개정되면서 독립된 법인격을 부여받고 1989년 4월에 설립되었다(2016년 「기술보증기금법」으로 변경되면서 '기술보증기금'으로 기금의 명칭도 바뀌었다).

기술신용보증기금이 취급하는 보증의 종류는 신용보증기금이 취급하는 일반 신용보증 이외에 신기술사업화자금에 대한 보증업무를 취급하고 있다. 특히 기업에 대한 기술평가, 기술지도, 기술중개업무 등 기술 관련 업무를 중점적으로 취급하게 하려고 총보증공급의 3/4 이상이 기술신용보증이 되도록 의무화되어 있다. 동 기금은 정부, 금융기관이나 신기술사업금융회사로부터 출연을 받고 있다. 보증재원은 정부, 금융기관, 신기술사업금융회사의 출연금으로 충당하고 있다. 지역 신용보증재단은 1999년 지역 소재 중소기업에 대한 신용보증을 위해 지역신용보증재단법을 제정하면서 광역자치단체별로 16개가 설립되었다.

기술신용보증기금의 보증한도는 기본재산과 이월이익잉여금 합계액의 20배다.

기술신용보증기금은 이 밖에도 「신용정보의 이용 및 보호에 관한 법률」에 의거 금융위원회의 허가를 받아 신용조회업을 영위하고 있다.

신용보증기관은 피보증인의 신용위험을 대신 떠맡는 역할을 한다. 특히 신용보증기관이 부담해 주는 신용위험은 일반 금융기관들이 피하는 높은 수준의 신용위험이 대부분이다. 따라서 신용보증기관에는 일반 금융기관을 훨씬 능가하는 신용위험의 평가, 관리능력이 요구된다. 그렇지 못하면 막대한 보증손실을 피할 수 없기 때문이다. 따라서 신용보증기관은 신용위험관리를 철저히 해야 할 뿐만 아니라, 신용위험 수준에 상응하여 보증수수료를 부과하는 것이 필요하다.

### 2) 신용정보회사

신용정보업은 신용정보를 수집, 가공 및 평가하여 이를 금융회사 등 신용정보 이용자에게 제공하는 사업을 말한다. 신용정보는 개인 관련 정보와 기업의 신용능력을 판단하는 신용능력정보로 구분할 수 있다.

개인 관련 신용정보는 식별정보, 신용거래정보 및 공공기록정보 등이 있다. 식별정보는 개인의 주민등록번호, 주소, 직업 등 개인의 신상을 확인하기 위한 정보이고 신용거래정보는 예금, 대출, 보증 현황과 연체, 부도 등 금융회사와의 거래기록정보를 일컫는다. 그리고 공공기록정보는 금융사기 등 금융질서 문란행위와 국세, 지방세 등의 각종 세금체납정보 등을 포함한다.

기업의 신용능력정보는 기업의 사업내용, 감사의견 등 신용정보 주체의 신용거래능력을 판단할 수 있는 정보를 말한다. 원칙적으로 공개가 요구되는 기업 신용정보와는 달리 개인정보는 오 · 남용이나 유출되면 개인의 사생활을 침해할 가능성이 크다. 이에 현행 「신용정보의 이용 및 보호에 관한 법률」과 「정보통신망법」을 중심으로 「공공기관개인정보보호법」, 「금융실명거래법」, 「특정금융거래정보의 보고 및 이용법」 등에 개인정보의 오 · 남용과 누설에 대비하기 위해 국제적인 기준을 고려하여 개인정보 보호를 위한 규정을 담고 있다.

현행 「신용정보의 이용 및 보호에 관한 법률」은 신용정보업을 수행하는 자를 신용정보업자(credit bureau)와 신용정보집중기관으로 구분하여 규율하고 있다. 신용정보업자는 개인이나 기업 중 신용정보 주체의 개별 정보를 조사 · 수집 · 정리하여 금융회사 등 신용정보 이용자에게 제공하고 이의 대가로 수수료를 받는 자를 말한다. 신용정보업무의 종류는 신용조사, 신용조회, 채권추심, 신용평가,08 부대업무 및 기타 금융위원회의 승인을 얻은 업무로 구분된다. 신용정보업자는 이 법에서 정한 일부 업무09 외에는 금융위원회에 미리 신고하고 허가받은 업무와 관련된 업무를 겸업할 수 있다.

신용조사업이란 타인의 의뢰를 받아 신용정보를 조사하고 이를 의뢰인에게 제공하는 업무를 말한다.

신용조회업이란 신용정보를 수집 · 정리 또는 가공 · 처리하고, 의뢰인의 조회에 따라 신용정보를 제공하는 업무로 신용조회업자는 자체적으로 신용정보를 수집 · 조사 · 분석하여 데이터베이스를 구축하고, 상거래를 목적으로 한 신용정보 수요자에게 정보를 제공한다.

신용조회회사(credit bureau: CB)는 예금, 대출, 카드 등 상거래정보, 세금 관련 정보 등 개인의 신용 관련 정보를 금융회사, 공공기관, 기업 등으로부터 수집 · 가공 · 평가하여 이를 바탕으로 개인의 신용등급을 산출한다. 신용조회회사는 이와 같은 정보를 금융회사 등에 제공하고 개별 신용정보 주체에게는 본인의 신용정보 및 변동사항, 신용평점 산정, 신용인증, 신용상담 등의 서비스를 제공한다. 한국신용정보(NICE), 한국신용평가정보(KIS), 한국개인신용(KCB), 서울신용평가정보 등이 금융위원회의 허가를 받아 업무를 영위하고 있다.

신용정보업을 영위하기 위해서는 공신력을 높이기 위해 금융기관이 50% 이상 출자한 법인으로서 소정의 최저자본금(신용조사 및 채권추심업의 경우 30억 원, 신용조회 및 평가업의 경우 50억 원)과 충분한 인적 · 물적 요건을 갖추어 금융위원회

08 투자자 보호목적으로 기업 등의 신용평가를 제공하는 신용평가업은 신용정보의 활용을 규율하는 「신용정보의 이용에 관한 법률」과는 규제 취지가 상이하여 2013년 「자본시장법」 개정으로 신용평가업에 대한 규제는 동 법으로 이관되었다.

09 1. 개인에 대하여 타인의 신용정보 및 신용정보를 가공한 신용정보를 제공하는 업무
2. 다른 회사 채권에 대한 부채증명서 발급대행업무
3. 부실채권 매입, 채권추심 등 타인의 권리실행을 위한 소송사건 등의 대리업무, 신용평가회사의 개인 신용등급 산정업무 등 신용정보회사의 업무범위를 벗어난 업무
4. 신용정보 주체 또는 사회에 명백하게 해악을 끼칠 수 있는 업무로서 시행령으로 정하는 업무

의 허가를 받아야 한다. 신용조사나 채권추심업과 비교해 신용조회와 평가업의 진입요건이 더 엄한 것은 이 사업을 영위하기 위해서는 더 전문성이 있는 인적자원과 전산 설비, 네트워크 구축 등 고정 투자비용이 많이 들기 때문이다.

채권추심업이란 상거래에서 발생한 금전채권으로서 정당한 사유 없이 약정기일 내에 변제되지 아니한 채권을 채권자로부터 위임을 받아 채권행사를 대행하는 서비스를 말한다. 여기서 추심채권은 「상법」에 따른 상행위로 생긴 금전채권, 판결 등에 따라 권원이 확정된 민사채권으로서 시행령이 정하는 채권 및 다른 법률에서 신용정보회사에 대한 채권추심의 위탁을 허용한 채권을 말한다.

### 3) 신용평가회사

신용평가업이란 투자자를 보호하기 위하여 금융상품 및 신용공여 등에 대하여 그 원리금이 상환될 가능성과 기업 · 법인 및 간접투자기구 등의 신용도를 평가하는 행위를 말한다. 신용평가회사는 피평가대상 주체나 이들이 발행하는 증권의 신용등급을 평가하여 기호로 표시하고, 이를 투자자나 채권자 등 이해관계자들에게 제공하고 수수료를 받는다.

신용등급체계는 신용평가사에 따라 다르지만, 일반적으로 AAA, AA, A, BBB, BB, B, CCC, … 등으로 표시되는데, 등급마다 + 또는 -가 주어지기도 하고 여기에 안정적(stable), 긍정적(positive), 부정적(negative) 등 향후 등급 전망이 추가된다. 예를 들면, 현재 신용등급이 $AA^-$ 부정적(negative)이라면 현재 신용등급은 $AA^-$이지만 $A^+$ 또는 그 이하로 하향 조정될 가능성이 있음을 말한다. $BBB^-$ 이상을 투자등급, $BB^+$ 이하를 투자부적격등급 또는 투기등급이라고 한다.

신용평가사가 매기는 신용등급은 기업이나 금융기관의 자금조달비용에 상당한 영향을 미친다. 신용등급이 낮아질수록 채무상환능력이 낮아진다는 것을 의미하므로 그에 비례하여 위험프리미엄이 커져 자금조달비용이 늘어나기 때문이다. 우리가 흔히 정크본드(junk bond)라고 부르는 것은 다름이 아니라 신용평가사들이 투자부적격등급(즉, 신용등급 $BBB^-$ 미만인 등급)으로 평가한 채권이며, 일단 정크본드 판정을 받으면 엄청난 프리미엄을 지급하지 않고는 투자자들에게 판매할 수가 없다.

신용평가회사의 신용평가등급은 채권자나 투자자들의 판단에 중요한 정보가 되기 때문에, 신용평가회사가 비싼 수수료를 받고도 품질이 낮은 정보를 제공하는 것을 방지하기 위해 기업 신용위험 관련 예측정보와 신용평가정보의 공시, 신용평가 결과분석(default study)[10]제도의 도입 등 신용평가업무에 대한 시장규율을 강화하였다. 또한 피평가 기업들이 좋은 평가등급을 받기 위해 평가등급 쇼핑(rating shopping)하는 것을 방지하여 평가업무의 공정성을 높이기 위해 신용평가회사가 동일 회사에 대해 평가업무와 컨설팅업무를 동시에 수행하는 것을 금지하고 있다. 「자본시장법」은 신용평가회사의 평가방법 등에 관한 작성 · 공시의무를 강화하여 신용평가회사는 신용등급의 부여 · 제공 · 열람에 제공하기 위한 방침 · 방법을 정하고 이를 금융위원회 등에 제출하게 하고 금융감독원은 이를 DART(전자공시시스템) 등에 공시하도록 규정하고 있다.

### 4) 금융결제원

금융결제원(Korea Telecommunication and Clearing Institute)은 1986년 6월 전국 어음교환관리소와 은행지로관리소를 통합하여 설립된 「민법」상의 사단법인이다. 현재 금융결제원 참가기관으로는 10개의 사원은행, 12개의 준사원은행 및 99개의 특별 참가기관으로 구성되어 있다(2020년 6월 기준).

금융결제원은 어음교환소의 설치 및 운영, 은행 지로, 금융공동망의 구축 · 운영, 부가가치통신망(VAN)사업 운영업무를 주로 수행하고 있다.

어음교환업무는 동일 경제권역 내에 있는 은행들이 영업활동을 통하여 수납한 어음(수표, 어음 및 제증서 등) 중 다른 은행에서 지급하여야 할 어음을 상호 교환하고 그 차액을 일괄 결제하는 것이다.

지로업무는 지급인과 수취인 사이의 각종 채권 · 채무의 결제나 자금의 이전을 금융기관의 예금계좌를 통하여 처리하는 것으로서 금융결제원이 은행 지로업무를

10 누적부도행렬, 전이행렬 등 전체적인 데이터와 유형별 신용등급의 적정성 및 신용위험에 대한 예측정보제공기능을 독립적으로 평가하고 의견을 제시하는 제도를 말한다.

집중하여 결제하는 지로센터로서의 역할을 담당하고 있다.

금융공동망은 금융결제원을 중계센터로 각 금융기관이 통신망으로 상호 연결하여 각종 금융거래 및 금융정보를 처리할 수 있도록 하는 것으로 CD/ATM 공동망, ARS 공동망 등이 있다. 이 외에 부가가치통신망사업으로 신용카드 거래승인서비스 및 자금관리서비스 등이 포함된다.

### 5) 금융정보분석원

금융정보분석원(Financial Intelligence Unit: FIU)은 「특정 금융거래정보의 보고 및 이용 등에 관한 법률」(2001년 9월 제정)에 의거 금융위원회 내에 설립되었다. 금융정보분석원은 자금세탁 등을 감시하기 위해 금융기관 등으로부터 일정 규모 이상의 현금거래 및 불법재산 또는 자금세탁행위로 의심이 가는 거래 등의 금융거래정보와 세무 자료, 주민등록 자료 등 공공정보를 포함하는 일정 관련 정보를 일괄 수집 · 집중하여 이를 데이터베이스화하고 수집된 정보를 대조 · 분석하여, 법집행기관[11]들이 수사 · 조사 등 업무에 활용할 수 있도록 원시정보 및 분석정보를 제공하는 업무를 수행한다.

자금세탁(money laundering)이란 범죄자가 범죄행위로부터 취득한 재산을 금융거래 및 경제거래 등을 이용하여 위법한 출처를 숨기고 적법한 수입으로 가장하는 일련의 과정을 말한다. 자금세탁을 방지하기 위한 규제법률로 「특정 금융거래정보의 보고 및 이용 등에 관한 법률」과 「범죄수익은닉의 규제 및 처벌 등에 관한 법률」 등이 있다.

「특정금융거래정보의 보고 및 이용 등에 관한 법률」은 금융정보분석원의 설치, 금융기관 등의 혐의거래보고, 금융기관 등의 고액현금거래보고, 금융기관 등의 고객주의의무, 혐의거래에 대한 심사분석, 자금세탁 관련 정보제공, 보안유지 및 재판상 증거사용 불가 등을 규정하고 있다.

「범죄수익은닉의 규제 및 처벌 등에 관한 법률」은 자금세탁행위를 전제범죄

11 금융정보분석원장은 불법재산, 자금세탁 등에 관련된 수사를 위해 금융위원장, 중앙선거관리위원장, 검찰총장, 국세청장, 관세청장의 요구가 있으면 필요한 금융정보를 제공하여야 한다.

(predicate offence)12로 규정하고 불법재산 또는 자금세탁행위 발견 시 금융기관 등의 신고의무, 범죄수익 등의 몰수 추징, 국제공조의 시행 등을 규정하고 있다.

이와 같은 업무를 효율적으로 수행하기 위해 혐의거래보고(suspicious transaction report), 고액현금거래보고(currency transaction report) 및 고객주의의무(customer due diligency)제도 등이 도입되었다. 혐의거래보고제도는 금융회사 등이 불법재산이거나 금융거래 상대방이 자금세탁행위 또는 분할거래를 하고 있다고 의심되는 합당한 근거가 있는 경우 이를 금융정보분석원에 보고해야 하는 제도이다. 고액현금거래보고제도는 동일인 명의로 이루어지는 1거래일간의 현금거래 합산액이 1천만 원(주요국 1만 달러) 이상일 경우 그 거래내용을 금융정보분석원에 보고해야 하는 제도이다. 고객주의의무제도는 금융회사가 자금세탁에 이용되지 않도록 고객을 확인하고 자금의 출처와 거래목적을 파악하는 등 고객의 신원에 대해 합당한 주의의무(due diligency)를 기울여야 하는 것을 말한다.

최근 세계적인 자금세탁방지기구인 FATF(Financial Action Task Force on Money Laundering)는 이 기구에의 가입요건으로 자금세탁의 전제범죄규정, 고객확인의무, 기록보존의무, 혐의거래보고, 테러자금 조달행위의 범죄화, 테러 관련 혐의거래의 보고 등 6대 핵심 권고사항을 포함한 40개의 권고사항과 9개의 특별권고사항을 이행할 것을 요구하고 있다.13

우리나라는 2006년 8월 '옵저버 국가'로 결정되었으며 '테러자금 조달의 억제를 위한 국제협약'을 이행하기 위하여 2007년 12월 「공중 등 협박목적을 위한 자금조달행위의 금지에 관한 법률」14을 제정하는 등 대부분 권고요건을 충족하여 2008년 11월 상호 평가를 받은 결과 2009년 10월 35번째 FATF의 정회원국으로 가입하

12 전제범죄란 자금세탁과 관련하여 처벌하는 경우 처벌대상이 되는 특정범죄(조직범죄, 마약범죄) 등을 말한다.

13 FATF는 G7 정상회의를 통해 1990년 설립된 OECD 산하의 독립기구로 현재 미국, 영국, 중국 등 37개국과 European Commission, Gulf Co-operation Council 등 2개 국제기구가 회원으로 참여하고 있으며 자금세탁방지 및 테러자금 조달 차단을 위한 국제적 네트워크 구축, 자금세탁방지 관련 국제규범의 제정 및 이행권고 등의 활동을 하고 있다.

14 공중협박자금의 조달과 관련 있는 것으로 판단되는 개인 · 법인 또는 단체를 금융거래 제한 대상자로 지정하여 고시할 수 있도록 하고, 공중협박자금을 모집 · 제공한 자 등에 대한 벌칙규정을 두고 있다

였다. 우리나라가 FATF의 정회원국이 됨으로써 국내제도의 국제적 공인을 획득하게 되어 우리 금융시장의 투명성에 대한 신인도를 높이고 우리 금융회사들의 해외 영업활동에도 긍정적으로 작용할 것으로 기대된다.

### 6) 전자서명 인증기관

전자서명 인증기관은 전자상거래의 활성화를 뒷받침하기 위해 전자서명의 공인인증서를 담당하는 기관이다. 공인인증서(certificate)란 「전자서명법」에 따라 개인 간, 기업 간 그리고 개인과 기업 간에 이루어지는 인터넷상의 상거래, 문서교환 등을 신뢰성 있게 할 수 있도록 국가로부터 지정을 받은 공신력 있는 인증기관이 발급하는 전자서명에 대한 인증서로서, 공인인증서에 의한 거래는 「전자서명법」에 의거 법적 효력을 갖는다.

공인인증서는 전자거래 상대방의 신원확인(authentication), 전송되는 정보의 변질 여부 확인(integrity), 전자거래 상대방 간 정보 송수신 여부에 대한 부인방지(non-repudiation) 등을 서비스할 수 있게 한다. 현재 전자서명 인증기관의 관련 기관으로는 공인인증기관과 등록기관이 있다.

공인인증기관(certification authority)은 전자서명의 인증관리체계를 갖추고 인증서 발급서비스를 제공하고 발급된 인증서를 관리하는 조직으로, 「전자서명법」에 의거 산업통상자원부 장관이 지정하여 운영한다. 민간부문에서는 한국증권전산㈜, 한국정보인증㈜, 금융결제원, 한국전자인증, 한국전산원 및 한국무역정보통신㈜ 등 6개 사가 운영 중이다. 이들이 발행하는 인증서는 상호 연동되어 하나의 인증서로 모든 공인인증기관의 응용프로그램을 이용할 수 있다.

등록기관(registration authority)은 가입자의 신원확인 및 등록업무 등을 대행하는 기관으로, 주로 지역적으로 분산된 은행들이 업무를 대행한다.

Chapter 03

# 환리스크

제1절 | 은행과 리스크
제2절 | 환리스크 관리

# 제1절 은행과 리스크

## 1. 은행의 이익과 리스크 구조

은행이 수행하는 가장 중요한 기능은 자산변환기능(asset transformation function)과 지급결제서비스 기능이다. 은행은 이러한 기능들을 수행하면서 부가가치를 창출하고 이익도 얻게 되지만, 그와 동시에 리스크를 떠안게 된다.

우선 은행의 주업무인 예금과 대출을 보면, 성격이 전혀 다른 자금의 공급자와 수요자 사이에서 은행이 예금자산을 대출자산으로 변환시켜 이들을 간접적으로 연결한다. 은행은 그 대가로 예대금리차 형태의 수입을 얻게 되지만, 그 반대급부로 자금 이용자의 채무변제불능리스크, 즉 신용리스크를 자금의 공급자인 예금자에게 직접 전달하지 않고 이를 중간에서 흡수 · 관리해야 한다. 그럴 뿐만 아니라 대출은 특별한 사정이 없으면 중도에 회수할 수 없는 반면 예금은 수시로 입출이 가능하므로 은행은 자금의 기간불일치리스크, 즉 유동성리스크를 항상 안고 있게 된다. 즉, 은행은 이러한 자산변환기능을 수행하는 과정에서 이에 수반되는 신용위험과 유동성리스크를 불가피하게 떠안을 수밖에 없으며, 그 과정에서 부가가치를 창출하는 것이다. 그러므로 은행은 금융기관 중에서도 특히 리스크를 적극적으로 관리할 필요가 있는 금융기관이다.

은행의 또 다른 주요 기능인 지급결제서비스 기능과 관련해서도 유동성리스크와 환리스크 등이 야기된다. 일반국민과 기업들의 경제활동과정에서 은행을 통해 이루어지는 대금지급이나 송금 건수는 하루에도 수천만 건에 달한다. 은행들은 매일 두 차례씩 모여 은행 간 차액결제를 함으로써 수천만 건의 거래를 완결시키고 그 대가로 수수료 수입을 얻지만, 청산결과 다른 은행에 지급해야 할 돈이 받을 돈보다 훨씬 많아 은행이 가진 현금으로 부족하면 유동성 부족에 빠지게 된다. 물론 일시적 유동성 부족은 은행 간의 콜론(call loan), 콜머니를 통해서 넘기기도 하고, 또는 한국은행의 단기자금대출 등 중앙은행의 최종대부자기능을 이용해서 넘길 수 있지만, 이에는 적지 않은 추가적인 비용이 수반된다. 그뿐만 아니라 이러한 일이 빈번해지게 되면 은행의 신용도가 떨어져 전반적인 조달금리가 상승하게 되어 수익성을 악화시키고, 심하면 유동성 악화로 은행의 존립에까지 영향을 미칠 수도 있다. 또한 은행은 무역거래대금 지급결제, 유학생 생활비 송금이나 해외여행비 지출, 해외차입 및 상환 등 국가 간의 자금거래와 지급결제서비스도 하므로 환전수수료나 송금수수료 등의 수입을 얻기도 하지만, 동시에 외화유동성 문제에 직면할 수도 있고 외화 가치의 변동으로 인한 환리스크도 안게 된다.

앞의 [표 2-1]은 1997년 이후 은행과 비은행 예금취급기관 수가 급감했음을 보여주고 있다. 이는 1997년 경제위기를 맞아 다수의 은행과 비은행 예금취급기관들이 파산하여 정리되거나 다른 금융기관에 인수 · 합병되어 사라졌기 때문이다. 신용리스크관리에 실패한 결과이다.

이처럼 은행의 위험관리기능은 은행의 수익성과 더 나아가서는 존립에까지 영향을 미치는 중요한 요소이다. 리스크가 없으면 수익이 없는 반면, 리스크관리에 실패하면 막대한 손실을 볼 수 있다. 다시 말하면, 은행의 리스크관리능력이 은행을 이용하는 예금자와 대출자에 비해 뛰어나지 못하면 결국 은행이 감수하는 리스크만큼 부가가치와 수익을 창출하지 못하게 되어 손실을 보게 되는 것이다.

## 2. 국제금융거래의 리스크 유형

국제금융거래를 하다 보면 예상하지 못한 환율 · 금리변동이나 거래 상대방의 계약불이행 등으로 인하여 자금결제나 보유 외환자산의 손실이 발생하거나 실제 실현된 이익이 기대에 미치지 못하게 되는 리스크를 감당하게 될 수 있다. 국제금융거래, 즉 이종통화 간의 외환 및 자금 대차거래에서 발생할 수 있는 리스크에는 거래 당사자 간의 지급제약조건 불이행에 따른 신용리스크(credit risk), 환율 · 금리변동에서 초래되는 환율 · 금리리스크(rate risk), 필요자금 조달의 차질에 따른 유동성리스크(liquidity risk), 그리고 개별 국가의 외환 · 금융 · 세제 등 관련 제도변경이나 규제조치 등에 의해 초래되는 정치리스크(country risk) 등이 있다.

### 1) 신용리스크

신용리스크(credit risk)는 결제의무자가 계약상의 지급의무를 이행하지 못할 때 발생하는 리스크이다. 즉, 신용리스크는 지급의무자의 지급불능 또는 지급거부로 인하여 초래되는 리스크이다. 이를 금융시장과 외환시장에서의 신용리스크로 구분하여 살펴본다.

### 2) 정치리스크

국제금융거래에서 정치리스크(country risk)는 투자상대국이 예상치 못한 제도 변경이나 규제조치를 시행하여 투자가에게 초래될 투자손실 또는 불이익의 발생 가능성을 말한다. 예를 들어, 투자상대국의 정책당국이 원리금 상환 및 예치금의 동결, 외환시장의 일시적 폐쇄, 조세제도의 전면적 개편 그리고 과실 송금의 규제 등을 실시하여 투자가에게 자산손실이나 자산운용상에 불이익이 초래될 리스크를 말한다. 이 밖에 투자상대국 정부의 자산 강제 몰수(confiscation) 또는 징발수용(expropriation)조치와 전쟁 · 혁명의 발발로 인한 자산가치의 손실, 파괴 등도 이에 포함된다.

## 3. 환리스크

오늘날 금융기관들의 금융거래는 국내에 한정되지 않고 해외에서도 활발하게 이루어진다. 그 결과 금융기관들의 외국환거래 규모가 커져, 해외직접투자, 포트폴리오투자 또는 외화표시증권의 발행, 해외차입, 외화예수금 등의 외화표시자산과 부채가 증가하고 있다. 환리스크(currency risk)는 외환리스크(foreign exchange risk)라고도 하며, 외화표시자산, 부채 또는 손익흐름을 가지고 있거나 외화표시계약을 체결하고 있는 기업(금융기관 포함)의 가치가 해당 외국통화의 예상치 못한 환율변동으로 인하여 변할 가능성을 말한다.

1970년대 이후 금융환경의 변화 속에서 환율의 변동성이 커지고, 금융산업의 국제화가 진전되어 국제금융이 증가함에 따라 금융기관들의 환리스크가 증가하였다.

이에 따라 오늘날 환리스크의 측정과 관리는 금융기관들의 중요한 관심분야의 하나이다. 예기치 못한 환율의 변동으로 인한 기업가치의 변화는 환리스크 관리의 중요성을 더욱 부각하고 있다. 특히 1997년에 아시아에서 시작된 외환위기와 2008년 미국의 서브프라임 모기지 대출로 촉발된 금융위기는 환리스크의 중요성을 다시금 새롭게 하는 계기가 되었다.

환리스크에 노출되는 경우를 각각 살펴보자.

예를 들어, 우리나라 은행이 1억 원을 원화로 조달하여 미 달러화로 대출하였다고 가정하자. 대출 시 환율이 1달러당 1,000원이라면 대출금은 10만 달러이다. 만약 원리금 상환 시에 미 달러화의 가치가 하락하여 1달러당 980원이 된다면 상환된 원금을 다시 원화로 바꾸었을 때의 금액은 9,800만 원으로 원래의 원금보다 작아지게 된다. 여기에 수취한 이자의 원화 환산액의 감소까지 고려한다면 그 가치의 감소는 더 커진다. 이처럼 원화로 조달하여 외화로 운용하는 경우에 그 외화의 가치가 하락하면 나중에 상환받은 금액을 원화로 바꾼 금액이 적어지는 환리스크에 노출된다. 반대로 외화로 조달하여 원화로 운용하는 경우 외화의 가치가 올라가면 나중에 상환해야 하는 원화의 금액이 그만큼 증가하게 되어 환리스크에 노출된다.

환리스크의 중요한 개념적 특징은 장래 '예상치 못한(unexpected)' 환율변동으로 인한 경제적 가치의 변동가능성을 의미한다는 점이다. 이러한 환리스크에 노출된 정도 또는 크기를 환노출(currency exposure)이라고 한다. 즉, 환노출은 미래의 예상치 못한 환율의 변동으로 인하여 외화표시 순자산(자산−부채)의 가치 또는 현금흐름의 순가치가 변동될 수 있는 불확실성을 말하며, 환차손(currency loss) 및 환차익(currency gain)이 발생할 가능성 모두를 포함한다.

또한 환노출은 해당 기관의 환포지션(currency position)에 의해서 결정되는데 환포지션은 외화표시자산과 외화표시부채의 차액을 말한다. 환포지션은 매입초과포지션, 매도초과포지션 그리고 균형포지션으로 구분된다.

### 1) 매입초과포지션(over-bought position)

외환매입액이 외환매도액을 초과함으로써 외화표시자산이 외화표시부채를 초과하는 상태를 말하며, 흔히 매입포지션(long-position)이라고도 한다.

이 상태에서 환율 상승(자국통화가치 하락)은 환차익을 발생시키고, 환율의 하락(자국통화가치 상승)은 환차손을 발생시킨다.

### 2) 매도초과포지션(over-sold position)

외환매도액이 외환매입액을 초과함으로써 외화표시부채가 외화표시자산을 초과하는 상태를 말하며, 흔히 매도포지션(short-position)이라고도 한다.

이 상태에서 환율 상승은 환차손을 발생시키고, 환율의 하락은 환차익을 발생시킨다.

### 3) 균형포지션(square position)

외환매입액과 외환매도액이 일치함으로써 외화표시자산과 외화표시부채가 균형을 이루는 상태를 말하며, 흔히 수평포지션(flat position)이라고도 한다.

균형상태하에서 환율 상승과 하락은 아무런 환차손익을 발생시키지 않는다. 균형포지션은 환리스크가 없는 상태임에 반하여 매입초과포지션과 매도초과포지션은 모두 환리스크에 노출되어 있다는 의미에서 이들의 포지션은 노출포지션(open position)이라고 한다.

## 4. 환리스크의 유형

환리스크의 유형에는 환산 환리스크(translation FX risk), 거래 환리스크(transaction FX risk), 영업 환리스크(operating FX risk) 등이 있다.

### 1) 환산 환리스크

환산 환리스크는 외국통화표시자산이나 부채의 금액을 재무제표상에 표시함에 있어서 환율변동으로 인해 원화로 환산한 금액이 변동하게 되는 불확실성을 말한다. 이는 장부상 표시에 따른 것으로 손실이 실현된 것은 아니다.

### 2) 거래 환리스크

거래 환리스크는 외화표시 수출계약 체결 후 환율변동으로 원화로 환산한 결제금액이 변동할 수 있는 불확실성을 말한다. 이는 결제가 이루어질 때 실제 손실이 발생한다.

### 3) 영업 환리스크

영업 환리스크는 예상치 못한 환율변동으로 인해 판매량, 판매가격, 원가 등이 실질적으로 영향을 주어 현금흐름이나 영업이익이 변동하게 될 가능성을 말한다. 예를 들어, 환율 하락으로 제품가격 인상 시 가격 경쟁력 하락으로 수출물량이 감소하여 매출액 및 이익이 감소하는 경우를 말한다. 이는 사전에 노출의 정도를 예측하기 곤란하다는 특징이 있다.

# 제2절 환리스크 관리

## 1. 대외적 관리기법

### 1) 파생금융상품

파생금융상품(financial derivatives)은 어떤 기초자산으로부터 파생되어 만들어진 계약 또는 증권을 말한다. 따라서 그 가격도 기초자산의 가격으로부터 파생되어 결정된다. 대표적인 예로는 선물, 선도거래, 옵션, 스왑 등이 있으며, 기초자산에 따라 상품 파생금융상품, 통화 파생금융상품, 채권 파생금융상품, 주식 파생금융상품, 신용 파생금융상품 등으로 분류된다. 파생금융상품은 은행의 리스크관리에 있어서 매우 효율적인 수단으로 광범위하게 이용되고 있다. 반면에 파생금융상품은 그 자체가 엄청난 위험요소가 되기도 한다. 파생금융상품의 가격은 기초자산의 가격에 비해 변동폭이 매우 클 뿐만 아니라 차액결제가 가능하여 투자에서의 레버리지도 매우 높아서 파생금융상품거래는 전형적인 고위험-고수익 구조로 되어 있다. 파생금융상품은 고위험-고수익 구조로 되어 있지만, 이용하기에 따라서는 훌륭한 위험 헤지의 수단이 되기도 한다.

헤지의 기본개념은 은행의 기초자산이 일정한 리스크에 노출되었으면 반대 방향의 포지션을 취함으로써 위험을 제거하는 것이다. 예를 들어, 은행이 한 달 뒤에 다시 팔 목적으로 달러당 1,000원에 100만 달러의 외화를 매입하였다고 가정하자. 한 달 뒤에 달러 환율이 900원으로 하락하면 은행은 1억 원의 손실을 보게 된다. 이 경우 은행이 한 달 뒤에 100만 달러를 1,000원에 팔 수 있는 선물환거래를 하면 이러한 손실을 피할 수 있다. 한 달 뒤 환율이 900원이 되면 보유하고 있는 100만 달러를 팔 때 1억 원의 손실을 보지만, 현물시장에서 100만 달러를 달러당 900원에 사서 선물환계약으로 달러당 1,000원에 되팔면(또는 차액결제방식에 의해 달러당 100원의 차액을 받으면) 1억 원의 이익을 보아 이익과 손실이 상쇄되기 때문이다. 이처럼 현물매입포지션을 선물매도포지션으로 상쇄하는 것이다.

### (1) 선물 및 선도거래

이것은 미래의 일정시점에 특정 자산을 특정 가격에 대금을 지급하고 양도하기로 하는 매매계약이며, 그러한 계약상의 권리가 시장에서 거래된다. 선물(futures)과 선도(forward)거래의 차이는 표준화되어 있는지의 차이다. 선도거래는 주로 금융기관과 고객 간의 표준화되지 않은 당사자 간의 계약(즉, 장외상품)으로서 유통이 쉽지 않은 데 반해, 선물은 거래소에서 유통되기 쉽도록 표준화되어 있다. 예를 들면, 우리나라의 경우 선물의 만기월은 3월, 6월, 9월, 12월 등으로 정해져 있고, 그 외에 거래단위, 가격표시, 호가 가격단위 등이 표준화되어 있어 거래가 쉽다. 만기일의 결제방법은 계약가격에 현물을 인도하는 현물인도방식과 계약가격과 만기일의 현물가격(spot price)의 차액을 결제하는 차액결제방식이 있다. 거래의 목적이 되는 기초자산은 곡물, 원유, 천연가스, 철광석에서부터 금, 은 등 귀금속, 금리, 외환 등 금융상품에 이르기까지 다양하다. 주로 거래되는 것은 선물과 선도거래가 투기와 헤지를 위해 고안되었다는 사실에서 짐작할 수 있듯이 가격변동성이 큰 것들이다. 기초자산이 무엇이냐에 따라 쌀 선물, 텍사스 중질유 선물, 금리 선물, 달러 선물(또는 선도거래) 등 구체적인 이름으로 부른다.

### (2) 선물환 헤지

선물환거래는 외환거래 쌍방이 미래 일정시점에서 결제할 특정 외환의 가격을 현재의 시점에서 미리 약정하는 거래로서 이는 거래시점과 결제시점 간에 발생하는 환율변동에서 초래되는 환리스크를 회피하는 방법으로 널리 이용되고 있다.

선물환거래를 통하여 환리스크를 회피하는 데에는 일정비용이 소요되는데 이를 선물환 헤지 비용이라고 하며, 이는 통상 현물환율과 선물환율의 격차인 스왑 레이트(swap rate)로서 계산된다. 선물환 헤지는 상품의 수출입거래에 수반되는 환리스크뿐만 아니라 자본거래, 특히 해외 포트폴리오투자에서 발생하는 환리스크를 효율적으로 방어하는 수단으로서도 광범위하게 활용되고 있다. 선물환 헤지는 일반적으로 단기거래가 주종을 이루고 있으나 중 · 장기적인 환리스크 헤지를 위해서 단기선물계약의 롤오버(rollover)방법도 이용되고 있다.

선물환 헤지의 구체적인 방법과 효과를 다음과 같은 사례를 통하여 살펴보기로 하자.

한국의 K 수출회사가 1백만 달러 규모로 컴퓨터를 미국에 외상 수출하고 수출대금은 3개월 후에 받을 예정이다. 시장에서 미 달러화와 원화의 환율 및 양국의 금리조건이 다음과 같다고 가정하자.

- 현물환율 : U$1=₩1,100.00
- 3개월 선물환율 : U$1=₩1,080.30
- 3개월 만기 달러화 정기예금금리 : 7%(연이율)
- 3개월 만기 원화 정기예금금리 : 1%(연이율)

위와 같은 시장상황에서 K회사가 3개월 후 실현될 원화의 현물환율을 U$1=₩1,090.00으로 예측하였다면 선물환시장에서 K회사의 환노출에 대한 대응전략은 다음과 같은 세 가지 방법이 있다.

#### 가) 헤지 조치를 마련하지 않고 3개월 후 결제시점까지 기다리는 방법

K회사는 환노출을 그대로 받아들이는 견해로서 이때 K회사는 3개월 후에 수출대금으로 1,090,000,000원(=U$1,000,000×₩1,090.00)을 받을 것으로 기대하게 된다. 그러나 3개월 후 실제 실현된 현물환율이 달러당 1,090.00원을 웃돌면 실현수입이 기대 수입을 초과하게 된다. 반면, 환율이 1,090.00원 이하로 하락하면 실현 수입은 기대 수입에 미치지 못하게 된다. 결국 K회사의 원화표시 수출금액은 3개월 후 실현될 현물환율 수준에 따라 결정될 것이므로 현재로서는 확정될 수 없는 불확실한 금액이 된다.

#### 나) 선물환 헤지를 이용하는 방법

3개월 만기 미 달러화 선물환 매도계약을 체결한 K회사는 3개월 후 애초 약정한 선물환율(U$1=₩1,080.30)에 따라 1백만 달러를 원화를 대가로 매각함으로써 10억 8천30만 원을 환리스크의 부담 없이 확실히 받게 된다. 이 금액은 앞의 예에서 헤지 없이 3개월 후 받을 것으로 기대하는 금액(10억 9천만 원)보다는 적은 금액이나 선물환거래로 환리스크가 제거된 거래이다. 그러나 이와 같은 선물환 헤지도 3

개월 후 실제 실현된 현물환율이 달러당 1,080.30원을 상회할 때 실현될 수 있는 기회이익을 포기한 결과가 된다.

#### 다) 선물환투기를 이용하는 방법

K회사는 시장에서 3개월 선물환율(U$1=₩1,080.30)이 K회사가 예측한 3개월 후 현물환율(U$1=₩1,090.00)보다 낮으므로, 1백만 달러를 3개월 선물환으로 매입하고 3개월 후에 미 달러를 현물시장에서 원화를 대가로 매각하고자 할 것이다. 이때 K회사는 3개월 후 9,700,000원[U$1,000,000×(₩1,090.00−₩1,080.30)]의 환차익을 실현할 것으로 기대한다. 그러나 3개월 후 실제 실현될 환차익은 3개월 후의 현물환율이 선물환율을 상회 또는 하회하는가에 따라 결정된다.

이상 선물환 헤지 및 투기방법에 대해서 살펴보았는데, 일반적으로 선물환 헤지의 이용은 자금관리자의 환율 전망이나 위험에 대한 태도 그리고 여타 헤지방법과 비교해 우위성 등을 검토하여 결정된다. 특히, 선물환시장 헤지는 단기금융시장 헤지와 밀접한 관련이 있다.

### (3) 단기금융시장 헤지

단기금융시장 헤지는 외화자금의 대차가 개재되는 거래로서, 예컨대 연불 수출업자가 선물환거래를 이용하는 대신에 금융시장에서 연불 수출대금 상당의 외화를 미리 차입하여 이를 현물환시장에서 매각, 자국통화로 전환한 후 이를 국내 예치, 채권투자 등으로 운용한다. 만기에는 수취 수출대금으로 차입자금을 상환함으로써 수출계약 체결에서 수출대금 입금 시까지 환율변동에 의해 초래되는 환리스크를 회피하게 된다.

앞의 예에서 한국의 K회사가 1백만 달러어치의 컴퓨터를 3개월 후 결제조건으로 미국에 수출하는 경우 수출계약시점에서 수출대금 입금 시까지 초래될 수 있는 환리스크를 회피하기 위하여 금융시장 헤지방법을 이용할 수 있다. 이 방법은 수출대금에 해당하는 1백만 달러를 단기금융시장에서 차입한 후 이를 현물환시장에서 원화를 대가로 매각, 여기서 조달된 원화를 3개월 원화표시 정기예금으로 운용함으로써 환리스크를 회피하는 방법이다. K회사가 뉴욕 금융시장에서 연이율 7%의 미 달러자금을 3개월간 차입하여 이를 현물시장에서 원화로 전환하여 연이율 1%의 원화표시 정기예금으로 3개월간 예치 · 운용하면 3개월 후 취득할 원화금액을 계산해 보자.

먼저 K회사가 미 달러화를 차입하고자 하면 3개월 후 상환하여야 할 원리금이 1백만 달러(3개월 후 K회사가 수출대금으로 받을 금액과 동일)가 되어야 하므로 차입하여야 할 금액은 미 달러 정기예금금리가 연이율 7%이므로 982,800.98달러 $\left(=\frac{U\$1,000,000}{1+(0.07/4)}\right)$가 된다. 이 차입자금 982,800.98달러를 현물시장에서 원화(환율 U$1=₩1100.00)를 대가로 매각, 1,081,081,078원을 취득한 즉시 이를 3개월 원화 정기예금에 예치하면 3개월 후 원리금 수령금액은 1,083,783,780.7$\left[=₩1,081,081,078 \times \left(1+\frac{0.01}{4}\right)\right]$원이 된다. 이 금액은 금융시장에서의 헤지를 통하여 3개월 후 확실히 받게 될 금액이 된다.

이 금액은 앞서 본 선물환시장 헤지에 의한 수령금액 10억 8천30만 원을 상회하고 있어 여기서는 금융시장 헤지가 선물환시장 헤지보다 유리한 결과를 가져왔음을 알 수 있다.

### (4) 통화스왑

스왑(swap)은 서로 다른 금리 또는 통화로 표시된 부채를 상호 교환하는 거래이다. 표준적인 스왑거래는 ① 같은 통화지만 금리가 서로 다른 금리스왑(interest swap)과 ② 같은 금리지만 통화가 서로 다른 통화스왑(currency swap)이 있지만, 양자를 혼합한 스왑도 있다. 통화스왑은 두 거래 당사자가 계약일에 약정된 환율에 따라 해당 통화를 일정시점에서 상호 교환하는 외환거래이다. 이와 같은 통화스왑은 오늘날 단기적인 환리스크의 헤지수단이라기보다는 주로 중장기적인 환리스크 헤지수단으로 이용되고 있다. 예를 들어, A는 달러화 자금을, B는 유로화 자금을 각각 유리한 조건으로 차입할 수 있는데, A는 유로화 자금이, B는 달러화 자금이 각각 필요하다고 가정하자. 이 경우 A는 달러화 자금을, B는 유로화 자금을 각각 차입한 후 각각 조달한 자금을 서로 교환한다. 차입자금에 대한 이자는 최초 차입자가 아니라 자금 이용자가 대신 지급하고, 만기가 되면 최초 차입자가 원금을 상환할 수 있도록 달러화 자금과 유로화 자금을 다시 교환하는 거래이다.

### (5) 통화선물

통화선물(currency futures)거래는 선물환거래(forward exchange transaction)와 같이 일정통화를 미래의 일정시점에서 약정가격으로 매입 · 매도하기로 한 금융선물거래의 일종이다. 통화선물은 미래 일정시점에 계약 시에 약정된 가격으로 매입 · 매도한다는 점에서 장외시장의 선물환거래와 동일하나, 거래소에서 표준화된 거래조건에 의해서 매일매일 일일정산에 의하여 손익이 발생하며, 증거금 예치제도가 있다는 점에서 다르다. 통화선물거래는 거래형태, 방법 그리고 동기도 선물환거래와는 전혀 다른 성격을 갖고 있다. 통화선물거래는 일정통화를 장래에 실제로 인수 · 인도하기 위한 것이라기보다는 현물환포지션과 대칭되는 통화선물포지션을 보유함으로써 환리스크의 헤지수단으로 널리 활용되고 있다. 예컨대, 유로화표시 외상매출금을 보유하고 있는 미국의 수출업자가 통화선물거래를 이용하여 장래 미달러화에 대한 유로화의 약세 실현으로 초래될 환차손을 회피하려면 미국 수출업자는 유로화의 통화선물 매도포지션을 보유하여야 한다. 왜냐하면 유로화의 약세 예상에 따른 유로화표시 외상매출금의 자산가치 감소는 유로화 통화선물 매도포지션의 일일 현금수지 이익으로 상쇄될 수 있기 때문이다. 통화선물거래를 이용한 환리스크 헤지는 낮은 거래비용과 포지션 조정의 용이성 그리고 신용위험이 수반되지 않는다는 점에서 오늘날 그 거래 규모가 급격히 증대되고 있다.

### (6) 통화옵션

옵션(options)은 만기일(expiration date)에(또는 만기일이 종료하기 전까지) 기초자산(underlying asset)을 행사가격(exercise price 또는 strike price)에 살 수 있는 권리(콜옵션) 또는 팔 수 있는 권리(풋옵션)이다. 만기일에만 권리를 행사할 수 있는 옵션을 유럽형 옵션(European option), 만기일까지 언제라도 행사할 수 있는 옵션을 미국형 옵션(American option)이라고 하며, 우리나라에는 유럽형 옵션이 도입되었다. 선물과 마찬가지로 이론적으로는 무엇이든 옵션의 기초자산이

될 수 있지만, 옵션에서 거래대상이 되는 기초자산은 주로 주식, 채권 등 금융상품과 외국통화, 금 등이다.

옵션과 선물의 가장 큰 차이는 선물은 기초자산 자체를 사고파는 계약인 반면에, 옵션은 기초자산을 살 수 있는 또는 팔 수 있는 권리라는 점이다. 따라서 선물은 만기일에 반드시 거래대상이 된 기초자산을 교환해야(또는 현물가격과 선물가격의 차이를 결제해야) 하지만, 옵션은 옵션권리를 행사하느냐 않느냐에 따라 달라지다. 옵션 소유자가 옵션의 권리를 행사하면 선물의 경우와 같지만, 옵션소유자가 옵션의 권리를 행사하지 않고 계약기간이 종료할 수도 있다. 이때는 옵션권리도 소멸한다. 옵션매입자(즉, 소유자)는 권리의 행사 여부를 결정할 수 있지만, 옵션판매자는 상대방이 권리를 행사할 때 반드시 응해야 하는 의무가 있다. 그러한 의무에 대한 대가로 옵션판매자가 받는 가격(그러한 권리에 대한 대가로 옵션매입자가 내는 가격)이 옵션가격이며 이를 옵션프리미엄이라고 부른다.

통화옵션(currency options)은 옵션매입자에게 일정액의 특정 외국통화를 약정기일(또는 약정기일 이전)에 특정 가격(환율)으로 매도 또는 매입할 수 있는 권리를 부여한 계약이고 유통시장에서 매매가 가능한 금융자산이다.

통화옵션의 특징은 한 마디로 행사선택권의 부여에 있다고 할 수 있다. 즉, 통화옵션은 옵션매도자가 옵션매입자에게 일정 거래대상 자산을 일정 가격조건에서 선택적으로 매도 또는 매입할 수 있는 권리를 부여하는 계약이다. 환율보험 또는 외국통화보험의 성격을 갖는 금융자산으로서 옵션매입자는 보험료의 성격을 갖는 일정 가격(프리미엄)을 지급한다.

통화옵션은 선물환시장(forward exchange market)이나 통화선물시장(currency futures market)이 제공하지 못하는 행사선택권을 부여함으로써 보다 안정적이고 다양한 헤지 및 재정거래기회를 제공하는 외환리스크 관리기법이라 할 수 있다. 통화옵션은 환율이 불안정하게 움직이는 불확실한 외환시장에서 금융기관, 다국적 기업과 일반투자가들이 환리스크를 효율적으로 방어(hedging)하거나 또는 재정거래(arbitrage)를 통한 이익획득을 목적으로 활용하는 선택권부 외환거래방식이다.

통화옵션거래에서는 환리스크 회피를 위해 강세 예상 통화의 콜옵션 매입과 약세 예상통화의 풋옵션 매입 그리고 외화자금수지의 불확실성에 대비한 통화옵션 매입거래 등이 이용되며, 프리미엄 수입인 추가이익의 실현을 위해서는 콜(풋)옵션의 매도거래 등이 이용된다. 통화옵션거래에서 옵션행사의 여부는 기본적으로 행사환율과 현물환율의 격차 그리고 옵션프리미엄의 크기에 의하여 결정되며 이 밖에 옵션 매입시점에서 지급하는 프리미엄의 이자비용과 거래비용도 옵션행사의 여부에 영향을 미치게 된다.

### (7) 콜옵션과 풋옵션

통화옵션에는 행사권의 종류에 따라 콜옵션과 풋옵션의 두 가지 기본 옵션이 있는데 그 내용을 살펴보면 다음과 같다.

#### 가) 콜옵션

콜옵션(call option)은 옵션매도자(seller 또는 writer라 함)로부터 일정액의 외국통화를 특정 가격으로 약정기일(또는 약정기일 이전)에 매입하게 할 수 있는 권리를 옵션매입자(buyer 또는 holder)에게 부여하는 계약이다. 예를 들면, 갑 수입업자가 1백만 유로의 9월 옵션을 매입(매입환율은 유로당 0.96달러)하였다면, 갑은 9월 만기일 또는 만기일 이전에 1백만 유로를 0.96백만 달러(=€1.0백만×U$0.96/€)를 지급하고 매입할 수 있는 권리를 보유하게 된다.

그러나 만일 유로화가 만기일(또는 만기일 이전)에 현물시장에서 0.94달러로 거래되고 있다면 갑은 콜옵션의 행사를 포기하고 대신 현물시장에서 유로화를 매입할 수 있다. 이처럼 옵션매입자는 옵션행사의 권리를 보유하고 있지만 이를 반드시 행사하여야 할 의무는 없다. 즉, 갑은 유로화의 현물환율이 0.96달러를 상회할(옵션비용은 고려하지 않음) 때만 콜옵션을 행사하게 되는데, 이는 선물환거래에서 거래 당사자가 선물환 만기일에 현물환율의 변동과 관계없이 애초 약정한 선물환율로 선물환계약을 이행하는 것과는 다른 점이다.

요컨대, 통화옵션은 선물환계약과는 달리 시장환율이 옵션매입자에게 유리한 상황에서만 그 계약을 선택적으로 행사할 수 있는 이점이 있다.

### 나) 풋옵션

풋옵션(put option)은 옵션매입자가 일정액의 외국통화를 특정 가격으로 약정기일 또는 그 약정기일 이전에 매도할 수 있는 권리를 보유하게 되는 계약을 말한다. 예컨대, 을 수출업자가 1백만 유로화의 10월 풋옵션을 매입(매입환율은 유로당 0.97달러)하였다면 을은 약정 만기일(또는 만기일 이전 매도 필요시점)에 1백만 유로를 0.97백만 달러에 매도할 수 있는 권리를 보유하게 된다. 그러나 만일 유로화가 만기일(또는 만기일 이전)에 현물시장에서 0.97달러를 상회하게 되면 을은 풋옵션의 행사를 포기하고 대신 현물시장에서 유로화를 매도할 수 있다.

반면, 만기일(또는 만기일 이전)의 현물환율이 유로화당 0.94달러였다면 을은 풋옵션을 행사하게 되는데, 이때 옵션비용을 고려하지 않는 경우 유로화당 0.03달러의 이익을 실현하게 된다.

| 표 3-1 | 콜옵션과 풋옵션

| 구분 | 콜옵션(call option) | 풋옵션(put option) |
|---|---|---|
| 옵션매입자(holder) | 만기일 또는 만기일 이전에 일정 외화를 특정 가격에 매입할 권리(right to buy)를 갖게 됨. | 만기일 또는 만기일 이전에 일정 외화를 특정 가격에 매도할 권리(right to sell)를 갖게 됨. |
| 옵션매도자(writer) | 만기일 또는 만기일 이전에 일정 외화를 특정 가격에 매도할 의무(obligation to sell)를 갖게 됨. | 만기일 또는 만기일 이전에 일정 외화를 특정 가격에 매입할 의무(obligation to buy)를 갖게 됨. |

**참고** 옵션의 기본용어

① **콜옵션(call options)** : 옵션매입자가 옵션매도자에게서 대상 자산을 약정된 기일에 약정된 가격(행사가격)으로 매입할 수 있는 권리

② **풋옵션(put options)** : 옵션매입자가 옵션매도자에게 대상 자산을 약정된 기일에 약정된 가격으로 매도할 수 있는 권리

③ **행사가격(strike price)** : 옵션계약을 한 사람이 특정 통화를 어떤 환율에 거래할 수 있는가는 옵션계약을 체결할 때 미리 정해지는데 이때 사전에 정한 특정 환율을 행사가격이라 한다. 이 행사가격이 옵션의 만기와 같은 만기를 가진 선물환율의 시장시세와 같은 수준으로 설정되는 경우를 at the money forward 옵션(등가격옵션)이라고 한다. 또 행사가격이 선물환율의 수준보다 높은가 낮은가에 따라 out of the money 옵션(외가격옵션) 또는 in the money 옵션(내가

격옵션)으로 분류한다.

④ **만기일(expiration date)** : 옵션에는 옵션매입자가 권리행사 의사를 옵션매도자에게 통지할 수 있는 기일이 있는데 이것이 통지기일 또는 옵션만기일이다. 권리행사의 통지 없이 그 기일을 경과한 경우에는 옵션의 권리는 자동으로 효력이 상실된다.

⑤ **정산일(delivery date 또는 settlement date)** : 어떤 타입의 옵션이건 권리행사 통지가 있으면 옵션매입자는 옵션매도자와 2영업일 뒤를 인수일로 하는 외환계약을 체결하게 되고 실제 자금이 정산되는 날을 말한다.

⑥ **옵션 프리미엄(options premium)** : 옵션매입자가 옵션매도자에게 옵션거래에 대한 대가로 지급하게 되는 비용을 말하며 이것은 옵션계약일에서 2영업일 후에 지급된다. 만일 이 프리미엄만 지급할 수 있다면 원금을 더욱 크게 늘릴 수 있어 레버리지 효과를 누릴 수 있으며, 이러한 점에서 옵션은 투기목적으로도 사용될 수 있다. 주로 원금에 대해 몇 %로 표시한다.

⑦ **옵션의 가치** : 선물환의 가치는 단순히 현물환율과 두 통화의 이자율 차이와 기간에 의해서만 결정된다. 그러나 옵션의 가치(옵션프리미엄)는 시간가치(time value)와 내재가치(intrinsic value)로 구성된다. 만일 달러/원 1개월 선물환율이 1,030원인 상태에서 만기가 1개월인 달러 콜옵션의 행사가격이 각각 1,010원과 1,050원이라면 그 옵션의 프리미엄은 어떻게 정해질 것인가? 1,050원이라는 달러 강세의 수준에서 달러를 사는 권리보다 1,010원이라는 달러 약세 수준에서 달러를 사는 권리의 옵션 프리미엄의 가치가 높은 것은 당연하다. 이때 이 두 옵션의 가치가 다른 것이 내재가치 때문이다. 즉 선물환율의 시장 실세와 행사가격의 차이가 바로 내재가치이다.

시간가치는 옵션가치에서 내재가치를 뺀 가치이며, 이것은 미래의 불확실한 잠재적인 이익에 대한 대가로 지급하는 일종의 프리미엄에 해당한다. 그러므로 이 시간가치는 만기가 되면 제로(0)가 된다. 즉, 만기 때의 옵션의 가치는 내재가치뿐이다.

## 2) 할인

할인(discounting)은 수출업자가 수출환어음을 어음의 만기일 이전에 은행에 할인 매각하여 수출대금을 조기에 회수하는 방법으로서 이는 자국통화의 절상이 예상되거나 만기일 전에 자금이 필요한 경우에 흔히 이용되는 방법이다. 예컨대, 수출업자가 외상 수출 후 환어음을 매각하지 못하고 만기까지 보유하는 경우 이 기간에 발생할 환율변동위험을 회피하기 위하여 어음만기 전에 환어음을 은행에 매각하는 방법이다. 이와 같은 할인에 의한 수출대금의 조기 수령에는 할인료 등의 비용이 발생하는데 수출업자는 이 비용과 환율변동에 따른 예상 환차손익 그리고 자금 사정 등을 고려하여 할인 이용 여부를 결정하게 된다.

### 3) 환변동보험

환변동보험은 결제기간이 대체로 1년 이상의 중장기 수출에 수반하여 초래되는 환리스크를 회피하기 위해 만든 공보험이며 거래내용은 선물환거래와 유사하나 보험거래의 형식으로 운영되고 있다. 한국무역보험공사가 수출기업을 대상으로 환변동보험을 판매하는데 기업이 일정 보험료를 지급하면, 계약만기 시 시장환율이 계약환율(보장환율)보다 낮을 경우 한국무역보험공사가 차액을 기업에 보전해 주고, 시장환율이 보장환율보다 높으면 한국무역보험공사가 차액을 환수한다.

한국무역보험공사는 다음 그림에서 보는 바와 같이 환변동보험을 운영한다. 예컨대 한국무역보험공사가 A기업으로부터 보험청약(선물환 매입)을 받으면 가장 높은 환율을 제시한 B은행과 선물환 매도계약을 체결하고, 이 환율을 기준으로 기업에 보장환율을 제시한다. 따라서 개별 기업은 직접 은행과 선물환거래를 하는 것보다 환변동보험을 가입하는 것이 더 유리한 환율을 적용받을 수 있다.

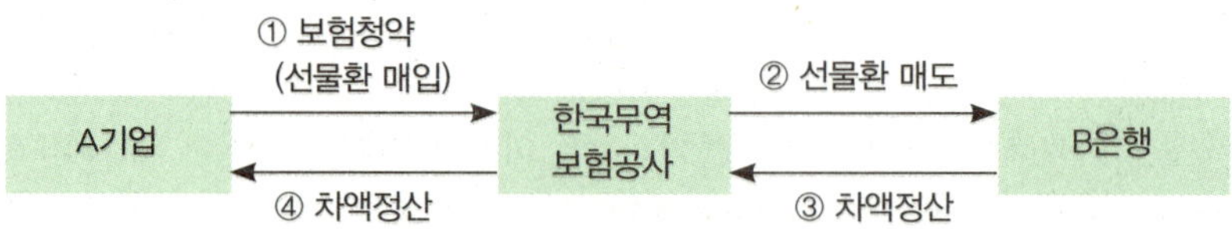


여기서 환변동보험을 이용한 구체적인 환리스크 관리사례를 살펴보자. A기업이 환리스크 헤지를 위해 한국무역보험공사와 다음과 같은 환변동보험계약을 체결하였다.

계약내용을 보면 계약금액이 10만 달러, 계약만기는 3개월, 보장환율은 1,189원(현물환율 1,180+스왑포인트 9원) 그리고 보험료는 47,200원(계약금액의 0.04%)으로 되어 있다. 여기서 한국무역보험공사는 보험계약만기 시에 시장환율의 수준에 따라 차액을 정산하게 되는데, ① 시장환율이 보장환율(1,189원) 이상으로 상승하면 한국무역보험공사는 기업으로부터 차액을 환수하여 은행에 지급하고, ② 시장환율이 보장환율(1,189원) 이하로 하락하면 한국무역보험공사가 은행으로부터 차액을 환수하여 기업에 지급하여 결국 A기업은 일정수준의 환율을 보장받게 된다.

## 2. 내부 관리기법

### 1) 매칭

매칭(matching)은 외화자금의 흐름, 즉 자금의 유입과 지급을 통화별 · 만기별로 일치(matching)시킴으로써 외화자금흐름의 불일치에서 발생할 수 있는 환차손 위험을 원천적으로 제거하는 환리스크 관리기법이다. 매칭은 다국적 기업, 무역회사의 본 · 지사 간 또는 제3자와의 환거래에서 주로 이용하는 환리스크 관리기법이다. 이 기법은 거래 쌍방 간에 이종통화거래가 지속해서 이루어지고, 특히 환노출 관리체제가 중앙집중관리(centralized risk management) 형식을 취하고 있는 경우에 활용될 수 있다. 매칭방법에는 통화별로 자금의 수입과 지출을 일치시키는 자연 매칭(natural matching)과 동일 통화 대신에 환율변동추세가 유사한 여타 통화의 현금 수지와 일치시키는 평행적 매칭(parallel matching)의 두 가지 방법이 있다. 자연 매칭 방법은 환리스크를 거의 완벽하게 헤지할 수 있지만, 평행적 매칭은 두 통화의 환율변동이 상이할 경우 완전한 헤지는 불가능하게 된다.

통화별 자금수지가 단기적으로 매칭되지 않을 때는 단기 예치 · 운용 또는 일시 차입 등으로 현금 수지 갭을 조정할 수 있다. 최근에는 통화스왑이나 증권담보차입의 성격을 갖는 환매조건부 증권매입(reverse repurchase agreement) 거래를 이용하여 직접 매칭되지 않는 현금 수지를 더 쉽게 조정할 수 있다. 그러나 이와 같은 일시 차입이나 통화 간 스왑거래에 의한 현금 수지 조정거래에서는 양국 간의 금리차에 해당하는 헤지비용 등을 고려하여야 한다.

### 2) 리딩과 래깅

리딩(leading)과 래깅(lagging)은 환율변동에 대비하여 외화자금흐름의 결제시기를 의도적으로 앞당기거나(leading) 지연(lagging)시킴으로써 환율변동에 따른 환차손을 극소화하거나 환차익을 극대화하기 위한 환노출 관리기법이다. 리딩과 래깅 기법은 본 · 지사 간이나 그룹 기업 간 거래에서는 물론 수출업자 또는 외화자금 관리자들의 환리스크 헤지수단으로 널리 이용되고 있다. 오늘날 리딩과 래깅은 그룹 내 기업 간에 일어나는데, 이는 제3자와의 거래에서는 매매 쌍방의 이해관계가 상충하여 어느 일방이 이익을 실현하면 다른 상대방은 손실을 보기 때문이다. 즉, 그룹 내 기업 간 리딩과 래깅은 그룹 전체의 이익을 추구하는 전략에서 더 쉽게 실행될 수 있는 이점이 있다.

무역업자 간의 리딩과 래깅 형태를 보면 먼저 수출업자는 장래 자국통화가 절하(약세)될 것으로 전망할 때 수출상품의 선적이나 수출환어음의 매도시기를 지연시킴으로써 결제시점에서 자국통화표시 수출대금 수입을 증대시키고자 한다. 그러나 이러한 수출업자의 래깅에는 수출업자의 유동성 사정이나 수출대금 수입 지연에 따른 대체자금의 차입금리 등을 고려하여야 한다.

한편 자국통화가 절하될 것으로 예측되는 경우 수입업자는 수입대금 결제를 앞당김으로써 결제시점에서 자국통화표시 수입대금 지급부담을 경감시킬 수 있게 된다. 자국통화의 강세 전망하에서는 이와는 반대 방향의 리딩과 래깅 현상이 나타난다. 이 관계를 요약해 보면 [표 3-2]와 같다.

| 표 3-2 | 수출입업자의 리딩과 래깅

| 구분 | 자국통화의 약세 전망 시 | 자국통화의 강세 전망 시 |
|---|---|---|
| 수출업자 | 선적 및 환어음 매각 지연<br>(수출대금 수취 지연) | 선적 및 환어음 매각 촉진<br>(수출대금 수취 앞당김) |
| 수입업자 | 수입대금 결제 촉진 | 수입대금 결제 지연 |

### 3) 네팅

네팅(netting)은 다국적 기업의 본 · 지점 간 또는 지사 상호 간에 발생하는 채권 · 채무관계를 개별적으로 결제하지 아니하고 일정기간 경과 후에 이들 채권 · 채무를 상계한 후 그 차액만을 정기적으로 결제하는 방법이다. 네팅의 가장 단순한 형태로는 두 자회사 간에 일어나는 양자 간 네팅(bilateral netting)이 있는데, 이는 쌍방 간에 순채권 · 채무 포지션만을 일정시점에서 상호 결제하는 제도이다. 이렇게 네팅을 사용하면 양 당사자 간 채권과 채무관계를 청산할 때 결제자금의 규모를 축소해 준다.

네팅에는 양자 간 네팅 이외에 동일 그룹 내의 3개 이상의 자회사 간에 이루어지는 다자간 네팅(multilateral netting)이 조직되어 있을 수 있다. 그러면 자회사들은 회사 간 자금포지션을 일정시기에 네팅센터에 보고하여야 하며, 네팅센터는 각 자회사 간의 채권 · 채무의 상계금액을 총괄 · 관리하고 이를 해당 자회사에 통지하게 된다. 이러한 다자간 네팅시스템은 기업 전체로 보면 자금관리비용의 절감과 기업 내부의 결제기능을 강화하게 된다. 즉, 네팅은 기업에 지급건수 및 결제자금의 감축을 통하여 유휴자금(idle fund)을 최소화하여 유동성관리 그리고 거래비용의 절감을 동시에 할 수 있게 한다. 다자간 네팅효과를 살펴보면 네팅 전 30개 현금흐름이 네팅 후에는 지급, 수취 자회사 간에 6개의 현금흐름으로 축소됨을 [그림 3-1]과 [그림 3-2]를 통해 알 수 있다.

**그림 3-1** | 네팅 전의 현금흐름

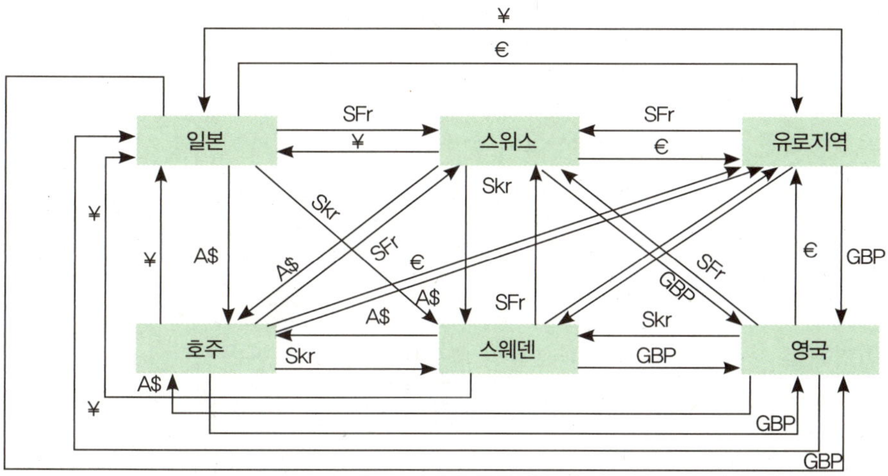


**그림 3-2** | 네팅 후의 현금흐름

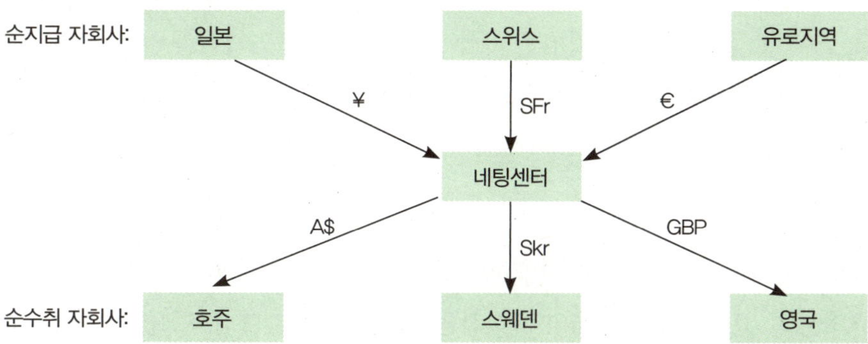

### 4) 가격정책

가격정책(pricing policy)은 원래 기업의 판매관리와 구매관리정책의 일환으로서 판매수익의 극대화 또는 구매비용의 극소화를 위한 가격결정 및 가격선택정책을 말한다. 환리스크 관리수단으로서의 가격정책은 수출입 상품가격을 어떤 통화로 표시하여 거래할 것인가를 결정하는 거래통화의 선택(currency of invoicing) 문제로 요약된다. 환리스크관리를 위한 가격정책을 구체적으로 살펴보면, 가격조정의 경우 자국통화의 절상 시에는 자국통화표시 수출대금이 감소할 것이기 때문에 수출업자는 수출에 의한 자국통화 현금수입액이 환율변동 전과 같은 수준을 유지하도록 하기 위해서는 수출상품가격을 절상폭만큼 즉시 인상하여야 한다. 하지만 현실적으로 이러한 수출가격조정은 해당 상품의 수출시장에서의 가격경쟁력이나 소비자의 기호 및 수요의 가격탄력성 그리고 수입국의 가격통제 여부 등을 고려하여 이루어진다.

거래통화를 선택할 때 거래상품가격의 표시통화를 신축적으로 선택함으로써 환리스크를 회피하는 방법인데, 우선 환리스크를 적극적으로 관리하고자 하는 기업은 수출 시 거래표시통화를 강세 예상 통화로, 수입의 경우에는 약세 예상 통화로 거래계약을 체결하고자 할 것이다. 반면에 소극적인 환리스크 관리기업은 수출 및 수입거래를 자국통화로 거래함으로써 환율변동에 따른 환리스크를 회피하고자 할 것이다. 거래가격표시통화를 선택할 때 문제가 되는 것은 거래통화를 결정하는 과정에서 수출입업자 쌍방 간에 이해가 대립하여 계약성립이 어렵게 될 수 있다는 것이다. 이때는 수출입업자 간에 50대 50 방식을 이용하여 쌍방이 거래 규모의 반을 각각 자국통화표시 거래로 계약함으로써 환리스크 부담을 양자 간에 균등하게 배분할 수 있다. 또한 다국적 기업은 그룹 지사 간의 수출입가격을 상호 간에 조정함으로써 그룹 전체의 세후 순이익을 극대화할 수 있는 가격정책을 이용하기도 한다.

### 5) 자산 · 부채관리

자산 · 부채관리(asset-liability management: ALM)는 환율 전망에 따라 기업이 보유하고 있는 자산 · 부채의 포지션을 조정함으로써 환리스크를 효율적으로 관리하는 방법이다. 자산 · 부채관리는 주로 외화자산 · 부채를 자국통화나 특정 통화로 환산할 때 발생하는 환산리스크(translation risk)나 거래리스크(transaction risk)를 관리하는 데 주목적이 있다.

자산 · 부채관리기법에는 환차익의 극대화를 도모하기 위한 적극적인 자산 · 부채관리기법과 환차손의 극소화를 위한, 즉 환산리스크 회피를 위한 소극적인 자산 · 부채관리기법이 있다. 적극적인 자산 · 부채관리는 일정 통화가 장차 강세로 전망될 때 강세 예상 통화표시의 자산이나 현금포지션을 증대시키는 반면, 강세 예상 통화표시의 채무는 조기결제 또는 조기상환을 통하여 되도록 축소하는 방법이다. 반면, 일정 통화가 장차 약세일 것으로 예상될 때는 약세 예상 통화표시자산을 축소하고 약세 예상 통화표시부채는 증대시켜야 한다. 예컨대, 약세 예상 통화표시의 외상매출금, 받을어음 등의 채권을 빨리 회수하고 약세 예상 통화표시채무의 지급은 지연시킴으로써 절하에 따른 환차익을 극대화할 수 있다.

이와 같은 적극적인 자산 · 부채관리는 첫째, 환율이 예상과는 달리 반대 방향으로 실현될 때는 기업이 환차손을 입고 둘째, 통화별 유동성 사정은 물론 이종통화간 금리 격차와 예상 환율 변동폭을 고려하여야 하며, 이 밖에 거래수수료 및 보상예금(compensating balance)에 기인한 금융비용과 세금 등 일체 비용을 고려하여야 한다. 마지막으로 제도적인 측면에서 외환 규제 및 현지 통화의 교환성 등도 종합적으로 고려하여 결정하여야 한다.

Chapter 04

# 외국환과 외환결제

제1절 | 외국환의 개요
제2절 | 외국환거래의 관리
제3절 | 외국환업무
제4절 | 외환결제

# 제 1 절 외국환의 개요

## 1. 외국환의 의의

일반적으로 환(exchange)이란 격지자(隔地者) 간의 채권, 채무, 즉 대차관계를 해소함에 있어서 직접 현금을 수송하지 않고 제3자인 은행을 통한 지급위탁의 방법에 의하여 결제하는 방법을 말하는데 외국환(foreign exchange)은 격지자가 외국에 있는 경우의 환을 말한다.

즉, 외국환이란 국제간의 대차관계에서 채무를 해소하는 수단 또는 자금이동수단이므로 자금결제수단이라는 면에서는 내국환(domestic exchange)과 동일하나, 단지 차이점은 서로 다른 화폐제도하에서 상이한 통화를 사용하는 국가 간에서 발생한다는 점이다.

다시 말해서 내국환은 동일 국내에서 동일 화폐제도하에 행하여지는 데 반해, 외국환은 어음의 관계자가 국내 및 국외에 있고, 화폐제도도 다르고 이동도 자유롭지 못하여 내국환보다 훨씬 복잡하다.

예를 들어 보자. 한국의 수입회사 A가 미국에서 100만 달러어치 기계를 수입하고 대금을 어떻게 지불해야 할까? 100만 달러를 라면박스에 넣어 지불할 수는 없을 것이다. 미국의 기계 제조회사 B가 거래하는 은행 C에게 대신 지급을 하도록 요청해야 할 것이다. 이 요청은 한국에 있는 수입회사의 거래은행 D가 하게 된다. 이를 위해 수입회사의 거래은행(D)은 미국의 은행(C)과 환결제를 할 수 있도록 사전에 환거래계약을 체결하여야 한다. 대개 후진국에 있는 은행이 미리 선진국 은행에 달러자금을 구해 예치해 놓고 있다. 바로 이 달러자금, 즉 환거래계약은행에 개설된 외화당좌예금계좌(nostro account) 자금이 외환이 되는 것이다.

1달러가 1,000원이라고 한다면 A사는 10억 원에 100만 달러를 매입해서 지급을 의뢰한다. D은행은 미국 C은행에 미리 환거래계약을 체결하고 100만 달러를 예치하고 있다. 수입대금 100만 달러를 기계 수출회사에게 지급하고 나면 D은행에게 수출달러자금을 매각하고 원화를 국내에서 받게 된다.

한국에서 수출보다 수입이 많아지면 은행에 예치된 달러자금에 대한 수요가 늘어나고 그에 따라 달러가치(환율)가 오르게 된다. 반대로 수출이 많아지면 달러자금 매각이 늘어나므로 환율이 떨어진다. 위 사례에서 수입회사는 달러(외환)를 은행에서 매입하고 수출회사는 은행에 달러를 매각한다.

한국에서 모든 외환거래는 「외국환거래법」에 의해 규제되는데 이 법에서는 외환을 모든 대외지급수단, 외화증권 및 외화채권으로 광범위하게 정의하고 있다. 유의할 점은 원화로 외국인과 거래할 경우 이때의 채권 · 채무도 외환으로 간주된다는 것이다.

외환지급 결제업무를 취급할 수 있도록 공인된 은행을 외국환은행(foreign exchange bank)이라 하는데 외국환은행이 되려면 소속지역의 공동지급결제기관에 가맹되어 있어야 한다. 한국 외환거래법에서는 외국환업무를 취급할 수 있도록 별도로 인가된 기관으로서 외국환업무 취급기관을 규정하고 있다. 여기에는 외국환은행뿐만 아니라 증권회사, 환전상 등 제한된 범위의 외환거래 영업을 할 수 있는 기관들이 포함된다.

외환거래는 개인이나 기업이 은행들과 거래하는 것보다 은행들 간에 거래하는 규모가 훨씬 크다. 그 이유는 은행들이 고객들과 거래한 이후 발생하는 자금과부족과 환율변동위험(이를 '환리스크'라고 함)을 관리하기 위해 자신과 상반된 입장에 있는 상대방 은행을 찾기 위해 노력하기 때문이다. 우리가 외환시장이라고 하면 바로 이 은행들 간의 외환거래가 이루어지는 시장을 말한다.

금융기관 입장에서의 외국환은 해외에서 지급이 가능한 해외은행에 예치해 놓은 외화표시자금, 외국통화 또는 외화수표 등이라 할 수 있으며, 외국환거래법 제3조에서는 "외국환이란 대외지급수단, 외화증권, 외화파생상품 및 외화채권을 말한다."라고 정의하고 있다.

### 1) 외국환의 특성

외국환이란 외국에 있는 자(개인 및 기업)와의 거래에서 발생한 채권과 채무를 금융회사를 통하여 외화로 자금을 이동 · 결제하는 제도 및 수단을 의미한다. 내국환과의 차이점은 금융회사 간의 자금중개 역할을 하는 중앙은행이 없으며, 자금의 중개를 중앙은행이 아닌 환거래은행(correspondent bank)을 통하여 처리한다는 것이다.

국제거래가 어떠한 형태로 발생하더라도 그 결제는 외국환을 수단으로 이용하게 되며, 각 국가별 경제여건 등에 따라 외국환의 이용범위는 다르게 나타난다. 그러나 외국환은 내국환과는 다른 몇 가지 특성이 있다.

첫째, 환거래 당사자의 소재지이다. 즉, 환거래의 원인인 채권·채무관계는 내국환의 경우 채권자와 채무자가 동일 국가 내에 있지만 외국환의 경우에는 양 당사자가 한편은 국내에, 상대방은 외국에 주소지를 갖고 있다.

둘째, 환결제의 형태이다. 즉, 내국환의 경우에는 중앙은행인 한국은행을 통하여 각 지역 간의 결제차액, 즉 현금의 과부족이 최종적으로 결제되지만, 외국환의 경우에는 중앙은행이 없기 때문에 국제금융 및 외환시장이 그 역할을 대행한다. 따라서 그 최종결제의 형태가 내국환에 비하여 훨씬 복잡하다.

셋째, 환율문제이다. 내국환은 동일 국내의 거래이기 때문에 단일통화에 의하여 결제되지만, 외국환의 경우에는 상이한 통화를 사용하는 외국과의 거래이므로 양국 통화의 교환비율(foreign exchange rate)인 환율문제가 생긴다. 환율은 여러 가지 원인에 의하여 변동하기 때문에 환율이 어떻게 결정되느냐 또는 어떻게 변동하느냐 하는 환리스크문제가 발생하게 된다. 한국은 대외의존도가 높은 데다 국제화·개방화의 진전에 따라 환율변동에 따른 자산가치의 변화, 즉 환리스크에 노출되지 않은 기업이 없다고 해도 과언이 아니다.

넷째, 선물환제도의 이용이다. 환율은 계속 변하기 때문에 환율변동에 따라 매매 당사자는 환리스크(exchange risk)에 직면하게 되므로 이를 회피하기 위하여 선물환제도를 이용한다.

다섯째, 결제를 위하여 이용되는 신용수단의 문제이다. 외국환의 경우에는 수출대금의 결제를 위하여 환어음에 운송서류를 첨부시킨 화환어음을 이용하거나 또는 화환어음의 지급을 보증하는 화환신용장이 사용되고 있다.

여섯째, 국제수지와의 관련이다. 외국환은 외국에 대한 대차의 결제이기 때문에 일국의 국제수지와 밀접한 관계를 가지게 되며, 국제수지는 일국의 경제에 중요한 영향을 미친다. 따라서 대부분의 국가는 국제수지의 균형을 위하여 외국환관리를 하고 있으므로 내국환에 비하여 자금이동이 자유롭지 못하다.

## 2) 국제무역의 결제통화

[표 4-1]과 [표 4-2]는 2017년도부터 2021년도까지의 결제통화별 수출입 비중을 보여준다. 2021년 결제통화별 수출 비중은 미 달러화(83.9%), 유로화(5.9%), 엔화(2.6%), 원화(2.4%), 위안화(2.0%) 순으로 5개 통화의 결제 비중이 전체 수출의 96%를 차지하고 있다.

| 표 4-1 | 한국의 결제통화별 수출 비중 (단위 : %)

| 구분 | 2017년 | 2018년 | 2019년 | 2020년 | 2021년 |
|---|---|---|---|---|---|
| 미 달러화 | 84.5 | 84.5 | 83.5 | 83.6 | 83.9 |
| 유로화 | 5.3 | 5.6 | 6.1 | 6.2 | 5.9 |
| 엔화 | 2.8 | 2.7 | 3.1 | 2.9 | 2.6 |
| 원화 | 3.0 | 2.8 | 2.6 | 2.5 | 2.4 |
| 기타 | 4.4 | 4.3 | 4.7 | 4.8 | 5.2 |
| (위안화) | 1.7 | 1.7 | 1.8 | 2.0 | 2.0 |

자료 : 한국은행, 2022.

2021년 결제통화별 수입 비중은 미 달러화(80.1%), 원화(6.5%), 유로화(5.9%), 엔화(5.1%), 위안화(1.5%) 순으로 5개 통화의 결제 비중이 전체 수입의 99.2%를 차지하고 있다.

| 표 4-2 | 한국의 결제통화별 수입 비중 (단위 : %)

| 구분 | 2017년 | 2018년 | 2019년 | 2020년 | 2021년 |
|---|---|---|---|---|---|
| 미 달러화 | 78.6 | 80.2 | 80.6 | 78.1 | 80.1 |
| 유로화 | 6.6 | 6.4 | 5.9 | 6.5 | 5.9 |
| 엔화 | 6.8 | 6.1 | 5.6 | 5.9 | 5.1 |
| 원화 | 6.1 | 5.6 | 5.9 | 7.0 | 6.5 |
| 기타 | 1.9 | 1.7 | 2.0 | 2.5 | 2.3 |
| (위안화) | 1.0 | 0.8 | 1.1 | 1.5 | 1.5 |

자료 : 한국은행, 2022.

[표 4-3]은 2021년 한국의 대 미국, 중국, 동남아, 중남미, 중동 수출의 결제통화별 비중을 나타낸다. 일본과 EU를 제외하면 수출결제가 대부분 미 달러화로 이루어지고 있다.

| 표 4-3 | 대륙별 수출입 결제통화 비중 추이

(단위 : %)

| 구분 | 결제통화 | 2017년 | 2018년 | 2019년 | 2020년 | 2021년 |
|---|---|---|---|---|---|---|
| 미국 | 미 달러화 | 98.4 | 98.1 | 98.1 | 98.3 | 98.5 |
| | 유로화 | 0.2 | 0.2 | 0.2 | 0.3 | 0.2 |
| | 엔화 | 0.2 | 0.3 | 0.4 | 0.3 | 0.2 |
| | 원화 | 1.2 | 1.3 | 1.3 | 1.1 | 1.1 |
| | 기타 | 0.0 | 0.0 | 0.0 | 0.0 | 0.0 |
| EU[1)] | 미 달러화 | 41.4 | 38.2 | 36.5 | 41.8 | 45.8 |
| | 유로화 | 46.6 | 49.3 | 52.3 | 53.0 | 48.1 |
| | 엔화 | 0.3 | 0.2 | 0.3 | 0.5 | 0.2 |
| | 원화 | 6.7 | 7.1 | 5.3 | 2.9 | 4.2 |
| | 기타 | 5.1 | 5.2 | 5.6 | 1.9 | 1.8 |
| | (파운드화) | 3.7 | 3.5 | 3.6 | 0.4 | 0.0 |
| 일본 | 미 달러화 | 45.1 | 50.1 | 46.8 | 45.8 | 51.2 |
| | 유로화 | 0.7 | 0.5 | 0.4 | 0.4 | 0.3 |
| | 엔화 | 48.1 | 44.1 | 47.4 | 48.3 | 43.5 |
| | 원화 | 6.2 | 5.3 | 5.3 | 5.4 | 5.0 |
| | 기타 | 0.0 | 0.0 | 0.0 | 0.0 | 0.0 |
| 중국 | 미 달러화 | 91.1 | 91.0 | 89.1 | 87.7 | 87.6 |
| | 유로화 | 0.2 | 0.2 | 0.3 | 0.4 | 0.4 |
| | 엔화 | 1.0 | 0.9 | 1.1 | 1.1 | 1.2 |
| | 원화 | 1.8 | 2.1 | 2.8 | 3.3 | 3.0 |
| | 기타 | 5.9 | 5.7 | 6.7 | 7.5 | 7.8 |
| | (위안화) | 5.8 | 5.7 | 6.6 | 7.4 | 7.8 |
| 동남아 | 미 달러화 | 95.4 | 95.8 | 95.5 | 95.8 | 95.7 |
| | 유로화 | 0.3 | 0.3 | 0.4 | 0.6 | 0.5 |
| | 엔화 | 0.8 | 0.7 | 0.9 | 0.7 | 0.6 |
| | 원화 | 1.4 | 1.4 | 1.4 | 1.3 | 1.3 |
| | 기타 | 2.1 | 1.8 | 1.7 | 1.6 | 1.9 |

| | 미 달러화 | 93.0 | 94.1 | 94.7 | 94.7 | 93.9 |
|---|---|---|---|---|---|---|
| 중남미 | 유로화 | 0.5 | 1.5 | 0.5 | 0.6 | 0.6 |
| | 엔화 | 0.1 | 0.1 | 0.1 | 0.1 | 0.0 |
| | 원화 | 2.4 | 2.1 | 1.9 | 2.4 | 2.4 |
| | 기타 | 4.2 | 2.3 | 2.8 | 2.2 | 3.0 |
| 중동 | 미 달러화 | 79.5 | 84.4 | 89.8 | 89.2 | 88.1 |
| | 유로화 | 2.7 | 2.6 | 3.9 | 5.0 | 5.1 |
| | 엔화 | 0.1 | 0.1 | 0.0 | 0.0 | 0.0 |
| | 원화 | 17.2 | 12.4 | 5.2 | 4.8 | 6.3 |
| | 기타 | 0.5 | 0.6 | 1.1 | 1.0 | 0.4 |

주 : 1) 영국의 유럽연합 탈퇴(2020년 1월 31일)로 2020년 1월까지 영국 포함, 2020년 2월부터 영국 제외
자료 : 한국은행, 2022.

## 2. 외국환의 종류

외국환이란 대외지급수단, 외화증권 및 외화채권을 말한다.

### 1) 대외지급수단

외국통화, 외국통화로 표시된 지급수단 기타 표시통화에 관계없이 외국에서 사용할 수 있는 지급수단을 말한다(외국환거래법 제3조 제1항 제4호). 예를 들면, 정부지폐, 은행권, 주화, 수표, 우편환, 신용장, 증권에 해당하지 아니하는 환어음, 약속어음, 우편 또는 전신에 의한 지급지시, 증표, 플라스틱 카드 또는 선불카드 등이 있다.

#### (1) 은행수표(banker's check)

한국의 자기앞수표에 해당(서명권자가 은행인 수표)된다. 환거래은행 중 은행 및 소속국가의 신용도가 투자적격인 은행이 발행한 수표이다. 기타의 은행에서 발행한 수표는 개인수표에 준하여 취급된다. 별도의 언급이 없는 한 6개월이 경과하면 기일경과수표로 처리된다. 환거래은행이 발행하지 않은 수표는 수표면상의 서명을

확인할 수 없기 때문에 개인수표로 간주된다.

#### (2) 여행자수표(traveller's check)

여행자수표 발행회사가 금융기관 등을 통해 발행한 수표이다. 수표매입 시 영업점 창구에서 직접 Counter Signature란에 서명해야 하며, 본인 여부를 반드시 확인한다. 호텔상인, 환전상 등으로부터 매입한 여행자수표를 은행이 재매입할 경우에는 사전신고 여부를 확인한다.

#### (3) 개인수표(personal check)

한국의 당좌수표에 해당하며, 추심 후 지급대상 수표이다. 개인이 서명한 수표로서 수표의 액면금액이 일정하지 않으며, 별도의 언급이 없으면 유효기일은 발행일로부터 6개월까지이다.

### 2) 외화증권

외국통화로 표시된 증권 또는 외국에서 지급을 받을 수 있는 증권을 말한다(외국환거래법 제3조 제1항 제8호). 예를 들면, 외화증권에는 보통채권(straight bond : SB), 전환사채(convertible bond : CB), 신주인수권부사채(bond with equity warrant : BW), 주식예탁증서(depositary receipt : DR), 무기명양도성예금증서(negotiable certificate of deposit : CD) 등이 있다.

### 3) 외화채권

외국통화로 표시된 채권 또는 외국에서 지급을 받을 수 있는 채권을 말한다(외국환거래법 제3조 제1항 제10호). 예를 들면, 수출환어음은 지급수단이나 선화증권은 선적된 물품에 대한 소유권을 나타내는 채권이며, 예금증서, 보험증서 등은 투자대상으로 유통될 수 없고 단지 그 증서로 인해 청구권만을 가지므로 채권이다.

## 3. 외국환의 특징

외국환은 통화를 달리하는 나라와 나라 사이에서 일어나는 것이므로 다음과 같은 특징을 가지고 있다.

### 1) 환율의 개입

외국환은 통화를 달리하는 국가 간의 결제수단이므로 서로 다른 통화 간의 교환비율, 즉 환율의 적용문제가 따른다. 또한 환율은 여러 가지 원인에 의하여 변동하기 때문에 항상 환율변동에 따른 환리스크가 존재하게 된다.

### 2) 이자요소의 개입

외국과의 거래에는 시간적인 요소가 개재되므로 외국환거래에는 이자요소가 개입된다. 즉, 외국환의 수단을 환어음에 의할 경우 외국까지 환어음이 도달하기에는 일정한 기간이 소요되므로 해당 기간에 대한 이자를 감안하여야 할 것이다.

### 3) 외국환관리제도의 등장

외국환거래는 일국의 국제수지 및 국내통화가치와 밀접한 관계를 갖기 때문에 외국환관리제도가 존재한다. 즉, 외국환이 무제한으로 해외에 유출되거나 또는 투기성 외화자금이 국내에 유입되어 국내시장을 교란시킬 소지 등을 방지하기 위하여 국가에서 외국환의 지급에 대하여 관리하고 있다.

### 4) 자금결제방법의 특수성

외국환은 중앙은행과 같은 기능을 담당하는 환의 중앙결제기관이 없을 뿐만 아니라 거래통화 역시 다양하기 때문에 환의 결제구조는 복잡하게 구성되어 있다. 따라서 외국환거래에 따른 자금결제는 각 은행의 독자적인 예치환거래은행을 통해서만 가능하게 되는 특이한 형태를 취하고 있다.

▶ 그림 4-1 | 한국의 외환관리체계

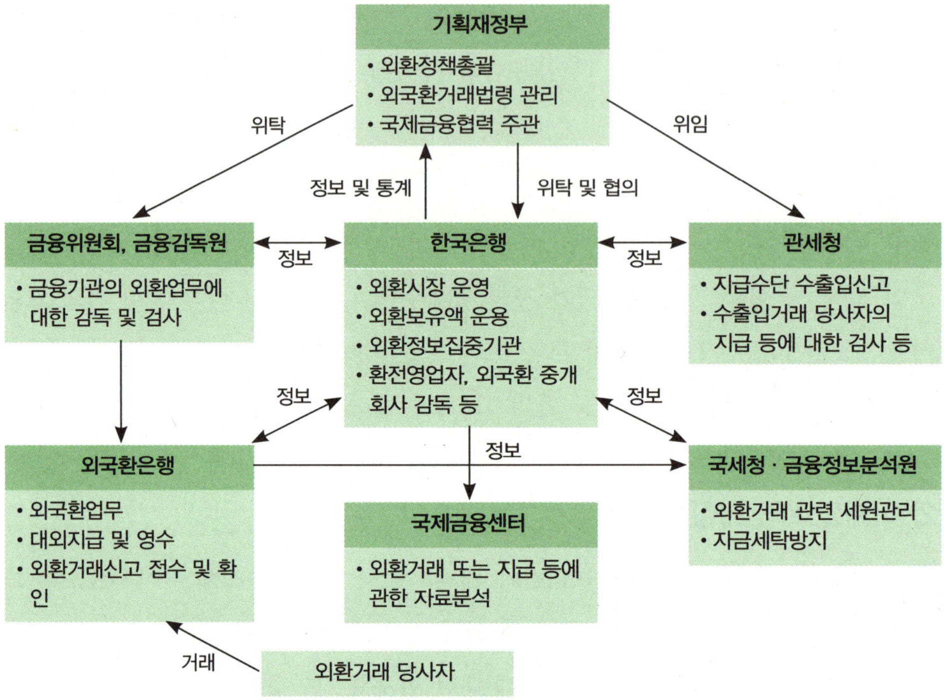


자료 : 한국은행

이와 같이 외국환은 거래 당사자 중 어느 한쪽이 외국에 소재하고 있을 경우에 발생하는 환거래로 간주할 수 있는데 외국환의 정의에서 생각할 수 있는 것처럼 서로 다른 통화끼리의 교환행위를 추상적으로 가리키기도 하고 구체적으로 대외지급수단 그 자체를 총칭하기도 한다.

# 제 2 절 외국환거래의 관리

## 1. 외국환거래법

「외국환거래법」은 외국환거래와 그 밖의 대외거래의 자유를 보장하고 시장기능을 활성화하여 대외거래의 원활화 및 국제수지의 균형과 통화가치의 안정을 도모함으로써 국민경제의 건전한 발전에 이바지함을 목적으로 한다. 01

1999년 4월 기존의 「외국환관리법」을 폐지하고 「외국환거래법」을 제정 · 시행하면서 종전 관리법상 '합리적 조정 또는 관리'를 목적에서 삭제하고 "자유거래를 보장한다"는 조문으로 대체하였다. 이는 향후 외환시장의 자율화를 목표로 법 운영을 하겠다는 것이고 대외적인 조정이나 관리를 포기한 것은 아니다.

그림 4-2 | 외국환 거래제도체계

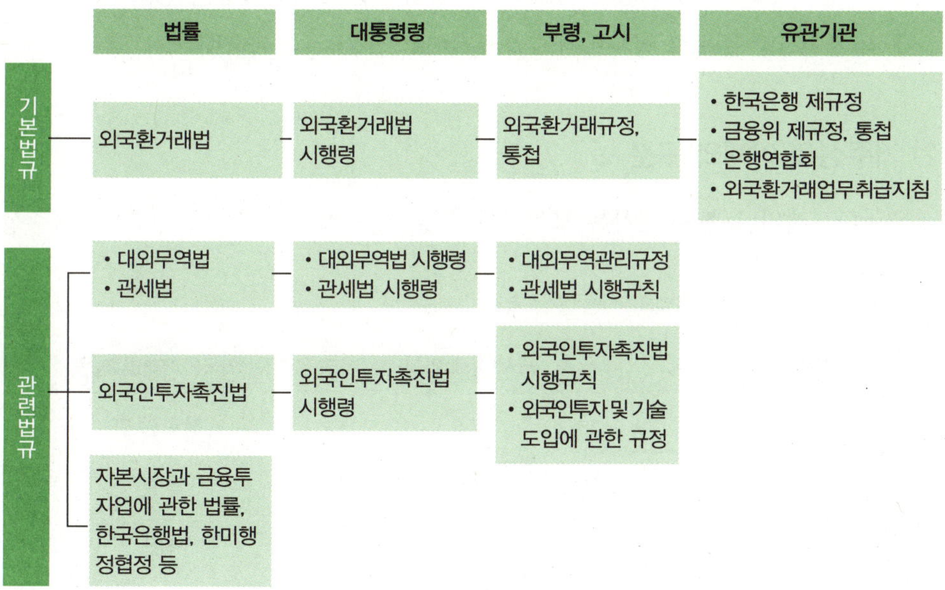


자료 : 한국은행

01 이 절은 한국금융연수원, KBI 금융지식, 2012의 외국환거래에 대한 내용을 인용하였음.

한국의 외환시장은 규모나 거래량을 보면 국제외환시장에 비해 그 규모가 매우 작지만 한 나라의 재산이 투기적 거래나 불 · 편법적인 거래에 놓여 외환시장이 충격을 받거나 시장왜곡현상으로 거래의 안전을 해할 수 있기 때문에 정부가 최소한의 범위 내에서 거래시장에 대한 일정한 제한을 취할 필요성이 있다.

## 1) 외국환거래법의 특성

외국환거래법은 성격상 단속규정의 하나이기 때문에 제재는 하지만 법률위반 시 법률행위가 무효화되는 것은 아니다. 국가가 법률행위의 단속을 목적으로 그것을 금지하거나 제한하는 것이므로 법에 정해진 법칙 적용만 있고 법률행위 자체의 사법상 효력에는 영향이 없는 특별법이다.

또한 외국환거래법은 아래 사항에 해당되는 경우 「금융실명거래 및 비밀보장에 관한 법률」 제4조의 규정보다 우선하여 적용되므로 거래 당사자로부터 거래정보 제공 등에 대한 사전동의를 받거나 사후에 통보해야 할 의무가 없다.

① 외국환거래법의 실효성을 위한 보고 및 검사업무 관련사항인 경우

② 외환전산망 등으로 전자문서에 의한 통보나 자료송부의 경우

## 2) 거주성의 이해와 구분

외국환거래의 유형과 절차는 모두 거주성을 기준으로 규정되어 있고 이 거주성

**그림 4-3** | 외국환거래법의 적용대상 거래

| 거래 당사자 | 표시(결제)통화 | 외국환거래법 적용 |
|---|---|---|
| 거주자 ↔ 거주자 | 원화 | 적용 안 됨 |
| 거주자 ↔ 거주자 | 외화 | 적용 |
| 거주자 ↔ 비거자주 | 원화, 외화 | 적용 |
| 비거주자 ↔ 비거주자 | 원화 | 적용 |
| 비거주자 ↔ 비거주자 | 외화 | 적용 안 됨 |

자료 : 한국은행

에 따라 업무처리방법이 상이하므로 거래주체의 거주성 구분이 무엇보다 중요하다. 따라서 거래형태를 파악하기 전에 거주성을 신속히 파악하기 위해서는 거래당사자의 해당 국적 소재장소, 개인인 경우 여권, 기타 등록 · 신고증 등으로 확인하고 국내외 체류목적이나 체류기간 등을 기준으로 판단이 가능하다. 가령, 여권소지자의 여권상의 입국일(admitted) 및 출국일(departed) 기재일로부터 국내외 체류기간을 산정하는 방법 등이다.

외국환거래법에 의하면 거주자라 함은 대한민국 내에 주소 또는 거소를 둔 개인과 대한민국 내에 주된 사무소를 둔 법인을 말한다. 국내에 주민등록이 되어 있는 개인 및 국내에 본사가 있는 회사는 모두 거주자이며, 주민등록이 말소된 무적자 여부를 따질 필요가 없으므로 실무적으로 주민등록증이나 사업자등록증으로 파악한다.

### 3) 거래외국환은행 지정제도

외국환거래 중 지속적인 한도관리와 사후관리의 필요성이 있는 거래는 그 관리의 효율성과 신속한 모니터링을 위해 거래 당사자가 1개의 외국환은행을 통해서 거래가 가능하도록 하고, 다른 외국환은행에서는 동 거래가 불가능하도록 거래 당사자별로 해당 거래를 집중시켜 처리하는 제도를 말한다.

## 2. 외국환거래법의 주요 내용

### 1) 외국환은행의 신고 등 업무

외국환거래는 모두 신고 등의 절차에 의한다. 즉, 외환시장에서 관리의 실익이 없거나 관리의 필요성이 거의 없는 외국환거래는 허가신고 예외사항으로 규정하여 놓고, 해당 거래가 시장에 미치는 영향과 자본시장 자유화의 단계별 전략에 따라 우선적으로 자유화할 경미한 거래부터 확인사항, 신고사항, 신고수리사항, 허가사항, 기타 인정사항으로 분류하여 전체적인 법규의 체계화된 거래의 틀을 마련한 것이며, 이를 '신고 등'이라 한다.

기획재정부 장관이 고시하여 시행하고 있는 외국환거래규정은 신고 등이란 절차에 따라 모든 업무가 이루어지게 된다.

원칙상 기획재정부 장관이 직접 신고를 받아야 하는 업무이지만 기획재정부 장관은 위임 · 위탁 규정에 따라 한국은행 총재, 외국환은행의 장 또는 관세청장에게 대부분의 외국환업무를 자신을 대신하여 취급하도록 하고 있다. 즉, 거래사안별로 각 기관의 직무전결 범위를 정하여 민원업무처리를 수행하고 있다고 보면 될 것이다. 따라서 외국환은행의 신고대상이 아닌 상위기관의 전결로 이미 처리된 신고건에 대해서는 외국환은행에서 별도로 신고 등의 절차를 거칠 필요가 없으며, 다만 외국환은행은 고객의 지급 또는 영수 관련 업무처리 시 신고이행에 대한 동 신고필증 등을 확인할 의무가 있을 뿐이다.

### (1) 확인사항

허가신고 예외사항으로, 거래 시 신고절차를 거치지 않고 다만 실명확인 또는 증빙서류확인만으로 업무처리가 가능한 사항이다. 주로 완전 거래자유화가 된 무역거래나 무역외거래인 경상거래의 대부분이 여기에 해당된다. 확인기관은 외국환은행의 장이므로 확인사항은 모두 외국환은행의 업무라 해도 무방하다.

### (2) 신고사항

신고라 함은 외국환거래 당사자가 소정의 신고서에 당해 외국환거래 등의 사유와 금액을 입증하는 서류를 첨부하여 신고기관에 제출하는 행위로, 신고를 받은 기관은 당해 거래 등이 신고대상인지 여부 및 신고서 기재사항을 정확히 기재하였는지 여부를 확인한 후 업무를 처리한다. 이 경우 당해 신고서에 '신고필'이라 기록하고 신고기관의 장의 직인을 날인한 신고필증을 교부하여야 한다.

경상거래 중의 일부와 자본거래에서 주로 신고사항이 많으며, 거래의 당사자 · 유형 · 금액 · 기간 등을 기준으로 중요도나 관리의 효율성 등을 감안하여 외국환은행의 장의 신고대상, 한국은행 총재 신고대상, 관할세관의 장의 신고대상, 기획재정부 장관의 신고대상으로 나누어 취급하도록 되어 있다.

#### (3) 신고수리사항

자본거래에서 신고대상으로 정한 사항 중 거래의 특성과 사후관리의 중요성을 감안, 거주자의 해외부동산이나 이에 대한 권리취득에 대하여 신고수리 여부를 결정할 수 있도록 규정한 것이다. 신고수리요건에 적합한지 여부를 심사한 후 신고수리서를 교부하거나 수리거부 또는 거래내용의 변경권고를 할 수 있도록 정한 사항이다.

### 2) 지급과 영수

#### (1) 지급 등의 적용범위

지급과 영수(이하, 지급 등)에서는 국내에서 외국에 지급하고자 하는 거주자 및 비거주자, 비거주자에게 지급하거나 비거주자로부터 영수하고자 하는 거주자가 지급 등을 함에 있어 각종 절차를 정하고 있다. 거주자 또는 비거주자가 해외로 송금하는 경우는 모두 외국으로의 자금유출이 일어나므로 거주성에 관계없이 거래주체의 지급절차에 포함하고, 국경이나 지역 간 이동과 관계없이 국내에서 거주자가 비거주자에게 보내는 자금도 지급행위에 포함한다. 거주자가 국내에서 비거주자로부터 자금을 받는 행위는 거주자의 영수에 포함한다.

#### (2) 지급 등의 제한

지급 등에서 영수거래는 외국의 자금이 국내로 유입되는 형태이므로 거주성이나 거래유형에 불구하고 원칙상 영수에 제한을 두고 있지 않다. 반대로 지급거래는 대외지급, 즉 국내자금이 해외로 나가는 국부유출 거래이므로 기본적으로 지급을 제한하거나 지급절차까지도 세부적으로 규제하고 있으며, 외환자유화에 따라 거래제한이 거의 없는 일반 경상거래까지도 지급 시에는 최소한의 확인절차를 따르게 하는 등 규제를 유지하고 있다.

#### (3) 지급 등의 절차

지급 등을 하고자 하는 자는 지급 등에 앞서 당해 지급 또는 그 원인이 되는 거래 또는 행위가 외국환거래법, 동법 시행령 및 규정, 타 법령 등에 의하여 신고 등을 하여야 하는 경우에는 그 신고 등을 먼저 하여야 한다. 즉, 해외송금을 한다면 그 송금의 원인에 따라 확인, 신고, 신고수리, 허가 등의 절차를 사전에 거친 후 또 다른 법률에 저촉되는 경우 이를 이행한 후 송금을 해야 한다는 것이다.

### (4) 거주자의 지급 등

#### 가) 지급확인서에 의한 연간 5만 달러 초과송금

증빙서류 미제출 송금이 지정인의 연간 송금 누계액 미화 5만 달러를 초과하는 경우에는 원칙상 송금이 제한되나, 종교단체의 선교자금, 비영리법인의 해외구호자금의 용도로 송금하거나 또는 거주자가 외국정부나 국제단체(UN 산하단체 등)에 기부금 또는 의연금을 지급하고자 하는 경우에 이 방법을 활용할 수 있다.

#### 나) 정부 또는 지방자치단체의 지급

정부기관 또는 지방자치단체의 장이 대외지급을 위하여 당해 정부기관의 장 또는 지방자치단체의 장의 명의로 내국지급수단을 대가로 대외지급수단의 매입을 신청하는 경우에는 당해 지급에 소요되는 범위 내에서 지급증빙서류의 제출 없이 대외송금이 가능하다.

#### 다) 사전지급

사전개산(payment by rough estimate)지급이라고도 하며, 사전에 지급금액을 정하기 어렵거나 불가능하여 사후에 정확한 지급금액이나 소요경비가 확정되는 경우에 우선 지급하는 거래를 말한다. 주로 해당되는 거래를 든다면 외국에서 영화촬영 또는 광고물 제작의 소요경비를 사전에 정확히 예측할 수 없어 진행상황과 여건에 따라 지급비용이 달라지는 경우이다. 그러나 해외여행경비, 해외이주비 및 재외동포의 국내재산 반출에는 동 제도를 적용할 수 없도록 하고 있다.

#### 라) 송금방식 무역거래의 증빙서류제출 면제대상기업

① 수출거래 : 전년도 수출실적이 미화 5천만 달러 이상 기업이 송금방식으로 수

출대금을 영수할 경우 계약서 등 증빙서류의 제출을 면제한다.

② 수입거래 : 전년도 수입실적이 미화 5천만 달러 이상 기업이 송금방식으로 수입대금을 지급할 경우 계약서 등 증빙서류의 제출을 면제한다.

마) 소액자본거래 영수

자본거래로서 거주자(외국인거주자 제외)의 거래건당 영수금액이 미화 1천 달러 초과 5만 달러를 초과하지 않는 건으로서, 지정거래 외국환은행을 통하여 영수할 경우에는 신고예외사항으로 처리가 가능하며 영수 증빙서류를 제출하지 않아도 된다. 실무적으로 거주자가 해외차입이 필요한 경우 동 조항을 적용하면 신고하지 않고 비거주자로부터 연간 5만 달러 이내의 소액자금을 빌려올 수 있다.

### 3) 대외채권 회수의무

가) 비거주자에 대하여 건당 미회수 잔액이 미화 50만 달러를 초과하는 채권을 보유하고 있는 거주자는 채권의 만기일 또는 조건 성취일로부터 1년 6월 이내에 국내로 회수해야 한다.

나) 다만 부득이한 사정으로 회수하지 못하게 될 경우에는 한국은행에 회수대상 채권 제외 신고를 해야 한다.

한국은행에 신고하지 않더라도 다음 사유를 외국환은행으로부터 인정받는 경우 회수대상채권에서 제외될 수 있다

① 거래 상대방의 파산, 행방불명 등으로 대금회수가 불가능하다고 현지 거래은행, 공공기관이 확인한 경우

② 거래 당사자 간의 분쟁으로 중재기관, 법원, 보험기관 등이 채권금액 감면을 결정하거나 그 소요경비로 하기로 한 경우

③ 거래 상대방의 인수거절, 지급거절로 수출대금의 회수가 불가능하거나 거래 당사자 간의 합의에 의하여 채권금액을 감면하기로 한 것을 현지 거래은행, 검사기관, 공증기관, 공공기관 등이 확인한 경우

④ 해외직접투자자금으로 사용하고자 하는 경우

### (1) 대응수출입 이행의무

① 건당 5만 달러가 넘는 수출대금을 물품을 선적하기 전에 송금받았을 때는 대응수출을 이행하거나 대금을 반환하여야 한다.

② 건당 2만 달러가 넘는 수입대금을 선적서류나 물품을 받기 전에 송금했을 때는 대응수입을 이행하거나 대금을 돌려받아야 한다.

### (2) 외국환은행을 통하지 않는 지급 또는 영수

거주자가 비거주자로부터 외국환은행을 통하지 않고 지급수단을 수령하는 경우, 신고예외사항 및 외국환은행 확인 · 세관 신고사항을 제외하고 한국은행에 신고하여야 한다.

신고예외사항은 다음과 같다.

① 외국항로에 취항하는 항공기 또는 선박 안에서 매입한 물품대금의 지급

② 외국에서의 해외여행경비, 해외이주비 및 국내재산을 외국에서 직접 지급

③ 거주자와 비거주자 간 또는 거주자 간 미화 1천 달러 이하의 경상거래에 따른 대가 지급

④ 신용카드 등에 의한 경상거래대금 국내결제

⑤ 송금수표, 우편환, 유네스코 쿠폰 등에 의한 인정된 거래대금결제

⑥ 외국인 관광객 등에 대한 부가세환급금 지급 등

⑦ 법인의 예산으로 해외여행을 하고자 하는 법인 소속 여행자가 법인 명의로 환전한 해외여행경비 휴대수출

⑧ 거주자가 건당 1만 달러 이하의 대외지급수단을 직접 지급

⑨ 본인 명의 신용카드에 의한 해외여행대금 등 결제

### (3) 거주자의 외화자금차입

거주자와 비거주자 간의 외화차입과 외화대출에 따른 신고사항은 다음 표와 같다.

<table>
<tr><th colspan="2">구분</th><th>외화차입</th><th>외화대출</th></tr>
<tr><td colspan="2">거주자 간</td><td>자유화(대금을 외국환은행을 통해 수수하지 않는 경우 한국은행 총재에게 신고)</td><td>자유화(대금을 외국환은행을 통해 수수하지 않는 경우 한국은행 총재에게 신고)</td></tr>
<tr><td rowspan="5">거주자와 비거주자 간</td><td>외국환은행</td><td>자유화(1년 초과 5천만 달러 초과 시 기획재정부 장관에게 신고)</td><td rowspan="4">한국은행 총재에게 신고(다른 거주자의 보증 또는 담보를 제공받아 대출하는 경우 대출을 받고자 하는 비거주자가 신고)</td></tr>
<tr><td>지방자치단체, 정부투자기관, 정부출자기관, 정부 또는 지자체 등이 설립, 출자 · 출연한 법인</td><td rowspan="3">지정거래외국환은행에 신고(외국인투자촉진법에 의한 일반제조업체, 고도기술업체 등의 단기차입을 제외한 3천만 달러 초과차입의 경우 외국환은행 경유, 기획재정부 장관에게 신고)</td></tr>
<tr><td>출자기관, 정부 또는 지자체 등이 설립, 출자 · 출연한 법인</td></tr>
<tr><td>영리법인</td></tr>
<tr><td>개인 · 비영리법인</td><td>한국은행 총재에게 신고</td><td></td></tr>
</table>

## 4) 해외직접투자

해외직접투자란 거주자가 장래의 수익을 얻기 위하여 국내자본이나 기술 등을 해외로 이동시켜 외국기업에 대한 일정한 출자지분을 취득함으로써 해당 기업의 경영에 참여함을 주된 목적으로 하는 투자형태를 말한다.

이에 비해 해외기업체에 대한 지분취득의 목적이 경영에 참여하기 위함이 아니라 배당금이나 단기매매차익 등 단순히 투자과실을 얻기 위한 형태의 투자를 해외간접투자 또는 포트폴리오투자라 한다. 즉, 해외기업체에 대한 투자는 경영참여를 목적으로 하는 것인지, 단순히 투자수익을 목적으로 하는 것인지에 따라 해외직접투자와 해외간접투자로 구분된다는 점에서 차이가 있다.

### (1) 외국환거래법령상 인정되는 해외직접투자의 유형

#### 가) 외화증권 취득방식에 의한 해외직접투자

국내 거주자가 외국법인의 경영에 참가하기 위해 취득한 주식 또는 출자지분이 해당 외국법인의 발행주식 총수 또는 출자총액에서 차지하는 비율이 10% 이상인 투자를 외화증권 취득방식에 의한 해외직접투자라고 한다. 이때 비록 10% 이상의 지분취득이 아니더라도 다음의 실질적인 경제관계가 수립된 경우에는 외화증권 취득방식에 의한 해외직접투자로 인정받을 수 있다.

① 외국법인에 임원파견이 이루어지는 경우
② 외국법인과 원자재 또는 제품의 1년 이상의 매매계약을 체결하는 경우
③ 중요 제조기술의 제공이나 도입 또는 공동연구개발계약을 체결하는 경우
④ 해외건설 및 산업설비공사의 수주계약을 체결하는 경우

#### 나) 외화대부채권 취득방식에 의한 해외직접투자

국내 거주자가 외화증권 취득방식에 의한 해외직접투자를 통하여 외국법인의 지분투자가 이루어진 후에 해당 법인 앞으로 상환기간을 1년 이상으로 하여 자금을 대여하여 주는 방식이다. 여기서 유의할 점은 외화증권 취득방식에 의한 투자가 이미 이루어진 외국법인 앞 금전대여이며, 그 상환기간이 1년 미만인 경우에는 이 항목의 적용대상이 되지 않는다.

#### 다) 해외사업활동을 영위하기 위하여 행하는 자금의 지급

외국에서 법인 형태가 아닌 기업을 설치하고 이를 운영하기 위해 필요한 자금을 지급하는 경우를 말한다(개인사업 영위).

#### 라) 해외자원개발사업 또는 사회간접자본 개발사업을 통한 자금의 지급

여기에서 해외자원개발사업이라 함은 「해외자원개발사업법」 및 동법 시행령에서 정한 광물, 농 · 축산물, 임산물의 개발과 관련된 사업을 해외에서 진행하는 것이며, 사회간접자본개발사업이라 함은 도로, 항만, 철도, 통신 등의 사회간접자본의

개발과 관련된 사업을 말한다.

단, 해외자원개발사업을 위한 조사자금 및 해외자원의 구매자금을 지급하는 경우는 본 항목에 의한 해외직접투자의 대상에 포함되지 않으며, 이 경우에는 경상거래의 증빙에 의한 지급으로 처리되어야 한다.

#### 마) 국내기업의 해외지사 설치

해외지사란 해외지점과 해외사무소를 뜻하며, 외국에서 영업소를 설치 · 운용하는 것으로 지점은 영리활동을 하나 사무소는 비영리활동을 목적으로 설치된다. 흔히 지사를 현지법인과 혼용하는 경우가 있는데, 같은 법령에 속하지만 취급절차나 자금의 유 · 출입 및 회계처리방법이 서로 다르기 때문에 분명히 구분하여야 한다.

현지법인은 '설립' 한다고 하지만 해외지사는 '설치'한다고 하며, 현지법인은 제3의 회사인 관계로 자금의 지원은 출자지분의 증대나 금전의 대차관계에 있는 반면, 지사는 본사의 경제적 영향하에 놓여 있기 때문에 운전자금이나 영업기금의 성격으로 자금지원을 하게 되고, 동일한 재무상태표 내에서 회계처리하는 점 등이 크게 다르다고 할 수 있다.

# 제3절 외국환업무

## 1. 외국통화 매매

### 1) 외국통화 매입

고객으로부터 매입신청받은 외국통화가 외국환거래규정 등에서 정하고 있는 인정된 거래에 따른 취득보유분인지, 매입은행에서 매매율이 고시되는 통화인지 여부를 확인하고, 고객에 따라 거주자, 외국인 거주자, 비거주자에게 내국지급수단을 대가로 외국환을 매입하는 업무를 말한다.

### 2) 외국통화 매도

고객으로부터 외국통화 매도신청이 있는 때 외국환거래규정 등에서 정하고 있는 인정된 거래에 따른 지급에 사용하기 위한 경우인지 여부를 확인하고 매도하는 업무를 말한다. 거주자에게 매도할 수 있는 경우는 ① 당해 외국환을 인정된 거래 또는 지급에 사용하기 위한 경우, ② 외국인 거주자의 경우에는 외국환 매각실적 범위 내인 경우, ③ 국민인 거주자가 소지를 목적으로 하는 경우에는 금액제한 없음(법인도 소지목적 환전 가능, 외국인 거주자는 불가함), ④ 상기 매각실적이 없는 경우 미화 1만 달러 범위 내이다.

## 2. 외국환의 형태

### 1) 송금환과 추심환

외국환은 대외지급수단이며 국가 간 대체결제수단이기 때문에 자금의 수수가 필수적인데, 이때 외국환을 이용하여 국제 간 자금의 대차관계를 결제하는 방법으로 자금을 보내주는 방법을 송금환(remittance)이라 하고, 자금을 청구하는 방법을 추심환(collection)이라고 한다. 전자는 환의 흐름이 자금의 흐름과 같은 방향으로 움직이기 때문에 순환이라고 하며, 후자는 환과 자금의 흐름이 서로 역행하므로 역환이라고도 한다.

### 2) 당발환과 타발환

외국으로 자금을 송금하기 위해서는 해당 국가의 은행을 각각 경유하여야 하는데 환거래의 시발점이 되는 은행을 당발은행이라 하고 당발은행에서 취급하는 외국환을 당발환(當發煥, outward remittance)이라고 한다. 그러나 같은 거래가 종결되는 은행 측에서 보면 자금을 송금한 은행은 타발은행이 되고, 상대 측 송금은행이 취급한 외국환은 타발환(他發煥, inward remittance)이 된다.

### 3) 매도환과 매입환

외국환은행의 업무는 외국환과 원화의 교환, 즉 외환매매의 형태로 취급된다. 이때 외국환은행이 원화의 수납을 대가로 외국환을 매각하는 경우 이것을 매도환(賣渡換, selling exchange)이라 하며 수입어음결제가 대표적인 예이다. 반대로 원화의 지급을 대가로 외국환을 받아들이는 것을 매입환(買入煥, buying exchange)이라 하며 수출환어음 매입(negotiation)이 그 한 예이다.

따라서 당발송금환의 취결은 매도환, 타발송금환의 지급은 매입환이 되며 당발추심환의 추심은 매입환 타발추심환의 지급은 매도환이 된다.

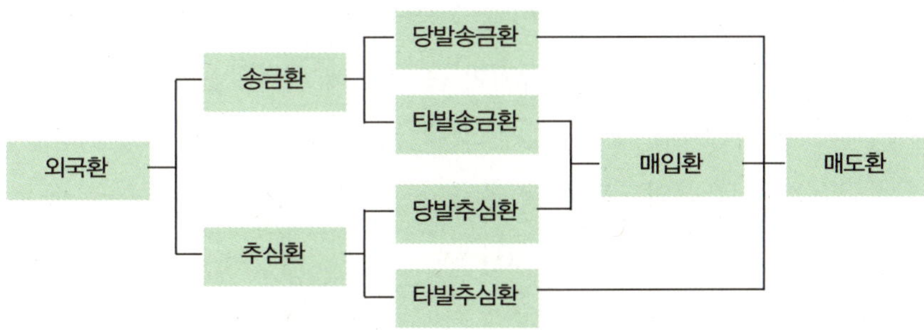


### 4) 보통환과 전신환

외국환의 결제는 예치환거래은행이 자행예금계좌에서 차기(debit)함으로써 종결된다. 이 과정에서 예치환거래은행에게 자행예금을 인출(debit)하도록 지시하는 방법이 우편으로 전달되면 이는 보통환(ordinary exchange)으로서 환어음과 송금수표가 대표적이다. 자금이 신속히 전달되어야 하는 경우에는 전신으로 결제를 지시하는 전신환(telegraphic exchange)의 방법이 이용된다.

## 3. 외국환의 자금결제방식

### 1) 송금환

송금환(remittance)은 당발송금환과 타발송금환으로 분류한다.

당발송금환(outward remittance)이란 국내의 송금인 또는 채무자가 외국의 수취인이나 채권자에게 자금을 송금할 목적으로 외국환은행에 송금대금을 원화 또는 외화로 지급하고 외국에 있는 수취인이나 채권자에게 송금하여 줄 것을 청구함으로써 성립된다.

해외유학생 학자금, 해외시험 응시료, 통신료, 도서구입비, 무역관련 중개수수료, 지급증빙미제출송금 등 외국환거래규정에 의거 인정된 거래에 대해서만 가능하며, 일부의 경우에는 지정거래 외국환은행을 지정하여야 송금이 가능하다. 원칙적으로 외국환은행에 송금사유와 금액을 입증하는 서류를 제출하여야 하며, 단 미화 1천 달러 이하의 송금은 서류제출 없이 자유롭게 가능하다.

타발송금환(inward remittance)이란 외국의 송금인 또는 채무자로부터 국내의 수취인이나 채권자에게 자금이 송금되어 온 경우에 외국환은행이 송금되어 온 외화를 매입하고 수취인이나 채권자에게 그 대금을 원화로 지급함으로써 성립된다.

타발송금환은 주로 해외교포의 대 본국 송금, 해외취업자의 대 본국 송금, 종교단체의 기부금 송금 등에 이용되고 있다.

## 2) 송금환의 종류

송금환에는 송금수표, 우편송금환 및 전신송금환의 세 가지 종류가 있다.

송금수표(demand draft : D/D)는 송금인이 발행은행으로부터 교부받은 송금수표를 직접 수취인에게 송부하고, 이를 받은 수취인은 송금수표에 기재되어 있는 지급은행에 지급 제시하여 그 송금대금을 수취하는 방법이다.

따라서 송금수표에 의한 송금방법은 송금인의 책임하에 수취인에게 전달되므로 다음에 설명하는 우편송금에 비하여 위험성이 높다. 이것은 해외시험 응시료, 외국서적 구입비 등 주로 소액 송금에 많이 이용된다.

또한 환거래계약에 따라서는 발행은행은 일정액 이상의 송금수표를 발행한 경우에 지급은행 앞으로 송금수표 발행통지서(drawing advice)를 작성하여 통지하게 되며, 지급은행은 수취인으로부터 지급 제시가 있을 때에 송금수표와 발행통지서를 대조하여 내용 및 진위를 확인할 수 있게 된다.

우편송금환(mail transfer : M/T)은 송금은행이 지급은행 앞으로 수취인에게 일정금액을 지급하여 줄 것을 위탁하는 지급지시서(payment order)를 발행하여 송금은행이 직접 우편으로 지급은행에 송부하여 주는 방법이며, 주로 시급을 요하지 않는 송금, 소액 송금 등에 이용되고 있다.

전신송금환(telegraphic transfer : T/T)은 우편송금환과 같이 지급지시방법에 의하여 송금하나, 다만 지급지시를 전신으로 하는 점이 다르다. 전신송금환은 거액송금, 시급을 요하는 송금 등에 많이 이용되며, 현재 가장 보편적으로 이용되고 있는 방법으로서 신속하고 편리하나 전신료가 우편료보다 비싸므로 그만큼 비용부담이 크다.

### 3) 추심환

추심환(collection)이란 송금환과는 반대로 채권자가 자금을 역으로 청구하는 역환임은 이미 살펴본 바와 같다. 즉, 지급지가 외국으로 되어 있는 외화수표 또는 어음 등을 고객으로부터 매입하거나 추심을 의뢰받아 직접 지급은행에 대하여 또는 환거래은행을 통하여 대금을 청구하여 지급받는 과정을 말한다.

### 4) 추심환의 종류

추심에는 추심의 방향에 따라 당발추심(outward collection)과 타발추심(inward collection)으로 구분할 수 있다.

당발추심은 국내은행이 지급지가 외국인 외화수표나 어음을 매입하거나 매입의뢰를 받아 지급은행에 직접 또는 환거래은행을 통하여 대금을 청구하는 것이다. 타발추심은 이와 반대로 해외은행으로부터 외국환이 우송되어 와 당해 외국환의 채무자, 즉 지급인에게 추심대금을 결제하도록 연락하여 대금을 지급받아 해외은행 앞으로 송금해 주는 것을 말한다.

또한 추심은 추심전매입(bills purchased : B/P)과 추심후지급(bills collection : B/C)으로 구분할 수 있다.

추심전매입이란 수표 등의 대금을 먼저 고객에게 지급하고 사후에 추심을 하는 경우, 즉 외국환은행이 외화수표나 어음 등을 추심함에 있어서 그 대금을 먼저 고객에게 지급하는 매입절차의 방식을 말하는 것이다.

추심후지급이란 추심에 의해 대금이 해외거래은행 당좌계좌에 입금되었다는 통지를 받고 추심의뢰인에게 대금을 지급, 즉 추심에 의하여 추심은행으로부터 동 대금이 입금되었다는 통지를 받고 추심의뢰인에게 대금을 지급하는 방법을 말한다.

우리는 흔히 외국환업무 중 '네고(negotiation)'라는 말을 많이 듣는데, 이는 수출환어음이나 외화수표 등의 추심전매입을 의미하는 것이므로 그만큼 추심전매입이 외국환업무 중에서 차지하는 비중이 높다.[02]

## 4. 결제시기를 기준으로 한 결제방식

### 1) 선지급(advance payment)

① 주문지급조건(cash with order : CWO)은 물품주문과 동시에 그 대금을 지급하는 조건이다.

② 단순송금방식(advance remittance)은 T/T나 M/T로 미리 수입대금을 송금함으로써 대금결제부터 하고 물품은 그 후의 주문 또는 기존 거래에서의 약정에 따라 수출하는 거래이다.

③ 선대신용장(red clause credit, packing credit) 및 연장신용장(extended credit)방식의 경우에는 신용장의 수취와 동시에 무담보어음(clean bill)을 발행하여 negotiation을 통하여 대금결제부터 이루어지는 선지급조건이다. 이 경우 신용장 개설은행(opening bank)이 신용장의 수익자(beneficiary)에게 미리 대출하는 형식을 취하므로 신용장의 수익자는 선수금에 대한 약정이자를 지급해야 한다.

02 추심전매입은 부도(dishonor)에 대비하여 세심한 주의를 기울여야 하는데, 부도가 나는 사유를 보면 ① Lost & Stolen Check(도난, 분실), ② Stale Date(유효기일 경과), ③ Not Sufficient Funds, Insufficient(NSF, ISF ; 잔액부족), ④ Account Closed(계좌해지), ⑤ Stop Payment or Payment Stopped(지급정지), ⑥ Signature Forged(서명위조), ⑦ Endorsement Missing(배서불비), ⑧ Post Date(선일자 발행), ⑨ Forged Endorsement(배서위조) 등과 같은 것들이 있다.

## 2) 동시지급(concurrent payment)

① 일람출급방식(at sight basis)은 sight credit에 의해 발행되는 화환어음에 의한 결제방식이다.

② 지급인도조건(documents against payment : D/P)은 무신용장거래, 즉 추심결제방식(collection base)인 동시지급조건으로 화환어음에 의한 결제이다.

③ 현물상환지급조건(cash on delivery: COD)은 현물 또는 warehouse warrant 등의 인도와 동시에 대금결제가 이루어지는 조건으로 결제수단은 환어음이 아닌 모든 결제수단이 이용된다.

④ 서류상환지급조건(cash against documents : CAD)은 선화증권을 포함한 무역서류의 인도와 동시에 대금결제가 이루어지는 조건인바, 결제수단은 COD의 경우와 같다.

## 3) 연지급(deferred payment) 또는 후지급

① 기한부방식(usance basis)은 usance credit에 의한 화환어음으로 결제되는 후지급방식으로 d/s base와 d/d base가 주로 사용된다.

※ d/s base(일람 후 정기지급방식) — "at 90 days after sight"
d/d base(일부 후 정기지급방식) — "at 90 days after date"

② 인수인도조건(documents against acceptance: D/A)은 무신용장거래인 추심결제방식의 후지급조건으로 결제수단으로는 화환어음이 사용된다.

③ 기탁계정방식(escrow account base)은 escrow credit에 의한 후지급방식으로 연계무역(counter-trade)에서 이용된다.

④ open account(current account) base는 청산결제(장부결제)방식으로 두 회사 사이에 수출과 수입을 함께 하거나 채권과 채무가 서로 교차적으로 발생되는 경우에 매거래마다 일일이 결제하지 않고 대차관계를 기말에 마감하여 그 차액만 결제하는 방식이다.

### 4) 혼합지급

누진지급조건(progressive payment)과 중장기연불 수출입 등은 선지급, 동시지급 및 후지급이 혼합되어 이루어지는 결제방식으로 대부분 공정의 진척도에 따라 할부로 결제된다.

또한 플랜트(plant), 선박, 대형기계류, 철도차량 등의 거래에서 채택되고 있는 중장기연불수입의 경우에도 선지급(대개 10%), 공정도에 따른 지급, 인도 시 지급 등 분할지급이 이루어지고, 그 나머지에 대해서는 3~10년 간의 연불방식에 의하므로 이러한 결제도 혼합결제방식에 속한다고 할 수 있다.

## 제4절 외환결제

### 1. 외환결제구조의 특수성

국내에서의 자금결제는 중앙은행인 한국은행을 통하여 이루어지나 국제간 거래에서는 한국은행이 외국환 결제기능을 가지고 있지 않으므로 외국환은행은 스스로 외국의 은행들과 환거래계약을 체결하고 자금결제에 다른 서비스를 받아야 한다. 외국환거래는 거래대상지역이 세계적일 뿐 아니라 내국환처럼 중앙은행처럼 환집중결제기구가 없으므로 은행은 뉴욕, 도쿄, 홍콩, 파리 등 국제외환시장에 소재하는 자기 은행의 해외지점, 현지법인 또는 예치환거래은행을 통한 외환 결제업무를 한다.

외국환을 취급하는 은행은 해외은행과 환거래에 관한 계약인 코레스 계약(correspondent agreement)을 체결하고 이들 은행과 외국환거래를 하고 있는데, 이와 같은 코레스 계약을 체결한 은행을 '환거래은행'이라 하며, 환거래은행에 결제계정을 보유하는 예치환거래은행과 그렇지 않은 무예치환거래은행(non-depository correspondent bank)으로 구분된다.

환거래계약이 체결된 은행 간 취급업무의 종류, 거래통화의 종류, 대금결제방법에 관한 협정을 맺고, 서명권자들의 서명부, 테스트 키(test key), 거래조건 및 제요율표 등 환거래업무를 수행하기 위한 각종 문서를 상호 교환함으로써 거래의 안정과 효율적인 업무처리를 도모하고 있다.

무역거래에서 상품을 인도받은 수입업자는 수출업자에게 상품대금을 지급해야 하며, 이때 주로 자국은행을 통하여 상대국의 은행으로 송금하는 방식을 취하게 된다. 따라서 대금을 보내는 원인은 비록 기업 간의 거래에서 발생했지만 이를 실제로 취급하는 것은 은행 간의 거래로 귀착된다 할 수 있다. 그러면 은행 간 서로 대금을 주고받는 방법에는 어떤 것이 있으며, 그중 어떤 방법이 가장 많이 쓰이는지를 파악해야 할 필요가 있다.

은행 간의 대금결제수단으로 금이나 현금을 소포로 우송하는 방법이 있을 수도 있겠지만 복잡한 현대사회에서 이 방법을 사용하는 금융기관은 없고 실제로 이용되는 유일한 방법은 '계정 간 이체'방식이다. 즉, 송금하는 은행이 받는 은행의 계좌로 입금하는 방법을 택하여야 한다. 국제거래에서 은행 간 전산망(온라인)이 구축되어 있고 은행 간의 자금거래를 조정하는 전 세계 중앙은행이 있어 중개자의 역할을 감당할 수 있으면 효율적이겠지만 아직 이러한 체제가 정비되지 않았기 때문에 특수한 방법을 쓸 수밖에 없다.

## 2. 전자결제시스템

최근 기업의 마케팅 활동과 물품 주문도 인터넷상에서 이루어짐에 따라 대금결제도 전자적으로 이루어질 수 있는 새로운 시스템과 기술이 진전되고 있으나 국제적으로 일반화된 결제시스템이 정착되지 못하고 있다. 전자결제시스템은 전자결제수단, 운영 네트워크 및 이와 관련된 모든 제도적 장치를 총칭하는 개념이라고 할 수 있다.

은행 간 결제시스템(inter bank settlement systems)은 비현금 징수수단의 이용에 따른 은행 간 채무를 해소하기 위한 시스템으로서, 시스템의 성격 및 처리방식에 따라 여러 가지 형태로 구분된다. 먼저 소액결제시스템과 거액결제시스템으로 구분할 수 있는데, 소액결제시스템은 대량의 소액거래를 처리하는 시스템을, 거액결제시스템은 소량의 거액거래를 처리하는 시스템을 각각 지칭한다.

또 자금결제를 건별 총액기준으로 처리하는 총액결제시스템과 지정시점에서 일괄하여 차액기준으로 처리하는 차액결제시스템으로 구분할 수 있다. 일반적으로 총액결제시스템은 실시간 처리방식을 채택하고 있어 이를 실시간 총액결제(real time gross settlement : RTGS)시스템으로 호칭되고 있다. 차액결제시스템은 지정시점 일괄처리방식을 채택하고 있어 지정시점 차액결제(designated time net settlement : DTNS)시스템이라고 불린다. 이와 같은 전자결제수단으로는 신용카드(credit card), 직불카드(debit card), 전자화폐(electronic cash), 전자자금이체(electronic fund transfer), 트레이드 카드 시스템(trade card system) 등이 있다.

결제시스템은 그 기술적 장애 등으로 인하여 지급불이행이나 오류가 발생하면 금융거래를 위축시키고 금융시장 전체의 유동성과 안정성에 대한 신뢰를 훼손할 수 있다. 따라서 결제시스템을 각종 위험으로부터 보호하여 안전하게 운영하는 것이 금융시장의 안정성을 유지하는 데 필수적인 요소가 된다. 또 비대면거래를 바탕으로 하는 전자결제에서는 특히 정보보안문제가 중요시되므로 암호 등 전자인증과 관련된 기관들이 추가로 존재하게 된다. 전자상거래에 있어서 전자결제는 필연적 요소이므로 안전하고 효율적인 결제시스템의 개발과 장착은 중요한 과제이다.

## 3. 전자통신망을 활용한 결제

오늘날 국제금융시장에서 각국의 금융시장과 외환시장 그리고 유로시장에서의 거래를 실제로 연계시키는 국제통신기구로는 SWIFT[03](Society for Worldwide

03 SWIFT는 국제금융거래 메시지의 신속한 교환을 위하여 브뤼셀(Brussels)과 암스테르담(Amsterdam) 그리고 버지니아 컬페퍼(Culpeper, Virginia) 등 3개소에 조작센터를 설치하고 이들 조작센터에서는 International data transmission line을 통해 각국의 지역 메시지를 처리센터를 연결하여 표준 형태(standard format)의 은행 간 거래 메시지를 전달하는 기능을 수행한다. 우리나라는 1992년 3월 52개 기관(국내 27개, 외국은행 25개 기관)이 SWIFT에 참가하여 업무를 시작하였다. 전 세계적으로 2020년 1월 현재 200개국 이상에서 11,000개 이상의 기관이 참가하고 있다.

Interbank Financial Telecommunications)가 있다. SWIFT는 1973년 5월 벨기에 브뤼셀에 설치된 비영리단체로서 국제금융거래 메시지의 대부분을 교환, 처리하고 있다. SWIFT는 거래 메시지의 전달에 있어 엄격한 통일양식을 활용함으로써 거래 명세를 전달하는 절차와 시간을 크게 절약할 수 있는 이점이 있다. 특히 SWIFT는 1982년 은행 간 전산 자금결제제도인 CHIPS(Clearing House Interbank Payments System)와 유로채의 인도와 결제기구인 Euroclear와 CEDEL(Centrale de Livraison de Valeurs Mobilières)과 연계됨으로써 범세계적 차원에서 신속한 국제간 자금결제가 가능하게 되었다.

한편 1999년 1월 유럽연합은 유로화 도입과 함께 유럽중앙은행과 유럽연합 참가국 중앙은행 및 금융기관 간의 유로화 지급결제를 위하여 범유럽 통화결제(Trans-european Automated Real-time Gross settlement Express Transfer : TARGET)시스템을 가동하고 있다. TARGET 시스템은 현행 EU 회원국의 지급결제망과 결제체계를 그대로 활용하여 단일통화 가맹국 간의 유로(euro)화에 의한 결제기능을 수행하는 시스템으로서 단일통화 가맹국의 실시각 총액결제시스템과 유럽중앙은행의 결제시스템과 이를 접속시켜 주는 하부구조인 상호 연계(interlinking) 시스템으로 구성된다.

끝으로 범세계적인 국제금융 전자통신망(electronic global communications networks)의 개발은 금융시장의 운영 형태에 큰 변화를 가져왔다. 우선 시장가격 정보의 전달이 온라인제도를 통하여 신속 · 광역화되면서 실질적인 시장영역(market territory)이 급속히 확대되었다. 또한 통신회사들이 금융서비스회사로 전환하면서 컴퓨터 단말기를 통해 가격정보를 저렴하고 신속하게 공급하게 되었다. 오늘날 세계적인 시장정보통신사로서는 로이터(Reuter), AP(Associated Press), 다우존스(Dow Jones), 텔러레이트(Telerate)사 그리고 블룸버그(Bloomberg)사 등이 있다.

Theory of International Trade Settlement

Chapter 05

# 송금결제시스템

국 제 무 역 결 제 론

제1절 | SWIFT 망의 이해
제2절 | 사전송금방식
제3절 | 동시결제방식
제4절 | 사후송금방식

# 제1절 SWIFT 망의 이해

SWIFT(세계은행 간 금융통신협회, 협동조합 형태의 비영리기관)는 은행 간의 커뮤니케이션 수단인 텔렉스(telex)를 대체하기 위한 목적으로 회원사 간 자금 이동 및 결제업무를 지원하기 위해 만든 폐쇄형 통신망이다. SWIFT 지분은 3,000개 금융회사가 공동으로 소유하고 있다. 1977년 SWIFT가 서비스를 시작했을 때 22개국 518개 기관이 SWIFT의 메시징 서비스에 연결되었다. SWIFT는 금융기관이 표준화된 코드시스템을 통해 정보와 지침을 안전하게 전송하는 데 사용하는 메시징 네트워크이다. SWIFT는 세계 금융 인프라의 중요한 부분이 되었지만, 금융기관 자체는 아니다. SWIFT는 자산을 보유하거나 양도하지 않고 회원기관 간의 안전하고 효율적인 통신을 쉽게 하는 역할을 한다. SWIFT는 직접 지급수단이 이동하는 채널은 아니지만 중요한 '커뮤니케이션 채널'이다. 말하자면 은행들끼리 쓰는 메신저나 메일에 가깝다.

## 1. SWIFT의 영향력

전 세계 국가는 빠르고 원활하며 안전한 금융거래를 수행하기 위해 SWIFT에 의존하기 때문에 SWIFT 협회와 좋은 관계를 유지하려 한다. SWIFT는 Group of Ten(G10)[01] 국가의 중앙은행이 감독하지만 모든 회원의 이익을 위해 운영되는 중립적인 조직이다.

최근 몇 년 동안 SWIFT는 회원 자격을 회원에 대한 잠재적 제재로 사용할 수 있다는 가능성이 여러 번 나타났다. 예를 들어, 2012년에 유럽연합은 SWIFT가 이란 은행과의 연결을 끊도록 하는 이란에 대한 제재를 통과시켰다. 그리고 2022년

01 G10은 국제통화기금(IMF)의 가장 부유한 회원들이 IMF의 기금 사용을 위한 일반신용협정에 동의하면서 형성되었다. G10은 국제재정문제에 대해 서로 협의하고 토론하고 협력하기 위해 매년 또는 필요에 따라 만나는 11개의 선진국으로 구성되어 있다. 회원국은 벨기에, 캐나다, 프랑스, 독일, 이탈리아, 일본, 네덜란드, 스웨덴, 스위스, 영국, 미국이다.

에 영국, EU, 미국, 캐나다 정부는 러시아의 우크라이나 침공으로 인해 러시아의 일부 은행이 SWIFT 네트워크에서 분리될 것이라고 발표했다. 국제사회의 제재 대상국인 이란과 북한은 SWIFT에서 배제되어 있다.

국제금융시장에 Fedwire, Ripple 및 CHIPS(Clearing House Interbank Payments System)와 같은 다른 메시지 서비스가 있지만, SWIFT는 계속해서 시장에서 지배적인 위치를 유지하고 있다. 이런 성공의 요인은 다양한 금융거래 메시지를 전송하기 위해 새로운 거래 코드를 지속해서 추가하는 노력과 플랫폼의 높은 보안수준에 기인한다고 볼 수 있다.

## 2. SWIFT 사용자

처음에 SWIFT 설계자들은 재무 및 환거래에 대한 메시지 전송방식을 통한 커뮤니케이션만 쉽도록 네트워크를 설계했다. 시간이 지남에 따라 이런 메시지 전송방식이 SWIFT가 새로운 서비스 영역으로 확장하는 데 강력한 장점으로 작용했다. 현재는 전 세계에서 은행을 비롯한 중개기관 및 트레이딩 하우스, 증권 딜러, 자산관리회사, 청산소, 예탁결제원, 환전, 기업, 국채 시장참가자 및 서비스 제공업체, 외환 및 자금중개인 등이 SWIFT 망을 사용하고 있다.

SWIFT는 기본적으로 단순 결제 지시를 위해 시작되었지만, 이제는 보안거래, 재무거래, 무역거래 및 시스템 거래를 포함한 다양한 거래에 지시 메시지를 보내는 플랫폼으로 성장했다. 2022년 1월 SWIFT의 최신 보고서에 따르면, SWIFT 트래픽의 44.5%는 여전히 결제 기반 메시지용이고 50.6%는 보안거래를 나타내고 나머지 트래픽은 재무, 무역 및 시스템 거래로 나타났다.

SWIFT는 초창기에 주로 회원 은행을 대상으로 거래를 하였으나 2007년 이후 점차 기업의 여러 은행거래를 단일화하는 데 필요한 플랫폼 개발에 주력하여 현재 전 세계 2천여 개 대기업 회원(10만여 개 개별 기업)을 보유하고 있다. 삼성전자도 2007년도에 SWIFT에 가입하여 전 세계 금융기관과 직접 금융 메시지를 교환할 수 있게 되었다.

SWIFT는 SWIFT 회원 은행과 기업 간의 거래에서 사용하는 표준화된 환경(standardised corporate environment: SCORE) 솔루션을 개발하였다. 따라서 기업은 자사 고유의 기관 코드(business identifier code: BIC)와 일정한 수준의 보안을 유지할 수 있는 시스템을 보유하면 기업 내에서 여러 은행과 통신할 수 있게 되었다.

## 3. 기업이 SWIFT를 사용하는 이유

많은 국내기업들이 전 세계 다수의 은행과 글로벌 비즈니스를 진행하고 있으므로 이들 기업의 글로벌 자금관리에 있어 전 세계 은행과의 채널 단일화(합리화)가 필요하다. SWIFT는 2008년에 신용장과 보증서(보증신용장 포함) 결제를 하기 위해 표준화된 메시지를 개시하였다. 그 이후 새로운 서비스인 SWIFT Alliance Lite라는 패키지서비스 개발을 통해 기업이 특정 소프트웨어의 설치 없이 SWIFT와 연결할 수 있게 하는 시스템을 구축하였다. 이에 따라 기업은 SWIFT를 통해 전 세계 은행 간 표준화된 단일채널로 연결되어, 글로벌 현금 가시성 확보, 글로벌 자금관리 및 무역, 그 외 금융거래의 표준화 및 자동화 환경을 구현할 수 있게 되었다.

## 4. 메시지 사용비용

SWIFT 망에서는 FIN과 FileAct라는 두 가지 메시징 타입을 사용할 수 있다. FIN 메시지는 여러 가지 거래에 표준으로 사용되는 SWIFT MT를 기본으로 한다. FileAct는 ISO20022와 같은 특수한 형식을 사용하여 대규모 거래에서 메시지를 교환하는 데 사용된다. 예를 들어, 어느 기업이 단일거래를 할 때 FIN 메시징시스템에서 MT101과 같은 메시지를 보내고, 하나의 거래에 여러 번의 지급결제 지시가 있으면 FileAct 메시징시스템을 사용하여 SWIFT 망을 통해 메시지를 전달한다. 단일거래를 여러 개 묶을 때도 FileAct를 사용한다. 기업은 메시지를 전달할 때 비용을 지급하고 상대방이 받을 경우는 기본적으로 무료이지만, 은행에 따라 비용을 요구하는 때도 있다.

SWIFT는 메시지의 내용에 따라 [표 5-1]과 같이 분류하여 사용방법과 표준을 따로 정하여 관리하고 있다.

| 표 5-1 | SWIFT의 카테고리별 Message Type

| Categories | Message Type (M/T) |
|---|---|
| Category 1 Messages | 고객 지급 및 수표(customer payments and cheques) |
| Category 2 Messages | 금융기관 이체(financial institution transfers) |
| Category 3 Messages | 국채시장 : 외환 및 파생상품(treasury markets: foreign exchange and derivatives) |
| Category 4 Messages | 추심 및 현금(collections and cash letters) |
| Category 5 Messages | 증권시장(securities markets) |
| Category 6 Messages | 국채시장 : 귀금속 및 신디케이션(treasury markets: precious metals and syndications) |
| Category 7 Messages | 화환신용장 및 보증(documentary credits and guarantees) |
| Category 8 Messages | 여행자 수표(travellers cheques) |
| Category 9 Messages | 현금관리 및 고객현황(cash management and customer status) |

SWIFT 메시지는 암호화된 형태로 은행에서 송수신되어 은행 간 전달된다. 예를 들어, 신용장발행은행은 문서 신용 발행을 알리기 위해 통지은행에 메시지를 보내면 통지은행도 메시지를 통해 승인을 보낸다. 이러한 메시지 송수신은 신용장뿐만 아니라 선송금, 화환추심, Open Account 및 은행어음과 같은 국제무역의 다른 결제방법에서도 핵심적인 역할을 한다.

# 제2절 사전송금방식

## 1. 송금방법

SWIFT는 각 금융기관에 8자 또는 11자의 고유 코드를 할당한다. 이 코드는 BIC(기관 고유 코드), SWIFT 코드, SWIFT ID 또는 ISO 9362 코드라고도 한다. 코드가 할당되는 방식을 이해하기 위해 대구에 본점을 둔 대구은행(Daegu Bank)을 살펴보자. 8자리 대구은행의 SWIFT 코드는 DAEBKR22이다.

① 처음 네 문자 : 기관 코드(Daegu Bank의 경우 DAEB)

② 다음 두 문자 : 국가 코드(대한민국의 경우 KR)

③ 다음 두 문자 : 위치/도시 코드(대구의 경우 22)

④ 마지막 세 문자 : 선택사항이고, 금융기관에서 임의로 이 문자를 사용하여 개별 지점에 코드를 할당한다.

예를 들어, 뉴욕에 있는 Bank of America Corp(BAC) 지점 고객 B가 대한민국 대구에 있는 Daegu Bank에 계좌가 있는 거래처 A에 송금하기를 원한다고 가정해 보자. 뉴욕에 있는 고객 B는 거래처 A의 계좌번호와 Daegu Bank의 대구 지점에 대한 SWIFT 코드를 사용하여 Bank of America 지점에 들어갈 수 있다. Bank of America는 SWIFT 네트워크를 통해 Daegu Bank 지점에 지급 송금 SWIFT 메시지를 보낼 것이다. Daegu Bank는 입금에 대한 SWIFT 메시지를 받으면 거래처 A의 계좌로 입금하면서 거래를 청산한다.

이 거래에서 SWIFT는 금융기관이 국제거래에 관한 정보를 주고받는 네트워크를 제공한다. SWIFT는 은행 간 메시징 시스템으로 지급지시와 같은 정보를 컴퓨터 프로그램을 이용하여 주고받는다. SWIFT는 자금이체를 쉽게 해주는 플랫폼이 아니다. 지급지시 정보에 따라 금융기관이 서로가 보유하고 있는 코레스 계좌를 통해 결제한다. 거래가 결제되기 위해서는 상대 은행과 환거래계약이 체결되어 있어야 한다.

그림 5-1 | SWIFT 망을 사용한 송금

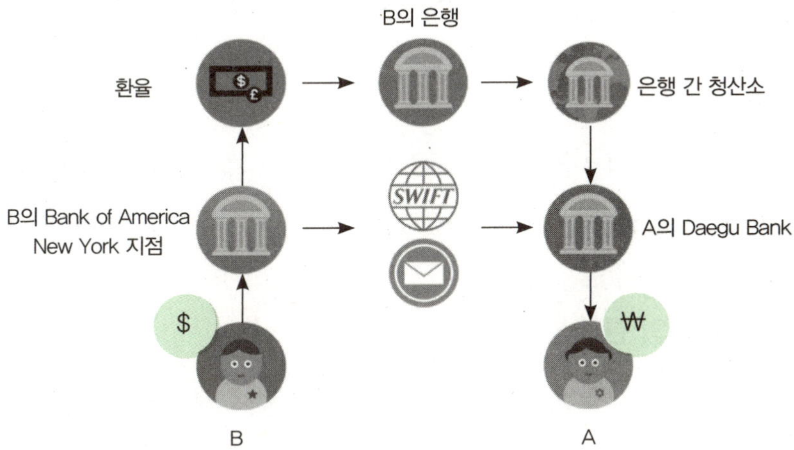


## 2. 사전송금방식 수출입의 유의점

### 1) 외국환거래법

① 본지사 간의 수출거래로서 계약건당 5만 달러를 초과하는 수출대금을 물품을 선적하기 전에 영수하고자 하는 경우에는 한국은행에 신고하여야 한다.

② 본지사 간이 아닌 수출거래로서 계약건당 5만 달러를 초과하는 수출대금을 물품의 선적 전 1년을 초과하여 영수하고자 하는 경우에는 한국은행에 신고하여야 한다(단, 선박, 철도차량, 항공기, 산업설비, 중화학공업제품, 기계류는 제외).

③ 사전송금방식으로서 건당 5만 달러를 초과하여 영수한 경우 동 대금을 반환하거나 대응수출을 이행해야 한다.

④ 사전송금방식으로 수출물품을 조달 시에는 내국신용장을 개설할 수 없으나, 구매확인서를 사용하여 부가가치세 영세율 혜택을 받고, 공급자는 수출실적으로 인정받을 수 있다.

⑤ 전신환방식으로 송금받지 않고 송금수표로 송금받는 경우는 특히 위험하므로 바이어를 신뢰할 수 없는 경우에는 송금수표를 받고 수출하는 것은 삼가는

것이 좋다. 왜냐하면 송금수표를 거래은행에서 추심의뢰하고 대금을 받고 선적한 이후에도 수입업자의 거래은행이 송금수표 서명위조 등의 이유로 지급거절하면 수표추심을 의뢰한 수출업자는 거래은행에 대금을 반환해 주어야 하기 때문이다.

⑥ 계약건당 2만 달러를 초과하는 수입대금을 선적서류 또는 물품의 인수 전 1년을 초과하여 송금방식에 의해 지급하는 경우 한국은행에 신고하여야 한다.

### 2) 사전송금방식의 한계성

사전송금방식에서 수출업자는 대금을 미리 선불받기 때문에 위험부담이 전혀 없다. 그러나 수입업자로서는 경우에 따라서는 사전에 지급한 대금을 다시 회수하지 못하게 될 수도 있다. 또한 철저한 신용거래를 원칙으로 하지 않는 한, 대금을 선지급한 계약물품의 인수가 완벽히 보장되지 못하는 상황이 발생할 수도 있다.

따라서 이 방식은 두터운 신용을 바탕으로 하여 소액의 상품거래에 결제비용을 절감하면서 수출입하고자 하는 경우에 적합하며, 수입업자로서는 미리 만들어진 물품을 확인하고 대금을 지급하는 것이 바람직하다.

## 제 3 절 동시결제방식

동시결제방식(concurrent payment)은 수출업자가 상품을 인도하여 수입업자가 계약상품과의 일치 여부를 확인한 후 대금이 결제되는 방식으로, 선적 이후에 상품대금이 결제되기 때문에 사후송금방식의 일종으로 볼 수 있으며 대금교환의 대상에 따라 현물상환방식과 서류상환방식으로 구분된다.

이 결제방식은 단순송금방식과는 달리 수입업자가 물품 또는 서류가 인도될 당시 또는 그 인도된 후에 대금을 외화로 지급하는 것을 조건부로 수출입하는 방식을 말한다. 이를 대금상환도 조건부 수출입방식이라도 하며 한국 「대외무역법」에서는 후송금방식(later remittance)이라 부르고 있다.

이 방식은 대금과 상환으로 인도하여야 할 대상물이 물품일 경우에는 상품인도결제, 현물상환급결제방식이라 하고 대상물이 서류일 경우에는 서류결제인도, 서류상환급결제방식이라고 한다.

이 방식의 거래는 신용장발행 및 외환결제에 어려움이 있는 지역 등과 과다한 인지세로 인하여 대금결제 시 환어음의 개입을 회피하는 유럽지역과의 수출입거래 시에 활용되고 있다.

## 1. 상품인도결제방식

상품인도결제(cash on delivery : COD)방식은 수출업자가 상품을 선적한 후 선적서류를 자신의 지사나 대리인 또는 거래은행에 송부하여 상품이 목적지에 도착하면 그 지사나 대리인이 화물을 수입통관하여 수취하여 보관하였다가 수입업자가 품질이나 수량을 직접 검사한 후에 이상 여부를 확인하여 상품을 인도받으면서 대금을 현금으로 결제하는 방식이다. 다시 말해 이 방식은 계약물품이 목적지에 도착할 때 매수인이 물품을 검사한 후 물품과 상환으로 대금을 결제하는 방식이다.

상품인도결제방식은 물품의 인도와 동시에 대금이 결제되는 '동시결제방식'이라고 볼 수 있다. 그러나 수출업자의 입장에서 보면 물품의 선적 후에 대금의 결제가 이루어지는 것이므로 사후송금방식으로 분류된다.

상품인도결제방식에서는 화물에 대한 통제권을 수출업자의 지사나 대리인이 보유하고 있다는 점에서는 수출업자의 위험부담이 없어 보이기도 하지만 이미 화물 자체가 수입업자가 소재하고 있는 지역으로 송부되었다는 측면에서 수입업자에게 유리한 방식이다.

이 결제방식은 수입업자가 대금을 지급하기 전에 물품의 품질을 직접 검사할 수 있다는 장점이 있기 때문에 상품가격이 고가이며 동일한 상품일지라도 상품의 색상, 가공방법, 순도 등에 따라서 가격의 차이가 현저하게 드러나는 보석류나 귀금속 상품 등 직접 물품의 검사 전에는 품질 등을 정확히 파악하기 어려운 경우의 거래에 활용된다. 최근에는 기업의 국제화에 따라서 해외지점을 활용할 수 있기 때문에 일반적인 상품거래에도 자주 활용되고 있다.

### 1) 상품인도결제방식의 특징

상품인도결제방식은 수입업자가 상품대금을 결제하기 전에 직접 상품의 품질을 검사할 수 있다는 이점이 있는 반면에, 수출업자가 자신의 지사나 대리점이 상품의 수화인으로 기재된 서류(선화증권 등)를 송부하여 수입업자가 대금을 지급하지 않고는 물품의 인수를 하지 못하게 함으로써 수출대금 미회수의 위험을 방지하고 있으며, 만약에 대금의 결제가 이루어지지 않을 경우에는 물품이 반송될 수 있도록 할 수 있다.

동 방식에서 물품인도 시기는 수입업자가 정한 장소 또는 계약 시 합의한 장소에서 물품을 인도한 때이며 대금지급장소는 물품인도장소이다.

통상적으로 상품인도결제방식은 상품을 항공기로 운송할 때 많이 사용되는 방법이며 경우에 따라서는 DHL, Federal Express 또는 항공회사와 제휴하여 수입업자에게 물품을 인도하면서 대금을 회수한다. 항공운송인을 이용하여 선적을 이행하는 경우에 이들이 경쟁력을 얻기 위하여 운송인끼리 국제적인 협조를 하여 신속한 발송을 하고 있으며 상품을 수입업자에게 인도하면서 대금을 회수하여 주는 서비스까지도 담당하고 있다. 그러나 이 방식에서도 수입업자가 대금지급을 거절할 수 있으며 이러한 경우에 수출업자에게는 큰 영향을 미치게 된다.

### 2) 상품인도결제방식의 거래절차

상품인도결제방식의 일반적인 거래절차는 다음과 같다.

① 당사자 간에 매매계약을 체결하면서 사전(advance payment) 또는 사후송금(COD 30 days 등)으로 명시한 대금결제방식으로 이 방식을 약정한다.

② 수출업자는 계약물품의 수출통관을 완료하고 이를 선적한다.

③ 수출업자는 자신의 대리인 등에게 서류를 발송한다. 서류송부의 방법에는 두 가지가 있는데, 하나는 수출업자가 직접 수입업자의 소재지에 있는 자신의

해외지사 또는 대리인에게 보내는 방법과 거래은행을 통하여 수입업자 거주지의 은행에 서류를 추심의뢰하는 방법이 있다.

COD 거래조건에서는 수출업자는 선적서류를 작성할 때, 수화인(consignee)을 수입업자의 거래은행으로 하고 착화통지처(notify party)를 수입업자로 하여 수입업자가 대금을 지급하지 않고는 운송인으로부터 물품을 인수하지 못하도록 하여야 한다.

④ 수출업자의 대리인 등은 상품을 수입통관하여 창고에 입고시킨다.

⑤ 수입업자는 상품 검사 후 인도받으면서 대금을 수출업자의 대리인 등에게 결제한다.

⑥ 수출업자의 대리인 등은 수출업자에게 대금을 송금한다.

동 거래에 개입하는 수출업자의 대리인은 통상 수입업자의 국가에 소재하고 있으며, 수출업자의 이익을 대신하여 상품의 판매행위를 돕는다.

**그림 5-2** | 상품인도결제(COD)방식의 거래절차

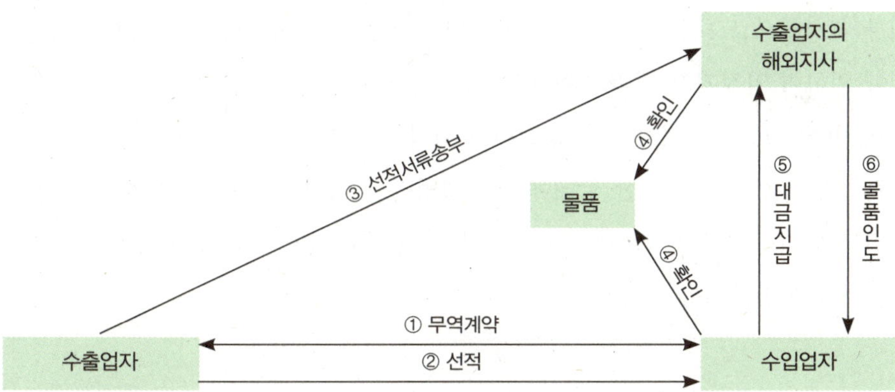


## 2. 서류인도결제방식

서류인도결제(cash against documents : CAD)방식은 수출업자가 상품을 선적한 후 이를 증명하는 선적서류를 수입업자의 지사나 대리인에게 제시하거나 또는 해외의 수입업자에게 직접 서류를 송부하여, 서류와 상환으로 대금의 결제가 이루

어지도록 하는 방식이다.

서류인도결제방식의 거래는 서류와 상환하여 대금결제가 이루어지므로 서류상환방식이라고도 부르며, 수출업자의 입장에서 보면 물건이 선적된 후에 대금의 결제가 이루어지므로 사후송금방식으로 분류하기도 한다.

서류인도결제방식의 거래는 수입업자의 입장에서 보면 선적 전에 물품의 품질을 확인할 수 있어서 안전한 방식이나, 수출업자의 입장에서 보면 선적이 이루어진 후에 수입업자가 대금결제를 거부할 경우에 손해를 감수해야 한다.

한편 수출업자가 선적서류를 수입업자의 지사나 에이전트 대신에 수입업자의 거래은행으로 송부하고 수입업자로 하여금 대금결제와 동시에 선적서류를 인수하도록 하는 방식은 European D/P라고 하며, 인지세 부담을 덜기 위해서 환어음을 발행하지 않고 수출업자가 직접 수입업자의 거래은행으로 선적서류를 송부한다.

동 방식은 통상 수입업자의 지사나 대리인 등이 수출국 내에서 물품의 제조과정을 점검하고 수출물품에 대한 선적 전 검사(pre shipment inspection : PSI)를 행한 후 지급한다. 대개의 경우 수입업자(또는 대리인)가 선적서류를 접수하는 즉시 서류와 상환으로 대금의 결제가 이루어지는 것이 일반적이나, 수출입업자 간의 약정에 의하여 일정기간 경과 후에 대금의 송금이 이루어지기도 한다.

이 방식에서 수출업자는 수입업자의 이익을 대신하여 상품을 구매하는 것인데 수출업자가 선적을 완료한 상태에서 수입업자가 대리인에게 지시하여 서류인수를 거절하게 되면 수출업자는 대금회수가 곤란하므로 계약 전에 상대방의 신용상태를 철저하게 확인하여야 한다.

### 1) 서류인도결제방식의 거래절차

서류인도방식의 일반적인 거래절차는 다음과 같다.

① 당사자 간에 매매계약을 체결하면서 대금결제방식으로 이 방식을 약정한다.

② 수출업자는 물품을 수출통관하여 이를 선적한다.

③ 수출업자는 수입업자의 대리인 등에게 서류를 인도하면서 대금을 결제받는다.

④ 수입업자의 대리인 등은 수입업자에게 서류를 발송하여 수입통관하도록 한다.

서류송부의 방법에는 두 가지가 있을 수 있다. 하나는 수출업자의 소재지에 있는 수입업자의 해외지사 또는 대리인, 거래은행이 직접 수입업자에게 송부하는 방법이 있고, 다른 하나는 수입업자의 거래은행으로 서류를 송부하는 방법이 있다.

그림 5-3 | 서류인도결제(CAD)방식의 거래절차

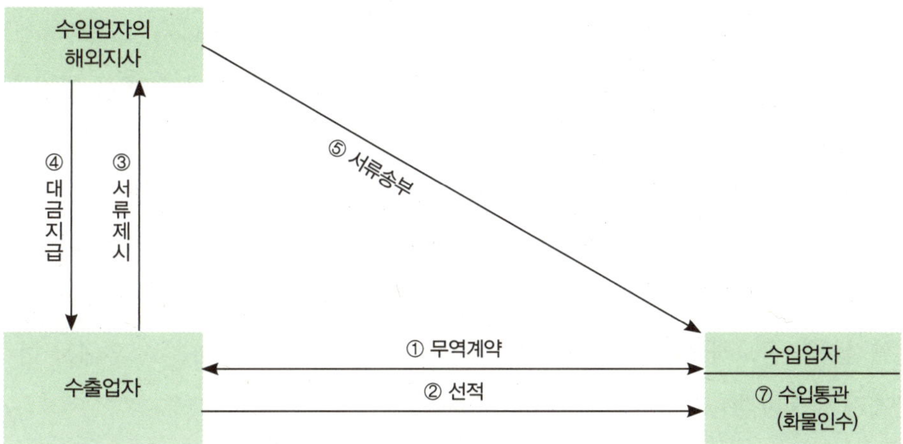


## 3. 동시결제방식의 한계성

### 1) 상품인도결제방식의 한계성

이 방식에서 수입업자는 도착한 상품을 눈으로 확인하고 대금을 지급하기 때문에 위험이 전혀 없다. 그러나 수출업자는 화물이 수입업자의 국가에 도착하고 창고에 입고된 후 수입업자가 검사를 마치고 자신의 대리인이 대금지급을 받으면 송금해 주기 때문에 대금지급 때까지 장기간의 시간이 소용된다.

수출업자에게 더 큰 문제는 이미 물품이 수입국에 도착한 상황에서 수입업자가 품질이나 기타의 문제에 이의를 제기하여 인수를 거절하면 대금회수는 거의 불가능하게 된다.

### 2) 서류인도결제방식의 한계성

이 방식에서 수출업자는 상품을 선적하자마자 운송서류를 국내에 소재하고 있는 수입업자의 대리인에게 인도하면서 대금을 받게 되므로 대금회수가 비교적 신속하다. 또한 대금을 인도받으며 서류를 인도하기 때문에 대금이 안전하게 회수되는 시점까지 물품의 소유권을 보유하게 된다.

그러나 문제는 수입업자나 그 대리인이 여러 가지 이유를 들어 대금지급을 지연하거나 거절한다면, 이미 선적되어 목적지로 가고 있는 화물을 다시 회수하여야 하는 불편이 있다. 따라서 이 방식은 수출업자에게 대금의 회수가 완벽히 보장되는 결제방식이 아니다.

한편 수입업자는 수출업자가 제시하는 서류를 받고 대금을 지급하기 때문에 선적의 확신은 가질 수 있다. 그러나 계약했던 품질의 물품이 목적지에 도착한다는 보장이 없다. 또한 수출국에 있는 대리인이 자신의 업무를 불성실하게 수행하거나 수출업자와 공모하여 선적도 하지 않는 상태에서 대금을 지급하는 경우에는 더 큰 문제가 발생한다.

## 제4절 사후송금방식

사후송금방식(later remittance after shipment)은 수출업자가 대금을 받기 전에 수입업자에게 상품과 선적서류를 발송하고, 수입업자는 상품을 수령한 후에 물품대금을 수출업자에게 송금하여 결제하는 방식이다. 대금결제기간은 채권확보 차원에서 수출업체가 자율적으로 결정할 수 있다.

매매계약서의 조건에 따라 수출업자가 선적을 이행한 후 수입업자에게 선적서류를 송부하면 통상 선적일기준으로 계약에서 정한 일정기간(통상적으로 30일에서 180일)이 경과한 후에 수입업자가 수출업자가 지정한 은행의 계좌로 대금을 송금하여 결제한다. 유럽 등에서는 'Net 30 days'라는 용어를 사용하는데, 이것은 선적

후 30일이 경과한 날에 대금을 지급하겠다는 '30 days Open Account'의 또 다른 표현이다.

사후송금에서 계약서의 'ms of Payment'란에 "① By T/T within 10 days after the date of B/L, ② T/T in favor of supplier upon receipt a non-negotiable copy of clean on board B/L consigned to the buyer, ③ Buyer shall remit by wire transfer within 10 days after the date of B/L issuance, ④ Buyer shall remit by T/T payment within 10 days after the shipment, ⑤ Buyer shall remit by wire transfer within 60 days after the date of arrival at buyer's warehouse in Moscow." 등과 같이 기재하며, 대금송금을 받을 은행의 명칭과 정확한 계좌번호를 계약서에 기재하거나 별도로 통보하여 알려준다.

수입업자가 물품을 인수한 후 약속한 날짜에 물품대금을 송금하지 않는 경우 수출업자로서는 물품을 돌려받을 수도 없고 물품대금도 받을 수 없으므로 가장 위험한 방식이며 반대로 수입업자에게는 가장 안전한 방식이라고 할 수 있다.

사후송금방식이 수출업자로서는 위험한 방식임에 틀림없으나 수입업자와의 관계를 고려하여 받아들일 수밖에 없는 결제방식이기도 하다. 즉, 처음에는 신용장방식으로 거래를 시작했더라도 거래가 지속되면 자연스럽게 수입업자가 사후송금방식의 거래를 요구하기 마련이어서 수출업자로서는 거래관계를 유지하기 위해서 사후송금방식을 받아들여야 하는 상황에 처하게 된다.

## 1. Open Account방식

Open Account(O/A)방식은 일정기간 동안(예컨대, 통상적으로 30일에서 180일 동안) 수출입업자 간에 물품매매계약을 체결한 후, 매 건별로 무역(매매)계약서나 구매주문서(purchase order) 등에 의하여 수출업자가 물품을 선적한 후에 선적서류 원본을 수입업자에게 직접 송부하면, 수입업자는 물품매매계약서상의 결제조건에 따라 선적일기준으로 일정기간이 경과한 후(또는 일정기일)에 수출업자가 지정한 은행의 계좌(account)로 대금을 송금하여 결제하는 방법을 의미한다. 수출업체가 수출품 선적을 완료하고 해외의 수입업자에게 선적사실을 통지함과 동시에 채권을 발행하며 '선적통지 조건부 사후송금 결제방식'이라고도 한다.

수출업자가 수입업자와 기본 수출입계약을 체결한 후 계약서의 'Terms of Payment'란에 'Open Account 60 days'라고 기재하고 대금송금을 받은 은행의 명칭과 정확한 계좌번호를 기재하며, 동 범위 내에서 매 건별로 무역(매매)계약서나 구매주문서에 따라 물품을 선적한다. 대금결제는 예컨대 선적일을 기준으로 일정 기간 후(예 : at 60 days after B/L date)에 수출업자가 지정한 은행 앞으로 수입업자가 송금하여 결제하는 방식이다.

이 방식은 신용사회 풍토가 정착된 서유럽과 북미에서 가장 널리 사용되고 있는 방법이다. 최근에는 한국에서도 그 사용 비중이 높아지고 있는 추세에 있다. 이 결제방식거래에서는 수출업자가 수입업자의 사업능력과 성실성을 믿어야만 거래의 성립이 가능하다.

이 방식은 '상호계산'방식이라고도 하며 본 · 지사 간 혹은 고정 거래처 간에 지속적으로 수출입거래를 하는 경우 거래할 때마다 대금을 결제하지 않고 3개월 또는 6개월 단위로 미리 정한 결산시기에 양자 간의 채권 · 채무를 상계한 후 대금의 차액만을 결제하는 경우도 있기 때문에 '청산결제방식'이라고도 부른다.

한국의 외국환거래법에서는 이러한 O/A거래를 '상호계산'방식으로 부르고 있으며 외국환거래규정에서 정하는 바에 따라 사전에 '지정거래 외국환은행'에 '상호계

그림 5-4 | Open Account(O/A) 결제방식 흐름도

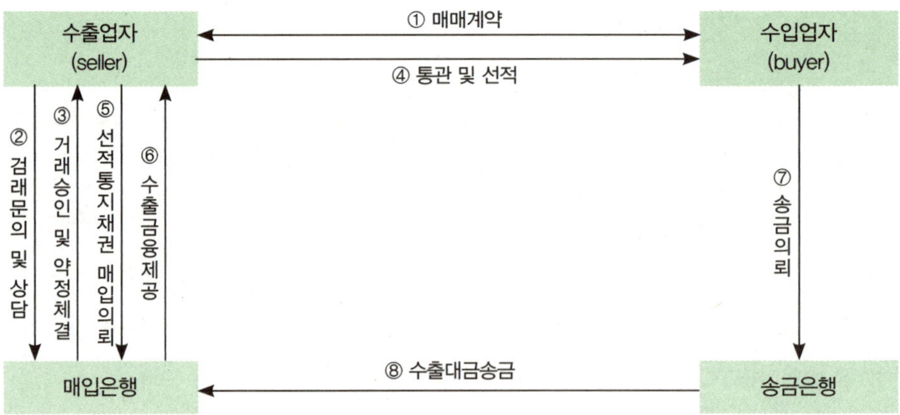

산신고'를 하여야 하며, 당해 신고를 받은 외국환은행은 이 사실을 국세청으로 통보하여야 한다. 상대방과의 채권 · 채무는 선적 후 30일 이내에 상호계산계정에 기장하여야 하며, 무역거래가 아닌 기타 거래의 경우에는 당해 거래에 따른 채권 · 채무의 확정 후 30일 이내에 기장하여야 한다.

또한 상호계산계정의 결산은 회계기간의 범위 내에서 월 단위로 결산주기를 정하여 실시하여야 하며(예 : 6개월 단위로 연 2회 결산, 3개월 단위로 연 4회 결산 등), 매 결산기간 종료 후의 대 · 차기 잔액은 반드시 3개월 이내에 청산하여야 하며, 당해 결산 대 · 차기 잔액의 지급 또는 수령 시에는 사전에 결산보고서를 첨부하여 지정거래 외국환은행에 신고하도록 규제하고 있다.

O/A가 COD 및 CAD방식과 다른 점은 COD 및 CAD방식은 선적서류 또는 수출물품이 수입업자에게 인도되어야만 외화채권으로서 성립되어 대금결제가 이루어지나, O/A방식 수출은 선화증권 발급일(또는 선적일)로부터 일정기간 이내에 수출대금 결제가 이루어지도록 약정하고 있어 수출업자가 선적하고 선적완료 사실을 해외수입업자에게 통보하는 시점에서 외화채권이 성립되며 약정한 시간 내에 동 대금이 결제되는데 외국환은행은 이 외화채권을 매입할 수도 있다.

O/A결제방식은 수출업자가 일반적인 결제방식에 비해서 높은 금액을 요구할 가능성이 있고, 수입업자의 신용도가 낮아지면, 수출업자가 O/A거래의 위험성으로 인하여 거래를 거절한다.

### 1) 외상수출채권의 매입

일반적인 사후송금방식의 거래에서는 선적서류 또는 물품이 수입업자에게 인도된 후에야 수출채권이 성립하여 대금결제가 이루어진다. O/A거래에서는 수출업자는 선적완료 후 즉시 당해 외상채권을 거래은행에 매각함으로써 조기에 현금화할 수 있게 되는데, 실무에서는 이러한 수출금융을 지칭하여 'O/A NEGO'라 부르고 있다.

수출업자는 거래은행과 수출대금채권에 대한 양수도계약을 체결하고 아울러 수입업자로부터는 결제대금을 약정된 채권양수은행 계좌에 입금할 것을 승낙을 받아

거래한다. 이때 수출업자는 물품을 선적하고 선화증권 등 선적서류를 직접 수입업자에게 보낸 뒤 약정은행에 선적서류 사본을 제출하고 수출대금을 미리 결제받게 된다. 이 거래는 신용장거래 등에 비해 선적서류 취급 등의 시간과 금융비용을 대폭 줄일 수 있는 장점이 있으나, 은행 측에서는 여신행위이기 때문에 신용도가 좋은 일부 기업에 한해 허용하고 있다.

### 2) O/A NEGO

O/A거래는 송금방식의 일종이므로 환어음이 발행되지 않으며, 선적서류의 원본은 수출업자에 의해 직접 수입업자 앞으로 송부된다는 특징이 있다. O/A거래의 이러한 특성으로 미루어 볼 때, O/A NEGO는 화환어음이나 선적서류 자체를 매입하는 거래가 될 수 없으며, 신용장이나 선화증권 등에 의해 담보되지 않는 순수한 외상수출채권(지명채권)만을 매입하는 거래임을 알 수 있을 것이다. O/A거래에 의한 외상수출채권을 매입하는 은행은 오로지 수입업자의 신용에만 그 대금결제를 의존하여야 하며, 선적서류에 의한 담보권의 행사조차 불가능하다.

따라서 은행은 재무상태나 신용도가 견실한 우량기업들에 한하여 O/A NEGO를 허용할 수밖에 없게 되며, 이것이 바로 O/A NEGO가 일부 대기업들을 위주로 제한적으로 활용되고 있는 가장 큰 원인이 된다. 이러한 O/A NEGO의 법률적 성격을 들여다 보면, O/A NEGO란 수출업자를 채권의 양도인으로 하고 매입은행을 채권의 양수인으로 하는 '환매조건부 채권양도'로 규정지을 수 있게 된다. 즉, O/A NEGO란 수출업자가 매입은행에 지명채권을 양도하는 것이며, 만일 수입업자가 대금지급을 거절하게 되면 수출업자는 매입은행에 대하여 당해 외상수출채권의 환매채무를 이행하여야 하는 거래인 것이다.

### 3) O/A NEGO 업무의 절차

수출업자가 O/A 결제방식으로 수출을 하고 O/A NEGO를 통하여 그 대금을 조기에 회수하고자 할 경우 먼저 거래은행과 당해 외상수출채권의 양수도(O/A NEGO)에 관한 상담을 통하여 거래승인을 얻은 후, 이에 관한 여신(한도)거래약정을 체결하여야 한다. 또한 당해 채권의 양도에 관한 수입업자의 서면동의를 얻는 등 필요한 절차를 마치고 그에 관한 서류를 은행에 제출하여야 한다. 수입업자는 외상수출채권의 만기일에 매입은행이 지정한 서류를 은행에 제출하고 매입은행이 지정한 계좌로 관리번호(매입 Ref. No.)를 명시하여 입금한다.

**그림 5-5** | Open Account(O/A)의 NEGO 흐름도

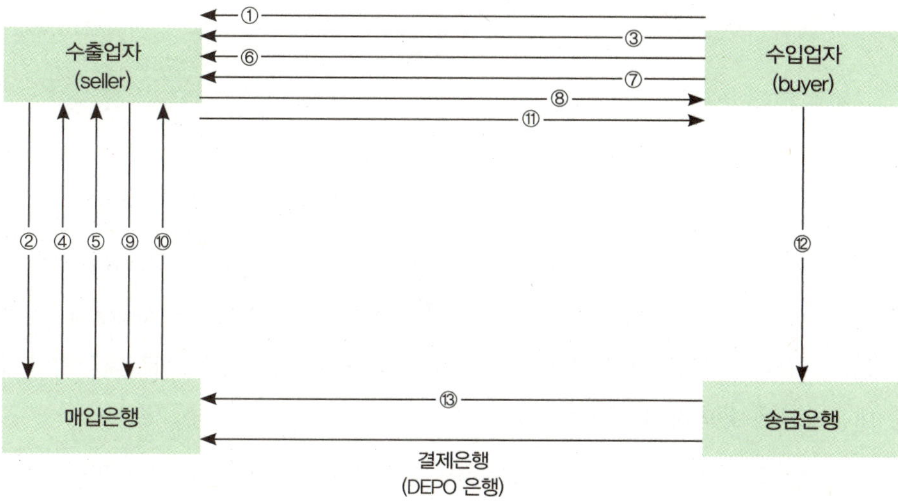


① O/A 결제방식에 의한 수출입거래 제안 및 협의
② O/A NEGO 관련 거래상담
③ O/A 거래 관련 기본매매계약(general agreement) 체결
④ O/A NEGO 승인(신청인 및 거래 상대방에 대한 신용분석 결과를 토대로 한도금액 배정)
⑤ O/A NEGO 관련 한도거래약정 체결
⑥ 포괄적 채권양도에 따른 'Standing Payment Instruction' 송부 및 동의서 회송
⑦ 매 건별 선적지시(purchase order) 및 물품선적
⑧ 선적사실 통지 및 선적서류 원본 송부
⑨ 외상수출채권 매입(O/A NEGO)의뢰(채권의 존재 여부를 증빙하는 선적서류 사본 등 제시)
⑩ 매입대금 지급실행(O/A NEGO 실행)
⑪ 건별 채권의 양도사실 통지
⑫ 만기일에 송금의뢰(지시된 결제계좌로 매입은행의 Ref. No.를 명시하여 송금의뢰)
⑬ 매입대금의 회수 및 해당 건의 거래종결, 수입업자 거래은행의 계좌를 보유하고 있는 예치환거래은행으로 송금은행이 차기(debit) 지시하면 결제은행은 송금은행의 계좌에서 출금하여 매입은행의 계좌로 입금(credit) 통지

은행은 수출업자의 O/A NEGO 상담이 접수되면 수출입업자의 신용도는 물론 (환매)채무의 상환능력, 담보의 제공 여부, 수익성 및 기여도 등을 종합적으로 분석하여 당해 여신거래의 타당성 여부를 검토하게 되며, 소정의 조건이 충족되면 여신전결권자의 승인을 얻어 약정을 체결하게 된다. 은행의 입장에서 'O/A NEGO'는 송금방식거래를 활용한 대체수익원 창출이라는 의미를 갖는 반면에, 채권회수 불능에 따른 신용리스크에 직접적으로 노출되는 고위험상품이다.

## 2. 수출업자의 실무적 유의사항

물품의 선적이나 인도 후 지급 또는 서류의 인수 후 일정기간 뒤에 결제가 이루어지는 방식인 사후송금방식 거래인 기한부지급(deferred payment), 상품인도결제방식(COD), 서류상환결제방식(CAD), 선적통지부결제방식(open account)에서 사후송금방식에 해당하는 부분 등에 대하여는 다음과 같이 실무적으로 대금지급에 관한 대응방안에 유의하여 처리하여야 한다.

① 수출업자는 수입업자에 대한 신용조사를 이행하여 신뢰성에 대한 여부를 검토한다.

② 수출업자는 수출대금의 회수에 이상이 없도록 조치를 마련하여야 한다.

③ 수입업자가 신용조사가 불가능하거나 수출보험대상이 아닌 경우 또는 대리인을 선정하여 거래하기가 불가능한 경우에는 수출대금의 회수가 보장되는 신용장방식 또는 보증서방식의 거래를 택하여야 한다.

④ 수출업자는 새로운 시장개척에 대한 과잉의욕 또는 수출거래에서 발생될 이익에 치중하여 거래하는 자세를 과감하게 버려야 한다. 상품의 공급과잉으로 국제상품시장이 바이어시장(buyer's market)으로 바뀜에 따라서 해외바이어의 송금방식 요구가 증가하였다.

⑤ 송금방식에 대한 수출금융수단으로 '수출팩토링' 및 'O/A 매입'이 이용되고 있으나 취급기관인 금융권의 해외리스크 평가 및 관리능력 미흡으로 활성화되지 못하고 있다.

Theory of International Trade Settlement

Chapter 06

# 추심결제시스템

국 제 무 역 결 제 론

제1절 | 추심결제의 개요

제2절 | 추심에 관한 통일규칙

제3절 | 추심거래의 실무

## 제1절 추심결제의 개요

추심결제방식은 수출업자가 수입업자에게 물품을 송부한 후 물품대금에 대한 환어음을 발행하여 은행을 통하여 추심하여 수출대금을 회수하는 거래방식이다. 수입업자의 은행은 어음을 추심하는 업무를 수행한다. 추심결제방식의 거래에는 결제기간에 따라 지급인도조건 또는 인수인도조건이 있다.

환어음의 사용에 과중한 인지대가 부과되는 국가들에서는 환어음 대신에 영수증이 사용되는 경우가 있다. 추심서류에 금융서류의 첨부 여부와 관계없이 상업서류를 포함하면 화환추심이라고 하며, 만약 추심서류가 금융서류만인 경우는 무담보추심이라고 한다. 일반적으로 국제무역의 대금결제수단으로 이용되는 추심은 화환추심이다.

화환추심인 경우에 수출업자나 수입업자는 자신들의 거래은행으로부터 금융의 편의(여신공여)를 요구할 수 있다. 수출업자는 서류를 담보로 하여 자신의 거래은행에게 화환어음의 매입을 통한 선지급을 요구할 수 있다. 추심의뢰인으로부터 추심의뢰를 받은 추심의뢰은행이 제시된 서류를 심사한 후에 수출업자에 대한 여신행위로 자신의 은행 책임하에 화환어음을 매입할 수도 있다. 수입업자는 추심결제를 위하여 당좌대월(overdraft)을 요구할 수 있다. 당좌대월이란 은행이 당좌예금자가 예금잔액이 없는 경우에도 일정금액을 한도로 하여 수표나 어음의 초과발행을 인정하는 일종의 대출을 뜻한다.

추심방식은 남미나 유럽지역에서는 상당히 많이 이용되고 있으나 한국에서는 주로 해외지사와의 거래 등에 제한적으로 이루어져 왔다. 한국의 「대외무역법」에서 추심방식을 신용장결제방식과 동일한 결제방식으로 인정하고 있으며 무역금융의 지원에도 차별을 두고 있지 않다.

## 1. 추심의 특성

첫째, 추심의뢰은행 및 추심은행은 단지 수출대금을 추심만 할 뿐 대금회수의 책임은 지지 않는다. 따라서 지급인도조건과 인수인도조건 거래는 수입업자의 신용을 바탕으로 모든 거래가 이루어진다고 볼 수 있다.

둘째, 수입업자는 추심은행이 제시한 환어음과 운송서류의 인수를 얼마든지 거절할 수 있다. 이런 점에서 지급인도조건과 인수인도조건 거래는 수출업자에게 다소 불리한 결제방식이다.

셋째, 화환추심어음은 수입업자가 지급인이 된다.

넷째, 추심이 완료되어야만 대금이 수출업자의 계정에 입금된다.

## 2. 추심과정의 당사자

### 1) 추심의뢰인

추심의뢰인(principal)은 거래은행에 수출대금의 추심을 의뢰하는 수출업자를 말한다. 수출업자가 물품을 선적하고 수입업자로부터 수출대금을 회수하기 위하여 상업서류 또는 금융서류를 제시하여 거래은행에 추심을 의뢰하므로 추심의뢰인이 된다. 추심거래에서의 추심의뢰인은 물품매매계약의 매도인, 환어음의 발행인, 물품을 탁송하는 송화인이다.

### 2) 추심의뢰은행

추심의뢰은행(remitting bank)은 수출업자로부터 추심을 의뢰받은 수출국의 은행을 말한다. 추심의뢰은행은 보통 수출지에 있는 수출업자의 거래은행이 된다. 이 은행이 관련 서류를 수입업자가 소재하는 추심은행 앞으로 송부하면서 추심을 의뢰한다.

### 3) 추심은행

추심은행(collecting bank)은 추심의뢰은행으로부터 송부되어 온 운송서류와 추심지시서를 수입업자에게 제시하여 수입대금을 징수하는 은행을 말한다. 추심은행은 의뢰받은 추심의 지급인이 자행의 거래자일 경우에는 직접 서류를 제시하여 대금을 추심한다. 이러한 경우에 추심은행은 동시에 제시은행이 된다. 그러나 추심어음의 지급인이 자행의 거래자가 아닐 경우에는 서류를 지급인의 거래은행으로 송부하여 추심을 지시한다.

### 4) 지급인

지급인(drawee)이란 추심지시에 따라서 추심서류가 제시되는 자를 말한다. 추심거래에 있어서 채무자로서 추심서류를 제시받고 지급하거나 또는 인수하여 만기에 지급하는 수입업자가 된다.

## 3. 추심의 종류

### 1) 지급인도조건

지급인도조건(documents against payment : D/P)방식은 ① 수출업자와 수입업자 간의 계약, ② ③ 수출업자가 물품을 선적하고 선박회사로부터 B/L 수취, ④ 수출업자가 수출물품을 선적한 후 수입업자를 지급인으로 수출업자를 수취인으로 일람불(at sight)어음을 발행하여 선적서류와 함께 거래 외국환은행에 추심의뢰, ⑤ 추심의뢰은행에서 추심은행에 선적서류를 송부하고 추심의뢰, ⑥ ⑦ 어음 및 선적서류가 추심은행에 도착, 접수되면 추심은행은 수입업자에게 서류도착통지서(arrival notice)를 발송하여 어음의 지급 또는 인수를 촉구, 추심은행은 어음지급인(수입업자)이 환어음대금을 지급함과 동시에 선적서류를 수입업자에게 인도하고 그 대금을 추심의뢰은행에 송금하여 수출업자가 수출대금을 영수, ⑧ 수입업자가 선박회사에 B/L 제시하고 물품인수, ⑨ 추심은행이 추심의뢰은행에 대금 송부, ⑩

추심의뢰은행이 수출업자에 대금을 지급하는 순서로 업무가 진행된다.

지급인도조건방식의 거래는 ⑤번까지만 진행되고 끝날 수 있다. 즉, 지급인도조건계약에 의거 수출업자가 물품을 선적했는데도 불구하고 수입업자가 물품대금을 지급하지 않는 경우다. 이런 경우 추심은행에서는 수입업자에게 선적서류를 인도하지 않으므로 수입업자는 물품을 인수할 수 없다. 이때 수입국에 도착한 물품은 수출업자가 도로 싣고 가든지, 수입국의 다른 수입업자에게 팔아야 한다. 어떤 경우라도 수출업자로서는 금전적인 손해를 감수할 수밖에 없다. 도로 싣고 가려면 추가발생비용을 부담해야 하고, 다른 수입업자에게 팔기 위해서는 가격을 깎아주어야 하기 때문이다.

이와 같이 지급인도조건방식의 거래는 은행에서 대금지급을 책임지지 않기 때문에 수출업자의 입장에서는 수입업자가 물품대금을 지급하지 않을 경우 손해를 감수할 수밖에 없다. 하지만 수입업자가 물품대금을 지급하지 않고서는 물품을 인수할 수 없기 때문에 물품대금을 지급하지 않고 물품을 인수하는 사후송금방식이나 인수인도방식보다는 상대적으로 덜 위험한 방식이라고 할 수 있다. 수출총액에서 지급인도조건방식의 비중은 2009년 0.8%, 2013년도 1.1%, 2022년도 0.3%이었다.

**그림 6-1** | 지급인도조건(D/P)방식의 거래절차

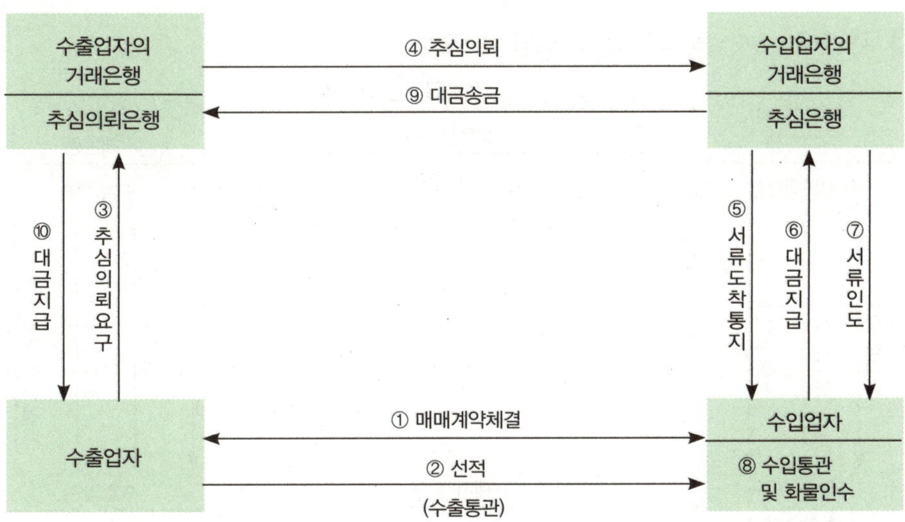

## 2) 인수인도조건

인수인도조건(documents against acceptance : D/A)방식은 ① 수출업자와 수입업자 간의 계약, ② ③ 수출업자가 물품을 선적하고 선박회사로부터 B/L 수취, ④ 수출업자가 추심의뢰은행에 선적서류를 제출하고 추심의뢰, ⑤ 추심의뢰은행에서 추심은행에 선적서류를 송부하고 추심의뢰, ⑥ 수입업자가 추심은행에서 일정기간 후에 물품대금을 지급하겠다는 약속, ⑦ 추심은행이 수입업자에게 서류인도, ⑧ 수입업자가 선박회사에 B/L 제시하고 물품인수, ⑨ ⑩ 추심은행이 추심의뢰은행을 통해 수입업자에게 인수통지, ⑪ ⑫ ⑬ 수입업자가 약속한 기일에 물품대금을 지급과 같은 순서로 업무가 진행된다.

인수인도조건방식의 거래는 ⑧번까지만 진행되고 끝날 수 있다. 즉, 수입업자가 물품을 인수하고 대금결제를 약속한 날짜에 물품대금을 지급하지 않는 경우다. 이런 경우 은행에서 대금지급을 책임지지 않기 때문에 수출업자로서는 손해를 감수해야 한다. 따라서 인수인도조건방식은 수입업자의 신용이 확실한 경우나 본 · 지사 간의 거래에만 제한적으로 사용할 수 있다. 2009년도 수출 총액에서 인수인도조건방식의 비중은 5.7%이었고, 2013년도에는 그 비중이 8.1%로 증가하다 2022년도에 7.9%를 기록하였다.

그림 6-2 | 인수인도조건(D/A)방식의 거래절차

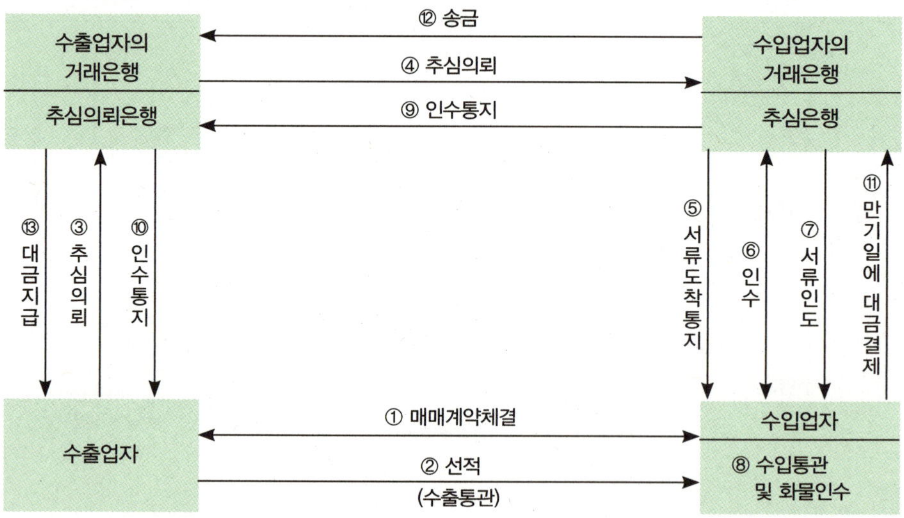

국내기업의 본 · 지사 간 인수인도조건에 의한 수출로서 결제기간이 물품의 선적 후 또는 수출환어음 일람 후 3년을 초과하고 계약건당 금액이 미화 5만 달러를 초과하는 경우에는 한국은행 총재에게 신고해야 한다(외국환거래규정 제5-8조).

참고 D/P Usance(기한부 D/P)거래

이는 선적서류의 인도와 동시에 대금의 지급이 이루어지기는 하지만, 특정의 기간이 경과한 후에 서류를 제시하기로 하는 D/P 형태의 변형된 추심결제방식을 말한다. 추심은행은 선적서류가 도착한 다음 명시된 기간이 경과한 후에 수입상에게 관련 서류를 제시하여 대금의 결제가 이루어진 후에 서류를 인도하여야 한다. 다시 말하면, D/P Usance거래란 추심은행이 Usance기간 동안 서류를 보관하다가 그 이후에 제시하여 대금의 지급과 상환으로 서류를 교부하는 방식의 거래를 말한다. 따라서 추심업무(수입결제업무) 처리 시 D/A로 착오하여 수입상의 결제가 이루어지지 않은 상태에서 서류를 인도하지 않도록 유의하여야 한다.

D/P Usance거래는 D/A거래에 따른 수출상의 대금회수에 대한 위험부담 및 D/P거래에 따른 수입상의 불필요한 자금부담을 동시에 보완할 수 있는 결제방식이라 할 수 있다. 이러한 D/P Usance거래는 선적서류의 내도시점보다 운송화물의 기간이 상당일간 늦어진다는 점을 감안하여 고안된 거래 형태로서, 해상으로 물품을 운송하는 경우 등에 있어서 선적서류가 물품보다 일찍 도착함으로 인해 발생하는 수입상의 불필요한 자금부담을 배제시키기 위하여 통상 사용된다.

Usance기간은 30일 정도가 일반적이며, 이는 수입화물이 수입지(항)에 도착할 때까지의 항해일수에 해당하는 기간이라고 볼 수 있다. 결제조건에 대한 표현은 'D/P at 30 days after B/L date' 등으로 표시된다.

### 3) 무화환추심

무화환추심이란 상업서류가 첨부되지 않은 금융서류(예를 들어, 환어음, 영수증, 약속어음, 수표, 기타의 금전의 지급을 받기 위해 사용되는 증서 등)의 추심을 말한다.

수출업자의 거래은행은 보통 수입업자 소재지의 환거래은행에 추심지시서와 함께 어음을 송부하여 추심을 의뢰한다. 이러한 무화환추심은 물품거래나 금융거래에 부대하여 발생하는 대금의 결제에 많이 이용된다.

### 4) 직접추심

직접추심이란 수출업자가 자신의 거래은행으로부터 그 은행의 거래은행에게 선적서류를 직접 송부할 수 있는 추심지시서를 획득하여 직접 추심은행에게 선적서류를 송부하여 추심을 의뢰하는 것을 말한다. 이러한 경우 수출업자는 추심은행에게 송부한 관련 추심지시서 사본을 추심의뢰은행에게 제시한다. 이와 같이 수출업자는 추심지시서 사본의 제시에 의하여 추심의뢰은행에게 추심을 의뢰하는 것이 된다.

은행은 경험이 많고 신용이 두터운 수출업자에게만 직접추심서비스를 제공한다. 직접추심은 선적서류의 처리과정을 촉진시켜서 지급인에게 보다 빨리 서류가 제시될 수 있기 때문에 추심의 신속화를 위하여 이루어진다. 그리고 수출업자가 일단 직접 서류를 송부하면 수출업자의 거래은행은 자신이 직접 추심서류를 송부한 것과 같이 추심의뢰은행으로서 행동하며 거래과정에 개입한다.

## 4. D/A와 D/P의 효용

### 1) 수입업자의 효용

#### (1) 자금부담 경감

추심방식은 수입업자 측면에서는 자금의 부담이 상당히 경감되는 조건으로 신용장방식보다 더욱 유리한 방법이다. 추심방식은 은행에서 신용장과 비교해 볼 때 서류심사에 대한 아무런 책임도 부담하지 않고 단순히 서류를 관리하는 입장 정도 밖에는 되지 않으므로 수입업자 측면에서는 신용장 개설한도나 기타 자신의 신용평가의 결과에 관계없이 무역거래를 할 수 있기 때문에  수입업자에게는 매우 유리하다. 더구나 D/A의 경우에는 대상물품을 수입통관 후 일정기간이 경과한 후에 결제하기 때문에 수입물품을 판매한 후 그 비용으로 결제를 할 수 있는 장점도 있다.

#### (2) 상업위험의 회피

수입업자의 입장에서는 선지급하는 대금이 없고 오로지 선적서류가 당도한 이후에 결제를 하게 되므로 수입물품을 입수하지 못하거나 기타 금전적인 위험이 적다.

#### (3) 거래의 활성화

D/A의 경우에는 일정기간 경과 후 대금을 지불하는 것이기 때문에 수입업자의 입장에서는 자금의 여유가 없더라도 수출업자에 많은 주문을 할 수 있기 때문에 거래가 더욱 활성화되는 측면이 있다.

### 2) 수출업자의 효용

#### (1) 수출 경쟁수단으로 활용

일반적으로 추심결제방식은 수출업자가 대금결제에 대한 위험을 부담하여야 하기 때문에 수출업자가 이 방법을 활용하려면 자금여건이 좋아야 한다. 이 방법을 사용하는 수출업자는 거래할 때 수출 경쟁수단으로 활용할 수 있다.

#### (2) 수출보험을 통한 위험의 회피

수출보험제도를 이용하면 일정한도까지 대금회수불능의 위험을 보험자에게 전가할 수 있다.

## 제 2 절 추심에 관한 통일규칙

추심결제는 화한어음 추심에 관한 통일규칙(Uniform Rules for Collection of the Commercial Paper : URC)에 따라서 절차를 진행시킨다. '추심에 관한 통일규칙'은 국제적인 추심에서 법률과 관습이 다른 외국의 당사자들이 거래하기 때문에 그 처리에 있어서 분쟁의 발생가능성이 많아 이를 제거하기 위하여 국제상업회의

소(International Chamber of Commerce : ICC)가 제정한 추심에 관한 국제통일 규칙이다.

국제상업회의소가 1956년에 처음 제정한 추심에 관한 통일규칙은 현재까지 3차에 걸쳐 개정이 이루어졌다. 현재 시행되고 있는 통일규칙은 1996년 1월 1일부터 제정되어 시행되고 있으며, 3차 개정된 추심에 관한 통일규칙 1995년 개정판은 'URC 522'로 통용되고 있다.

'추심에 관한 통일규칙'에서 추심의 개념을 다음과 같이 설명하고 있다. "추심이란 은행이 위임을 받아 금융서류 및 상업서류를 인수 또는 지급받기 위하여 또는 인수조건 또는 지급조건으로 상업서류를 인도하기 위하여 취급한다는 것을 의미한다."

## 1. 주요 내용

### 1) 은행을 통한 선적서류의 송부

수출업자는 선적 후 이 규칙에서 정한 선적서류를 계약서에 명기된 추심의뢰은행(remitting bank)에 제출하고 추심의뢰은행이 수입지에 있는 추심은행(collecting bank)으로 서류를 우송하여야 한다. 수출업자가 환어음에 첨부하여 은행에 제출하는 서류는 운송서류, 보험서류, 상업송장, 포장명세서, 기타서류이며 URC에 그 목록이 기재되어 있다.

### 2) 은행을 통한 대금의 추심

추심은행은 거래조건이 D/P인 경우에는 수입업자에게 수입대금을 받고 서류를 넘겨주고, D/A인 경우에는 수입업자로부터 서류를 인수하겠다는 의사표시인 인수증을 받고 서류를 넘겨준다. 수입업자가 수입대금을 직접 수출업자에게 송금하는 행위는 금지되며 반드시 추심은행에 지불해야 한다. 추심은행이 수입업자에게 받은 물품대금을 추심의뢰은행으로 보내면 추심의뢰은행이 이 대금을 수출업자에게 전달한다.

### 3) 어음부거래

수출업자가 대금을 결제받기 위해 환어음을 발행한다는 점이 송금방식과의 근본적인 차이이다.

### 4) 사고어음의 처리

사고어음이란 추심은행이 수입업자에게 환어음을 제시하였으나 수입업자가 서류인수 또는 대금지급을 하지 않는 경우를 말한다. 수입업자가 수입대금 지급기일 전에 불가피한 사유로 인수 또는 대금지급 지연을 신청해 오는 경우 추심은행은 그 사유를 문서로 제출받아 추심의뢰은행에 통보하고 처리방침을 지시받아야 한다. 수입업자가 추심서류 도착일로부터 일정기일 내에 서류를 인수하지 않거나, 만기일에 대금을 지급하지 않는 경우에는 인수거절통지서 또는 지급거절통지서를 작성하여 즉시 추심의뢰은행에 송부하여야 한다.

| 표 6-1 | 추심에 관한 통일규칙의 내용

| ICC Uniform Rules for Collections URC 522 추심(推尋)에 관한 통일규칙 | |
|---|---|
| A. GENERAL PROVISIONS AND DEFINITIONS | A. 총칙 및 정의 |
| • ARTICLE 1 APPLICATION OF URC 522 | [제1조] 통일규칙의 적용 |
| • ARTICLE 2 DEFINITION OF COLLECTION | [제2조] 추심의 정의 |
| • ARTICLE 3 PARTIES TO A COLLECTION | [제3조] 추심 당사자 |
| B. FORM AND STRUCTURE OF COLLECTIONS | B. 추심의 형식과 구조 |
| • ARTICLE 4 COLLECTION INSTRUCTION | [제4조] 추심지시서 |
| C. FORM OF PRESENTATION | C. 제시의 형식 |
| • ARTICLE 5 PRESENTATION | [제5조] 제시 |
| • ARTICLE 6 SIGHT/ACCEPTANCE | [제6조] 일람출급/인수 |
| • ARTICLE 7 RELEASE OF COMMERCIAL DOCUMENTS | [제7조] 상업서류의 인도-인수인도(D/A) vs. 지급인도(D/P) |
| • ARTICLE 8 CREATION OF DOCUMENTS | [제8조] 서류의 작성 |
| D. LIABILITIES AND RESPONSIBILITIES | D. 의무 및 책임 |
| • ARTICLE 9 GOOD FAITH AND REASONABLE CARE | [제9조] 신의성실과 상당한 주의 |
| • ARTICLE 10 DOCUMENTS vs. GOODS, | [제10조] 서류 vs. 물품, 용역, 이행 |

| | |
|---|---|
| SERVICES, PERFORMANCES | |
| • ARTICLE 11 DISCLAIMER FOR ACTS OF AN INSTRUCTED PARTY | [제11조] 지시받은 당사자의 행동에 대한 면책 |
| • ARTICLE 12 DISCLAIMER ON DOCUMENTS RECEIVED | [제12조] 접수된 서류에 대한 면책 |
| • ARTICLE 13 DISCLAIMER ON EFFECTIVENESS OF DOCUMENTS | [제13조] 서류의 유효성에 대한 면책 |
| • ARTICLE 14 DISCLAIMER ON DELAYS, LOSS IN TRANSIT AND TRANSLATION | [제14조] 송달 및 번역 중의 지연, 멸실에 대한 면책 |
| • ARTICLE 15 FORCE MAJEURE | [제15조] 불가항력 |
| E. PAYMENT | E. 지급 |
| • ARTICLE 16 PAYMENT WITHOUT DELAY | [제16조] 지체 없는 지급 |
| • ARTICLE 17 PAYMENT IN LOCAL CURRENCY | [제17조] 내국통화에 의한 지급 |
| • ARTICLE 18 PAYMENT IN FOREIGN CURRENCY | [제18조] 외국통화에 의한 지급 |
| • ARTICLE 19 PARTIAL PAYMENTS | [제19조] 분할 지급 |
| F. INTEREST, CHARGES AND EXPENSES | F. 이자, 수수료, 비용 |
| • ARTICLE 20 INTEREST | [제20조] 이자 |
| • ARTICLE 21 CHARGES AND EXPENSES | [제21조] 수수료 및 비용 |
| G. OTHER PROVISIONS | G. 기타 규정 |
| • ARTICLE 22 ACCEPTANCE | [제22조] 인수 |
| • ARTICLE 23 PROMISSORY NOTES AND OTHER INSTRUMENTS | [제23조] 약속어음 및 기타 증서 |
| • ARTICLE 24 PROTEST | [제24조] 거절증서 |
| • ARTICLE 25 CASE-OF-NEED | [제25조] 예비지급인 |
| • ARTICLE 26 ADVICES | [제26조] 통지 |

## 2. 추심거래의 법률관계

### 1) 추심의뢰인의 의무

#### (1) 비용 및 위험부담

추심의뢰인은 자신의 지시사항을 이행할 목적으로 은행이 다른 은행의 서비스를 이용하는 경우에 발생한 모든 비용을 부담하여야 한다.

#### (2) 외국의 법률과 관행에 따른 의무

추심의뢰인은 추심과 관련하여 외국의 법률과 관행으로 인하여 부과되는 모든 의무와 책임을 부담하여야 하며, 이에 대하여 추심의뢰은행에게 상환하여야 한다.

### 2) 추심관계 은행의 의무

#### (1) 신의성실 및 상당한 주의의무

추심에 관계하는 은행은 신의성실에 따라서 행동하고 또한 상당한 주의를 하여야 한다. 여기서 "신의성실에 따라 행동하여야 한다."는 의미는 권리의 행사와 의무의 이행을 신의에 따라 성실히 하여야 한다는 것으로 신의성실의 원칙 또는 신의칙이라고 한다. 신의나 성실의 구체적인 내용은 때나 장소에 따라 변화하는 것으로 결국 그 사회의 상식이나 일반통념에 따라 결정된다. 그리고 '상당한 주의'라는 것은 어떠한 정황에서 통상인이 기울일 정도의 주의를 의미한다. 만약 상당한 주의를 태만히 하는 경우는 통상의 과실이 되어 당사자는 책임을 부담하여야 한다.

#### (2) 접수된 서류의 검토와 통지의무

은행은 접수된 서류가 외관상 추심지시서의 목록에 기재된 대로인가를 판단하여야 하며 어떠한 서류가 누락되었거나 기재된 것과 다른 것이 있는 경우, 추심지시서를 송부한 당사자에게 지체 없이 전신으로 또는 그러한 수단이 불가능하면 다른 신속한 수단으로 통지하여야 한다.

### (3) 추심은행 앞으로 탁송된 물품에 대한 의무

대금결제방식이 추심방식인 경우에 수입업자가 환어음을 지급 또는 인수하지 않고 자신을 수화인으로 하여 송부된 물품을 인수받는 것을 방지하기 위하여 추심은행을 수화인으로 하여 물품이 송부되는 경우가 있다. 그러나 추심은행은 사전동의 없이 자신을 수화인으로 하여 물품이 송부된 경우에 그러한 화물을 인수할 책임을 부담하지 않는다. 또한 물품이 송부된 경우에 은행은 그러한 물품에 대한 어떠한 조치를 취할 의무를 부담하지 않으며, 그와 같이 하는 것을 동의한 경우에만 동의한 범위 내에서 조치를 취하면 된다. 따라서 송부된 물품에 대한 책임은 발송 당사자의 책임이 된다.

만약 은행이 물품보전을 위하여 어떠한 조치를 취하는 경우, 이에 따른 어떠한 결과에 대하여도 책임을 지지 않는다. 만약에 추심은행이 자행 앞으로 송부된 물품에 대하여 어떠한 조치를 취한 경우에 추심지시서를 송부한 은행에게 그러한 조치의 내용을 지체 없이 통지하여야 한다. 그리고 은행의 물품보전조치와 관련하여 발생한 비용은 추심을 지시한 당사자가 부담한다.

## 3. 추심관계 은행의 면책

### 1) 지시받은 당사자의 행위에 대한 면책

은행은 자기가 전달한 지시가 이행되지 않는 경우에 어떠한 의무나 책임을 지지 않으며, 은행 자신이 그러한 다른 은행의 선택을 주도한 경우에도 그러하다.

### 2) 접수된 서류에 대한 면책

추심은행은 지체 없이 지급 또는 인수를 위한 서류를 지급인에게 제시하여야 한다. 이때에 은행은 URC 제5조 c항(서류를 접수한 원형대로 지급인에게 제시할 의무 등), 제12조 a항(추심지시서에 대한 확인과 누락 등에 대한 통지의무), 제12조 b항(서류의 목록이 기재되어 있지 아니한 경우)에 따라 서류에 대하여 더 이상의 심사 없이 접수된 대로 지급인에게 제시한다.

### 3) 서류의 효력에 대한 면책

은행은 어떠한 서류이든 그 형식성, 충분성, 정확성, 진정성, 위조나 법적 효력에 대하여 또는 서류에 명시되거나 부가된 일반조건 및 특별조건에 대하여 어떠한 의무나 책임을 부담하지 아니한다. 또한 은행은 어떠한 서류에 의하여 표시된 물품의 명세, 수량, 중량, 품질, 상태, 포장, 인도, 가치 또는 존재에 대하여 또는 물품의 송화인, 운송인, 운송주선인, 수화인, 보험자나 기타 다른 어떠한 사람의 성실성, 작위 및 부작위, 지급능력이나 이행이나 신용상태에 대하여 어떠한 의무나 책임을 부담하지 아니한다.

### 4) 서류의 송달 및 번역 중의 지연, 실효에 대한 면책

은행은 어떠한 메시지, 서신, 서류의 송달과정에서의 지연 및 분실로부터 발생하는 결과에 대하여 또는 어떠한 전신의 전송과정에서의 지연, 훼손이나 기타의 오류에 대하여 또는 전문용어의 번역이나 해석에 있어서의 오류에 대하여 어떠한 의무나 책임을 부담하지 아니한다. 또한 은행은 접수된 어떠한 지시의 명확성을 확보할 필요성에 기인한 어떠한 지연에 대하여 책임을 부담하지 않는다.

### 5) 불가항력에 대한 면책

은행은 천재지변, 폭동, 소요, 반란, 전쟁 또는 자신들이 통제할 수 없는 기타의 원인 또는 파업이나 직장폐쇄 등의 불가항력에 의한 자신들의 업무중단으로부터 발생하는 결과에 대하여 어떠한 의무나 책임을 부담하지 아니한다.

# 제3절 추심거래의 실무

## 1. 물품선적과 환어음의 발행

수출업자가 물품을 선적하여 선적서류를 입수하거나 작성하고, 무역계약의 대금결제조건에 따라서 물품가액에 대하여 수입업자를 지급인으로 하는 일람출급 또는 기한부환어음을 발행한다. 수출업자가 발행하는 환어음은 수출가액을 액면가액으로 하고 수입업자를 지급인, 추심의뢰은행을 수취인으로 한다.

## 2. 수출업자의 추심의뢰 요청

수출업자는 자신의 대리인으로 행동하는 자신의 거래은행에 환어음과 선적서류를 제출하여 추심을 지시한다. 이로써 수출업자는 추심의뢰인이 되고, 추심의뢰요청을 받은 수출업자의 거래은행은 추심의뢰은행이 된다.

## 3. 추심의뢰은행의 추심의뢰

### 1) 추심의뢰

추심지시를 받은 추심의뢰은행은 추심의뢰인의 대리인으로서 수입업자의 소재지에 있는 환거래은행에게 추심지시서와 함께 환어음과 선적서류를 송부하여 추심을 의뢰한다.

그리고 추심의뢰은행은 모든 추심서류에 "The collection is subject to URC 522"라는 문언을 삽입하여, 본 추심에 제3차 개정 추심에 관한 통일규칙이 적용됨을 명시하고, 추심서류에 추심에 관한 통일규칙의 규정에 따라 작성된 추심지시서를 첨부하여 추심의뢰를 한다. 이와 같이 추심지시서에 추심에 관한 통일규칙의 적용문언이 삽입되므로 모든 은행은 그러한 규칙과 추심지시서에 따라서 추심을 행하여야 한다.

## 2) 추심지시서

### (1) 개념

추심지시서는 추심의뢰은행이 추심의뢰인으로부터 추심지시를 받아 추심은행에게 추심을 지시할 때에 추심에 관한 여러 가지 지시사항을 기록한 첨부서류를 말한다. 추심지시서는 각국의 상관습이 달라 은행마다 매우 다양한 형태로 사용되어 왔으나, 1982년 12월 국제상업회의소가 국제표준화기구와 협조하여 '표준추심지시서'를 제정하여 세계의 각 은행들에게 사용하도록 권고하였으며, 동 양식은 고객용, 은행용 및 서류명세의 세 가지로 구분되어 있다. 그러나 지금까지 자기 고유의 추심의뢰서를 사용하고 있는 은행들이 많아 표준추심지시서는 많이 보급되지 않고 있는 실정이다.

### (2) 추심지시서의 내용

URC 제4조 b항에 추심지시서에는 다음과 같은 항목에 대한 적절한 지시를 하고 있어야 한다고 규정하고 있다.

① 추심의뢰은행에 대한 명세 : 추심의뢰은행의 정식명칭, 우편주소 및 SWIFT 주소, 전화, 팩시밀리번호 그리고 참조사항을 포함한 사항이 기재된다.

② 추심의뢰인에 대한 명세 : 추심의뢰인의 정식명칭, 우편주소 그리고 전화 및 팩시밀리번호가 있는 경우 그러한 사항이 기재된다.

③ 지급인에 대한 명세 : 지급인의 정식명칭, 우편주소 또는 제시가 이루어져야 될 장소 그리고 전화, 팩시밀리번호가 있는 경우 그러한 사항이 기재된다.

④ 제시은행에 대한 명세 : 제시은행의 정식명칭, 우편주소 그리고 전화, 팩시밀리번호가 있는 경우에 그러한 사항이 기재된다.

⑤ 추심금액과 통화 : 추심금액과 통화는 상업송장상의 금액과 통화와 일치하여야 한다.

⑥ 첨부서류의 목록과 각 서류의 통수 : 추심에 첨부되는 서류의 목록과 그러한

서류의 통수가 기재된다.

⑦ 지급 및 인수조건과 서류인도조건 : 지급인에 대한 추심은행의 서류인도는 추심지시서에 지시된 대로 행하여야 한다. 따라서 추심의뢰은행은 추심지시서에 서류인도에 대한 지시를 하여야 한다.

⑧ 추심수수료 : 추심수수료의 징수를 포기할 수 있는지의 여부를 명시한 추심수수료에 관한 사항이 기재된다.

⑨ 추심이자 : 이자의 징수를 포기할 수 있는지의 여부를 명시하고 이자율, 이자기간, 해당되는 계산근거를 포함하여 추심되어야 할 이자에 관한 사항이 기재된다.

⑩ 지급방법 및 지급통지의 형식 : 수입업자에 의한 지급 또는 인수사실에 대한 추심은행의 통지방법을 표시한다.

⑪ 지급거절, 인수거절 및 다른 지시와 불일치한 경우에 대한 지시 : 지급거절, 인수거절 또는 다른 지시와 불일치할 경우에 대한 지시가 있어야 한다. 추심지시서에는 지급불이행 또는 인수불이행의 경우에 있어서의 거절증서에 관한 특별한 지시가 명시되어야 한다. 이러한 특별한 지시가 없는 경우, 추심에 관여하는 은행은 지급거절 또는 인수거절에 대하여 서류의 거절증서를 작성하여야 할 의무를 부담하지 아니한다. 이러한 거절증서 또는 다른 법적 절차와 관련하여 은행에게 발생하는 모든 수수료 및 비용은 추심지시서를 송부한 당사자의 부담으로 한다.

⑫ 예비지급인 : 추심에서의 예비지급인이란 수입업자가 지급이나 인수를 거절할 경우에 수입지에서 수출업자를 대신하여 행동할 사람을 말한다. 추심은행으로서는 수입업자가 지급이나 인수를 거절할 경우, 그 사후처리를 수출업자와의 접촉을 통하여 하는 것은 많은 시간과 비용이 소요되기 때문에 예비지급인을 지정하게 된다.

추심의뢰인이 인수거절 및 지급거절에 대비하여 예비지급인으로 행동할 대리인을 지명한 경우, 추심지시서에 그러한 예비지급인의 권한에 대하여 명확하고 완전한 지시를 하여야 한다. 그러한 지시가 없으면 은행은 예비지급인으로부터의 어떠한 지시에도 응하지 아니한다. 따라서 추심지시서에 예비지급인을 지정하는 경우, 예비지급인의 권한에 대하여 명확하고 완전하게 지시하여야 한다.

상기의 사항 외에도 일반적으로 추심지시서에는 다음과 같은 사항들이 기재된다.

① 만기의 표시 : 만기의 표시란은 D/P인가 D/A조건인가를 구분하는 난으로 서류인도조건이 D/P인 경우는 'at sight'로 표시하고, D/A조건인 경우는, 예를 들어 'at~days after sight'(일람 후 ~일 지급조건) 등으로 표시된다.

② 어음지급인 · 수화인 : 어음의 지급인이며 동시에 수화인인 수입업자에 대한 명세를 기록하여야 한다. 따라서 어음지급인의 명세를 표시하여야 하며, 그 내용은 지급인의 정식명칭, 우편주소 또는 제시가 이루어져야 될 환어음 지급장소 그리고 연락처를 포함한다.

③ 수화인이 아닌 다른 지급인이 있으면 그 지급인 : 물품의 수화인이 아닌 다른 제3의 어음지급인이 존재하는 경우, 그 지급인의 정식명칭, 우편주소 또는 제시가 이루어져야 될 환어음 지급장소 그리고 연락처를 포함한다.

④ 어음지급 장소 : 어음대금의 지급장소로서 보통 어음대금을 수취하는 은행의 명칭과 주소 등을 기재한다.

⑤ 추심은행 : 추심의뢰은행으로부터 추심의뢰를 받아 추심을 수행하는 추심은행의 정식명칭, 우편주소 및 SWIFT 주소, 전화, 팩시밀리번호 그리고 참조사항이 포함되어 있어야 한다.

⑥ 물품운송에 대한 명세 : 물품운송과 관련된 선적지와 도착지 그리고 선적일자 등을 기재한다.

⑦ 상품의 명세 : 수입물품의 명세를 간단히 기재한다.

⑧ 서류의 명세 : 추심에 첨부된 서류의 종류와 그 통수를 기재한다.

⑨ D/A, D/P의 표시 : 서류의 인도조건인 D/A, D/P를 구분하여 기재하여야 한다.

⑩ 물품도착 시까지의 서류보류 : 서류가 물품의 도착 전에 추심은행에 송부된 경우, 운송서류인도를 보류할 것을 요청하여야 한다.

⑪ 현지통화예금 : 수출업자가 추심대금을 수입국의 추심은행에 현지국 통화로 예금하기를 원하는 경우에 그러한 사항을 표시하여야 한다.

⑫ 인수어음의 처리 : D/A거래에서 수입업자가 인수한 어음을 추심의뢰은행 앞으로 반환을 요청하거나 추심은행이 해당 어음을 만기일까지 보관하고 있다가 만기일이 도래하면 지급을 위한 제시를 하도록 요청하는 경우에 그러한 사항을 표시하여야 한다. 일반적으로는 인수어음의 반환을 요청하지 않는다.

⑬ 대금의 전신송금 : 결제대금을 전신으로 송금받기를 원하는 경우에 표시하는 것으로 계좌번호 등을 정확하게 기재하여 송금에 오류가 발생하지 않도록 하여야 한다.

⑭ 추가지시사항 : 의뢰서에 표시된 지시사항 이외에 별도의 지시사항이 있는 경우에 표시한다.

### 3) 추심은행의 선정

추심의뢰은행은 추심의뢰인의 지시를 이행하기 위하여 추심의뢰인이 지정한 은행을 추심은행으로 이용할 수 있다. 그러한 지정이 없는 경우에 추심의뢰은행은 지급 또는 인수가 이루어지는 국가 또는 기타의 조건과 일치되는 국가 내에 있는 자행 또는 다른 은행을 선택할 수 있다.

### 4) 서류와 추심지시서의 송부방법

서류와 추심지시서는 추심의뢰은행이 추심은행으로 직접 송부할 수 있으며, 다른 중개은행을 통하여 송부할 수도 있다.

## 4. 추심은행의 서류제시

### 1) 추심은행의 추심지시서 및 추심서류의 검토

제시은행을 비롯한 추심은행은 추심지시서에 지시된 대로 추심업무를 수행하여야 하므로 첨부된 추심지시서를 면밀히 검토하고, 만약 지시에 따라서 행동할 수 없는 사항이 있는 경우에는 지체 없이 추심의뢰은행에 통지하여야 한다.

추심은행이 추심지시서를 검토할 때에 특히 주의하여야 할 점에는 추심에 관한 통일규칙규칙의 적용 여부, D/P 또는 D/A 확인, 인수 및 지급의 통지방법, 인수 및 지급거절의 통지방법, 인수 및 지급을 위한 제시기간, 추심대금의 송금방법, 거절증서의 작성 여부, 예비지급인의 지정 여부, 이자징수 여부 확인, 수수료 및 비용의 처리, 상품보전에 관한 지시, 양도가능성 여부의 확인, 분할결제의 가능 여부, 기타 지시사항 등이 있다.

추심은행은 추심지시서의 검토와 함께 금융서류와 상업서류를 검토하여야 한다. 그러나 추심은행은 신용장거래와는 달리 추심서류를 심사할 의무는 없다. 따라서 추심은행은 제시된 서류가 추심지시서 및 수입승인서와 일치하는지의 여부를 점검함으로써 그 책임을 다한 것으로 본다.

### 2) 서류제시은행의 선정

추심은행은 추심의뢰은행으로부터 추심을 의뢰받아 추심서류와 추심지시서를 송부받은 경우, 스스로 제시은행이 되어 지급인에게 지급 또는 인수를 위한 제시를 하든가, 아니면 다른 은행을 제시은행으로 선정하여, 선정된 제시은행을 통하여 지급인에게 지급 또는 인수를 위한 제시를 하여야 한다. 다른 은행을 통하여 서류를 제시할 때 추심의뢰은행이 특정 제시은행을 지정하지 아니한 경우에 추심은행은 자신이 선택한 제시은행을 이용할 수 있다.

추심은행은 서류와 추심지시서가 도착되면 지급인에게 지체 없이 서류의 도착통지와 함께 서류를 제시하여야 한다. 여기서 제시란 추심서류의 제시은행이 추심지시서에 지시받은 대로 지급인이 서류를 입수할 수 있도록 하는 절차를 말한다. 그리고 제시은행은 서류가 일람지급조건인 경우는 지체 없이 지급을 위한 제시를 하고, 서류가 기한부지급조건인 경우는 인수가 요구되면 지체 없이 인수를 위한 제시를 한다.

제시은행은 서류를 접수한 원형대로 지급인에게 제시하여야 한다. 다만 제시은행이 추심지시서에 별도의 지시가 없는 한, 추심을 의뢰한 당사자의 비용으로 필요한 인지를 붙이거나, 필요한 배서를 하거나, 고무스탬프 또는 추심업무상 관례적이거나 요구되는 기타의 검인표시나 부호를 표시하도록 수권받은 경우는 예외적으로 그러한 행위를 하여 제시한다.

### 3) 상업서류의 인도 및 지급과 인수

서류인도는 추심지시서에 지시된 대로 인도하여야 한다. URC에 규정된 추심지시서의 서류인도지시에 대한 사항에 따라서 서류인도 및 지급과 인수에 대하여 살펴보면 다음과 같다.

#### (1) 환어음이 장래 확정일 출금조건의 기한부환어음인 경우

추심지시서에 상업서류가 지급인의 인수에 대하여 인도되는지(D/A), 아니면 지급에 대하여 인도가 되는지(D/P)를 명시하고 있어야 하는데, 만약 이러한 명시가 없으면 제시은행은 지급인의 지급과 상환으로만 서류를 인도하여야 한다. 그리고 상업서류가 지급과 상환으로 인도되어야 한다고 지시된 경우는 오직 지급에 대해서만 서류를 인도하여야 한다.

#### (2) 내국통화에 의한 지급이 있는 경우의 서류인도

서류에 지급국가의 통화(내국통화)로 지급이 가능하다고 되어 있으면, 내국통화가 추심지시서에 특정된 방법대로의 처분이 즉시 가능한 경우에만 내국통화에 의한 지급에 대하여 지급인에게 서류를 인도하여야 한다.

#### (3) 지급국가통화 이외의 국가통화(외국통화)에 의한 지급이 있는 경우의 서류인도

서류에 지급국가통화 이외의 국가통화(외국통화)로 지급이 가능하다고 되어 있으면, 제시은행은 추심지시서에 별도의 지시가 없는 한, 그러한 외국통화가 추심지시서의 지시에 따라 즉시 송금될 수 있는 경우에만 그 표시된 외국통화의 지급에 대하여 지급인에게 서류를 인도하여야 한다.

### (4) 지급

추심지시서에 이자가 추심되어야 한다고 명시되어 있는 경우, 만약 지급인이 그러한 이자의 지급을 거절한다면, 제시은행은 URC 제20조 c항 및 제21조 b, c항(추심지시서에 이자 및 수수료가 포기될 수 없다고 명확하게 기재되어 있는 경우)이 적용되지 않는 한, 그러한 이자 및 수수료를 추심하지 않고 경우에 따라 지급이나 인수 또는 기타의 조건에 따라 서류를 인도할 수 있다. 그런데 그러한 이자가 추심되어야 하는 경우, 추심지시서에 추심이자, 이자기간, 계산의 근거가 특정되어 있어야 한다.

그리고 추심지시서에 이자는 포기될 수 없다고 명시적으로 규정되어 있는데, 만약 지급인이 그러한 이자의 지급을 거절하는 경우, 제시은행은 서류를 인도하지 않아야 하고, 서류인도의 지연으로부터 발생하는 어떠한 결과에 대하여 책임을 부담하지 않는다. 제시은행은 그러한 이자의 지급이 거절되었을 때, 그러한 사실을 추심지시를 송부한 은행에게 지체 없이 전신이나 그러한 수단의 이용이 불가능한 경우에는 기타의 신속한 수단으로 통지하여야 한다.

## 5. 추심은행의 추심결과의 통지와 추심금액의 송금지급

### 1) 추심결과의 통지

URC 제26조에 추심은행의 추심결과의 통지에 대하여 다음과 같이 규정하고 있다. 추심지시서를 송부한 은행에 대한 추심은행의 모든 통지와 정보제공은 추심지시서에 명시된 송부은행의 참조를 포함한 적절한 명세가 기재되어 있어야 한다.

추심의뢰은행은 추심은행에게 추심결과의 통지방법에 대하여 지시할 책임이 있다. 이러한 추심결과의 통지방법에 대하여 URC 제26조 c항의 1(지급의 통지방법), c항의 2(인수의 통지방법), c항의 3(지급거절 또는 인수거절의 통지방법)에 상세하게 기술하고 있다. 따라서 추심의뢰은행은 추심은행에게 추심결과의 통지방법에 대하여 지시할 의무가 있다. 만약 추심결과의 통지에 대한 추심의뢰은행의 지시가 없는 경우, 추심은행은 추심지시서를 송부한 은행의 비용으로 자신이 선택한 방법에 의해 통지를 한다.

추심은행은 추심지시서를 송부한 은행에게 추심금액, 해당이 있는 경우에 공제된 수수료, 지출금 및 비용 그리고 그 자금의 처분방법을 상세하게 기술하여 지체 없이 지급이나 인수의 통지를 하여야 한다.

## 2) 지급불이행과 인수불이행 시의 처리

### (1) 통지방법과 서류처리

제시은행은 지급인의 지급불이행 및 인수불이행 그 이유를 확인하기 위하여 노력하여야 하고, 그 결과에 대하여 추심지시서를 송부한 은행에게 지체 없이 적절하게 통지하여야 한다. 그리고 추심의뢰은행은 그러한 통지를 받은 즉시, 향후의 서류처리(서류반송, 서류보관, 예비지급인에게 송부 등)에 대한 적절한 지시를 하여야 한다. 따라서 제시은행은 추심의뢰은행에게 지급인의 지급불이행 및 인수불이행을 통지한 후 60일 이내에 그러한 지시를 받지 못하면, 그러한 서류를 제시은행 측에 더 이상의 책임 없이 추심지시서를 송부한 추심의뢰은행으로 반송할 수 있다.

### (2) 거절증서의 작성

#### 가) 거절증서의 개념

거절증서란 어음상의 권리의 행사 또는 보전에 필요한 행위를 증명하는 요식적 공정증서를 말한다. 어음의 소지인이 어음의 지급인으로부터 지급거절 또는 인수거절을 당했을 때 앞의 배서인, 발행인 또는 보증인에게 어음대금의 상환을 청구할 수 있는데, 이를 상환청구권 또는 소구권이라고 한다. 이와 같이 어음의 소지인이 지급인으로부터 지급거절 또는 인수거절을 당할 때 소구권을 행사하기 위하여 필요한 서류가 거절증서이다. 한국 「어음법」에서도 소구의 형식적 요건으로서 지급 또는 인수의 거절은 공정증서에 의하여 증명되어야 한다고 규정하고 있다.

D/A, D/P거래에서 거절증서가 작성되는 이유는 신용장거래의 경우에는 발행은행이 지급거절의 사실을 입증해 줄 수 있으나, 무신용장거래에서는 이러한 사실의

입증자가 존재하지 않기 때문이다. 따라서 어음이 지급 또는 인수거절되는 경우, 어음발행인인 수출업자는 장래에 수입업자에게 물품대금청구를 위한 소송에 대비한 증거서류로서 거절증서를 확보해 두어야 할 필요성이 있다. 그러나 발행인, 배서인 또는 보증인이 어음에 거절증서 작성을 면제할 것을 기입하여 서명한 때에는 그 어음상의 소지인은 거절증서를 작성하지 않고도 권리를 행사할 수 있다.

#### 나) 작성자와 작성위탁자

한국에서 거절증서를 작성할 수 있는 자는 공증인 또는 집달리이며, 작성위탁자는 어음의 소지인 또는 그 대리인으로 추심거래에서는 추심은행이 된다.

#### 다) 작성장소

한국의 어음법에 거절증서를 작성하는 장소는 지급인에게 어음을 제시한 장소이다. 그러나 지급인이나 지급담당자가 승낙했을 때에는 다른 장소에서도 작성될 수 있다.

#### 라) 작성기간

한국의 어음법에 인수거절증서는 인수를 위한 제시기간 내에 작성되어야 하며, 확정일출급, 발행일자 후 정기출급 또는 일람 후 정기출급의 환어음의 지급거절증서는 지급을 할 날(만기일)에 이은 제2거래일 내에 작성되어야 한다. 그리고 일람출급어음의 지급거절증서는 지급거절 즉시 작성되어야 한다.

### 3) 추심금액의 송금

추심은행은 지급인으로부터 지급받은 추심금액을 추심지시서의 조건에 따라 추심지시서를 송부한 당사자에게 지체 없이 송금하여야 한다. 따라서 추심은행이 정당한 기간 이내에 송금하지 못하는 경우, 추심의뢰은행은 추심은행에게 지연이자를 청구할 수 있다. 만약 부당한 송금지연이 확인되는 경우에 추심은행은 지연이자를 부담하여야 한다.

Chapter 07

# 신용장결제의 기본원리

제1절 | 신용장의 정의

제2절 | 신용장의 특성

제3절 | 신용장통일규칙

# 제1절 신용장의 정의

신용장(letter of credit: L/C ; banker's commercial credits)은 은행의 지급확약서를 말한다. 무역거래에서 거래 당사자들이 서로 믿지 못하여 공신력이 높은 은행이 관여하여 대금결제를 원활히 하고자 하는 것이 신용장이다.

은행이 수출업자에게 수입업자를 대신해서 수출대금을 확실히 지급할 것을 약속하면, 수출업자는 이런 은행의 약속을 믿고 물품을 선적해 보내게 된다. 이와 같이 은행이 수출대금의 지급을 확약하는 편지를 수출업자에게 보내는데 이를 은행의 신용이 담긴 편지라는 의미에서 신용장이라 한다. 신용장은 수입업자의 거래은행이 수출업자가 명기된 조건과 일치하는 서류를 제시하면 수출업자에게 그 대금을 지급할 것을 확약하는 조건부 지급확약서(conditional bank undertaking of payment)이다.

그림 7-1 | 신용장의 원리

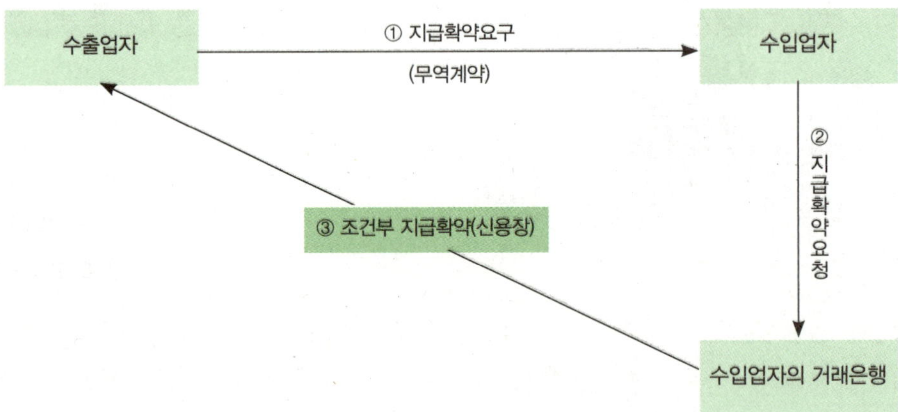

**참고** 신용장통일규칙의 신용장에 대한 정의

UCP 600 Article 2 Definitions(정의) : Credit means any arrangement, however named or described, that is irrevocable and thereby constitutes a definite undertaking of the issuing bank to honour a complying presentation.

신용장(credit)이란 그 명칭이나 기술에 관계없이 발행은행이 일치하는 제시에 대하여 결제하겠다는 확약으로서 취소가 불가능한 모든 약정을 의미한다.

## 1. 신용장방식에 의한 거래과정

① 수입업자와 수출업자는 매매계약을 체결한다.

② 수입업자는 자신의 거래은행에게 상대방 수출업자 앞으로 지급확약서, 즉 신용장을 발행해 주도록 신청한다. 신용장상으로 수입업자는 신용장 개설의뢰인 혹은 발행의뢰인(applicant)이라고 불리며, 상대방 수출업자는 수익자(beneficiary)라고 불린다.

③ 수입업자의 거래은행은 신용장을 발행하여 이를 수출국 내의 거래은행에게 송부하고 수출업자에게 통지해 주도록 지시한다. 이로써 수입업자의 거래은행은 발행은행(opening bank, issuing bank)이 된다.

④ 발행은행으로부터 신용장을 전달받은 수출국 내의 거래은행은 발행은행의 지시에 따라서 수출업자에게 신용장 도착사실을 통지해준다. 이로써 거래은행은 통지은행(advising bank)이 된다.

⑤ 통지은행으로부터 신용장 도착통지를 받은 수출업자는 신용장에 기재되어 있는 '발행은행의 지급확약'을 믿고 안심하고 계약물품을 선적한다.

⑥ 수출업자는 신용장상에 기재되어 있는 서류들을 모두 구비하고 환어음(bill of exchange)과 상업송장(commercial invoice)을 스스로 발행하여 수출국 내의 자신의 거래은행에 제시하고 매입신청을 한다.

⑦ 매입신청을 받은 수출업자의 거래은행은 대금을 지급하고 선화증권, 상업송장 등의 부속서류와 함께 환어음을 매입해 준다. 이로써 그 은행은 매입은행

(negotiating bank)이 된다. 동시에 수출업자는 수출대금을 회수하게 되며, 매입은행은 발행은행 대신 수출업자에게 대금을 지불하였으므로 발행은행은 매입은행에 대하여 채무를 지게 된다(이 순간부터 발행은행은 채무자, 매입은행은 채권자가 된다). 위의 ⑥과 ⑦을 통한 수출업자의 수출대금 회수를 NEGO(negotiation ; 매입)라고 한다. 매입은행은 통지은행이 겸하는 경우가 많으나 서로 다른 은행으로 분리되는 경우도 있다.

⑧ 매입은행은 수출업자로부터 매입한 환어음과 부속서류들을 발행은행에 송부한다.

⑨ 발행은행은 서류도착 사실을 수입업자에게 통지한다.

⑩ 수입업자는 발행은행에 대금을 지급하고 선화증권을 비롯한 서류들을 인도받아서 이 서류들 중에서 선화증권을 선사에 제출하고 물품을 인도받는다.

⑪ 발행은행은 매입은행에게 환어음대금을 상환해 준다. 이로써 발행은행과 매입은행 사이의 채권채무가 소멸된다.

**그림 7-2** | 신용장거래과정

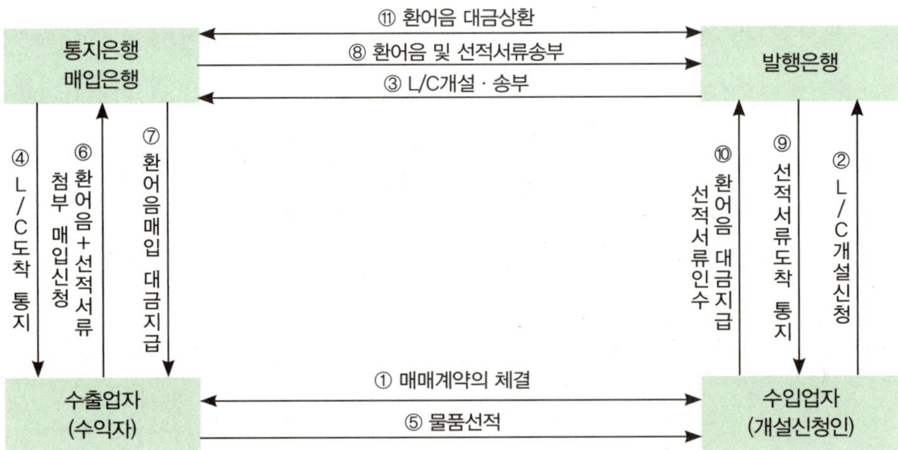

## 2. 신용장거래의 당사자

### 1) 수익자(beneficiary)

발행은행으로부터 신용장을 수취하여 신용장에서 요구하는 모든 조건에 일치하는 서류를 매입은행에 제시함으로써 대금결제를 받는 신용장발행의 수혜를 받는 수출업자이다.

### 2) 발행의뢰인(applicant)

매매계약에 따라 자신의 거래은행에 수출업자 앞으로 신용장을 발행할 것을 의뢰하는 수입업자를 말한다. 그 기능과 보는 각도에 따라 매수인(buyer), 대금결제인(accountee), 환어음지급인(drawee), 수화인(consignee) 등과 같이 여러 가지로 불리고 있다.

### 3) 발행은행(issuing bank)

신용장발행의뢰인의 신청과 지시에 따라 매매계약의 당사자인 수출업자 앞으로 신용장을 발행하는 은행으로서 개설은행(opening bank)이라고도 한다. 신용장발행은행은 수입업자의 거래은행으로서 수입업자의 요청과 지시에 의하여 수출업자가 물품선적 후 발행하는 환어음을 지급, 인수 또는 매입할 것을 확약하는 은행이다.

### 4) 통지은행(advising bank)

수출국에 있는 수입지 발행은행의 본·지점이나 환거래약정을 체결한 은행(correspondent bank)으로서 발행은행으로부터 송부된 신용장을 단순히 수익자에게 통지해 주는 은행을 말한다. 통지은행은 거래 당사자의 거래에 관해서는 하등의 책임을 지거나 약정을 하는 것은 없다. 그리고 통지은행이 보통 매입은행이 되는 경우가 많다.

### 5) 확인은행(confirming bank)

신용장발행은행이 공신력이 약한 경우 추가하여 신용장을 확인해 주는 제3의 은행을 말한다. 즉, 신용장발행은행의 지급확약에 추가하여 발행은행의 요청을 받은 제3의 은행이 수출업자가 제시하는 환어음에 대한 지급, 인수 또는 매입을 틀림없이 이행하겠다는 추가적인 확약을 하는 은행을 말한다.

### 6) 지급은행(paying bank)

지급은행은 발행은행과 예치환거래계약(depositary correspondent agreement)을 체결하여 발행은행 명의의 예금계정을 설치하여 두고 신용장의 조건과 일치되는 서류가 제시될 때 또는 그러한 서류가 첨부된 환어음이 이 은행을 지급인으로 하여 제시될 때 발행은행의 예금계정에서 차감하면서 지급을 이행하는 은행을 말한다. 즉, 지급신용장(straight credit)에 의거 신용장발행은행으로부터 지급행위를 위탁받은 은행을 말한다.

### 7) 연지급은행(deferred paying bank)

지급은행과 동일한데 매매거래가 기한부조건으로 계약되었을 경우 수출업자는 일정기간 후 수출대금을 받을 수 있다. 그런데 수입업자는 화물을 즉시 찾아야 하기 때문에 운송서류는 수입지로 보내고 수출업자는 수출대금은 일정기간 후 지급한다는 은행의 연지급약정서를 받게 되는데 이 약정서를 발행하는 은행을 말한다.

### 8) 인수은행(accepting bank)

유럽 등지에서는 환어음을 사용하지 않지만 그 밖의 국가들 간 거래에서는 환어음을 사용한다. 어음을 사용하는 기한부거래에서 수출업자가 발행한 환어음에 대해 만기일에 대금을 지급할 것을 약정해 주는 은행이다. 기한부신용장(usance credit)에 의거하여 발행된 기한부어음을 인수하는 은행을 말한다.

### 9) 매입은행(negotiating bank)

수출업자가 발행한 환어음과 운송서류를 자신의 자금으로 먼저 매입한 후 이를 발행은행에 송부하여 대금을 지급받는 은행이다. 환어음상으로는 선의의 소지인 (bona fide holder)이라 한다. 신용장거래에서 가장 많이 사용되는 매입신용장의 경우에 해당된다.

## 3. SWIFT 망을 이용한 신용장지급확약

그림 7-3 | SWIFT 망을 활용하는 통지과정

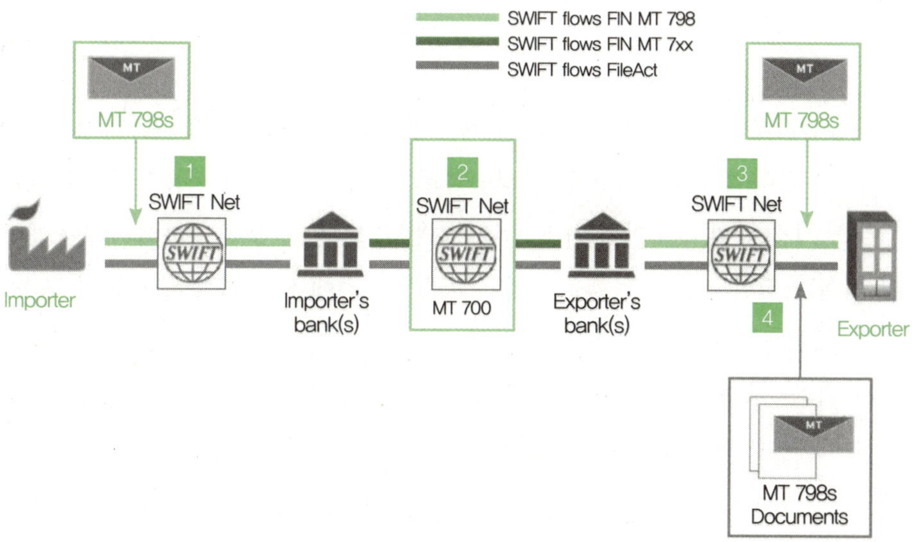


SWIFT 망을 활용한 신용장통지과정은 다음과 같이 요약할 수 있다.

① 수입업자는 신용장발행신청을 자신의 사무실이나 거래은행에서 한다.
SWIFT MT 700은 신용장발행 시 발행은행에서 사용하는 특수 신속 메시지 유형이다. 수입업자가 발행은행에서 신용장발행신청을 하면 발행은행은 SWIFT MT 700을 사용하여 화환신용장의 조건을 발송한다.

② MT 700 메시지는 발행은행에서 통지은행으로 전송된다.

MT 700 메시지에는 발행은행(송금인)이 발행한 제시서류의 조건이 표시되어 있다.

③ 통지은행은 신용장조건이 담긴 메시지를 수출업자에게 전달한다.

④ 수출업자는 이 메시지를 자신의 은행으로 보낸다.

SWIFT에서도 채무은행이 모든 지급결제의 조건이 충족되어야 한다는 조건으로 매도인의 은행에 대한 취소불능의 지급의무를 약정한다.

## 제 2 절 신용장의 특성

신용장거래는 매매계약 또는 기타 계약에 근거한 상품거래의 대금결제를 종결시키는 데 그 목적이 있으나 지급을 보증하는 주체도 은행이며 신용장에 의한 수출입거래 당사자 간의 의무이행 여부를 판단하는 것도 은행이다. 따라서 상품거래에 대한 지식과 경험이 없는 은행을 보호하고 상품거래에 의한 매매계약 등의 구속으로부터 해방시킴으로써 자유롭고 원활한 신용장거래가 이루어지도록 하기 위하여 다음과 같은, 즉 매매계약 또는 기타 계약으로부터의 독립성과 서류에 의한 거래인 추상성을 부여하고 있다.

### 1. 독립성의 원칙(principle of independence)

신용장의 독립성의 원칙(independence principle of the credit)이란 신용장은 매매계약에 근거하여 발행되지만 일단 신용장이 발행되면 그 매매계약과는 독립된 별도의 법률관계가 형성된다는 것을 말한다.

거의 모든 신용장은 매수인과 매도인 사이에 체결된 매매계약 등에 의거하여 발행된다. 무역거래의 당사자는 매매계약의 대금지급방식으로서 신용장에 의한 방식을 선택한다. 따라서 매매계약의 확정과 함께 매수인인 수입업자는 자기의 거래은행에 의뢰하여 신용장을 발행한다.

그러나 신용장이 일단 은행에 의하여 발행되면 그 신용장은 그 근거가 되었던 매매계약으로부터 완전히 독립되어 그 자체로서 별도의 법률관계를 형성하는, 이른바 독립성을 갖게 된다. 만일 신용장이 그러한 계약에 관한 참조사항을 언급하고 있다 하더라도 신용장의 관계 당사자들은 그 계약의 조건에 하등의 영향이나 구속도 받지 않는다.

이에 대하여는 신용장통일규칙 제4조 a항에서 "A credit by its nature is a separate transaction from the sale or other contract on which it may be based. Banks are in no way concerned with or bound by such contract, even if any reference whatsoever to it is included in the credit." "신용장은 그 성질상 그것이 근거될 수 있는 매매계약 또는 기타 계약과는 독립된 거래이다. 은행은 그러한 계약에 관한 어떠한 참조사항이 신용장에 포함되어 있다 하더라도 그러한 계약과는 아무런 관계가 없으며 또한 이에 구속되지 아니한다."라고 규정하여 신용장의 독립성을 명백히 하고 있다. 따라서 은행은 매매계약 등에 관계되는 이유 또는 항변으로 권리를 침해당하거나 의무나 책임을 추궁당하는 일이 있을 수 없다.

그런데 실무에 있어, 만일 신용장이 "…in accordance with sales contract No.1234"와 같은 문언으로 그 참조조항을 포함하고 있는 경우, 수익자는 상업송장상에 모든 조건들이 매매계약의 조건들과 일치되게 이루어졌다는 진술서(statement)나 확인서(certificate)를 포함시킴으로써 후일 발행의뢰인인 수입업자와의 분쟁을 방지할 수 있게 된다.

그러나 만일 원신용장에 매매계약 등의 사본이 첨부되어 "The attached sales contract No.1234 should be considered as an integral part of this credit" 등의 문언을 포함하여 매매계약의 사본 등을 요구하는 경우도 있다. 그런데 첨부된 Sales Contract 등이 지나치게 상세한 내용을 포함하고 있거나 원신용장의 조건과 모순되는 내용이 있는 경우 등은 신용장통일규칙 제4조 b항 "발행은행은 신용장의 필수적인 부분으로서 근거계약의 사본, 견적송장 등을 포함시키거나 하는 어떠한 시도도 저지하여야 한다."의 취지에 어긋난다. 발행은행은 이러한 시도를 저지하여야 하며 이러한 신용장을 접수한 수익자나 지정은행(nominated bank)은 Sales Contract 등의 내용을 신용장조건으로부터 제외시키도록 발행은행에 요구하여 조건변경을 받아둠으로써 후일의 분쟁을 피할 수 있다.

이것은 신용장거래를 매매계약에 연계시키면 은행이 매매계약의 내용을 일일이 확인하여야 하는데, 이는 현실적으로 불가능하므로 이러한 구속으로부터 은행을 해방시켜 신용장거래가 원활하게 이루어지도록 함에 그 취지가 있다.

## 2. 추상성의 원칙(principle of abstraction)

신용장의 추상성의 원칙(abstraction principle of the credit)이란 신용장의 모든 관계 당사자는 계약물품을 상징하는 서류에 의하여 거래한다는 것을 말한다. 즉, 은행은 매매계약에서 언급된 물품과 신용장조건이 불일치하거나 또는 물품이 인도되지 않은 경우에도 신용장에서 요구하는 서류만을 가지고 대금지급 여부를 판단한다는 것이다.

신용장통일규칙 제5조에서는 "은행은 서류를 취급하는 것이며 그 서류와 관련될 수 있는 물품, 용역 또는 이행을 취급하는 것은 아니다."라고 규정하여 제3조에서 규정한 독립성과 함께 신용장거래의 또 하나의 특성인 추상성을 명확하게 하고 있다.

신용장거래에서 발생되는 분쟁의 대부분은 서류상의 내용과 실질상의 물품, 용역 또는 계약의 이행사항이 일치하지 않는 경우에 나타난다. 그러나 만일 이러한 서류상의 문제가 분쟁해결의 기준이 되고 은행이 이들 사항에 책임을 져야 한다면 어느 은행도 마음 놓고 신용장거래를 할 수 없을 것이다.

따라서 해당 물품이나 용역 등이 실제적인 내용과 일치하지 않는다는 주장은 발행은행이 신용장조건과 일치하는 서류와 상환하여 대금을 지급하고 발행의뢰인은 이를 보상해야 하는 본질에 어떠한 영향도 미치지 못한다.

이와 같이 신용장거래에서는 모든 판단의 기준이 실제의 사실이 아닌 서류에 있다고 추상화함으로써 상품이나 기타 실질거래에 지식이 불충분하고 경험이 부족한 은행들로 하여금 적극적으로 신용장거래를 행할 수 있도록 보장하여 국제무역거래를 원활하게 하고 있다.

## 3. 신용장거래의 한계성(limitation)

신용장은 국제무역거래를 촉진시켜 주는 편리한 수단이지만 원만한 계약이행을 위해서는 궁극적으로 무역거래 당사자 간의 성실성이 무엇보다도 중요하며 신용장이 발행되었다고 해서 모든 것이 다 원만하게 해결되는 것은 아니다. 따라서 신용장도 이행할 수 없는 한계를 가지고 있다.

첫째, 수입업자에 대한 한계로서 수입업자가 요구하는 상품을 반드시 입수할 수 있다는 보장이 되지 않는다는 점이다. 신용장의 거래는 어디까지나 서류상의 거래이기 때문에 수출업자가 이러한 특성을 악용하여 품질이 나쁜 상품 또는 전혀 다른 상품을 선적하고 서류만 신용장조건대로 작성하여 제시하면 은행은 반드시 대금지급을 하므로 수입업자 입장에서는 자신이 원하는 상품이 정확하게 수입될 것이라는 보장이 없다.

둘째, 수출업자에 대한 한계로서 신용장거래는 서류에 의한 거래이므로 서류만을 근거로 지급을 하게 된다. 그러나 수입업자가 이러한 특성을 악용하여 수출업자가 매매계약 내용을 성실히 이행하였음에도 불구하고 서류상의 오류를 트집 잡아 지급을 거절하거나 가격할인을 요구하는 경우가 있다.

셋째, 신용장은 독립된 완전무결한 지급수단이 될 수는 없다. 신용장은 일종의 계약적 성격을 지니고 있는 조건부 지급확약서이기 때문에 그 자체가 완전하게 독립된 지급수단으로는 간주할 수 없는 것이다. 국제무역거래 지급방식은 수입업자와 수출업자와 상호 간의 신의성실 원칙에 입각하여 원만한 계약이행을 위한 국제상품거래를 수행할 수 있도록 뒷받침해 주는 편리한 수단에 불과하다.

이와 같이 진보된 결제방식인 신용장거래라 하더라도 수출입업자인 양 당사자의 불법이나 위조 등이 개입하는 경우에는 수출입업자 모두에게 계약물품의 입수보장과 대금회수에 대한 보장이 은행이라 하더라도 신용장 외의 계약위반 등을 조사하거나 책임질 의무가 없다는 한계성이 있다.

# 제3절 신용장통일규칙

## 1. 신용장통일규칙의 정의

신용장통일규칙(Uniform Customs and Practice for Documentary Credits : UCP)은 신용장업무 취급 시 준수사항 및 해석기준에 관한 국제통일규칙이다. 국제상업회의소(ICC)가 1933년에 제정하여 2007년에 이르기까지 6차에 걸쳐서 개정하였는데 현재 사용되고 있는 것은 제6차 신용장통일규칙(UCP Publication No. 600, 2007년 7월 1일부터 시행)으로서 전문 39조로 되어 있다. 주요 내용은 다음과 같다.

| 조항 | 주요 내용 |
|---|---|
| 1~5조 | 신용장통일규칙의 적용범위, 정의 및 해석, 매매계약과 신용장과의 관계 |
| 6~11조 | 유효기일, 발행은행 및 확인은행의 의무, 신용장의 통지와 조건변경 |
| 12~16조 | 은행 간 상환약정, 은행의 서류심사기준 |
| 17~28조 | 선적서류의 수리요건 |
| 29~37조 | 유효기일의 연장, 과부족 허용, 서류의 유효성, 은행의 면책 |
| 38~39조 | 양도가능신용장 및 신용장금액의 양도 |

신용장통일규칙은 강제적인 법률효력이 없으므로 거래 당사자가 이를 적용하기로 사전에 합의한 경우에 한해서만 그 효력이 발생하여 신용장거래에 적용된다. 신용장거래 당사자를 구속하기 위해서는 신용장에 화환신용장통일규칙을 적용한다는 준거문언이 삽입되어야 한다. 따라서 거래 당사자가 신용장통일규칙 중 일부를 배제하거나 통일규칙과 다른 내용을 신용장상에 특약으로 규정하는 경우에는 그러한 내용이 신용장통일규칙보다도 우선 적용된다. 그리고 해당국의 강행법규가 서로 다른 경우에는 해당국의 강행법규가 우선 적용된다.

결국 우선순위는 아래와 같이 요약된다.

1. 해당국의 강행법규 > 2. 당사자 간의 특약 > 3. 신용장통일규칙

다음의 '수출신용장통지서' 예시는 해외에 소재하고 있는 신용장발행은행에서 SWIFT시스템을 통하여 통지된 원본신용장(master letter of credit)을 통지은행에서 무역자동화시스템을 이용하여 수출업자인 수익자에게 통지한 내용이다.

[양식 7-1]

신용장통지서

Opening Bank : Bank of China Qingdao Branch
Form of Doc. Credit*40 A: IRREVOCABLE
Doc. Credit Number*20 : LC51K800166
Date of Issue31 C: 140819
Expiry*31 D: Date 141015 Place KOREA
Applicant*50 : SHANDONG LI-NING SHOE-MAKING CO., LTD. 248 MEISHAN RD, JUNAN, SHAN DONG, CHINA
Beneficiary*59 : MI SUNG INDUSTRIAL CO., LTD RM503/ 505 PLAZA HOTEL BLDG, 1213-14 CHORYANG DONG DONG-KU, BUSAN KOREA
Amount*32 : USD 290,988.00
Available with/by*41 D: ANY BANK BY ACCEPTANCE
Drafts at...42 C : AT 90 DAYS AFTER SIGHT FOR 100 PCT. OF THE INVOICE VALUE
Drawee 42 D : SHANDONG BRANCH
Partial Shipments 43 P : ALLOWED
Transshipment 43 T : NOT ALLOWED
Loading in Charge44 A : BUSAN KOREA
For Transport to...44 B : QINGDAO PORT CHINA
Latest Date of Ship. 44 C : 140930
Descript. of Goods45 A : RAW MATERIAL FOR SPORTS SHOES QUANTITY : 42,480 PRS UNIT PRICE : USD6.85 ORIGIN : KOREA TOTAL AMOUNT : USD290,988.00 CIF QINGDAO CHINA PACKING : EXPORT STANDARD PACKING
Documents required46 A : 1. SIGNED COMMERCIAL INVOICE IN 3 COPIES, INDICATING L/C NO. AND CONTRACT NO.
2. FULL SET OF CLEAN ON BOARD OCEAN BILL OF LADING MADE OUT TO ORDER AND BLANK ENDORSED MARKED FREIGHT PREPAID NOTIFYING APPLICANT.
3. 2 COPIES INSURANCE POLICY/CERTIFICATE FOR 110 PCT. OF THE INVOICE

VALUE SHOWING CLAIMS PAYABLE IN CHINA IN CURRENCY OF THE DRAFT, BLANK ENDORSED, COVERING OCEAN MARINE TRANSPORTATION ALL RISKS AND WAR RISKS.
4. PACKING LIST/WEIGHT MEMO IN 3 ORIGINALS INDICATING QUANTITY/ GROSS AND NET WEIGHTS OF EACH PACKAGE AND PACKING CONDITIONS AS CALLED FOR BY THE L/C.
5.BENEFICIARY'S CERTIFIED COPY OF FAX/TELEX DISPATCHED TO APPLICANT WITHIN 24 HOURS AFTER SHIPMENT ADVISING NAME OF VESSEL, DATE, QUANTITY, WEIGHT AND VALUE OF SHIPMENT.
Additional Cond. 47 A :1.A DISCREPANCY FEE OF USD54,00 WILL BE DEDUCTED FROM THE PROCEEDS IF DOCUMENTS ARE PRESENTED WITH DISCREPANCY(IES).
Details of Charges 71 B :1. ALL BANKING CHARGES OUTSIDE THE OPENING BANK ARE FOR BENEFICIARY'S ACCOUNT.
Presentation Period 48: DOCUMENTS MUST BE PRESENTED FOR NEGOTIATION WITHIN 10 DAYS AFTER BILL OF LADING DATE, BUT WITHIN THE VALIDITY OF THIS L/C
Confirmation*49 : WITHOUT
Instructions 78 :1. ALL DOCUMENTS ARE TO BE FORWARDED TO BANK OF CHINA, LINYI BRANCH NO. 398 YINMENG ROAD LINYI SHANDONG CHINA IN ONE LOT BY 1ST AVAILABLE AIRMAIL.
2.UPON RECEIPT OF ALL DOCUMENTS IN ORDER, WE WILL DULY HONOUR/ ACCEPT THE DRAFTS AND EFFECT THE PAYMENT AS INSTRUCTED AT MATURITY.

Send. to Rec. Info. 72 : THIS LC IS SUBJECT TO UCP 2007 ICC PUB. NO. 600

## 2. 전자신용장통일규칙

정보통신기술의 발달로 신용장의 발행, 통지, 매입 등 관련 주요 업무가 점차 전자적으로 처리되고 전자신용장시스템을 갖추려는 여러 가지 방법이 시도되고 있다. 그러나 현행 신용장통일규칙은 주로 종이문서에 기반을 둔 전통적인 신용장을 위한 규정이기 때문에 이런 기술적 변화를 수용하는 데 한계가 있다고 볼 수 있다.

이에 따라 현행 신용장통일규칙을 보완하고 전자신용장에 관한 통일규칙을 마련하기 위해 국제상업회의소의에서는 '전자적 제시를 위한 UCP의 추록(Supplement to the Uniform and Practice for Documentary Credit for Electronic Presentation–Version 1.0)'으로 소위 'eUCP'를 제정하여 2002년 4월 1일부터 적용될 수 있도록 하였으며 현재 사용되고 있는 것은 2007년도에 개정된 Version 1.1이다. 이 추록은 종이문서 위주의 신용장에 갈음하는 전자신용장의 처리에 관한 내용을 주로 규정하고 있으며 현행 신용장통일규칙을 보완하고 있다.

전자신용장통일규칙은 신용장통일규칙을 보완하는 것으로서 전자신용장에 전자신용장통일규칙을 따른다는 준거문언만 있고 신용장통일규칙의 적용 여부에 대해 아무런 언급이 없더라도 신용장통일규칙이 자동으로 적용된다. 만일 전자신용장통일규칙과 신용장통일규칙의 적용이 상충될 경우에는 전자신용장통일규칙을 우선 적용한다.

또한 국제상업회의소에서는 신용장통일규칙과 별도로 신용장에서 제시된 서류의 심사를 위한 국제표준은행관행(International Standard Banking Practice for the Examination of Documents under Documentary Letter of Credit : ISBP)을 규정하고 있다. ISBP는 신용장통일규칙의 해설서라고 할 수 있으며, 신용장에서 요구하는 서류를 작성하는 수출업자에게 서류작성에 따르는 지침을 제시함과 동시에 서류를 심사하는 은행에게 서류의 적격 여부를 판단하는 기준을 제공하는 지침서라고 할 수 있다.

신용장통일규칙에도 불구하고 서류의 적격 여부를 놓고 당사자 간 해석이 다를 수 있고, 서류상의 사소한 하자를 빌미로 대금지급이 거부당하는 등의 문제가 발생할 수 있으므로, 이런 문제를 해결하기 위해 제정된 것이 국제표준은행관행이며 신용장거래에 따르는 분쟁발생 시 서류 적격 여부를 판단하는 기준으로 사용된다.

Chapter 08

# 신용장의 법률관계

제1절 | 신용장거래 당사자의 의의
제2절 | 신용장거래 당사자 간의 법률관계

# 제1절 신용장거래 당사자의 의의

신용장의 거래에 관계하는 당사자는 크게 기본 당사자와 기타 당사자로 나눌 수 있다. 기본 당사자란 신용장거래에서 직접적인 권리와 의무를 갖게 되는 자들로서, 발행의뢰인(applicant), 발행은행(issuing bank), 수익자(beneficiary)를 말한다. 그러나 만일 확인신용장(confirmed letter of credit)인 경우에는 확인은행(confirming bank)도 기본 당사자에 추가된다.

이들 기본 당사자는 신용장에 관한 권리와 의무의 직접 당사자이기 때문에 취소불능신용장이 발행된 경우에는 이러한 기본 당사자 전원의 합의가 없이는 신용장의 취소나 변경이 불가능하다.

한편 기타 당사자는 신용장거래에서 직접적인 권리와 의무는 갖고 있지 않지만, 신용장의 원활한 거래를 위하여 간접적으로 협조하거나 대행하는 역할을 맡고 있는 자를 말한다. 여기에는 통지은행(advising bank), 지급은행(paying bank), 인수은행(accepting bank), 매입은행(negotiating bank), 상환은행(reimbursing bank) 등이 있으며, 이들은 신용장거래에서 각기 다른 역할을 수행하고 있다.

## 1. 기본 당사자

### 1) 신용장발행의뢰인

'신용장발행의뢰인(applicant for the credit)' 또는 '신용장 발행신청인'은 수출업자와의 매매계약에 따라 수출업자 앞으로 신용장의 발행을 해줄 것을 자신의 거래은행(발행은행)에 요청하거나 지시하는 자를 말한다. UCP 600 제2조 정의에서 발행의뢰인은 신용장발행을 신청하는 당사자라고 정의하고 있다. 이 당사자는 은행으로부터 신용을 공여받기 때문에 수신매수인(accredited buyer)이라고도 한다.

또한 발행의뢰인은 신용장의 발행을 제시 혹은 요구한 자라는 의미에서 제시인(order, by order of … : B/O)이라고 부르며, 무역대금의 최종적인 결제인이 되기 때문에 대금결제인, 채무자(accountee, for account of … : A/C) 혹은 환어음 지급인(drawee)이라 부르기도 하며, 화물의 실절적인 수령인이 된다는 관점에서 수화인(consignee)이라고도 한다. 미국 통일상법전(UCC)에서는 신용장발행은행의 고객이란 의미에서 고객(customer)이라고 부르기도 하지만, 신용장통일규칙에서는 'Applicant for the Credit' 혹은 'Applicant'라고 통일하여 부르고 있다.

## 2) 발행은행

UCP 600 제2조 정의와 제7조 발행은행의 확약에 따르면 발행은행은 발행의뢰인의 신청 또는 그 자신을 위하여 신용장을 발행하는 은행이라고 정의하고 있다. 또한 신용장의 조건 등에 따라 수출업자인 수익자가 제시한 소정의 서류가 신용장 조건과 일치한다면 이와 상환으로 지급하거나 또는 수익자가 발행한 환어음을 지급 또는 인수할 것을 약속하며 신용장을 발행한 시점부터 지급 또는 인수할 취소불능의 의무를 부담하는 은행이다.

따라서 신용장의 발행은행은 신용장을 발행할 뿐 아니라 수익자에 대하여 신용장에 따라 발행되는 환어음을 지급하거나 인수하는 최종적인 의무를 부담한다. 또한 이 은행은 타 은행에게 그러한 서류와 상환으로 지급, 환어음의 인수 및 지급, 또는 매입하도록 권한을 부여해 준다. 이 은행은 'Opening Bank', 'Establishing Bank' 또한 신용을 공여한다는 관점에서 'Credit Writing Bank', 'Grantor' 등으로 불리고 있으나, 신용장통일규칙에서는 'Issuing Bank'라고 통일하여 부르고 있다.

## 3) 수익자

UCP 600 제2조에서 수익자(beneficiary) 혹은 수혜자란 신용장발행을 통하여 이익을 얻게 되는 당사자라고 정의하고 있다. 즉, 발행은행이 발행한 신용장에 의거하여 대금의 지급을 받아 이익을 받게 되는 자를 말한다. 보통 수익자는 매매계약서상에는 매도인(seller)이며 수출업자(export)로 되어 있으며, 발행된 신용장을 받는 수신인(addressee), 신용장을 자신의 이익에 맞도록 이용하는 사용자(user), 은행으로부터 신용을 제공받는 신용수령인(accreditee), 환어음을 발행하는 발행인(drawer), 화물을 선적하는 선적인(shipper), 운송인과 운송계약을 체결하여 화물을 발송하는 송화인(consignor) 등으로 불리기도 한다. 신용장통일규칙에서는 이를 'Beneficiary'로 부르며 신용장에서는 'In favor of …' 또는 'F/O …'라고 약하여 표시되기도 한다.

### 4) 확인은행

UCP 600에서 확인은행(confirming bank)이란 발행은행의 수권 또는 요청에 의해서 신용장에 확인을 한 은행이라고 정의하고 있다. 여기에서 신용장의 '확인(confirmation)'이란 발행은행이 지급 또는 인수를 확약한 취소불능신용장에 대하여 타 은행(일반적으로 통지은행)이 발행은행의 수권이나 요청에 따라 추가로 수익자에게 지급, 인수 또는 매입을 확약하는 것을 말한다. 이처럼 발행은행의 취소불능신용장에 대하여 발행은행의 수권이나 요청에 따라 추가로 수익자에게 지급, 인수 또는 매입을 확약하는 은행을 확인은행이라 한다.

이러한 확인은행은 수익자에 대하여 발행은행과 동일한 입장에서 소정의 서류가 신용장조건과 일치하게 지정은행이나 확인은행에 제시되는 한 이에 지급, 인수 또는 매입을 이행하겠다는 확약을 하게 되는 것이다.

확인은행이 신용장거래에 등장하는 경우는 신용장을 발행한 수입국의 발행은행이 지급확약을 위반하거나, 파산 또는 지급불능 등의 사태가 발생하거나, 발행은행이 속한 국가가 내란이나 전쟁으로 은행업무가 중단되거나, 발행은행 국가의 외환보유상태가 좋지 않아 중앙은행이나 정부가 대외지급을 중지 또는 연기하도록 하는 것과 같이 신용장의 발행국이나 발행은행의 신용이 의심 가는 경우 등이다.

## 2. 기타 당사자

### 1) 통지은행

UCP 600에서는 통지은행을 발행은행의 요청에 따라 신용장을 통지하는 은행이라고 정의하고 있다. 즉, 통지은행은 수입업자의 지시에 따라 발행은행의 본점이나 지점 혹은 환거래은행을 통하여, 수익자에게 신용장이 발행된 사실과 그 신용장의 내용이 통지될 때 그 전달역할을 담당하는 은행이다. 이를 'Advising Bank', 'Notifying Bank', 'Transmitting Bank' 등으로 부른다. 일반적으로 통지은행은 발행은행의 예치환거래은행(depositary correspondent bank)으로서 필요한 경우 확인을 추가하거나 지급은행(paying bank) 또는 인수은행(accepting bank) 역할을 한다.

통지은행은 발행은행의 위탁을 받고서 수익자에게 신용장발행의 사실과 내용을 단순히 통지해 주는 은행으로 신용장에 대한 하등의 책임이나 의무를 지거나 대금지급에 관한 확약을 하지 않는다. 그러나 신용장통일규칙 제9조 b항에 의하면 통지은행은 신용장을 통지함으로써 외견상의 진정성(authenticity)에 대하여 스스로 충족된다는 점과 그 통지가 송부받은 신용장의 조건들을 정확하게 반영하고 있다는 것을 나타낸다고 규정하여 통지은행의 책임이 확대되었다.

## 2) 지급은행

신용장상에 매입은행에 의한 수출환어음 매입 대신 특정 은행으로 하여금 선적서류의 대가로 수익자에게 신용장금액을 지급하도록 하고 있는 경우 이를 지정(지급)신용장(straight credit)이라고 하는데, 이와 같은 지정신용장에 의거하여 발행은행으로부터 지급을 위탁받은 은행을 지급은행(paying bank)이라고 한다.

즉, 발행은행과 예치환거래계약을 체결하여 자행에 발행은행 명의의 예금계정을 설치하여 두고 신용장의 조건과 일치되는 서류가 제시될 때 또는 그러한 서류가 첨부된 환어음(일람출급)이 자행을 지급인으로 하여 제시될 때 발행은행의 예금계정에서 차감하면서 지급을 이행하는 은행을 지급은행이라 한다.

지급은행은 일반적으로 발행은행 자신이나 발행은행의 지정을 받은 예치환거래은행 또는 발행은행이 결제대금의 전액을 미리 위탁시켜 둔 지정은행만이 된다. 그러므로 지급은행으로 지정된 은행은 신용장에서 요구된 서류와 상환으로 전 금액을 지급하거나 자신 앞으로 발행된 환어음의 액면가액을 확인 없이 전부 지급하게 된다.

### 3) 인수은행

수출물품을 선적한 후 수익자로 하여금 기한부환어음을 발행하도록 하는 신용장을 기한부신용장(usance credit)이라고 하며, 이와 같은 기한부신용장에 의거하여 발행된 기한부어음을 인수하는 은행을 인수은행(accepting bank)이라고 한다. 그러므로 만기일에 반드시 지급할 의무를 지게 되므로 인수은행은 어음의 만기일에 가서는 지급은행이 된다.

### 4) 매입은행

수익자는 물품선적을 완료한 후 발행은행이나 상환은행 등 신용장상에 명시된 지급인 앞으로 환어음을 발행하고, 신용장에서 요구하는 선적서류를 구비하여 거래은행에 환어음의 매입(negotiation : NEGO)을 의뢰한다. 이때 환어음을 매입하는 은행을 매입은행(negotiating bank)이라고 한다. 또한 한 은행에서 매입한 환어음을 타 은행에서 다시 매입하는 것을 재매입(renegotiation)이라고 하며 재매입을 하는 은행을 재매입은행(renegotiating bank)이라고 한다.

발행은행이 매입은행을 지정하여 제한하는 매입제한신용장(restricted credit)인 경우 수익자의 거래은행이 지정된 매입은행과 다를 경우에는 재매입(re-nego) 절차를 거쳐야 한다. 이때 수익자로부터 1차 매입을 의뢰받은 수익자의 거래은행이 재매입 의뢰은행이다. 재매입 시 환가료 적용기간은 12일로 일반적인 경우보다 2일을 추가적용하여 1차 매입은행이 3일, 재매입은행이 9일간의 환가료를 수취한다.

### 5) 상환은행

발행은행의 지급위탁을 받은 수출지 또는 제3국에 있는 발행은행의 예치환거래은행(제3의 은행)은 매입은행이 제시한 환어음대금을 발행은행을 대신하여 상환업무를 수행하는데, 이 제3의 은행을 상환은행(reimbursing bank)이라고 한다. 이처럼 매입은행이 환어음을 제시하는 제3의 은행에 발행은행은 물론 매입은행의 은행계정이 개설되어 있어 단순하게 발행은행과 매입은행의 계정 간에 정리만 행하는 경우도 이 은행을 상환은행이라고 한다.

그리고 제3의 은행에 발행은행의 계정은 있고 매입은행의 은행계정이 없으나 발행은행의 지급위탁에 따라 매입은행이 제시한 환어음을 결제하는 경우 이러한 은행을 결제은행(settling bank)이라 한다.

대금을 결제한다는 의미에서 결제은행, 어음에 대하여 지급을 하는 은행이라는 점에서 어음지급은행(drawee bank)이라고도 한다. 상환은행은 발행은행의 예치계정을 보유하고 있으며 발행은행의 상환수권이나 지시(reimbursement authorization instruction)에 따라 상환업무를 대행하게 된다.

### 6) 양도은행

양도가능신용장(transferable credit)에서 최초 수익자(1st beneficiary)가 제2의 수익자(2nd beneficiary)에게 신용장의 모든 권리와 의무를 이전시킬 수 있는 양도절차를 의뢰받은 은행을 양도은행(transferring bank)이라고 한다. 주로 발행은행의 본 · 지점 또는 환거래은행인 통지은행이 양도은행의 역할을 담당하게 된다. 양도 취급은행은 양도의뢰서의 내용에 따라 원신용장 원본 뒷면에 양도사실(예 : This credit had been totally(or Partially) transferred to ABC Co.(제2수익자) for USD 12,000 by XYZ Bank)을 명기한다.

## 제 2 절 신용장거래 당사자 간의 법률관계

### 1. 발행의뢰인의 지위

매매 당사자 간의 약정에 따라 수입지에서 자신의 거래은행에 신용장의 발행을 의뢰하는 자를 말하며, 이는 매매계약 이행단계에 따라 Applicant(신용장관계), Importer(수출입관계), Buyer(매매계약관계), Accountee(계정관계), Consignee(화물관계) 등 여러 가지 명칭으로 불린다.

### 1) 발행의뢰인과 발행은행과의 관계

발행은행과 발행의뢰인의 법률관계는 신용장발행약정에 의해서 기초된다. 발행의뢰인은 발행은행에 자신이 요구하는 내용대로 신용장의 발행 및 조건변경에 응하라는 지시를 할 수 있으며 발행은행의 의무는 발행의뢰인의 지시에 의하여 결정된다.

발행의뢰인은 발행은행이 당해 신용장거래와 관련하여 해외의 은행들에게 부담하는 제반비용과 지출하는 경비 및 신용장대금을 발행은행에게 지급하여야 할 의무를 부담하게 된다(신용장통일규칙 37조 a항 및 d항).

### 2) 발행의뢰인과 수익자와의 관계

신용장의 독립추상성에 의거 타 당사자(주로 은행)는 신용장발행의 기초가 되는 매매계약에 전혀 신경을 쓸 필요가 없지만, 발행의뢰인과 수익자와의 관계에서는 매매계약상의 권리의무가 그대로 존속하게 된다.

첫째, 매수인이 매매계약에서 신용장을 발행하기로 약정하고 약정기일 내에 이를 이행하지 않을 경우 매도인은 신용장발행을 요청하거나 매매계약의 해제를 선언할 수 있다.

둘째, 수익자가 불량상품을 선적하여 매매계약을 위반하였으나 서류제시를 하자 없이 하였다면 신용장관계에서는 은행들의 개입 때문에 발행의뢰인이 대금지급을 거절할 수 없지만, 일단 이 관계를 떠나서 매매 당사자의 입장에서는 발행의뢰인이 수익자에게 별도로 손해배상 청구 등을 할 수 있게 된다.

이와 반대로 만일 발행은행이 파산하여 수익자가 신용장대금을 받지 못하게 될 때에는 수익자가 약정한 대금을 발행의뢰인에게 청구할 수 있는 것이다.

그러나 이때 만일 발행의뢰인이 신용장발행 당시에 신용장대금 전액을 은행에 예치한 상태(full margin)라면 자신은 당해 신용장대금을 이미 선지급하였다는 이유를 내세워 수익자의 청구를 거부할 수 있겠지만 그럴 경우 수익자는 발행은행이 청산인에게 일반채권자보다 우선하여 자신에게 신용장대금을 변제하라고 청구할 수 있게 된다.

### 3) 발행의뢰인과 확인은행과의 관계

확인은행이 확인업무를 수락하는 것은 발행은행과의 관계 및 요청에 의한 것이지 발행의뢰인을 생각하여 하는 것은 아니기 때문에 양자 사이의 직접적인 법률관계는 성립하지 않는다. 따라서 발행의뢰인이 직접 확인은행에게 요청하거나 지시하는 것은 금지되어 있다. 그러나 만일 발행은행이 파산되어 확인은행이 신용장대금을 대신 지급한 경우 그 결제대금은 확인은행이 발행의뢰인에게 구상 청구할 권리를 인정하고 있다.

### 4) 발행의뢰인과 통지 · 매입 · 지급 · 인수 · 상환은행과의 관계

위의 은행들은 모두 발행은행과의 관계에 의거 지명된 은행이기 때문에 발행의뢰인과는 아무런 법률관계도 형성하지 않는다. 그러나 발행의뢰인은 자국의 법률 및 관행뿐 아니라 수익자의 국가 등 신용장이 사용되는 국가의 법률 및 관행에 의하여 부과되는 모든 의무와 책임에 구속되기 때문에 지정은행이 발행의뢰인의 지시를 이행하는 과정에서 발생하는 위험 및 비용에 대해서 책임을 져야 한다(UCP 600 제37조 d항).

## 2. 발행은행의 지위

발행의뢰인의 요청과 지시에 따라 신용장을 발행하는 은행은 Issuing Bank 또는 Opening Bank라 부르며 신용장의 정의가 '발행은행의 지급확약'이라는 말처럼, 발행은행은 여타의 모든 당사자에게 우선하여 가장 중요한 역할을 담당하는 주역으로서의 지위를 가지게 된다.

### 1) 발행은행과 발행의뢰인과의 관계

신용장의 발행 및 조건변경과 관련하여 발행은행은 발행의뢰인의 지시와 요청을 수행해야 한다. 또한 수익자에 의하여 제시된 서류가 신용장조건, 신용장통일규칙 및 국제표준은행관행과 일치하는지의 여부를 심사할 의무를 부담하게 된다.

따라서 만일 발행은행이 서류심사의무를 태만하게 하여 지급거절 대상이 되는 서류를 적법한 것으로 간주하여 수출업자에게 대금지급을 하였다면 발행의뢰인은 이에 대한 수입어음결제 거부 및 손해배상청구를 할 수 있다.

그러나 발행은행은 서류에 하자가 없음에도 불구하고 발행의뢰인이 "수출업자가 매매계약을 위반하여 불량상품을 선적했으니 대금을 지급할 수 없다."는 등 신용장의 독립추상성에 위배되는 요청을 해올 경우, 이 조건은 들어줄 수 없게 된다.

또한 발행의뢰인과 발행은행은 둘 다 신용장의 기본관계 당사자로서의 지위를 가지고 있지만, 발행은행이 발행의뢰인의 법률상 대리인 역할을 담당하므로 대외관계(수익자 및 매입은행)에서는 발행은행만 동의권을 행사할 수 있다.

즉, 신용장통일규칙은 신용장조건변경 시 서면동의의 당사자로 발행은행만 인정하고 있으므로 발행의뢰인은 대외관계에 관련되는 한 자신의 명의로 된 문서를 발행할 권리를 가지지 못한다.

### 2) 발행은행과 수익자와의 관계

발행은행은 수익자의 동의 없이 신용장의 조건변경이나 취소권을 행사할 수 없으며, 수익자가 신용장조건에 일치하는 서류를 제시할 경우 무조건 약정한 대금을 지급해야 할 의무를 부담하게 된다.

수익자가 제시한 선적서류에 대한 발행은행의 지급은 최종적인 것이므로 "발행은행이 수입업자로부터 신용장대금을 받지 못했으니 이미 지급했던 금액을 되돌려 달라"거나 "서류상의 하자를 간과하여 잘못 지급했으니 되돌려 달라"는 등의 청구는 할 수 없으며, 클레임 제기 시 지급거절사유로 지적하는 서류의 불일치(discrepancy) 사항 통보도 일괄적으로 1회에 한하여만 행사할 수 있다.

### 3) 발행은행과 통지은행과의 관계

통지은행은 발행은행의 대리인 자격으로 수익자에게 신용장의 발행 및 조건변경 사항을 신속, 정확하게 통지해 줄 의무를 부담하게 된다. 따라서 통지은행은 '정확한 서류의 내용'을 수익자에게 전달하기 위하여 발행은행에 도착한 서류의 진위성을 판별하기 어렵거나, 서류에서 언급하고 있는 내용에 불명확한 사항이 있어 그 뜻을 파악할 수 없을 경우 통지를 해온 은행에 재차 진위를 물어본 후 정확한 내용을 통보해야 한다. 만일 이때 발행은행으로부터 명확한 해명을 받지 못한다면 통지은행은 통지문에 '진정성 확인불가'의 뜻을 밝힌 후 면책문구를 넣어서 수익자에게 통보해야 한다.

그리고 발행은행은 신용장발행 시에 한 번 통지은행을 지명하고 나면 그 후 신용장거래가 종결될 때까지 다른 은행으로 교체할 수 없다.

### 4) 발행은행과 매입은행과의 관계

매입은행은 어음법의 규정에 따라 수익자로부터 발행은행에 대한 대금지급청구권을 양도받은 자의 지위(endorser or bona-fide holder)를 가지게 된다. 따라서 수익자로부터 하자 없는 선적서류를 매입한 매입은행이 이 서류를 발행은행에 송부하고 대금상환을 요청하는 경우 발행은행은 발행의뢰인의 지급불능, 발행의뢰인과 수익자 간의 매매계약상의 하자 등을 이유로 이의 지급을 거절할 수 없다.

즉, 발행은행은 수익자와 똑같이 매입은행(배서인 또는 선의의 소지인)에 대하여도 지급을 확약하였기 때문에 제시된 서류의 내용이 신용장조건과 일치하는 한 매입은행이 그 대금의 지급 · 인수를 이행하여야 한다.

### 5) 발행은행과 지급 · 인수 · 상환은행과의 관계

상기 은행들은 발행은행의 요청에 따라 당해 신용장의 대금결제와 관련한 업무를 처리하도록 지명된 은행들이다. 따라서 이들 은행은 발행은행과 예치환거래계약을 체결하고 있는 경우가 대부분이다.

그러나 발행은행이 신용장발행 시 상기 은행들의 사전동의를 구한 후 임무를 부여한 것이 아니므로 상기 은행들이 신용장발행 시에는 아무런 의사표시를 하지 않고 있다가 수익자(또는 매입은행)로부터 지급, 인수, 상환 등의 요청이 있을 경우 비로소 발행은행의 예금잔고 부족 등을 이유로 지급, 인수, 상환업무의 처리를 거절하더라도 발행은행은 이에 대한 이의를 제기하지 못하게 된다.

이와 같은 은행의 업무처리거절을 신용장용어로 제한해제(nomination release)라 한다. 특히 지급, 인수, 상환은행이 서류심사를 게을리 하여 비록 하자 있는 서류에 대하여 지급, 인수, 상환을 하였다 하더라도 이를 이유로 발행은행이 이들 은행의 구상요청에 항변할 수 없다. 또한 지급, 인수은행이 매입은행 등의 요청을 받고 지급, 인수은행의 지위를 포기하면서 발행은행의 동의를 받지 않았다 하더라도 이 포기행위(release)는 유효하다.

### 6) 발행은행과 확인은행과의 관계

확인은행은 수익자 및 매입은행에 대하여 발행은행과 동일한 대금지급채무를 부담하는 것이므로 여타의 다른 은행들과는 그 입장이 상당한 차이를 가지게 된다.

즉, 여타 은행에 대하여는 발행은행이 그 은행의 사전동의를 구하지 않고도 신용장에 특정 은행을 지정하여 임무를 부여할 수 있지만, 확인은행만은 "발행은행이 서면으로 확인요청을 하고, 확인은행이 서면으로 확인통보한 경우" 이외에는 확인 임무를 맡길 수 없는 특성을 가진다.

그리고 확인은행이 제시된 서류의 심사 후 수익자 또는 매입은행에게 대금지급을 하였다면 발행은행은 여하한 경우에도 확인은행의 구상요청을 거절하지 못한다.

## 3. 수익자의 지위

수출업자는 신용장의 이행으로 인하여 대금을 받는 위치에 있기 때문에 이를 일종의 이익으로 간주하게 되고 따라서 그 명칭도 수익자, 즉 Beneficiary라 부르고 있다. 수익자도 매매계약이행의 각 단계에 따라 Exporter(수출입관계), Seller(매매계약관계), Drawer(어음관계), Accountee(계정관계), Consignor(화물관계) 등 여러 가지 역할을 하게 되는데 여타 관계 당사자와의 관계는 다음과 같다.

### 1) 수익자와 통지은행과의 관계

통지은행은 수익자의 요청에 의하여 정해지는 것이 아니라 발행은행이 지정한다. 따라서 법률상으로 보면 통지은행은 발행은행의 의사를 수익자에게 충실하게 전달하면 되며 수익자에게 특별한 의무나 책임을 부담하는 것이 아니다. 그러나 사실상의 관계에서 보면 통지은행이 수익자에게 미치는 영향력은 지대한 것이다.

첫째, 통지은행은 수익자의 자문역할을 담당하게 된다. 즉, 은행정보에 미숙한 수익자가 신용장발행통지를 받았을 경우 발행은행의 신용도를 비롯한 신용장내용상의 의문점을 상의할 때 가장 가까운 위치에 있는 자가 통지은행이므로 통지은행은 수익자의 자문역할을 담당하게 된다.

둘째, 통지은행은 매입, 지급, 인수, 확인은행의 지위를 겸하는 경우가 많다. 즉, 통지임무 수행을 계기로 수익자와 업무상의 연관을 맺은 통지은행은 이 기득권을 토대로 수익자가 매입의뢰(negotiation)할 때 매입은행의 역할을 담당하는 수가 많다. 발행은행과 예치환거래계약이 체결된 통지은행은 이를 계기로 일람불신용장(sight credit)에서는 지급은행, 기한부신용장(usance 또는 deferred credit)에서는 연지급은행의 역할을 맡게 되는 경우가 대부분이다.

이외에도 통지은행이 발행은행의 해외지점 및 예치환거래은행인 경우에는 매입 및 지급의 편의상 발행은행은 통지은행을 확인은행으로 지명하는 경우가 많다.

이와 같이 통지은행이 수출지에서 발행은행의 임무를 대신 수행하는 여러 가지 역할을 맡게 되면 수익자와의 관계에서 본래의 임무인 '통지'보다는 오히려 후자의 역할이 더욱 중요성을 가지게 되는 것이다.

셋째, 통지은행은 신용장원본 제공자로서의 역할을 담당한다.

신용장통일규칙은 수익자가 통지은행에 대한 '통지의 오류'를 이유로 손해배상을 청구하거나 항의하는 것을 인정하지 않고 있다(UCP 600 제35조).

### 2) 수익자와 매입은행의 관계

수익자와 매입은행의 관계는 신용장통일규칙에 의한 원론적인 관계보다는 양자간의 특약에 의한 관계가 더 큰 중요성을 가진다.

신용장통일규칙에 의하면 매입은행은 수익자가 발행은행 측(지급, 인수, 상환은행 포함)에 대하여 보유하고 있는 청구권을 대가로 대금을 지급하고 권리를 양수받은 자의 지위를 갖게 된다. 따라서 매입은행은 어음매입시점에서 어음법상의 양수인 또는 어음소지인의 지위(purchaser of draft 또는 bonafide-holder)를 가지게 되므로 수익자가 매입 시에 서류상의 하자가 없는 Clean Nego를 한 이상 비록 그 이후 매입은행이 발행은행 측으로부터 신용장대금을 지급받지 못하는 사태가 발생하더라도 이는 매입은행의 책임에 귀착한다고 보아 매입은행의 수익자에 대한 구상권(with recourse)은 인정하지 않는 것이 원칙이다.

하지만 한국의 경우 각 외국환은행은 매입 시 반드시 수익자로부터 외국환거래약정서(foreign exchange transaction agreement)를 징구하고 있는데 이 약정서의 내용은 다음과 같다.

① 신용장 관련 제반서류는 매입은행의 매입대금 선지급에 대한 담보로 매입은행에 제공
② 서류운송 중 사고발생 시의 처리방법 및 책임소재
③ 발행은행 측의 부도 또는 인수거절 시의 책임은 전적으로 수익자가 부담
④ 매입은행의 필요에 의한 수익자의 추가담보 제공

매입은행은 이 약정의 근거로 어음법(제9조)과 섭외사법(제36조 1항)을 내세우고 있는데, 동법(同法)의 취지는 “어음을 발행한 자는 어음지급과 관련한 최종책임을 부담한다.”는 것이다. 따라서 우리나라는 매입 시 매입은행이 어떠한 사유를 막론하고 수익자에게 ‘Without Recourse’ 권리를 인정하지 않고 있다.

### 3) 수익자와 지급 · 인수 · 상환은행과의 관계

지급, 인수, 상환은행은 신용장발행 시 발행은행이 자신의 의사에 따라 일방적으로 지명한 은행이므로 수익자와 직접적인 법률관계를 형성하지 아니한다. 따라서 만일 수익자 또는 매입은행이 신용장조건에 따라 이들 은행에 지급, 인수, 상환을 요청하였다가 거절당했다 하더라도 이들 은행에게 항변할 권리를 보유하지 못

하며, 발행은행에게만 이를 항의하고 손해배상 등을 청구할 수 있다. 그러나 실무에서 보면 수익자가 직접 인수 또는 상환은행을 상대하는 경우보다는 매입은행이 이들 은행을 상대하는 경우가 더 많다.

인수신용장의 경우 매입은행의 요청에 따라 인수은행은 수익자가 발행한 환어음의 뒷면에 인수표시를 하여 수익자에게 교부하며, 상환신용장의 경우 매입은행의 상환청구가 있고 발행은행으로부터 상환수권을 받은 상태라면 상환은행은 즉시 계정이체 정리를 완료한 후 매입은행에게 상환통지를 하게 된다.

특히 발행은행의 대금상환에 있어 상환은행이 개입하는 경우라면, 발행은행에 의해 상환은행이 지정되면 지정은행은 우선 상환은행에 대해서 대금상환을 청구하여야 한다. 만일 상환은행이 이 청구에 응하지 않을 때에는 발행은행의 대금상환의무는 면제되지 않기 때문에 발행은행은 지정은행에 대금상환청구금액을 비롯한 제비용을 부담하여야 한다.

### 4) 수익자와 확인은행과의 관계

확인은행은 수익자가 발행은행의 신용을 믿지 못하거나 발행은행 소재국가의 외환사정이 좋지 않을 경우 발행은행과는 별도로 대금지급의 책임을 질 제3의 은행의 확약을 요구할 때에 선정된다.

따라서 확인은행은 수익자의 요청에 의거하여 발행은행이 지명하는 경우가 대부분이지만 매입 시 대금결제의 편의를 위하여 수익자의 요청이 없음에도 불구하고 발행은행이 일방적으로 지명하기도 한다. 그러나 신용장대금 결제와 관련해서는 확인은행은 수익자와 매입은행에 대하여 발행은행과 동일한 책임 및 의무를 부담하게 된다. 따라서 매입 후 매입은행은 신용장대금을 발행은행이나 확인은행 둘 중 어느 한 곳을 선택하여 마음대로 청구할 수 있다.

수익자나 매입은행으로부터 지급청구를 받은 확인은행은 발행은행의 파산이나 지급불능 등을 이유로 지급거절을 할 수 없으며, 신용장의 조건변경이나 취소에서도 기본관계 당사자로서 발행은행과 독립하여 서면동의권을 행사할 수 있다.

참고 **매입 · 지급 · 인수 및 상환의 의미**

① **매입(negotiation)** : 수출지의 은행이 수출업자가 제시하는 서류(환어음, 선적서류, 상업송장 등)를 할인가격(신용장금액에서 이자, 수수료 등을 공제한 금액)으로 사는 것을 말한다. UCP 600에서는 매입을 일치하는 제시에 대하여 지정은행이 당해 지정은행에 상환하여야 할 은행영업일 또는 그 이전에 대금을 지급하거나 대금지급에 동의함으로써 환어음 또는 서류를 매수(purchase)하는 것이라고 정의하고 있다.

② **지급(payment)** : 발행은행의 요청에 따라 지정된 수출지의 특정 은행(예치환거래은행)이나 발행은행 자신이 매입은행이나 수익자가 제시하는 서류를 받고 약정된 신용장금액을 액면가액 그대로 지급하는 것을 말한다.

③ **인수(acceptance)** : 발행은행의 요청에 따라 지정된 수출지의 은행이 수익자 또는 매입은행에 대하여 기한부신용장의 어음을 만기 시에 자행에 제시하면 대금을 지급하겠다고 하는 의사표시를 말한다.

④ **상환(reimbursement)** : 수출지 또는 제3국에 소재하는 발행은행의 예치환거래은행이 발행은행의 요청과 지시에 따라 일람불 또는 기한부신용장의 대금을 어음수령과 동시에 지급하는 것을 말한다.

Theory of International Trade Settlement

Chapter 09

# 신용장의 종류

국 제 무 역 결 제 론

제1절 | 신용장의 일반적 구분

제2절 | 특수신용장의 종류

# 제1절 신용장의 일반적 구분

신용장은 그 분류상 국제적으로 통일된 기준이 없고 하나의 신용장이 그 사용방법이나 결제기간 등에 따라 여러 가지로 분류될 수 있기 때문에 보편적인 분류방법이라고 단정할 수는 없다. 이는 하나의 화환신용장(documentary credit)이 사용방법상 취소불능신용장(irrevocable credit)이자 대금지급조건으로는 일람출급신용장(sight credit)이요 매입신용장(negotiation credit)이며, 매입이 지정되지 않은 자유매입신용장(open credit) 등과 같이 얼마든지 거래성격에 따라 다양한 명칭으로 나타낼 수 있다.

신용장은 이와 같이 신용장의 종류가 다르다고 해서 모든 내용이 다른 것이 아니며 신용장의 종류에 따라서 신용장상에 표시되는 문구가 일부 다르게 명시될 뿐이다. 그러므로 신용장의 종류에 따라 정확하게 신용장의 내용을 파악하고 수출입 업무를 수행하면 된다.

## 1. 상업신용장과 클린신용장

국제거래는 무역거래와 무역외거래로 구분되는데, 무역거래, 즉 물품(commodity or goods)의 이동을 수반하는 거래에 수반되는 신용장을 '상업신용장(commercial credit)' 또는 '무역신용장(trade credit)'이라고 한다. 무역외거래(여행 · 운수 · 보험 · 건설 · 수수료 · 기술용역대가 · 기타 서비스 등)의 결제수단 또는 각종 채무의 보증수단으로 사용되는 신용장을 '클린신용장(clean credit)'이라고 한다.

클린신용장은 국제입찰 참가에 수반되는 입찰보증금(bid bond), 계약이행보증금(performance bond), 선수금 환급보증금(advance payment bond) 등을 차입할 때 동 채무를 보증할 목적으로 사용되는 보증신용장(standby credit)도 이에 해당하며, 클린신용장의 거래에도 신용장통일규칙이 준용된다.

상업신용장은 대개 환어음과 함께 이를 담보하는 운송증권 및 기타의 여러 가지

서류들을 요구하는 반면에, 클린신용장은 환어음만을 요구하거나 또는 운송증권 이외의 기타 서류들만을 첨부하도록 요구하는 것이 일반적이다.

## 2. 화환신용장과 무화환신용장

화환신용장(documentary credit)과 무화환신용장(documentary clean credit)은 모두 상품거래에 관한 신용장으로서, 화환신용장은 상품거래에 따른 환어음과 이를 담보하는 상업송장(commercial invoice), 선화증권(bill of lading) 및 보험증권(insurance policy) 등의 운송서류를 첨부할 것을 요구하는 신용장이다.

즉, 수출업자가 운송서류를 은행에 제시하고 은행은 이 서류와 상환하여 신용장 대금을 지급하는 방식의 신용장을 말한다. 이러한 신용장은 대금결제의 선행조건으로 물품의 소유권 또는 점유권 이전이라는 대차관계의 존재를 전제하는 한편, 대금청구서의 구비서류로 매매 당사자가 아닌 제3자(선박회사 및 보험회사)가 발행한 서류를 제출하도록 한다는 데 그 본질이 있다.

무화환신용장은 환어음을 담보하는 운송서류의 제시를 요구하지 않는 신용장을 의미하므로 이를 '담보신용장'과 '무담보신용장'으로 구분하여 부르기도 한다.

무담보신용장은 선적서류의 붙임 없이 수익자가 발행하는 환어음만으로 발행은행이 지급 · 인수 · 매입을 확약하는 신용장이기 때문에 선적서류가 아예 없는 클린신용장과는 다르다. 즉, 무담보 신용장거래에서는 선적서류가 존재하지만 수익자가 선적서류를 은행에 제시하는 것이 아니라 수입업자에게 직접 송부하기 때문에 환어음만을 은행에 제출하는 것이므로 그 본질은 상업신용장에 해당된다. 무담보신용장은 담보물건인 상품의 권리를 대표하는 선화증권 등 선적서류가 수입업자에게 직접 송부되므로 발행은행의 입장에서는 담보(선적화물)가 없는 상태에서 지급확약을 부담하게 되어 위험성이 높다.

따라서 무담보신용장은 동일한 기업의 본점과 지점 간의 거래나 오래된 거래관계로 확립된 신뢰성을 바탕으로 한 당사자들 간에 이용되며, 발행은행이 무담보신용장을 발행하는 경우에는 발행의뢰인인 수입업자에 대하여 신용도를 신뢰하거나,

발행금액에 해당하는 전액담보물(full margin)을 확보한다.

## 3. 취소불능신용장

최근에는 취소가능신용장(revocable credit)이 실제로 사용되는 경우가 거의 없다는 관행을 반영하여, UCP 600에서는 취소가능신용장을 인정하지 않고 있다. UCP 600 제3조에서 "신용장은 취소불능이라는 표시가 없는 경우에도 취소불능이다."라고 규정하고 있고, 제2조에서 "신용장이란 그 명칭이나 기술에 관계없이 발행은행이 일치하는 제시에 대하여 결제하겠다는 확약으로서 취소가 불가능한 모든 약정을 의미한다."라고 규정하고 있다. 따라서 신용장은 취소가능이 아닌 취소불능의 약정이라는 정의에 주목하여야 한다.

취소불능신용장(irrevocable credit)이란 신용장조건에 일치한 소정의 서류가 제시되면 이에 대금을 지급하겠다는 발행은행의 일정한 확약으로서 일단 발행된 후에는 발행은행 및 수익자 전원의 합의 없이는 결코 그 조건을 변경하거나 취소할 수 없는 신용장을 말한다. 즉, 취소불능신용장은 발행은행이 신용장에 명기된 서류가 제시되고 신용장조건이 충족되는 것을 조건으로 발행은행이 직접 환어음을 지급, 인수 또는 매입을 하거나 또는 타 은행에 지급 · 인수 또는 매입을 하도록 수권하겠다는 것을 수익자 또는 경우에 따라서는 선의의 어음소지인(bona fide holder)에게 확약하는 법률적 구속력을 가지는 특성을 가지고 있다.

## 4. 확인신용장

발행은행이 지급 · 인수 또는 매입을 확약한 취소불능신용장에 타 은행(발행은행에 대한 신용을 공여하고 있는 은행, 주로 통지은행)이 발행은행의 수권이나 요청에 따라 추가로 지급이나 인수를 확약하거나, 구상권을 행사하지 않는 조건으로 환어음의 매입을 확약하는 행위를 신용장의 확인이라고 하며, 그러한 내용이 담겨진 신용장을 확인신용장(confirmation credit)이라고 한다.

즉, 신용장의 확인이란 발행은행이 1차적으로 지급 · 인수 또는 매입을 확약하고 있는 취소불능신용장에 대하여 신용장발행은행 이외의 은행인 제3의 은행이 신용장에 의거하여 발행된 어음을 2차적으로 지급, 인수 또는 매입함에 대하여 발행은행과 동일한 확약을 부가하는 것을 말한다. 확인은행의 2차적인 지급확약은 발행은행의 지급확약에 따른 부차적인 지급확약이 아니라 별도의 독립된 직접적인 지급확약이 되는 것이다. 이 경우에 확인은행은 발행은행에 공여하고 있는 신용한도(credit line) 범위 내에서 확인을 행하게 된다.

확인신용장의 문면상 확인문언은 "We confirm the credit and thereby undertake that all drafts drawn and presented as above specified will be dully honored by us."와 같다.

## 5. 우편신용장, 전신신용장, SWIFT 신용장

우편(서신)신용장(mail credit)은 신용장을 발행할 때 발행은행이 자행의 양식을 사용하여 서신형식으로 신용장을 작성하여 우편으로 발송하는 신용장이다.

전신신용장(cable credit)은 통신수단의 발달로 은행이 전보 또는 텔렉스 등의 전신을 이용하여 신용장을 발행하는 방법으로, 우편신용장보다 신속하고 능률적인 방법이다. 또한 최근에는 SWIFT(Society for Worldwide Interbank Financial Telecommunication ; 국제은행 간 자금결제 전산망)를 이용한 방법으로 신용장을 발행하고 있다. 편의상 SWIFT로 송수신되는 신용장을 SWIFT 신용장이라 부른다.

## 6. 상환청구가능신용장과 상환청구불능신용장

상환청구(recourse)는 발행은행의 파산 등으로 어음의 지급 혹은 인수가 되지 않을 때에 어음을 다시 발행인에게 반려하는 것을 말한다. 일반적으로 「어음법」은 어음의 지급인이 어음을 지급하지 않을 경우, 어음의 소지인은 어음금액을 수익자에게 소구할 권리가 있으며, 수익자는 이에 응할 의무가 있다.

상환청구가능신용장(with recourse credit)은 환어음을 매입한 은행이나 이를 소지하고 있는 선의의 소지인 또는 배서인이 환어음의 지급인, 즉 발행은행에 의하여 어떠한 이유로든 지급이나 인수가 거절될 때는 그 환어음발행인에게 상환을 청구할 수 있게 되어 있는 신용장을 말한다. 일반적으로 신용장에 상환청구에 관한 별도의 표시가 없거나 'With Recourse'라는 용어가 있으면 모두 상환청구가능신용장으로 인정된다.

상환청구불능신용장(without recourse credit)은 신용장에서 'Without Recourse'가 표시된 환어음을 요구할 경우가 있는데 이때의 신용장을 상환청구불능신용장이라 한다.

한국은 은행연합회 협정 및 어음법 제9조에서는 "어음발행인은 어음을 발행함으로 인하여 그 어음의 인수와 지급을 담보하는 것으로 인수나 지급이 없을 때에는 스스로 지급을 할 의무를 부담한다. 그러나 이 의무 중에서 인수무담보책임만은 어떠한 경우에도 허용되지 않으며, 이러한 기재를 하여도 그 기재는 하지 아니한 것으로 본다."라고 규정하고 있어 지급무담보 의미의 상환청구불능(without recourse)은 인정되지 않고 있다. 하지만 구미 각국에서는 어음법에서도 이를 인정하고 있고 실례도 많은 편이다.

환어음 및 부대 선적서류가 신용장조건과 일치되게 발행된 경우 동 어음의 지급인은 발행은행이 되며, 매입에 의하여 선적서류의 소유권이 수출업자로부터 매입은행에 이전된 상태에서 매입은행이 발행은행 측의 부당행위로 인하여 대금지급을 못 받은 것까지 수출업자의 책임으로 미루는 것은 논리상 모순이며 이것은 신용장의 일반원리인 독립추상성과 어긋난다.

한국에서 수출업자 또는 매입은행이 확인은행에 직접 대금지급 청구를 했을 경우 확인은행은 'Without Recourse'를 주장할 수 없게 된다. 왜냐하면 발행은행 및 확인은행이 동시에 한국에 있으면, 이들 은행의 지급행위는 그 자체가 최종적인 것이므로 논리상 확인은행이 발행은행의 상환불능을 이유로 지급거절 또는 상환청구를 할 수 없기 때문이다(UCP 600 제7조 및 제8조).

## 7. 송금신용장과 상환신용장

송금신용장(remittance credit)은 매입은행이 발행은행으로부터 대금결제를 받으려면 발행은행에 서류를 송부한 후에 발행은행과 매입은행이 합의하여 지정하는 특정 은행에 발행은행이 신용장대금을 송금하게 되고 이 송금이 이루어진 후에야 매입은행이 수익자에게 대금을 지급하는 방식의 신용장이다.

이러한 신용장은 매입은행이 발행은행의 예치환거래은행이 아니거나 발행은행이 거액의 신용장을 취급할 때 수출지 은행에서 재금융(refinance)을 요청하지 않고 발행의뢰인으로부터 결제대금을 받아서 지급하고자 할 때 많이 이용된다.

송금신용장의 경우 매입은행은 환가료 기간 이내에 자신이 수출업자에게 선지급한 금액을 입금받지 못하는 경우가 대부분이므로 매입 시 자기자금을 수출업자에게 선지급하지 않고 상환은행으로부터 입금통보를 받은 후에 매입대금을 지급하는 경우가 많다. 이 때문에 이러한 신용장에서는 수출업자가 매입 시 매입은행에 환가료를 지급하지 않음은 물론 수입업자도 수입어음 결제율로 결제대금을 계산하지 않고 전신환 매도율로만 계산하게 된다.

따라서 이러한 신용장은 첫째, 매입은행이 발행은행의 예치환거래은행이 아니거나, 둘째, 발행은행이 거액의 신용장을 취급할 때 수출지 은행에 '은행 간 대여금융(remittance)'을 요청하지 않고 발행의뢰인으로부터 결제대금을 받아서 지급하고자 할 때, 셋째, 신용장상의 표시통화가 희귀통화인 경우에 많이 이용되며 또 다른 명칭으로 추심신용장(collection credit)이라고도 한다.

송금신용장의 결제 관련 기재문언의 예는 다음과 같다.

① 환어음의 송부처 지정문언 : "We will *remit the proceeds to your account* with the bank designated by you upon receipt of the drafts and documents in order", "proceeds drawn under this credit will be *remitted as per instruction of the negotiating bank* upon receipt of the documents in compliance with the terms and conditions of the credit"

② 송금방법 관련 문언 : We shall make payment as per negotiating bank's instructions to be received, "upon receipt of documents in compliance with the terms of the credit, *we will remit the proceeds* as per your instruction"

상환신용장(reimbursement credit)은 신용장 통화가 수출 · 수입 양국의 화폐가 아닌 제3국의 통화이거나, 수출지에 발행은행의 예치환거래은행이 없을 경우 매입은행은 신용장에 미리 지정되어 있는 발행은행이 지정하는 특정 은행, 즉 상환은행(reimbursing bank)에 수출업자가 발행한 상환용 환어음을 제시하여 대금결제를 받게 된다.

이때 매입은행은 선적서류는 발행은행으로 송부하고 상환용 환어음은 지정된 상환은행에 제시하게 되는데, 상환은행은 발행은행의 상환수권 내용에 따라 신용장대금을 최종결제하게 되며 이러한 방식의 신용장을 상환신용장이라 하고 최종결제은행을 상환은행 또는 결제은행이라 한다.

결국 송금신용장과 상환신용장의 차이는 전자의 경우 상환은행의 지정권이 매입은행에 위임되어 있는 경우를 말하고 후자의 경우에는 신용장발행 시 발행은행이 특정한 제3의 은행을 상환은행으로 미리 신용장상에 명문으로 밝혀 놓은 경우를 말한다.

한편 상환은행은 발행은행에서 보낸 상환수권서의 내용에 따라 지정된 금액을 발행은행 계좌에서 차기하여 매입은행 계좌로 대기하는 방법으로 신용장대금에 대한 최종결제를 끝마치게 된다. 상환은행의 역할이 최종결제 담당이라는 의미에서 또 다른 명칭으로 이를 결제은행(settling bank)이라고 부른다.

① 상환은행의 지정문언 : … which is available by negotiation of your draft at ××× sight drawn on Citibank, New York, N.Y. U.S.A., "negotiating bank should *forward the draft(s) drawn hereunder in one airmail to the drawee bank* together with certificate that all terms of the credit have complied with and required documents have been forwarded directly to us by separate airmail"

② 서류송부방법의 기재문언 : In reimbursement, the negotiating bank is authorized to reimburse itself by sending beneficiary's draft to the above drawee bank, "*please send the drafts to* ××× *bank* accompanying with your certificate stating that all documents sent to us have been complied with all terms and conditions of this credit", "in reimbursement, please *draw your own drafts at sight on* ××× *Bank*(*drawee bank*)"

## 8. 자유매입신용장과 매입제한신용장

자유매입신용장(open credit)은 매입은행에 아무런 제한이나 지정이 없는 신용장을 말한다. 이 신용장을 매입은행이 특정되지 않는다 하여 보통신용장(general credit), 매입이 모든 은행에 개방되어 있다 하여 개방신용장(open credit), 매입은행 개방신용장 혹은 자유매입신용장(freely negotiable L/C)이라고도 한다. 이 신용장하에서 발행은행의 지급확약을 받고 있는 자는 환어음의 발행인, 환어음의 배서인, 환어음을 선의로 취득한 자 등이 모두 포함된다.

따라서 자유매입신용장의 일반적인 특징은 첫째, 발행은행과 매입은행은 무예치환거래은행이 원칙이고, 둘째, 수출업자가 발행한 어음의 양도에 의하여 대금의 최종수취인이 결정되는 어음부신용장이며, 셋째, 수출업자가 부정한 방법으로 이중매입할 가능성을 봉쇄하고 선의의 매입은행을 보호하는 취지에서 매입의뢰 시 반드시 신용장원본을 회수하여 그 이면(裏面)에 매입의뢰 사항의 배서를 의무화하고 있다는 점이다.

자유매입신용장으로서 발행은행의 지급확약문언으로 기재되는 문언은 다음과 같다.

① "We hereby agree with the drawer, endorser and bona-fide-holder of drafts drawn under and in compliance with the terms of this credit that such drafts shall be duly honored on presentation of the documents."

② "We hereby … that such drafts shall be duly honored on presentation and surrender of the documents."

③ 매입 시의 주의사항 문언 : "If the credit is available by negotiation, each presentation must be noted on the reverse of this advice by the bank where the credit is available."

매입제한신용장(restricted, special credit)은 신용장 면에서 수출업자가 발행하는 환어음의 매입 · 인수 · 상환을 어느 특정 은행으로 지정 혹은 한정하는 광의의 지정신용장을 말하는데, 이 신용장을 특수신용장(special credit), 매입제한신용장(negotiation restricted credit) 혹은 지정신용장이라고도 한다.

매입제한신용장은 수출업자의 매입은행 선택권이 허용되지 않는다는 점에서 지정신용장과 근본적인 차이가 있다. 특히 매입제한신용장에서 수출업자로부터 1차로 선적서류를 매입한 은행은 반드시 신용장에 지정되어 있는 특정 은행 앞으로 재매입(re-negotiation)을 의뢰하여야 하므로 불가피하게 재매입이 일어나게 된다. 한국의 경우 재매입이 일어나는 신용장에서는 수출업자에게 환가료를 적용할 때 12일간의 우편일수(mail days)의 이자율을 적용하게 된다.

매입제한신용장(negotiation restricted credit)의 특징은 첫째, 발행은행과 매입 · 인수 · 상환을 담당한 은행은 상호 예치환거래은행이어야 하고, 둘째, 수출업자에게 매입은행 선택권이 허용되지 않으므로 이에 대한 편의를 위하여 어음발행이 필수적이므로 어음부신용장이며, 셋째, 어음발행을 허용한다 하더라도 이중매입의 위험이 제거되므로 비배서(非背書)를 원칙으로 한다.

매입은행 제한신용장은 신용장원본에 매입을 제한하는 명시적인 문구가 기재되어 있는 매입제한신용장과 상환문구를 통지은행용 사본에만 표시하고 있어 결과적으로 매입이 제한되는 상환제한신용장(reimbursement restricted credit)으로 구분된다.

제한신용장의 기재문언 예는 다음과 같다.

① 매입제한인 경우 : "This credit is available through ××× Banks only …." 또는 "Negotiation under this letter of credit is restricted to ××× Bank."

② 인수제한인 경우 : "… drafts drawn in conformity with the terms of this credit will be duly accepted on presentation …."

③ 상환제한인 경우 : "We are holding special instructions regarding reimbursement," "The negotiating bank is authorized to reimburse itself by sending beneficiary's drafts to the above drawee bank," "reimbursement will be effected to you upon receiving your advice of negotiation".

## 9. 지급신용장

지급신용장(straight credit)은 환어음의 배서인이나 선의의 소지인에 대한 약정은 없고 단지 수익자가 발행은행이나 그 지정은행에 직접 환어음을 제시하면 지급하겠다는 약정만 있는 신용장을 말한다. 즉, 지급신용장이란 매입과 지급업무를 동일은행만이 담당하도록 특별히 제한해 놓은 신용장을 말한다.

신용장통일규칙 제7조에서 발행은행은 반드시 지급은행이나 인수은행을 지정하여 신용장조건과 일치된 서류의 제시 시 지급 또는 인수하도록 수권하고 동 수권된 은행에 대하여 상환할 의무를 부담한다고 규정하고 있다. 신용장통일규칙은 모든 신용장은 일람지급(sight payment), 연지급(deferred payment), 인수(acceptance) 또는 매입(negotiation) 중 어느 것에 의하여 사용가능한지를 명시하고 있어야 한다고 규정하고 있다. 'at the counter of 지정은행'으로 기재되어 있으면 지정은행이 매입은행이 되고, 다음과 같은 지급확약문언 또는 이와 유사한 문언이 기재되어 있는 경우에는 통지은행이 지정은행이 된다.

실무에서 지급신용장이 발행될 때, 신용장상에 발행은행의 지급확약문언은 "We hereby agree with you(beneficiary) that all drafts drawn under and in compliance with the terms of this credit will be duly honored on due presentation and on delivery of documents as specified to the drawee bank." 등의 표현이 이용되며, 이러한 신용장의 매입은행은 발행은행으로부터 지급확약을 받고 있지 않으므로 수익자의 신용장에 따르는 위험부담이 있다.

실무적으로 이러한 지정신용장에 대한 서류의 매입은 매입제한신용장(restricted

credit)에 준하여 처리하고 있다. 지정신용장은 매입은행이 특정되어 있다고 하여 특수신용장(special credit) 또는 협의의 지정신용장(nominated credit)이라고도 한다.

이러한 신용장하에서 발행은행은 수출업자가 지정된 은행에서 매입할 경우에만 지급책임을 진다는 취지의 문언을 기재하고 있으므로 만일 수출업자가 이를 위반하고 수출업자가 선택한 은행에서 매입할 경우 발행은행은 매입은행의 청구를 거절할 수 있게 된다.

따라서 동 신용장의 일반적인 특징은 첫째, 발행은행과 수출지의 지정은행이 상호 예금계좌를 개설하고 있는 예치환거래은행이어야 하고 둘째, 수출업자의 대금청구 상대방이 미리 지정된 상황이고 신용장에서 특별히 어음발행을 요구하고 있는 경우를 제외하고 무어음이 원칙이며, 셋째, 무어음인 상태에서는 수출업자가 이중매입할 가능성이 없으므로 굳이 신용장원본 이면에 배서를 할 필요가 없어 비배서를 원칙으로 한다.

## 10. 일람출급신용장

일람출급신용장(sight credit, sight payment credit)은 신용장에 의하여 발행된 환어음이 일람출급인 신용장으로 환어음이 지급인에게 제시되면 즉시 지급이 이루어지는, 즉 수출지에서 매입은행이 선적서류를 송부하면 발행은행은 서류의 하자가 없는 즉시 신용장대금의 전액을 매입은행 계좌에 입금시켜 주는 형식의 현금거래 신용장을 말한다. 그러나 환어음의 발행을 요구하지 않고 서류만의 제시로 즉시 지급이 이루어지는 경우도 있다. 지급신용장과 일람출급 매입신용장이 이에 해당된다.

한국의 경우는 발행은행이 대금지급을 지연할 수 있는 기간은 도착한 서류의 신용장조건과의 일치 여부 검토기간인 제5은행 영업일 이내로 한정하고 있기 때문에, 만일 그 기간까지 발행의뢰인이 결제하지 않으면 자기자금으로 우선 지급하여야 한다.

일람불신용장의 기재문언 예는 다음과 같다.

① 일람지급인 경우 : … which is available by sight payment against presentation …, … payment will be duly made against document presented in conformity with the terms of this credit.

② 일람매입인 경우 : … which is available by negotiation of your draft at sight drawn on …, … we hereby engage with drawers and bona-fide-holders that drafts drawn and negotiated ….

## 11. 기한부신용장

기한부신용장(usance credit, acceptance credit)은 발행된 환어음의 만기(tenor)가 기한부인 신용장을 의미하며 서류 제시 후 만기일까지의 대금지급유예에 대한 이익을 수입업자가 향유하며 인수신용장, 연지급신용장, 기한부매입신용장이 이에 해당한다. 따라서 환어음이 지급인에게 제시되면 즉시 인수(acceptance)가 이루어지고 지급인은 만기일(maturity date, due date)이 도래하면 지급할 것을 약속한다. 기한부환어음은 다시 만기까지 신용공여를 누가 하느냐에 따라 은행이 신용을 공여하는 'Banker's Usance'와 수출업자 자신이 공여하는 'Shipper's Usance'로 분류된다.

한편 환어음의 발행을 요구하지 않고 서류만의 제시로 신용장조건에 따라 결정되는 일자에 지급을 이행할 것을 확약하는 경우도 있는데, 그러한 신용장은 연지급신용장(deferred payment credit)이라고 부른다.

Usance 어음의 기일에는

① 일람 후 정기출급(at ××× days after sight)

② 일부 후 정기출급(at ××× days after date)

③ 확정일 후 정기출급(at ××× days after B/L date 또는 at ××× days after negotiation) 등이 있다.

기한부신용장의 기재문언 예는 다음과 같다.

① 기한부 매입인 경우 : … which is available by your draft at 90 days after sight drawn on …, we hereby engage with drawers and bona fide holders ….

② 기한부 인수인 경우 : … which is available by acceptance of your draft at 90 days after sight drawn on ….

③ 기한부 연지급인 경우 : … which is available by payment at 90 days after B/L date …. … payment will be duly undertaken against documents presented in conformity with the terms of this credit ….

### 1) Shipper's Usance와 Banker's Usance

기한부신용장(usance credit)거래에서 수출업자가 발행하는 환어음은 기한부어음(time draft, term draft)이기 때문에 수입업자는 만기일까지 대금지급을 유예받아 이에 대한 이익을 향유한다. 기한부신용장거래에서 이익을 공여하는 것을 인수금융(acceptance financing)이라고 하며, 인수금융을 관계 당사자 중에서 화주(shipper)인 수출업자가 공여하도록 신용장상에 명시하고 있으면 Shipper's Usance Credit이라고 하며, 발행은행이나 인수은행과 같은 은행이 인수금융을 공여하도록 신용장상에 표시하고 있는 것을 Banker's Usance Credit이라고 한다.

### 2) Shipper's Usance Credit

Shipper's Usance Credit(선적 전 인수신용장)은 화주인 수출업자가 은행의 신용공여를 받지 않고 수입업자에 대하여 기한부어음의 만기일까지 지급을 유예하여 주는 것으로 Seller's Usance Credit 또는 무역인수신용장(trade acceptance credit)이라고도 부른다. 수출업자가 신용을 공여한다는 의미는 수출업자가 선적을 하여 수입업자가 상품을 수취한 후 신용장에서 정한 일정기간 후에 물품대금을 받는다는 것을 말한다. 이 방식에서는 수입신용장 발행은행을 지급인(drawee)으로 하고 발행은행에 수입환어음인 기한부어음과 서류가 도착하면 수입업자가 인수하여 인수사실과 만기일은 매입은행 앞으로 통지하고 만기일에 수입대금을 결제한다.

신용장통일규칙에서는 발행의뢰인 앞으로 환어음을 발행하는 것을 금지하고 있어서 환어음의 지급인은 발행은행이 된다. 따라서 발행은행 명칭을 지급인 난에 표시하며 운송서류와 함께 환어음이 송부되어 오면 발행은행은 수입업자에게 서류의 수리 여부를 확인하게 되는 것이다.

이러한 거래에서 사용되는 신용장에는 일람출급 매입을 허용하는 문언이 없다. 유산스 기간의 이자는 수출업자가 부담한다.

Shipper's Usance Credit은 수출업자와 수입업자의 상호계약에 의하여 원리금을 동시에 만기에 지급하는 형태이며 원리금을 신용장금액에 포함하여 발행하고 있는 것이 일반적이다. 어음의 지급인은 발행은행으로 한다.

이러한 Shipper's Usance의 이자지급 문구는 다음과 같다.

① 이자가 신용장금액에 포함되어 있는 경우 : "Usance interest is for the account of beneficiary."

② 이자가 신용장금액에 포함되어 있지 않은 경우 : "Usance interest is for the account of buyer and the negotiating bank is requested to inform us of the interest up to the maturity at our prevailing rate."

③ 무역인수신용장에서 환어음의 만기일에 대금을 지급하는 방법은 송금방식 또는 제3은행을 통한 결제방법을 이용하므로 Instructions to the Paying/ Accepting/ Negotiating Bank란에 다음의 예시와 같이 기재한다.

ⓐ 송금방식으로 지급하는 경우 : "Interests are for seller's account. In reimbursement, we will remit the proceeds as per negotiating bank instruction at maturity."

ⓑ 제3의 결제은행을 통하여 지급하는 경우 : "Interests are for seller's account. In reimbursement, please draw your own drafts at sight on ××× Bank(drawee bank) at maturity."

### 3) Banker's Usance Credit

기한부환어음의 지급을 유예시켜 주는 주체가 은행이 되는 것으로 수출업자가 발행한 기한부어음을 만기일 이전에 인수은행이 인수 및 할인하여 매입하고 어음금액 전액은 매입은행을 통하여 수출업자에게 지급하며 인수수수료와 할인료는 발행은행에 청구하여 수출업자는 at sight basis와 동일하게 매입대금을 수취한다. 수입업자의 입장에서는 인수수수료와 할인료만 선지급하여 원금은 만기일에 발행은행을 통하여 지급하거나(이자선급), 원금과 이자를 만기일에 결제(이자후급)하게 되는 것을 Banker's Usance Credit이라고 하며 Buyer's Usance라고도 부른다. 미국에서는 이와 같은 방식을 Banker's Acceptance라고 한다.

Banker's Usance Credit에서 신용공여를 국내의 발행은행이 담당하는 경우를 내국 수입 유산스 신용장(domestic import usance credit)이라고 하며, 발행은행이 해외에 있는 자신의 환거래은행을 인수은행으로 지정하고 인수은행으로 하여금 수출업자가 발행한 기한부어음을 인수하여 할인 매입하도록 하여 신용공여를 담당하게 하는 것을 해외은행 인수신용장(overseas banker's acceptance credit)이라고 한다. 수출업자가 일람불로 대금지급을 받기 때문에 Shipper's Usance보다는 수출금액이 수입업자가 부담하는 인수수수료만큼 적어진다.

#### (1) 내국 수입 유산스(domestic import usance ; 국내은행 인수신용장)

내국 수입 유산스는 외국환은행이 기한부 수입신용장을 발행하고 동 신용장에 의거하여 외국의 수출업자가 발행한 기한부어음을 국내은행(신용장발행은행)이 인수하여 할인 매입함으로써 어음기간 동안 국내의 수입업자에게 신용을 공여하는 방식을 말한다.

인수금융이 국내에서 발생하므로 인수수수료와 할인료가 해외로 유출되지 않는다. 이 방식에서는 해외의 수출업자가 일람불어음과 동일하게 선적과 함께 수출대금을 받을 수 있다는 점에서 해외은행 인수신용장과 같으나 해외은행 인수신용장에서는 기한부어음의 인수가 발행은행에 신용공여한도를 제공한 해외환거래은행에서 이루어지고 어음의 만기일에 발행은행의 예치금계정에서 차기하는 것이다.

이에 비하여 내국 수입 유산스는 어음의 지급인을 발행은행으로 지정하여 국내에서 발행은행이 어음을 인수하고 만기일까지 수입업자로 하여금 수입어음의 결제를 유예시켜주는 신용공여의 형태라는 점에서 다른 것이다.

내국 수입 유산스제도를 도입하게 된 주요한 목적은 다음과 같이 설명될 수 있다.

첫째, 종래의 기한부 수입방식이 Shipper's Usance 또는 해외의 인수은행의 신용공여에 의하는 Overseas Banker's Usance 등 무역신용의 해외의존 일변도를 지양하고, 신용공여를 국내은행에 의하도록 함으로써 국내금융기관의 국제화를 도모하고 무역신용의 비용을 국내은행에 귀속시킴으로써 국내은행의 수익증대를 꾀할 수 있고, 국가적으로 볼 때 무역신용비용(Usance 이자)의 해외지급에 따르는 외화를 절약할 수 있다.

둘째, 국내은행이 인수한 어음을 국내에 유통시켜 단기외화자금 시장의 형성에 기여하도록 함으로써 국내 외환시장의 육성에 이바지한다.

셋째, 내국 수입 유산스에 의하여 창출된 어음은 국내유통 외에도 해외 은행인수어음(bank acceptance : B/A)시장에 매각함으로써 외자조달원의 다양화를 도모할 수 있다.

넷째, 보유외환을 효율적으로 이용할 수 있다.

내국 수입 유산스에 표기되는 신용장상의 특수조항 문구는 다음과 같다.

① Negotiation under this credit may be effected on at sight basis.

② Beneficiary's usance drafts must be negotiated on at sight basis.

③ Acceptance Commission and discount charge are for buyer's account.

매입은행 앞으로 지시되는 문언의 예를 들면 다음과 같다.

① Acceptance Commission and Discount Charges are for buyer's a/c.

② Payment under this L/C to be made on at sight basis regardless of drafts tenor.

③ Upon receipt of documents, we will remit the proceeds as per your instruction.

④ In reimbursement, upon receipt of the drafts and documents in goods order we shall remit the proceeds as per the negotiating bank's instruction 등과 같다(송금방식).

내국 수입 유산스제도는 해외의 수출업자가 일람불어음과 동일하게 선적과 함께 수출대금을 회수할 수 있다는 측면에서는 Banker's Usance와 같으나 Banker's Usance는 당해 어음의 인수가 신용장발행은행에 신용공여한도를 제공한 해외환거래은행에서 발생되고 어음의 만기일에 발행은행의 예치금계정에서 차기(debit : 출금)하는 데 비하여 내국 수입 유산스는 어음의 지급인을 발행은행으로 지정하여 국내에서 발행은행이 인수하고 어음의 만기일까지 수입업자로 하여금 수입어음의 대금결제를 유예하여 주는 신용공여라는 점에서 다른 것이다. 인수어음은 국내유통으로 인수시장의 활성화에 기여하고 있다.

### (2) 해외은행 유산스(overseas banker's usance ; 해외은행 인수신용장)

은행이 유산스기간 동안의 신용을 공여하는 방식으로 발행은행이 자신의 해외환거래은행을 인수은행으로 지정하고 인수은행으로 하여금 수출업자가 발행한 기한부어음을 인수하여 할인 매입하게 하여 어음금액 전액을 매입은행을 통하여 수출업자에게 지급하고 인수수수료(acceptance commission)와 할인료(discount charge)는 발행은행에 청구하도록 한다. 수출업자는 일람불신용장(at sight basis credit)과 동일하게 수출대금을 수취하고, 수입업자는 유산스기간에 해당되는 이자만 선지급하고 원금은 만기일에 발행은행을 통하여 지급하거나(이자선급), 원금과 이자를 만기일에 결제(이자후급)하게 되는 것을 해외은행 유산스라고 한다.

기한부어음을 인수하여 할인한 인수은행은 자신의 신용을 바탕으로 하여 기한부어음을 매각하거나 만기일까지 보관하게 된다. 그러므로 이러한 방식에서는 어음의 지급인이 해외 인수은행이 되는 것이다. 해외은행 인수신용장은 일람출급조건으로 대금을 지급하므로 매입은행에 대하여는 이러한 사실을 표시하여야 하고, 인수은행에 대하여는 인수이율의 기준을 사전에 협의하여 표시할 수 있다.

① Instruction to the Negotiating Bank : "Acceptance Commission and discount charges are for buyer's a/c. Payment under this L/C is to be made on at sigh basis regardless of drafts tenor. In reimbursement, Please present beneficiary's drafts to the drawee bank for acceptance."

② Instruction to the Accepting Bank : "Please accept and discount beneficiary's drafts drawn under and in compliance with the terms of this credit. In reimbursement, please debit our account with you for Acceptance Commission and Discount Charge at sight, and for face amount at maturity under advice to us. Interest should not exceed 6 months LIBOR plus 0.5 pct P.A."

이 방식에서 표기되는 특수조항의 예시는 내국 수입 유산스의 경우와 동일하다. 매입은행 앞으로 지시되는 사항의 예를 들면, "Reimburse yourselves from drawee by forwarding Beneficiary's usance draft on condition that the documents are complied with L/C terms." 등과 같다.

## 12. 할부지급신용장

할부지급신용장(installment payment credit)은 선적 또는 대금결제기간이 일정한 시기로 나누어져 있는 신용장을 말한다. 수출업자가 선적을 수회에 걸쳐서 일정한 기간별로 분할하여 하도록 약정한 것을 할부선적신용장(installment shipment credit)이라 하고, 수입업자가 선적서류를 인도받을 때는 착수금조로 대금의 일부만 지급하고 잔액은 일정기간별로 나누어 상환하도록 약정된 신용장을 할부지급신용장이라 한다. 기한부신용장의 한 종류로서 서류를 인도받을 때에는 착수금만 지급하고 잔액은 일정기간에 일정액으로 나누어 지급되는 신용장이며 거치기간(grace period)을 인정하는 것이 보통이다. 거치기간이란 이자만 지급하고 원금은 지급하지 않는 기간을 말한다.

따라서 이 신용장은 지급기간이 서로 다른 복수의 환어음을 요구하여 수회에 걸쳐 분할하여 지급이 이루어지도록 하는 신용장이다. 플랜트수출과 같이 금액이 거대하고 일시적 지불이 불가능할 경우에 수입업자의 편익을 위해 이용된다.

즉, 첫째, 분할선적인 경우 수출업자가 정해진 분할선적기간 내에 선적의무를 이행하지 못하면 수입업자 및 발행은행이 당해 선적분을 포함하여 그 이후 분까지 모두 무효임을 선언할 수 있도록 허용하고 있다.

예컨대, 미화 100만 달러의 신용장을 10개월로 나누어 매월 미화 10만 달러씩 선적하기로 약정한 경우, 수출업자가 그중 어느 월의 의무선적량을 이행하지 못하면 수입업자 또는 발행은행은 당해 미이행월분에 대한 지급을 거절할 수 있음은 물론 그 이후 계약분 모두에 대한 취소를 선언할 수 있는 것이다.

둘째, 할부지급(installment payment)인 경우는 플랜트 수출 등과 같이 신용장 금액이 거액이고 수입업자가 이것을 일시에 지불할 능력이 결여된 경우에 수입업자의 자금부담을 경감시키기 위한 방편으로 만들어낸 결제방법이다.

따라서 할부지급신용장에서는 수입대금을 착수금, 중도금, 잔액의 형태로 구분하여 결제하는 것이 허용되며, 특히 착수금을 제외한 나머지 금액은 통상 1~3년의 거치기간을 거친 후 수년에 걸쳐 균등분할 상환하도록 한다.

동 할부지급신용장인 경우의 기재문언은 ① Shipment must be made(effected) in three equal lots during July, August and September. Partial shipment within installments are not allowed, ② September and October shipment should be equally divided, ③ Half shipment in September and the balance two months after, ④ Principal amount shall be available in six(6) equal installment at 36, 54, 72, 90, 120 and 150 days respectively after the Bill of ladingdate against beneficiary's drafts drawn on Woori Bank, Seoul."이다.

## 13. 양도가능신용장과 양도불능신용장

신용장의 양도(transfer)란 신용장상의 수익자가 향유하는 권리의 전부 또는 일부를 수익자가 지시하는 제3자에게 양도해 주는 것을 말한다. 그러므로 양도가능신용장은 신용장에 'transferable'이란 명시적인 문언으로 두어 원수익자가 지급,

인수 또는 매입은행에 대하여 신용장의 전부 또는 일부를 제2수익자에게 양도하도록 요청할 수 있는 신용장을 말한다.

양도가능신용장(transferable credit)에서 양도를 위한 요건들을 요약하면 ① 지급이나 인수 · 매입을 하도록 수권받은 은행만이 양도를 할 수 있으며 만약 그러한 은행이 지정되어 있지 않은 자유매입신용장인 경우에는 양도은행을 지정하여야 한다. ② 신용장에 'transferable'이라는 용어가 있어야 한다. ③ 양도은행이 합의한 범위와 방법에 따라서만 양도될 수 있다. ④ 단 1회에 한하여 양도될 수 있다. ⑤ 분할어음발행 또는 분할선적이 허용된 경우에 한하여 분할양도가 가능하다 등과 같다.

또한 양도가능신용장이라 하더라도 신용장은 원신용장에 명기된 조건에 따라서만 양도될 수 있다. 그러나 다음 사항은 예외로 그 변경이 가능하다. ① 신용장금액과 단가의 감액, ② 선적기한, 유효기간 및 서류제시를 위한 기한의 단축, ③ 원신용장에서 요청된 부보금액을 담보하기 위하여 증가될 수도 있는 보험부보 비율 등이다.

양도불능신용장(non-transferable credit)이란 신용장상에 '양도가능(transferable)'의 명시적인 문언이 없어 이를 다른 당사자에게 양도할 수 없는 것을 말하며, 오직 신용장상에 지정된 원수익자만이 이를 사용할 수 있다. 신용장은 발행할 때 양도가능이라는 명시를 명확히 한 때에만 양도될 수 있다. 따라서 양도가능의 명시가 없거나 불명확한 경우, 이는 당연히 양도불능신용장이 된다.

## 14. 보증신용장과 은행보증서

### 1) 보증신용장

보증신용장(standby credit)은 금융의 담보 또는 채무이행의 보증을 목적으로 발행되는 무화환신용장(clean credit)으로 보증신용장 발행은행이 상대방으로 하여금 특정인에게 금융지원 또는 채무보증 등을 이행하도록 하고, 특정인이 만기에 채무의 상환을 하지 않을 경우에 지급을 대신 이행하겠다는 내용을 기재한 약속증서로 특수한 무화환신용장(clean credit)을 의미한다. 보증신용장은 주로 무역외거래 및 자본거래 등에 대한 보증수단으로 사용된다는 점에서 화환신용장(documentary credit)과 차이가 있다.

일반적으로 보증신용장은 해외현지법인이나 지점 또는 관련 거래선이 자국 상사의 영업과 관련하여 현지은행에 현지금융담보의 조건이나 건설, 용역 및 플랜트수출과 관련한 입찰보증, 계약이행보증, 하자보증, 선수금환급보증 등에 대한 지급보증서의 대용으로 국내 외국환은행이 해외은행 앞으로 발행하여 사용되고 있다.

보증신용장도 화환신용장과 동일하게 신용장통일규칙(UCP)의 적용을 받지만, UCP는 복잡하고 다양한 형태의 'Standby credit'에는 적용이 적절하지 않고 또한 완전하게 적용할 수도 없다는 문제점이 있다. 따라서 'Standby credit'에 관한 별도의 구체적인 국제규칙인 보증신용장통일규칙(ISP 98 : International Standby Practice 1998, ICC Publication No. 590)이 제정되어 적용하고 있다.

### 2) 보증서와 은행보증서

보증서(letter of guarantee)를 발행한 보증인은 주 채무자가 채무를 이행하지 못하는 경우에 한하여 2차적으로 보충적인 책임을 지지만, 보증신용장의 발행은행은 신용장의 조건과 문면상 일치하는 서류의 제시에 대하여 원인계약과는 관계없이 대금을 지급하여야 하는 1차적으로 독립적인 채무를 부담한다.

보증서는 다음과 같은 것들이 있다.

① 수출선수금 환급보증서(advance payment bond) : 계약이 차질 없이 진행되도록 수입업자가 사전에 상품의 공급자에게 미리 계약의 일정금액(대개 10% 내지 20%)을 선수금(先受金)으로 지급하는 경우가 있다. 이때 상품의 공급자 측이 계약의 이행을 하지 아니하는 경우 지급한 선수금의 반환을 요구하게 되는데, 이에 불응하는 경우 보증서 발행은행에 지급을 청구한다.

② 현지금융 담보보증 : 국내기업의 해외현지법인이 현지의 외국은행에서 운영자금을 위한 현지금융을 융자받거나, 건설업체가 해외현지에서 사용할 장비나 운영자금 등 현지금융(local finance)을 조달하고자 할 때 국내본사의 거래은행이 해외지사의 거래은행을 수익자로 하여 발행하는 보증서이다.

③ 수출계약 이행보증서(performance bond) : 수출업자가 수입업자에게 수출 이행을 위한 P-Bond를 발행한다.

보증서는 원인계약과의 부종성(附從性)이 강하여 보증신용장과는 달리 독립 · 추상성을 인정받지 못하는 것이 일반적이며, 이로 인하여 부당청구 및 지급거부 등과 같은 분쟁 발생의 소지를 지니게 된다. 따라서 이러한 단순한 지급보증서의 약점을 보충하기 위하여 주채무의 이행 여부와는 관계없이 문면상 보증서조건에 일치하는 채권자(신용장 수익자) 측의 청구에 대하여 무조건 지급을 약속하는 은행보증서(bank guarantee)가 널리 이용되고 있다.

은행보증서는 주 채무자의 채무불이행 시 보충적으로 2차적 책임을 지는 것이 아니고, 주 채무자와는 독립된 1차적 책임을 부담하는 보증을 말한다. '요구불보증서'는 보증신용장과 그 내용과 성격에서는 동일한 효력이 있으며, 다만 형식적으로 보증서의 외형만 가지고 있을 뿐이다. 이러한 '독립적 보증'에 관한 국제규칙으로 ICC에 의해 제정된 '독립적 보증에 관한 통일규칙(URDG 458 : Uniform Rules for demand Guarantee, ICC Publication No. 458)'이 적용된다.

참고로 일반적인 계약보증에 관한 국제규칙으로는 ICC에 의해 1978년에 제정된 '계약보증에 관한 통일규칙(URDG 325 : Uniform Rules for Contract Guarantee, ICC Publication No. 325)'이 적용된다.

**참고 Standby credit와 Letter of Guarantee(L/G)의 차이**

두 가지 모두 보증서이다. 그러나 같은 보증서라 하더라도 수익자의 입장에서 보았을 때 L/G 보다는 Standby L/C가 훨씬 유리하다고 볼 수 있다. 왜냐하면 L/G의 경우에는(ICC 간행물 제325호), '계약보증서에 관한 통일규칙(Uniform Rules for Contract Guarantee)'이 있기는 하지만 아직까지 널리 받아들여지지 못하고 있는 실정이다. L/G를 수취한 수익자의 경우 국제적으로 널리 인정되고 있는 통일규칙이 마땅치 않아 항상 논란이 따르고 있다.

반면에 보증신용장(Standby L/C)의 경우에는 UCP 600, 즉 국제상업회의소 간행물 번호 제600호 신용장통일규칙을 준거규칙으로 채택하고 있고 또는 그 규칙의 내용을 널리 인지하고 있어 적용해야 하는 용어 대신에 'Standby Letter of Credit'라는 용어를 사용하게 되면 화환신용장과 같이 UCP 600의 조항 중에서 적용가능한 조항들만 선택적으로 적용하여 거래할 수가 있다.

# 제2절 특수신용장의 종류

## 1. 회전신용장

회전신용장(revolving credit)이란 동일 거래선과 동일 품목을 지속적으로 거래할 때 거래 시마다 신용장을 발행하는 불편을 피하고, 발행비용 절감 및 절차 간소화를 목적으로 이용되는 신용장으로 처음 발행한 신용장금액이 이행되면 일정기간이 경과한 후 자동적으로 동액의 신용장금액이 소생되는 방식의 신용장이다.

회전신용장을 Self-continuing Credit이라고도 하며 신용장 회전(revolving)의 방법으로는 ① 발행은행으로부터 환어음에 대한 지급통지가 있으면 회전되는 방법, ② 환어음이 결제되는 일정한 일수를 정하여 그 기간 내에 지급거절통지가 없으면 회전되는 방법, ③ 월력(月曆)상의 일정한 기간, 즉 월별이나 격월 등 기간이 경과하면 다시 자동적으로 그 금액이 갱신되어 회전되는 방법 등이 있다.

갱신되는 금액의 변동폭 인정 여하에 따라 다음과 같이 구분한다.

첫째, 누적 회전방법(cumulative method)은 전회의 미이행된 선적분이 다음 회차의 선적 시 전회의 미이행분까지 포함하여 이행하는 방법을 말한다.

예를 들어, 매월 갱신되는 조건의 USD1,000,000의 신용장을 발행하였을 경우에 11월에 USD900,000이 사용되었다면 12월에는 전월의 미사용금액인 USD100,000을 포함하여 USD1,100,000을 사용할 수 있는 것이 누적적 방법이며 이러한 신용장을 누적회전신용장(cumulative revolving credit)이라고 한다.

선적서류의 매입 시 누적적인가 비누적적인가가 불분명하면 발행은행에 문의한 후에 매입을 의뢰하여야 한다. 예컨대, 비누적인데 누적으로 해석하여 매입을 의뢰하면 부도가 발생할 수 있다.

① Revolving 문언의 예시 : "The amount of drawings under this credit becomes automatically reinstated on payment by us. Draft drawn under this credit must not exceed to US$~ in any calendar month."

② 누적 회전 문구의 예시 : "Any shipment not to exceed invoice value of

USD99,000. After a draft has been paid under this credit, the credit reverts to its original amount USD99,000. Any unused portion of monthly available amount may be used during any subsequent month."

둘째, 비누적 회전방법(non-cumulative method)은 전회의 선적이 미이행되었을 경우 당해 회차만 인정되어 회전되는 방법을 일컫는다.

비누적 회전 문구의 예시는 다음과 같다.

"Upon receipt by the beneficiary of notice from Korea Exchange Bank, Seoul that a draft again becomes available under the credit. Notwithstanding anything contained in the foregoing clause, drawings under this credit are limited to USD99,000 in any calendar month."

## 2. 선대신용장

선대신용장(先貸信用狀 ; packing credit)은 전대신용장(前貸信用狀)이라고도 한다. 발행은행이 신용장의 수익자가 수출에 따른 물품의 생산, 가공 등에 필요한 자금을 선적 전에 미리 융통해주기 위하여 일정한 조건으로 선지급할 수 있도록 수권하는 문언을 신용장상에 기재하고 그 선대금액의 지급을 확약하는 신용장을 말한다.

즉, 수출업자가 해당 상품의 선적 전 상품의 포장(packing)이나 집하에 사용되도록 대금을 선지급받을 수 있도록 수권하고 있는 신용장이다. 발행은행이 매입은행으로 하여금 수출업자에게 선적 전에 일정한 조건으로 수출대금을 선대할 수 있도록 수권하는 문언을 신용장에 기재하고 그 선대금의 상환을 확약한 신용장이다. 이를 선대 · 선수금신용장(red clause credit, advance payment credit)이라고도 한다.

즉, 신용장의 선대허용문언이 종래에는 통상 붉은색으로 표시되어 'Red Clause Credit'라고 하였으나, 현재 이와 같은 관행은 없어졌고 수출업자의 집하자금(集荷

資金)의 융자라는 의미에서 'Packing Credit(집하신용장)'이라고 부르며 수익자가 자금을 선지급받는 신용장이라는 의미에서 'Advance Payment Credit(선수금신용장)'이라고도 부른다. 이러한 신용장을 수취한 수익자는 선대금액에 해당하는 무화환어음(clean draft)과 영수증(simple receipt)을 가지고 지정은행에서 매입을 의뢰하게 되며 선수금의 상환은 관련 신용장조건과 일치하는 선적서류의 매입을 통하여 이루어진다.

예컨대, 한국의 수입업자가 외국의 수출업자와 신용장방식으로 수입업무를 진행하는 경우에 수출업자가 신용장 부가조건에 신용장발행 시 신용장금액의 30%에 해당하는 금액을 수출업자의 영수증과 환어음을 매입은행에 제출하면 상품의 선적전에 인출할 수 있는 조건을 명시해달라는 요청을 받았다면 이러한 신용장이 외국의 수출업자에게 신용장금액의 30%를 선지급하는 선대신용장에 해당하는 것이다. 이러한 경우에 외국의 수출업자는 환어음과 영수증만을 매입은행에 제시하고 신용장금액의 30%를 선지급받기 때문에 수입업자는 신용장발행은행에 신용장 전체금액을 예치하거나 또는 최소 30% 이상은 예치해야만 신용장을 발행할 수 있게 된다. 결국 수입업자의 입장에서는 신용장금액의 30%에 해당하는 금액을 선송금하는 방식과 동일하기 때문에 수출업자가 선금을 수취한 후 계약을 이행하지 않을 경우 수입업자는 일방적으로 손해를 입게 된다.

선대신용장은 수입업자가 수출업자의 신용을 믿지 못하면 발행해 주지 않게 되며, 발행해 주더라도 선대하여 주는 조건으로 선대기간 중의 이자부담을 보통 수익자가 한다. 신용장에 기재(additional conditions)되는 자금선대 허용표시 기재문언의 예를 들면 다음과 같다.

① "Advance drawing for 40% of this credit amount is available against beneficiary's simple receipt accompanied by their written undertaking that they will repay the advance payment by shipment in compliance with the terms and conditions of this credit."

② "We authorize the negotiating bank to pay the proceeds not exceeding 50 pct. of the above mentioned amount to the beneficiary against presentation of the following documents. : ⓐ Beneficiary's simple receipt stating that the beneficiary have duly received the proceeds for USD10,000 representing 50 pct advance payment for the delivery of the goods from Busan to L.A." ⓑ Beneficiary's statement that the beneficiary will perform the shipment of 14,000yds of Nylon woven fabric from Chinese port to Busan Korea."

선대자금을 수령할 경우에 수출업자는 선적서류를 제시할 수 없으므로 선화증권 등 여타서류는 제외하고 선대받은 금액에 해당하는 환어음만 발행하게 된다. 따라서 동신용장은 무화환신용장과 화환신용장의 성질을 겸비하게 되는데 수출업자가 자금선대를 받을 때에는 Clean Credit의 형태를 띠게 되고, 선적 후 잔액을 매입할 때에는 Documentary Credit의 형태로 운용된다.

선대신용장은 일국의 통화정책 및 국제수지와 밀접한 관련이 있어 수출선수금의 영수한도 및 대응수출 이행기간 등에 대해 엄격히 규제하고 있다.

## 3. 구상무역신용장

구상무역신용장(compensation trade credit)은 연계무역의 수출입 당사국 중 어느 특정 국가가 외환사정이 어려워 현금결제가 곤란한 경우, 수출입물품대금을 그에 상응하는 수입 또는 수출로 매매 당사자 간에 상계하는 무역에 사용하는 신용장을 말한다. 구상무역은 두 국가 간의 수출입균형을 유지하기 위하여 이용되는 거래방식이다.

한국「대외무역법」에서는 구상무역을 연계무역으로 개념을 확대하여서 ① 물물교환(barter trade), ② 구상무역(compensation trade), ③ 대응구매(counter purchase), ④ 산업협력(industrial cooperation) 등의 형태로 이루어지는 수출입으로 규정하고 있다.

구상무역은 대금결제 시의 환의 개입 여부에 따라서 무환구상무역(無換求償貿易) 유환구상무역(有換求償貿易)으로 분류하는데, 전자는 무환방식에 의한 물물교환(barter trade)을 의미하며, 후자는 수출입국가 간의 수출입대금결제 시 선수출 또는 선수입에 상응하는 물품대금을 외화로 수취하거나 지급하는 거래방식을 말한다. 유환구상무역을 위한 신용장은 특수한 신용장으로 동시개설신용장(back to back credit), 기탁신용장(escrow credit), 토마스신용장(TOMAS credit)이 사용된다.

### 1) 동시개설신용장

동시개설신용장(back to back credit)은 다음과 같은 두 가지의 의미로 사용된다. 그 하나인 원래의 의미는 원신용장(master credit)의 수익자가 원신용장을 견질로 하여 당해 물품의 공급상을 수익자로 하여 다시 국외에 발행되는 제2의 신용장(baby L/C 또는 sub L/C)을 뜻한다. 다른 하나는 수출과 수입을 연계하여 수출입의 균형을 기하기 위한 연계무역하에서 사용되는 신용장을 말한다. 예컨대, 연계무역하에서 어느 일방이 먼저 수입신용장을 발행하는 경우에, 외국의 수출업자가 자신의 상품 또는 자국의 상품에 대하여 일정금액 이상의 '대응수입신용장'을 발행하는 경우에 한하여 당해 수입신용장이 유효하다는 조건을 붙인 신용장을 말한다. 즉, 신용장의 발행과 동시에 신용장의 효력이 발생하는 것이 아니라, 대응수입신용장이 발행되어야 비로소 그 효력을 발생하는 조건부신용장이다.

광의의 동시개설신용장은 이러한 연계무역에만 국한되지 않고 전대신용장에 대한 보증신용장, 국내회사의 해외지점이 수입신용장의 발행을 담보로 제공하는 보증신용장, 내국신용장 그리고 해외의 원자재 수출업자에게 발행해 주는 제2의 신용장(baby credit) 등을 전제하는 신용장의 의미로 사용될 수도 있다.

A와 B가 구상무역을 하는 경우에, A가 B 앞으로 수입신용장을 발행하면서 동시에 B가 이 신용장에 상응하는 금액의 신용장을 발행하여야만 신용장의 효력이 있다는 조건을 신용장상에 삽입한다. 만약에 B가 대응하는 신용장을 발행하지 않으면 A가 B 앞으로 발행한 신용장은 그 효력이 상실된다. B가 A 앞으로 반대의 신용장을 발행하면 수출과 수입이 자동적으로 같게 되므로 이 신용장은 구상무역을 이행하는 수단으로 사용되고 있다. 물품이 귀한 제2차 세계대전 중에 미국에서 제

조업자가 수출업자에게 요구하게 된 Local L/C를 지칭하였기 때문에 동시개설신용장이라는 용어가 원수출신용장에 근거하여 발행되는 내국신용장(local credit)을 의미하는 것으로 사용되기도 한다.

동시 · 동액 발행조건의 예시는 다음과 같다.

"This Letter of Credit shall not be available unless and until standard prime banker's irrevocable Letter of Credit in favor of ×× Company, Seoul for account of YY Company, New York for an aggregate amount of USD500,000 have been established pursuant to the contract No.111 for the export of the goods described as follows."

"이 신용장은 아래와 같은 물품의 수출계약서 제111호에 따라 서울의 ××사를 수익자로 하고 뉴욕의 YY사를 발행의뢰인으로 하는 일류은행의 취소불능신용장이 총액 50만 달러까지 발행되지 않는 한 그 효력을 갖지 아니한다."

## 2) 기탁신용장

기탁신용장(escrow credit)은 수입업자가 수입신용장을 발행하는 경우에 신용장의 한 조건으로 당해 신용장에 의하여 발행되는 환어음의 매입대금을 수익자에게 지급하지 아니하고 상호약정에 따라서 수익자명의의 기탁계정(escrow account)에 기탁하여 두었다가, 그 수익자가 원신용장 발행국으로부터 수입하는 물품의 결제대금에만 사용하도록 명시된 신용장을 말한다.

원래 'escrow'라는 의미는 특정물을 제3자에게 기탁하고 일정조건이 충족된 경우에 상대방에게 교부할 것을 의뢰하는 일종의 신탁행위를 말한다. 이처럼 특정물을 채권자의 명의로 제3자(은행)에게 예치할 때 그 계정을 기탁계정이라고 한다. 따라서 이 경우 최초의 수입업자는 결제자금을 굳이 현금으로 입금하지 않고 지급보증서 등으로 대체입금하여도 가능하며 이렇게 될 경우 수출입 쌍방은 현금결제 없이 신용장의 발행만 반복하는 것으로서 교역의 목적을 달성할 수 있게 된다.

따라서 기탁신용장은 동시발행신용장보다 물품 선택액의 미사용 잔액이 남을 수가 있는데, 총금액의 1% 미만이나 USD1,000 미만 정도의 소액은 현금으로 지급될 수 있다. 그리고 당사자 간에 이에 대한 별도의 약정이 없는 한, 수입업자는 수익자 명의의 기탁계정 약정에 의하여 매입은행, 신용장발행은행 또는 제3국에 소재하고 있는 환거래은행 중에서 어느 곳이나 계좌를 설치하여 운용할 수 있다.

기탁신용장 기재문구의 예를 들면 다음과 같다.

"It is a further condition of this credit that the proceeds of same remain blocked at your bank in a special account in the name of the beneficiary for account of XYZ till fulfillment of irrevocable undertaking of the beneficiary to use the funds of this letter of credit exclusively for the goods mentioned above."

"이 신용장의 대금은 위에 언급한 물품에만 사용한다는 수익자의 취소불능한 약정이 이행될 때까지 XYZ의 부담으로 하여 수익자 명의로 발행된 귀행의 특별계정에 이 대금이 예치되어야 하는 것이 이 신용장의 추가조건이다."

### 3) 토마스신용장

수출입업자 양 당사자 간에 서로 같은 금액의 신용장을 개설하는 데 있어서 한쪽은 먼저 신용장을 발행하고 상대방은 동일한 금액을 일정기간이 지난 후에 신용장을 개설하겠다는 보증서를 제출하여야만 상대방에서 내도(來到)된 신용장이 유효한 조건의 신용장을 토마스신용장(TOMAS credit)이라고 한다.

이 신용장은 일본과 중국 간의 구상무역거래에서 생성된 것으로 'TOMAS'란 용어는 최초로 이러한 방식을 사용하여 중국과 거래를 성사시킨 일본 무역회사의 전신약호에서 유래한 것이다. 특히 선수출 · 후수입의 경우를 'TOMAS Credit'이라고 하며 선수입 후 수출의 경우를 Reverse TOMAS Credit'이라고 한다. 이러한 방식의 신용장은 수출국의 수출품은 확정되었지만 그 대가로 수입할 상품이 결정되지 않은 경우에 이용된다.

토마스신용장은 본래 Back to Back Credit의 한 유형이며 양자는 Counter L/C의 발행조건이 Back to Back Credit에서는 신용장 자체에 명기되는 데 반하여, 토마스신용장에서는 수출업자가 제공하는 별도의 보증서에 나타난다는 데 차이가 있다.

어느 한쪽에서 볼 때 수출신용장을 먼저 받게 되면 이를 'TOMAS Credit'이라고 하지만, 수입신용장을 먼저 발행하게 되면 'Reverse TOMAS Credit'이라고 한다.

일반적으로 TOMAS Credit상에서 기재되는 문언은 다음과 같다.

"This credit shall be available upon receipt by us of your secured irrevocable stand-by credit for which you would issue and advise to us a relative documentary credit in favor of Korean Trading Co., for the account of American Trading Co., in the amount of U.S. Dollars 100,000 according to the terms and conditions of the contract No. 1234 dated January 5, 2021 between the said two parties."

## 4. Cargo Receipt Credit

원양어선 등이 공해(公海)상에서 포획한 수산물을 직접 해외거래선에 인도할 경우에는 성질상 객관적인 위치에 있는 제3자 발행 운송서류를 구할 수 없으므로 선화증권 대신에 거래선으로부터 물품인수증(cargo receipt)이나 확인서 등을 받게 되며, 원양어선 선장으로부터 이러한 서류를 전달받은 본사는 환어음에 동 서류를 첨부하여 거래은행에 제출함으로써 매입의뢰(negotiation)를 하게 된다.

이와 같은 신용장을 Cargo Receipt Credit이라고 하며 신용장상에 기재되는 문언은 "Cargo receipt stating(certifying) that the applicant for the credit(or buyer) has duly received the undermentioned merchandise."라고 기재된다.

## 5. 내국신용장

내국신용장은 Baby L/C라고도 하며 외국에서 원 · 부자재를 수입하여 제조 · 가공한 후 상품을 수출하고자 할 때 원래 받은 신용장(master L/C)에 대해서 원 · 부자재 수입용으로 새로이 발행되는 신용장을 말하며, 국내에서 조달될 때는 내국신용장(local credit)이라 한다.

Local L/C(내국신용장 혹은 국내신용장)는 원신용장의 수익자인 국내 수출업자가 국내에 있는 원자재(원료공급자)와 완제품(하청업자) 등의 물품공급업자에게 자기가 받은 신용장(master L/C)을 근거로 자기의 거래은행으로 하여금 새로운 신용장을 발행하도록 요청하는데, 이때 발행된 신용장을 말한다.

이 신용장의 발행목적은 공급업자에 대한 물품대금의 지급을 은행이 보장함으로써 원자재 및 완제품의 국내조달을 촉진하고 수출물자의 생산공급을 원활하게 하기 위한 것이다. 내국신용장거래에서 발행은행은 공급자의 물품대금지급을 보증한다. 따라서 내국신용장의 주요 기능은 무역금융을 취급하기 위한 수단이므로 내국신용장거래와 관련해서는 신용장통일규칙보다 국내규정인 '무역금융 관련 규정'이 우선 적용되며, 이때 수출지 수익자의 거래은행이 발행하는 신용장을 Local, Domestic Secondary, Subsidiary Credit이라 하고, 원수출업자를 수익자로 한 원신용장을 Original, Prime, Master Credit이라고 한다.

### 참고 신용장과 추심의 차이점

① **수입대금의 지급책임자 :** 신용장거래 시는 신용장은 기본계약과는 별도로 발행은행과 수출업자 간의 계약이므로 발행은행은 이에 대한 법적 책임을 부담한다. 추심결제에서는 지급책임자가 수입업자이므로 수입업자가 수입대금을 추심은행에 지불하지 않을 경우 추심은행은 그 사실만 수출업자에게 통보하면 되지 그 이상의 책임을 부담하지 않는다.

② **화물의 소유권과 관련한 법적 의미 :** 추심결제 시는 수입업자가 추심대금을 결제하기 전까지는 화물의 소유권이 수출업자에게 남아 있다. 수입업자가 대금결제를 하지 않을 경우 추심은행은 서류를 추심의뢰은행으로 송부하여야 하며, 추심은행은 추심업무의 수임자로서의 역할만을 수행한다.

③ **은행에 지불하는 수수료 :** 신용장거래의 경우 수출업자, 수입업자가 은행에 납부해야 하는 수수료가 종류 및 금액에서 D/P, D/A거래보다 훨씬 더 많고 다양하다.

④ **서류심사의무 :** 신용장의 경우 은행은 수출업자가 제출한 서류가 신용장조건과 일치하는지의 여부를 일일이 확인하여야 하지만, D/P, D/A에서는 은행이 지급책임을 지는 것이 아니므로 서류의 내용 심사를 할 의무가 없다. 추심의뢰은행은 수출업자로부터 서류를 받으면 서류목록이 추심의뢰서에 기재된 목록과 일치되는지의 여부만 점검하고 서류의 내용은 심사하지 않는다.

⑤ **환어음상의 지급인(drawee) :** 신용장상에서 수출업자가 발행하는 환어음상의 지급인은 반드시 은행(발행은행, 상환은행, 지정은행)으로 표시되어야 하지만 D/P, D/A에서는 지급인이 수입업자로 표기된다.

Chapter 10

# 신용장 서류심사

제1절 | 신용장 서류심사의 원칙
제2절 | 선적서류

# 제1절 신용장 서류심사의 원칙

수익자가 대금을 회수하기 위하여 은행에 제시한 서류가 신용장조건에 일치하는지의 여부에 대한 판단은 신용장거래의 당사자에게 있어 가장 중요한 관심 사항 중의 하나이다. 일치하지 않는 경우를 '하자(discrepancy)'라고 하는데 이는 곧 '지급거절(unpaid)'의 사유가 되기 때문이다. 은행의 일치 여부에 대한 판단은 'UCP 600' 및 'ISBP 681' 등의 국제규칙이 정한 Guide Line을 따르고 있으나, 이는 포괄적인 기준을 제시하고 있을 뿐 모든 개별 사안에 꼭 들어맞는 정답이 있는 것은 아니다. 따라서 은행의 서류의 일치성에 대한 판단은 각종의 국제규칙과 이에 대한 유권해석 및 각국 법원의 판례 등을 참고하여 판단한다.

## 1. 엄밀일치의 원칙

엄밀일치의 원칙(doctrine of strict compliance)이란 은행이 제시된 모든 서류가 신용장조건과 완전히 일치하여야만 서류를 수리한다는 원칙을 의미한다. 즉, 은행이 신용장조건에 엄격히 일치하지 않는 서류를 거절할 수 있는 권리를 가지고 있다는 법률적 원칙을 엄밀일치의 원칙이라고 한다.

신용장거래에서는 대금지급이 단지 서류와의 상환으로 이루어지기 때문에 은행이 잘못 판단하면 발행은행이나 발행의뢰인의 의사에 반하여 대금지급이 이루어지는 결과를 초래할 수도 있다. 따라서 은행의 서류심사기준은 엄격하게 적용할 필요가 있는데, 수익자에 의하여 제시된 서류가 신용장조건과 완벽하게 일치되어야 대금지급이 이루어진다는 원칙을 엄밀일치의 원칙이라 한다.

신용장거래에서 은행은 모든 신용장에서의 지시사항을 엄격히 준수하여야 할 책임을 지고 있다. 이런 관점에서 은행은 서류상 미비하거나 그 조건에서 강조하고 있지 않은 중요하지 않은 부분에 이르기까지 신용장조건에 엄격히 일치하지 않는 경우에는 이를 거절하여야 한다.

## 2. 상당일치의 원칙

상당일치의 원칙(doctrine of substantial compliance)이란 은행이 서류가 신용장의 조건과 상당히 일치하고 커다란 하자가 없으면 그러한 서류를 인수하는 것을 말한다.

이는 엄밀일치의 원칙을 다소 완화한 것으로 제시된 서류가 신용장상의 제반조건과 상호 모순되는 내용이 아니고 어느 정도까지 일치하면 은행은 그러한 서류를 인수하여 대금지급을 할 의무가 있다고 하는 원칙으로서 실질일치의 원칙이라고도 한다.

엄밀일치의 원칙은 계약내용을 정확하게 인지하고 있는 수출업자가 작성하는 서류인 상업송장에만 적용하고, 운송인이 발행한 운송서류, 보험자가 발행한 보험서류 등과 같이 수출업자가 아닌 다른 당사자들이 발행한 서류들은 상호 모순되지 않고 그다지 커다란 하자가 아닌 경우에 이를 대금지급 거절을 위한 방편으로 악용되는 것을 막기 위하여 상당일치의 원칙이 인정되고 있다.

신용장통일규칙 제14조의 e항 규정과 제18조 c항의 규정은 엄밀일치의 원칙을 다소 완화하여 서류가 내용상 신용장조건과 상호 모순되는 내용이 아닌 한 어느 정도까지 일치하면 은행은 이를 지급할 의무가 있다고 하는 실질일치의 원칙을 나타내고 있다.

만일 신용장에서 요구하는 선화증권이 'as per pro-forma invoice' 또는 'as per contract description'과 같이 되어 있으면 선화증권에 표기해야 하는 상품명만도 수 페이지에 달할 수 있으므로, 종래의 엄밀일치 원칙을 상업송장에만 귀착시키고 다른 서류들은 명백히 모순되거나 반대되지 않는 한 은행의 서류수리를 규정함으로써 신용장거래의 원활화를 기하려 하는 것으로 여겨진다. 엄밀일치의 원칙을 옹호하는 입장에서는 은행의 자의적인 판단이 엄밀일치 원칙의 근본을 해한다는 입장에서 엄밀일치 원칙의 완화에 대한 비판도 많다. 엄밀일치 원칙의 모순은 서류의 불일치사항이 경미하거나 부분적인 사항의 사소한 불일치가 있어도 대금지급을 거절하게 되며, 또한 서류는 엄격하게 일치하지만 서류가 허위로 작성된 경우에도 지급하여야 하는가의 문제점에 있다.

## 3. 사기거래배제의 원칙

### 1) 사기거래배제 원칙의 정의

사기거래배제의 원칙(fraud rule)은 신용장의 독립 · 추상성의 원칙과 상반되는 원칙으로서 비록 서류가 신용장조건에 일치하더라도 위조 또는 사기에 의해 허위로 작성된 서류라는 것이 밝혀지면 은행은 이를 수리할 의무가 없으며 지급을 거절할 수 있다는 것으로 특별한 경우에만 인정되는 예외규칙이다.

지급금지명령(injunction)이란 신용장발행은행에 대금지급을 금지하는 법원의 결정을 의미한다. 그러나 이것은 신용장거래가 서류거래라는 대원칙을 훼손하는 것이므로 지급금지명령 적용은 엄격히 제한되어야 한다. 만약 발행의뢰인이 법원에 수익자로 하여금 서류의 제시를 못하게 하거나 은행에 지급을 금지하기 위한 가처분을 신청하는 경우, 법원은 가처분을 내리기 전에 명백한 사기의 증거(clear proof of fraud)를 요한다는 판례가 있다. 또한 만약 수익자의 행동이 매매계약을 무효화시킬 정도가 아니라면 의도적인 기망이 있고 외면적인 행위가 부족(lack of colorable basis)하였다고 할지라도 대금의 지급거절을 정당화할 수 없다는 판례도 있다.

신용장통일규칙의 경우에는 사기나 위조에 관한 규정을 마련하고 있지 않기 때문에 지급정지 가처분명령은 신용장의 본질을 훼손하는 것으로 볼 수 있다. 수입업자 보호라는 미명하에 법원이 발행은행에게 지급정지 가처분명령을 남발한다면 신용장의 기본원리인 독립 · 추상성은 아무 의미가 없게 되고 매입은행이 매입을 거절할 가능성이 있게 될 것이다.

법원의 지급금지명령은 수입업자를 보호한다는 취지는 인정하지만, 발행은행의 대금지급 이전일 것, 수출업자의 사기행위에 대한 명백하고 확실한 증거가 존재할 것, 매입은행의 피해가 없을 것 등의 요건을 갖춘 경우에 한정하고 적용되어야 할 것이다.

제시된 서류가 위조 · 변조되었거나 신용장대금 지급청구가 사기일 경우에는 일정한 요건하에 발행은행은 지정은행의 대금상환이나 수익자의 지급청구를 거절할 수 있고 또한 거절하도록 제한할 수 있다는 것이다. 이를 이른바 사기거래배제의 원칙(fraud rule)이라 하는데, 독립성의 원칙에 대한 예외로서 이를 인정하는 이유는 사기적인 청구를 하는 수익자의 부당이득을 방지하고자 하는 데 그 목적이 있다.

신용장의 '독립 · 추상성의 원칙'은 신용장거래의 골격을 이루어 왔다고 할 수 있으나, 국제무역거래에서 수익자가 발행의뢰인에게 기본계약에 따른 의무를 이행하지 않았음에도 불구하고 사기에 의한 방법으로 위조 · 허위의 방법으로 신용장조건에 일치하는 완벽한 서류를 제시한 경우에 독립 · 추상성의 원칙에 의해 물품대금을 지급하여야 하는 불합리한 경우도 발생할 수 있다.

신용장거래가 서류상의 거래이며, 서류의 진위판단과 관련된 은행의 면책을 악용하려는 파렴치한 행동을 방지하기 위하여 발행은행은 사기행위에 대한 명백한 증거가 있는 경우 신용장상의 조건과 일치하는 서류에 대하여 지급을 거절할 수 있다는 판례가 있다. 이는 신용장제도를 악용한 지급청구행위에 대처하기 위한 수단으로 강구되었지만, 은행의 공신력을 감안하면 명백한 증거가 뒷받침해 주는 경우에 한하여 사용되어야 한다. 따라서 차선책으로 법원으로부터 지급정지명령을 받아 대금지급을 거절하면 은행의 공신력도 유지하면서 사기적 지급청구에 대처하는 방안이 될 것이다.

### 2) 사기거래배제 원칙의 성립요건

신용장거래에서 사기거래배제의 원칙이 성립되기 위해서는 사안에 따라 다양한 요건이 필요하지만 일반적으로 다음의 요건이 충족되어야 한다.

첫째, 사기가 성립되기 위해서는 부실표시(false representation) 또는 허위로 조작되거나 상대를 속이려는 의도가 있어야 한다. 신용장거래에서의 사기는 신용장에 요구된 서류를 수익자가 위조 · 변조시키는 서류상의 사기(fraud in the documents)가 많다.

실제의 사실이 명백한 사기이며 또한 그것이 명백한 증거로 입증되어야 한다. 예를 들어, 거래상품을 '청주'로 약정하였는데 '바닷물'을 선적하였거나, 신품의 권투

장갑을 약정하였는데 '곰팡이가 난 장갑'을 선적한 경우에는, 이는 명백한 사기가 된다.

둘째, 서류의 사기는 발행은행이 서류를 지급거절하기 이전이나 법원의 지급금지명령을 내리기 이전에 발생되었어야 한다. 즉, 신용장의 사기가 명백히 입증된 경우에만 신용장 독립 · 추상성의 원칙에 예외가 될 수 있다는 견해와 같은 것이라고 할 수 있다.

그러므로 사기가 발생한 뒤 그 사기로 인하여 지급금지명령을 획득할 수 있는 것이지, 앞으로 발생할 수 있거나 또는 사기의 가능성만으로는 지급금지명령을 획득할 수는 없게 된다.

## 4. UCP 600의 서류심사기준

지정은행, 확인은행 및 발행은행은 서류가 문면상(on their face) 일치하는 제시(신용장의 제조건, UCP, ISBP의 적용가능한 규정에 따른 제시)를 구성하는 일치성을 결정하기 위하여 서류만을 기초로 하여 심사하고, 심사기간은 서류제시일의 다음 영업일을 기산일로 하여 제5영업일(five banking days) 이내이다. 하나 또는 그 이상의 운송서류의 원본을 포함하는 제시는 이 규칙에서 규정하고 있는 선적일 후 21일보다 늦지 않게 수익자에 의하여 또는 대리하여 이행되어야 하며, 어떠한 경우에도 서류제시는 신용장 유효기일 이내에 제시되어야 한다.

서류 자체의 자료 간의 상충, 기타 모든 서류 상호 간의 상충 또는 신용장의 제조건과 상충이 있어서는 안 된다. 상업송장 이외의 기타 모든 서류의 물품, 용역 또는 이행의 명세는 신용장상의 명세와 상충되지 아니하는 일반용어로 기술될 수 있다. 기본서류 이외의 다른 서류의 발행인 또는 자료내용을 명시하지 않은 경우 신용장상의 자료와 상충되지 않는다면 은행은 그 서류를 제시된 대로 수리한다.

신용장에서 요구하지 않았으나 제시된 서류는 무시되고 제시인에게 반환할 수 있다. 신용장이 제시되어야 하는 서류를 명기하지 않고 조건만을 포함하고 있는 경우에 은행은 그러한 조건은 명기되지 않은 것으로 간주하고 이를 무시한다. 서류는 신용장의 발행일자보다 이전의 일자가 기재될 수 있으나, 그 서류의 제시일(date of presentation)보다 늦은 일자가 기재되어서는 안 된다.

서류상에 기재된 수익자 및 발행의뢰인의 주소는 신용장 또는 기타 모든 명시된 서류상의 이들 주소와 동일할 필요는 없지만, 신용장에 언급된 각각의 주소와 동일한 국가 내에 있어야 하며, 수익자 및 발행의뢰인의 주소의 일부로서 기재된 연락처명세가 명기된 경우에 이들 명세는 무시된다. 그러나 발행의뢰인의 모든 주소 및 연락처명세가 UCP 제19조(복합운송서류), 제20조(선화증권), 제21조(비유통성 해상화물운송장), 제22조(용선계약선화증권), 제23조(항공운송서류), 제24조(도로, 철도 또는 내륙수로 운송서류) 또는 착화통지처(notify party) 명세의 일부로서 보이는 경우에는 이러한 주소 및 연락처명세는 신용장에 명시된 대로 기재되어야 한다.

모든 서류상에 표시된 물품의 선적인(shipper ; 송화인) 또는 탁송인(consignor)은 신용장의 수익자일 필요는 없다. 운송서류가 신용장통일규칙의 제19조, 제20조, 제21조, 제22조, 제23조 또는 제24조의 요구조건을 충족시킨다면 그 운송서류는 운송인(carrier), 선주(owner), 선장(master) 또는 용선자(charterer) 이외의 모든 당사자에 의하여 발행될 수 있다.

### 1) 은행의 서류심사

은행이 선적서류가 신용장조건과 일치하는지 여부를 심사할 때 기준은 신용장통일규칙과 '국제표준은행관행(International Standard Banking Practice : ISBP)'에 따라 신용장에 명시된 서류만을 심사한다. 은행의 서류심사와 수리 여부 결정은 선적서류를 영수한 익일로부터 '제5영업일' 이내에 이루어져야 한다. 신용장에 서류의 지정 없이 조건만을 명시한 경우 그러한 조건은 없는 것으로 간주한다. 따라서 Stand-by Credit에서도 차용증 등 서류의 제시가 요구된다. 신용장조건과 불일치한 서류가 제시된 경우 발행은행은 발행의뢰인과 하자 있는 서류의 수리 여부(권리포기 ; Waiver of Discrepancy)를 교섭할 수 있다.

### 2) 은행의 면책

국제무역거래에서 거래은행의 역할은 본래 상품거래에서 야기하는 모든 위험을 담보해 주는 데 있는 것이 아니고, 대금결제의 위험을 제거하여 상품거래를 원활히 하는 데 있다. 신용장통일규칙 제34조의 내용처럼 은행은 신용장거래에 관계되는 모든 상품거래의 관습이나 특수사정을 전부 인지할 필요는 없으나 신용장에서 요구된 서류들을 확인할 수 있을 정도로 충분히 서류들을 검사할 의무는 있다고 할 수 있다.

따라서 이러한 관점에서 은행은 다음과 같은 심사의무는 면책된다.

#### (1) 서류 자체의 형식

은행은 서류 자체에 관하여 모든 서류의 형식(form), 충분성(sufficiency), 정확성(accuracy), 진정성(genuineness), 허위성(falsification) 또는 법적 효력(legal effect)에 대하여 또한 서류에 명시되거나 또는 이에 부가된 일반조건(general conditions) 및 특수조건(particular conditions)에 대하여 어떠한 책임이나 의무를 부담하지 아니한다. 따라서 문면상 식별할 수 없는 위조나 변조로부터 보호받는다.

#### (2) 서류의 진정성, 위조 및 법적 효력

서류의 진정성, 위조 또는 법적 효력에 대해서는 신용장거래의 실무면에서 종종 관계 당사자 간의 쟁점이 되어 경우에 따라서는 신용장거래의 근간을 흔드는 사태를 초래할지도 모르는 문제이지만, 신용장통일규칙은 이 점에 대해서 은행의 면책을 명확히 규정하여 은행면책규정의 핵심을 이루는 것이라고 말할 수 있다.

진정성이란 서류의 내용에 허위의 기재가 없고 진실의 상태를 기재하고 있어 서류 그 자체가 실물을 그대로 표시하고 있다는 것을 의미한다. 위조란 그 서류의 작성에 대한 권한을 갖고 있지 않은 자가 마치 그것이 진정으로 유효한 것처럼 위장하여 서류를 작성하는 행위를 의미하지만 여기에는 권한이 없는 자가 서류를 변경하는 행위, 즉 변조도 포함된다고 해석할 수 있다. 그리고 법적 효력이란 제시된 환어음 및 부속서류가 각각의 관계법규에서 요구하고 있는 형식을 완전히 갖추고 있으며 또한 내용적으로도 유효한 것을 의미한다.

그러므로 서류의 진정성, 위조 · 변조 및 법적 효력에 대해서는 문면상으로 보아 이상이 있다고 인정되지 않는 한, 은행은 이들에 대하여 음미하여 심사할 의무는 없으며, 아무런 책임과 의무도 부담하지 않는다고 해석하여야 할 것이다.

그러나 서류가 변조된 사실을 미리 알았거나 또는 쉽게 알 수 있었음에도 불구하고 통상 행해지는 정도의 점검을 하지 않는 등 은행 측이 의무를 태만(negligence) 하는 경우에는 면책되지 아니한다.

### (3) 서류문면상의 일반적 · 특수조건에 대한 면책

은행은 제시된 서류상에 인쇄된 일반적 조건 및 부가적으로 삽입된 일반적 조건 또는 특수조건(general and/or particular condition)에 대해서도 어떠한 책임을 부담하지 아니한다.

선화증권을 포함한 운송서류 또는 보험서류에 인쇄된 보통약관 및 따로 부기된 특수약관의 내용에 대하여 전문적 지식이 없는 은행에 조사할 의무를 부담시키는 것은 대단히 어려운 일을 강요하는 것이 된다. 많은 업무를 신속하게 처리하여야 되는 은행의 입장 및 신용장거래의 실상을 고려하여 일반 · 특수조건에 대해서도 은행의 면책을 명확하게 규정하고 있다. 다만, 운송서류 등에 삽입된 조항이 신용장조건 또는 신용장통일규칙을 명백히 위반하고 있음에도 불구하고 은행이 이를 발견하지 못한 경우까지 은행이 면책되는 것은 아니라는 점에 주의할 필요가 있다. 예를 들어, 신용장이 Clean on Board Marine B/L을 요구하고 있음에도 불구하고, 적재화물 또는 포장에 하자가 있다는 부가문언이 있는 소위 Foul B/L을 수리한 경우에는 은행이 면책을 주장할 수 없다.

### (4) 물품의 명세 · 가치 · 실존 여부에 대한 면책

은행은 서류에 기재된 물품의 명세 등에 대하여, 즉 물품에 대한 정확한 표시, 수량, 중량, 품질의 실태, 물품의 현상과 포장 등의 실상, 물품이 현실적으로 존재하고 있다는 것 또는 그 가치가 표시된 대로 있다는 것 등에 대해서도 책임을 지지 않는다. 이러한 면책을 지지한 판례가 많다.

### (5) 서류의 작성, 발행자에 대한 면책

신용장에 따라 은행에 제시되는 서류에는 수익자 자신이 작성하는 상업송장, 운송인이 발행하는 운송서류, 보험자가 발행하는 보험서류, 각종 검사기관이 발행하는 검사증명서 등이 있다.

은행은 신용장거래 특성에 의해 매매계약과는 별개의 서류거래라는 점에서 물품거래에 관련된 운송계약 또는 보험계약상의 당사자는 아니다. 따라서 은행은 신용장의 거래 당사자로서의 범위 내에서만 책임과 의무를 지므로 명백히 각 서류가 가리키는 기타 계약에서의 당사자에 관한 일에 대해서는 면책된다.

따라서 물품의 매매계약, 운송계약 또는 보험계약의 당사자가 아닌 은행은 계약 당사자인 송화인, 운송인, 보험자 등의 성실성(good faith), 작위 또는 부작위(acts and/or omissions), 지급능력(solvency), 이행능력(performance) 또는 신용상태(standing) 등에 대해 아무런 의무나 책임도 추궁당하지 아니한다.

그러나 위조된 선적서류를 은행에 제출하는 자가 환어음의 발행인인 수출업자라면 이는 은행과의 계약을 위반한 것이 되며, 이에 대해 은행이 착오로 대금지급을 한 경우에도 이를 상환받을 수 있다.

## 3) 서류의 일치성에 대한 판단

제시된 모든 서류는 신용장의 조건과 문면상으로 일치(compliance)하여야 한다. 그러나 그 일치의 정도는 자료가 동일할 것을 요구하는 것은 아니다. 상업송장(commercial invoice)의 상품명세(description of the goods)는 신용장상의 상품명세와 엄격히 일치하여야 한다. 그러나 상업송장 이외의 다른 모든 서류에 표시되는 상품명세는 신용장의 상품명세에 저촉되지 않는 일반적인 용어로 표시할 수 있다.

제출된 서류 상호 간의 정보가 충돌하는 경우에는 하자로 간주한다. 제시된 서류 중 신용장에서 요구되지 않은 서류는 심사할 필요가 없으며 이는 무시할 수 있다. 신용장상에 명시적으로 언급되지 않은 사항이라 하더라도 UCP, ISBP, ICC Opinions & Decisions 등에 위배되는 사항이 있는 경우에는 하자로 간주된다.

### 4) UCP 및 ISBP에서의 서류심사

UCP 및 ISBP상의 서류심사의 경우 다음 경우는 하자로 간주되지 않는다.

① 단어 또는 문장의 뜻에 영향을 미치지 않아 그 내용에 오해의 소지가 없는 단순한 오 · 탈자는 하자로 보지 않는다.

(예시) 단순오탈자 : machine/mashine, fountain pen/founfain pen modle/model 등

(예시) 조건불일치 : model no.123/model no.113, Weight 83.162 MT/Weight 88.162 MT 등

② 일반적으로 인정되는 약어의 사용은 하자로 보지 않는다.

(예시) limited⇒ltd, international⇒int'l, company⇒co, industry⇒ind, manufacture⇒mfr 등

③ 신용장의 내용에 저촉되지 않는 한, 정보의 질을 높이는 추가기재는 하자로 보지 않는다. 그러나 그 내용이 무엇인지에 따라 하자로 간주될 가능성도 배제할 수 없으므로 가급적 불필요한 추가정보는 기재하지 않는 것이 바람직하다.

④ 제시된 서류의 실질적인 내용이 신용장에서 요구된 서류의 기능을 완수하고 있다면 제목을 표기하지 않았거나 또는 유사한 의미의 다른 제목으로 표기되어 있어도 하자로 보지 않는다.

⑤ 운송서류(B/L, AWB 등)의 'Consignee' 및 'Notify Party'란 이외에 다른 서류상에 기재된 'Applicant' 또는 'Beneficiary'의 '주소 및 연락처와 반드시 동일하여야 하는 것은 아니며, 단지 '신용장'에 기재된 주소와 '동일한 국가' 내에 위치하기만 하면 이는 하자로 보지 않는다.

## 5. 전자신용장 통일규칙

### 1) eUCP의 적용범위

eUCP가 적용되는 경우 그 조항이 UCP의 적용과 다른 결과를 낳을 수 있는 경

우에는 eUCP의 적용이 우선한다. 수익자가 종이문서 또는 전자기록의 제시 및 종이문서 제시를 선택하는 것을 허용할 경우, eUCP는 그와 같은 제시에 적용되며, 오직 종이문서만 허용될 경우 UCP가 적용된다.

## 2) 전자기록의 발행과 제시

전자적 수단에 의해 작성, 생성, 송신, 통신, 수신 및 저장이 가능한 자료를 전자기록이라고 한다. 전자제시에 있어서는 하나 또는 그 이상의 원본과 사본의 제시를 위한 요구는 하나의 전자기록 제시에 의하여 충족된다. 접수된 전자기록상 특정한 발행일자가 없는 한, 그 발행인이 그 전자기록을 '송신한 일자'를 발행일자로 간주한다. 그리고 접수일자도 분명하지 않는 경우에도 전자기록이 송신된 일자로 한다.

eUCP 신용장은 전자기록이 제시되는 형식(format)을 명시하여야 한다. 전자기록이 제시되는 형식을 명시하지 않는 경우에는 수익자가 임의로 선택한 어떠한 형식으로도 제시될 수 있다. eUCP에서는 전자제시를 위한 제시의 장소로서 전자주소(electronic address)를 명시하여야 한다. 전자신용장에서 전자기록과 종이서류를 함께 제시하도록 규정한 경우에는 신용장상에 전자기록 제시장소와 종이서류 제시장소를 모두 명시하여야 한다. 전자기록은 종이서류와 별도로 제시할 수 있으며, 종이서류와 동시에 제시될 필요는 없다.

전자기록의 송부 자체로는 제시하였다고 볼 수 없기 때문에 제시완료한 후에는 제시은행에 그 사실을 반드시 통지하여야 한다. UCP에서는 모든 약정서류는 신용장의 유효기일 이내에 지급, 인수 또는 매입은행에 제시하도록 규정하고 있다. 특히 운송서류를 요구하는 신용장의 경우에는 이러한 유효기일에 추가하여 선적일 이후부터 운송서류의 제시기한도 규정하여야 한다.

전자기록이 '수신되었다'는 의미는 그 전자기록이 정보시스템에 의해 수용가능한 형식으로 수신가능한 수신자의 정보시스템에 입력되는 시점을 의미한다. eUCP 신용장하에서는 은행에서 어떠한 전자기록의 접수확인은 그 전자기록을 수리했다거나 또는 거절했다는 것을 의미하지 않는다.

### 3) 전자기록의 심사

전자기록이 외부시스템과의 하이퍼링크(hyperlink)를 포함하거나 또는 외부시스템을 참조하여 심사될 수 있다고 명시하여 제시하는 경우에는 하이퍼링크 또는 해당 시스템에서의 전자기록은 심사되어야 하는 전자기록으로 간주한다. 심사를 위하여 제시된 전자기록이 훼손되었다면 은행은 제시인에게 그 사실을 통지하고 재제시를 요구할 수 있다.

은행에서의 서류심사는 경우에 따라 은행 내외부의 자동시스템을 통한 자동심사가 가능하다. 그러나 eUCP에서는 전자기록의 자동심사에 관한 규정은 없다. eUCP는 서류심사의 기간에 관해서는 개시일만 규정하고 있을 뿐, 그 기간은 규정하고 있지 않다. 반면 UCP 600에서는 "은행이 제시서류가 일치하는지 여부를 결정하기 위해서 제시익일부터 최대 제5은행영업일을 가진다."고 규정하고 있다.

### 4) 전자기록의 거절통지

eUCP에서는 거절통지의 개시일과 그 기간에 관해 규정하고 있지 않으나, UCP 600에서는 은행이 서류가 불일치한 경우에는 대금지급 또는 매입을 거절할 수 있으며, 또 독자적인 판단으로 개설의뢰인과 불일치사항에 대한 권리포기 여부를 교섭할 수 있다.

거절통지일로부터 30일 이내에 그 상대방으로부터 전자기록의 처분에 관한 아무런 지시를 받지 못한 경우, 은행은 이전에 반송되지 아니한 모든 종이서류는 제시인에게 반송하여야 하나, 전자기록은 아무 책임 없이 적절한 방법으로 처분할 수 있다고 규정하고 있다.

전자기록의 외관상 진정성을 점검함으로써 은행은 송신자의 신원, 정보의 근원에 대하여 책임을 부담하지 않거나 혹은 전자기록의 접수, 인증 및 확인을 위하여 상업적으로 수용할만한 자료처리절차를 사용해서 접수된 전자기록의 외관상으로 명백한 것을 제외하고는 정보의 완전성과 무변조성에 대한 책임을 부담하지 않는다.

## 제2절 선적서류

선적서류는 화물의 선적 및 선적과 관련된 여러 사실(포장, 원산지, 검사 중량 및 용적 등)을 증명하는 서류로서 수출업자가 수입업자에게 제공하는 서류이다. 신용장거래에서는 신용장에서 요구하는 서류들을 통칭하며, 환어음의 매입 시 요구하는 선적서류는 선화증권을 포함한 제반 서류들을 말한다.

선적서류의 기본서류에는 상업송장, 선화증권, 보험증권이 있으며, 선적서류 중에서 가장 기본적인 서류가 선화증권이다. 기본서류 이외에 상품의 종류, 거래습관, 각국의 통제법규에 따라 요구되는 보충서류들도 있는데, 포장명세서, 중량증명서, 원산지증명서, 검사증명서, 영사 또는 세관송장, 견적송장 등이 있다.

### 1. 선화증권

선화증권(bill of lading : B/L)이란 화주와 선박회사 간의 해상운송계약에 의하여 선박회사가 발행하는 유가증권이다. 선화증권은 선주가 자기 선박에 화주로부터 의뢰받은 운송화물을 적재 또는 적재를 위해 그 화물을 영수하였음을 증명한다. 그리고 동 화물을 도착항에서 일정한 조건하에 수화인 또는 그 지시인에게 인도할 것을 약정한 유가증권이다. B/L상에 기재된 화물의 권리를 구체화하는 것으로서 B/L의 양도는 바로 화물에 대한 권리의 이전을 의미한다. 화물을 처분하고자 할 때에는 반드시 관련 B/L을 가지고 있어야만 한다. 오늘날 국제무역에 있어서 대차결제수단의 국제적 관례는 통상 화환어음(documentary bill)이며 B/L은 동 환어음을 취결하는 데 상업송장 및 해상보험증권과 함께 그 기본이 되는 서류이다.

환어음을 매도할 때 제시해야 하는 서류가 선화증권이며, 신용장에 선화증권에 대한 규정을 다음과 같이 명시하고 있다. “Full set of clean on board ocean bill of lading made out to order of the shipper, blank endorsed, marked freight prepaid/collect notify accountee(buyer).”

선화증권에는 송화인(consignor)과 수화인(consignee)뿐만 아니라 수입국에 화물이 도착했다는 통지를 받는 사람(착화통지처 ; notify party)도 기재된다. 일반적으로 착화통지처는 수화인이 되지만 수화인의 대리인이나 은행이 될 수 있다.

선화증권은 운송계약서와 다르다. 운송계약서(charter party : C/P) 또는 용선계약서는 송화인과 운송인 사이에 운송약정을 열거한 계약 당사자 간의 서류이지만, 선화증권은 화물의 수령과 선적을 확인해주는 증거서류이다. 이러한 차이 때문에 운송계약서는 물권적 효력이 없고 제3자에게 양도가능하지도 않다. 반면에 선화증권은 물권적 효력을 가질 뿐만 아니라 제3자에게 양도가능한 유가증권이다.

### 1) 선화증권의 법적 성질

선화증권은 육상운송의 화물상환증보다 널리 쓰이며 해상운송에 있어 필수 불가결한 것으로 다음과 같은 특성이 있다.

① 요인증권성 : 화물의 수령 또는 선적되었음을 전제로 발행한다.

② 요식증권성 : 상법 등에서 정한 기재사항을 증권에 기재해야 한다.

③ 문언증권성 : 운송인이 선의의 B/L 소지인에게 B/L 문언에 대하여 반증할 수 없다.

④ 제시 · 상환증권성 : 화주가 목적지에서 화물인도청구를 할 때는 운송인에게 선화증권 원본을 제시하고 화물을 상환한다.

⑤ 인도증권성 : 선화증권 원본의 인도는 화물의 인도와 동일한 효력이 있다.

⑥ 처분증권성 : 화물에 대하여 B/L이 발행된 경우, 그 화물을 처분할 때에는 반드시 B/L로써 한다.

⑦ 지시증권성 : B/L 소지인이 배서의 방법으로 다른 사람을 B/L의 권리자로 만들 수 있는 법률상 당연한 지시증권이다.

### 2) 선화증권의 발행

선화증권은 일반적으로 3통을 한 세트(one full set)로 발행하는데 각 통은 내용이 동일하고, 동등한 효력을 가지기 때문에 화물의 인도 시 한 통을 제시하면 다른 선화증권은 무효가 된다. 선화증권의 발행절차는 다음과 같다.

① 송화인은 운송인에게 Invoice, Packing List, Shipping Request 등을 각각 1부씩 작성하여 제출하고 각 사본을 소지하고 있다가 선화증권 발행 시 대조한다.

② 운송인은 등록 검량회사에 검량한 후 검량회사 측의 증명서를 받는다.

③ 운송인은 적하 예약목록을 작성하여 본선과 선적업자에게 통지한다.

④ 운송인은 선적업자 또는 송화인에게 선적지시서(shipping order)를 교부한다.

⑤ 송화인은 선적이 완료되면 본선수취증(mate's receipt : M/R)을 본선에서 수취하여 운송인에게 제출한다.

⑥ 운송인은 M/R에 따라 선화증권을 송화인에게 교부한다.

⑦ 송화인은 거래은행에서 선화증권 및 선적서류를 제시하고 상품대금을 회수한다. 거래은행은 신용장발행은행으로 선화증권과 서류를 송부한다.

⑧ 신용장발행은행은 수화인에게 선화증권을 교부하고 대금을 지급받는다.

⑨ 수화인은 교부받은 선화증권을 운송인에게 제출하고 화물인도지시서를 교부받아 화물을 인도받는다.

### 3) 선화증권의 작성

① Shipper(송화인) : 성명 또는 상호를 기재하며 혼동이 예상될 때는 주소를 명기한다.

② Consignee(수화인) : T/T방식이나 D/P, D/A방식에서는 수입업자의 상호 및 주소가 기재되나 신용장방식에는 신용장상에 표시된 문구에 따라 'to order', 'to order of shipper', 'to order of 발행은행명' 등이 된다.

③ Notify Party(통지처) : 대개 신용장에 Notify Accountee라 기재되며 신용장 발행의뢰인, 즉 수입업자 또는 수입업자가 지정하는 대리인이 기재한다.

④ Ocean Vessel : 화물을 수송하는 해상운송 선박명이 기재한다.

⑤ Port of Loading : 화물을 선적하는 항구명 및 국명을 표시한다.

⑥ Place of Receipt : 운송인이 송화인으로부터 화물을 수취하는 장소로 'Busan CY', 'Busan CFS' 등으로 표기한다.

⑦ Voyage No(항차번호) : 운송선박의 운송회사나 선박회사가 임의로 정한 일련번호가 기재되는데 1항차는 출발항에서 목적항을 거쳐 출발항에 회항하는 것으로 한다. 수출, 수입의 구별을 위해 East, West, South, North 등을 표기한다.

⑧ Port of Discharge : 화물의 양륙항 및 국명을 기재한다.

⑨ Place of Delivery : 운송인이 책임지고 운송하여 수화인에게 인도해 주는 장소를 명기한다.

⑩ Final Destination : 화물의 최종목적지를 표시하나 선화증권에 운임이 계상되어 있지 않는 경우는 단지 참조사항이다. 그리고 복합운송이 아닌 경우에는 기재되지 않는 경우가 많다.

⑪ B/L No. : 선사가 임의로 규정한 표시번호를 기재한다. 통상 선적항과 양륙항의 알파벳 두 문자를 이용하고 번호를 일련번호로 쓴다. "BO−5001" : Busan−Osaka, "HMBU−9001" : Hamburg−Busan 등으로 표시한다.

⑫ Flag : 선박의 등록국적을 나타낸다. 해상 사고 시는 국제적 관계인 기국주의에 의한다.

⑬ Container No. : 화물이 적재되는 컨테이너 번호를 표기한다.

⑭ Seal No. : 화물이 적재된 컨테이너에 봉인을 하고 Seal No.를 표기한다.

⑮ No of CONT or other PKGS : 컨테이너 숫자나 기타 포장 개수를 기재한다.

⑯ Description of Packages and Goods : Packing List 및 Invoice에 기재된 상품의 내용을 열거 · 기재한다.

⑰ Gross Weight, Measurement : 등록 검량회사에서 검측된 중량 및 용적을 명기한다. Packing List, Invoice와 일치되지 않는 경우 Remark를 부기하여야 한다. 화물에 이상이 있으면 송화인에게 파손화물보상장(letter of indemnity : L/I)을 요구하여 첨부시킨다. 수출입의 경우 Packing List와 B/L이 상이한 경우 통관되지 않으므로 세심히 작성되어야 한다.

⑱ Freight and Charges : 상품의 운송에 따른 제반비용의 명세로 Freight,

CAF, BAF, CFS Charge, Wharfage 등이 통상 표기되며 Through B/L인 경우는 Inland Charge가 표시된다.

⑲ Revenue Tons : 중량과 용적 중에서 운임이 높게 계산되는 편을 택하여 표시한다. 즉, 총중량과 총용적에 각각의 운임단가를 곱하여 총중량의 운임이 총용적보다 클 경우는 'K/T', 총용적이 클 경우는 'CBM'을 표시한다.

⑳ Rate : Revenue ton당의 운임단가 및 CFS Charte, Wharfage, BAF, CAF의 Percent 등이 표시된다. Wharfage의 경우, 국내에서는 1톤 이하는 무조건 올림으로 산정하고 있어, 만일 7.001CBM이라면 8CBM으로 계산된다. Per는 용적단위 또는 중량단위로 표시하고 Full Container는 Van 단위로 표시한다. Prepaid Collect는 CIF조건의 수출일 경우는 Prepaid란에 운임을 계산하여 표시한다. FOB조건의 수출일 경우는 Collect란에 계산표시한다.

### 4) 선화증권의 종류

선화증권은 발행시점이나 발행주체, 사고유무, 수화인표시방법, 구간통합 여부 등에 따라 여러 종류의 선화증권이 있을 수 있다.

#### (1) 선적선화증권(shipped B/L, on board B/L)

화물이 선적된 후에 발행되는 선화증권이다. 증권의 전문이 "Shipped on board by the carrier~" 또는 "Shipped on board in apparent good order and condition~" 등으로 기재된다. 신용장이 항구 간(port to port) 선적을 커버하는 선화증권을 요구하는 경우, 이와 같이 화물이 선적되었거나 또는 본선 적재된 상태에서 발급된 선화증권이 제시되어야 한다. 선화증권의 발급일자가 선적일자로 간주된다. 따라서 증권의 발행일자가 본선적재일자(on board date)가 된다. 가격조건에서 가장 많이 사용되는 FOB와 CIF조건이 본선인도조건이므로 이 조건들에서 선적선화증권이 요구된다.

### (2) 수취선화증권(received B/L)

화물을 적재할 선박이 입항 중이거나 지정만 되어 있는 경우 선박회사가 화물을 수령하고 선적 전에 발행하는 선화증권이다. 이 선화증권은 선박회사의 부두창고에 우선 입고된다는 의미에서 일종의 부두수취증으로 발행하는 창고수취증이다. 증권에 "Received by the carrier from the shipper in apparent good order and condition~" 등으로 기재된다. 지정선박의 사정 또는 항만 물류 폭주에 의한 선적 지연 시에 송화인의 화환어음에 의한 금융편의를 제공할 목적으로 요구하는 경우가 있으나, 화물이 반드시 선적된다는 보장이 없으므로 은행은 신용장에서 달리 허용하는 명시가 없으면 수리하지 않는다.

### (3) 보관선화증권(custody B/L)

화물이 운송인에게 인도되었지만 선박이 도착하지 않은 경우 운송인에 의해 발행되는 선화증권이며, 선적 전에 발행하는 수취선화증권의 하나이다.

### (4) 집단선화증권(groupage/master B/L)

포워더(운송주선업자)가 여러 화주로부터 수집한 화물, 즉 혼재화물에 대해 선박회사가 포워더에게 혼재화물을 묶어서 1건으로 발행하는 증권이다. 이를 주종관계에서 주가 된다는 의미에서 주선화증권(master B/L)이라고도 하며, 화물을 일괄한다는 의미에서 옴니버스선화증권(omnibus B/L)이라고도 한다.

### (5) 혼재화물선화증권(house B/L)

포워더(운송주선업자)는 선박회사로부터 발급받은 집단선화증권을 근거로 여러 화주들에게 개별적으로 발행하는 증권을 혼재화물선화증권이라고 한다. 혼재화물선화증권은 포워더가 발행하기 때문에 포워더선화증권(forwarder's B/L)이라고도 한다. 은행은 이러한 선화증권을 신용장에 금지하는 특별조항이 없는 한 인수하게 된다.

### (6) 무사고선화증권(clean B/L)

화물을 선적할 때 화물의 포장상태나 수량, 내용물에 어떤 손상이나 과부족 없이 선적되었음을 표시하거나 비고란(remark)에 하자의 언급이 없이 발행하는 증권을 말한다. 무고장선화증권이라고도 하며, 증권면에 이상없음을 표시한다.

### (7) 사고부선화증권(foul B/L)

화물을 선적할 때 화물의 포장상태나 수량, 내용물에 어떤 손상이나 과부족이 있음을 비고란에 기재하여 발행하는 증권을 말한다. 화물 선적 당시에 화물의 포장상태 및 수량에 어떠한 손상 또는 과부족이 있으면 운송인은 그 내용을 증권상에 표기하며 이러한 증권을 Foul B/L 또는 Dirty B/L이라고 한다. 고장부선화증권이라고도 부르는데, 은행은 이러한 선화증권을 인수하지 않으므로 화주는 즉시 이상이 있는 화물을 대체하거나 재포장하여 무사고선화증권을 발급받아야 한다. 그런데 출항일이 임박하고 이를 해결할 수 없을 때에는 선박회사에 파손화물보상장(letter of indemnity : L/I)을 제출하고 무사고선화증권을 교부받아 은행에 인수시킴으로써 매입이 가능하게 된다.

### (8) 기명식 선화증권(straight B/L)

증권의 'Consignee'란에 수입업자의 성명 또는 상호가 기재되어 있는 증권이 기명식 선화증권인데, 발행인 배서금지의 문구가 기재되어 있지 않으면 배서에 의해서 양도할 수 있다. 그리고 Consignee란에 'To Order', 'To order of shipper', 'To order of Issuing Bank' 등의 문구가 기재된 증권을 지시식 선화증권(order B/L)이라 하며 이 경우는 배서를 통하여 양도가 가능하다.

### (9) 통과선화증권(through B/L)

해상과 육상을 교대로 이용하여 운송하거나, 둘 이상의 해상운송인과 육상운송인이 결합하여 운송할 경우 최초의 운송인이 전 구간의 운송에 대하여 책임을 지고 발행하는 운송증권이다. 통상 통과운송계약에 의해서만 발행된다.

### (110) 환적선화증권(transhipment B/L)

화물을 운송 도중 중도에서 다른 선박에 환적하여 복적지까지 운송하는 경우 발행되며 각 구간마다 운송인이 연서하여 공동으로 운송책임을 진다.

### (11) 복합운송선화증권(combined transport B/L)

수출국의 화물인수 장소로부터 수입국의 인도장소까지 육상, 해상, 항공 중 적어도 두 가지 이상의 다른 운송방법에 의해 수송되는 경우에 발행되는 운송증권이다. 이는 주로 컨테이너화물에 사용된다.

### (12) 기간경과선화증권(stale B/L)

선화증권은 선적이 완료되면 선적일자에 발행된다. 신용장방식 거래인 경우 수출업자는 상품대금을 회수하기 위해 발급일자 후 21일 이내에 매입은행에 선화증권을 제시하여야 한다. 그리고 신용장에서 제시기간을 정하고 있는 경우에는 그 기간 내에 제시하여야 한다. 이 기간 내에 제시하지 않은 선화증권을 Stale B/L이라 한다. 이 경우에 신용장에 'Stale B/L Acceptable'에 상당하는 문구가 없으면 은행에서 매입을 거절할 수 있다.

## 5) 선화증권의 조건

① Full Set : B/L은 분실의 위험 등을 감안하여 일반적으로 3통이 발행되며, 선박회사는 그중 1통만 제시하면 화물을 인도하므로 발행은행은 당해물품을 담보로 확보하기 위해 통상 Full Set(3통)를 요구한다.

② Clean B/L : 화물의 외관상 완전한 상태로 적재되었다는 것을 표시한 선화증권이다. 반대로 Foul B/L(dirty B/L)은 운송회사가 포장 등 외관상 불완전한 화물을 인수하였음을 B/L상에 기재한 것으로 Foul B/L은 은행에서 수리를 거절한다. 참고로 컨테이너 운송 시 FCL(full container load) 화물인 경우 운송회사는 화물의 상태를 알 수 없는 경우에 운송회사는 B/L상 물품의 명세란에 운송인 면책을 의미하는 'Shipper's Load & Count'라는 부지(不知)약관을

표시한다. 이러한 B/L도 Clean B/L로 간주한다.

③ On Board B/L : 선화증권은 선적 B/L(shipped B/L)과 수취 B/L(received B/L)이 있으며, Received B/L인 경우에 향후 선적부기(on board notation)를 추가한 선화증권을 말한다. 운송관행상 운송인은 화물이 CY(container yard)에 도착한 후에는 화물에 대한 관리 · 통제권이 없으므로 CY 도착 후부터 본선적재가 완료되는 시점에 On Board Notation을 추가하여 On Board B/L을 발행하고 있다.

④ Order B/L : 수화인(consignee)의 배서에 의하여 화물을 인도할 수 있는 선화증권이다. 신용장거래 시에는 통상 선화증권상의 수화인을 발행은행 지시식(to order of 발행은행)으로 발행한다.

⑤ Notify Party : 일반적으로 L/C 발행신청자인 수입업자가 되며 화물이 도착하면 운송회사는 Notify Party 앞으로 화물도착통지(arrival notice)를 한다.

### 6) 선화증권 대체 운송서류

B/L을 대신하는 운송서류로서는 복합운송서류(combined transport documents), 항공화물운송장(air waybill : AWB), 우편소포수령증(parcel post receipt), 화물수령증(cargo receipt) 등이 있다. 그러나 이들은 신용장상에 특별히 요구되지 않는 한 수리가 거절되며, 발행은행은 발행은행을 운송서류의 수취인으로 지정하여 물적 담보를 취하는 것이 통례이다.

신용장통일규칙 제6차 개정(UCP 600)에서 운송서류를 운송방식에 따라 해상선화증권, 비유통 해상화물운송장(sea waybill), 용선운송 계약부 선화증권(charter party B/L), 복합운송서류, 항공운송서류, 철도 · 도로 · 내수로 운송증권, 송달인 · 우편수령 증 등으로 세분화하고 있다.

① 해상선화증권 및 비유통 해상운송장의 경우에는 운송인, 선장 또는 대리인이 서명 또는 인증한 운송서류를 수리한다.

② 신용장이 허용한 경우 용선운송계약부 선화증권은 선장, 선주 또는 대리인이 서명 또는 인증한 운송서류를 수리한다.

③ 복합운송서류의 경우 운송인, 복합운송인 또는 그들의 대리인 또는 선장이나 그 대리인이 서명 또는 인증한 서류를 수리한다.

④ 항공운송서류 및 도로 · 철도 · 내수로 운송서류의 경우 운송인이나 대리인이 서명 또는 인증한 운송서류를 수리한다.

⑤ 기타 송달인 또는 송달인이 스탬프, 서명 또는 기타의 방법으로 인증한 송달 또는 우편수령증을 수리한다.

## 2. 상업송장

우리가 일반적으로 송장이라고 하면 '청구서'를 일컫는다. 마찬가지로 상업송장(commercial invoice)은 상거래용으로 발행되는 청구서라고 할 수 있다. 보다 엄밀히 상업송장의 의의를 살펴보면, 상업송장은 환어음과 마찬가지로 수출업자가 작성하는 서류로서 선적물품의 내용, 거래 당사자들의 상호와 주소, 발행일자, 주문번호, 계약물품의 규격, 수량, 단가, 금액, 포장상태 및 화인(cargo marks) 등이 명시된 출하안내서 및 대금청구서의 역할을 한다. 따라서 상업송장은 신용장거래의 내용 전부를 일목요연하게 보여주기 때문에 신용장거래에서 필수적인 서류이다.

다음은 송장의 의의를 담은 문언이다.

"The invoice is the seller's claim for payment to the buyer under the terms of sales contract. It must include the description of the goods exactly as stated in the documentary credit. If required for commercial reasons, a more detailed description may appear elsewhere in the documentation."

"송장은 계약조건대로 매도자가 매수자에게 대금지급을 요청하는 것이다. 송장은 화환신용장에서 명시된 바대로 정확하게 상품명세를 포함하여야 한다. 상업적인 이유 때문에 요구가 되면 서류의 어딘가에 더욱더 자세한 상품명세가 나타날 수도 있다."

### 1) 상업송장의 기능

상업송장에는 계약물품의 규격, 수량, 단가, 금액, 포장상태 및 화인 등이 모두 명시되는 유일한 서류로서 구매서 및 출하안내서의 기능을 한다. 또한 상업송장은 선화증권이나 보험증권이 신용장조건과 계약조건에 일치한다는 증명을 할 수 있어 거래계약의 이행을 입증하는 유일한 증거자료이다.

무역결제가 대부분 환어음으로 이루어지는데 환어음매입 시 화환어음의 담보물권이 되는 서류에 상업송장이 포함되어야 한다. 또한 상업송장은 수입지에서 수입물품의 진실성과 정확성을 입증하는 자료로서 세관신고의 증명자료가 되기도 한다.

### 2) 상업송장의 종류

상업송장은 용도에 따라 상업송장과 공용송장으로 구분된다. 상거래용으로 작성되면 상업송장(commercial invoice), 세관이나 영사관용으로 작성되면 공용송장(official invoice)이라고 한다. 상업송장은 실제 선적 여부에 따라 다시 선적송장(shipping invoice)과 견적송장(pro-forma invoice)으로 나누어진다. 공용송장은 다시 세관송장과 영사송장으로 나누어진다.

#### (1) 상업송장

선적송장은 실제로 선적된 화물의 내용과 가격을 명시한 서류로서 다시 수출송장(export invoice), 위탁판매송장(consignment invoice), 위탁매입송장(indent invoice)으로 구분된다.

수출송장은 수출업자가 자신의 위험과 비용부담으로 해외의 수입업자에게 물품을 발송하여 판매하는 일반적인 경우에 사용되는 송장이다. 무역거래조건에 따라 FOB invoice, CIF invoice 등으로 사용된다.

견적송장은 수출업자가 거래를 유도하기 위해서 또는 수입업자가 수입허가나 외환배정을 받기 위해서 수출업자가 매입예정물품을 개략적으로 작성하여 발송하는 송장을 말한다. 이 송장은 일종의 자유청약(free offer)으로서 법적 구속력이 없으며 견적서 역할을 한다.

### (2) 공용송장

공용송장은 그 용도에 따라 세관송장과 영사송장으로 구분되며, 상업송장의 진실성을 증명하는 역할을 한다.

세관송장은 수출업자가 수입국세관에 직접 송장내용의 진실성을 통지하는 송장으로서 수입관세의 부과, 덤핑수입방지, 쿼터품목의 통상기준량의 계산, 수입통계의 목적으로 작성되는 서류이다. 세관송장은 영사의 서명은 필요 없지만 원산지란에 수출국명이 기재되어야 하며, 캐나다, 뉴질랜드, 남아프리카공화국, 호주, 기타 아프리카 국가들에서 요구하고 있다.

영사송장(consular or customs invoice)은 수입관세의 포탈 혹은 경감을 받기 위해 부정하게 송장을 작성하는 것을 방지할 목적으로 상업송장에 영사의 사증(visa)을 받도록 한 서류이다. 영사송장은 수출국주재 수입국의 영사가 보통 작성하며, 몇몇 국가들에서 수입통관서류로 제출하도록 하고 있다.

## 3. 보험서류

국제무역의 가격조건이 FOB나 FAS인 경우 수입업자가 보험을 부보하기 때문에 보험서류가 선적서류의 기본서류로 필요하지 않다. 그러나 가격조건이 CIF나 CIP인 경우 보험서류는 선적서류로서 필수적인 기본서류가 된다. 신용장거래에서는 보험서류의 종류와 담보위험이 거래 당사자 간의 합의에 따라 신용장에 명시된다.

다음 문언은 보험서류에 대한 의의를 보여주고 있다.

"Insurance documents must be issued and signed by insurance companies or underwriters or their agents. Cover must be for at least full CIF or CIP invoice value plus 10% unless the credit stipulates otherwise and the risks to be covered must appear on the face of the insurance document. It must also be issued in the currency of the documentary credit and be dated on or prior to the date of shipment unless it is clear that cover is effective from such date."

## 1) 보험서류의 종류

일반적으로 보험서류라고 하면 보험증권(insurance policy)을 말하는데, 이외에도 용도에 따라 사용되는 보험서류로서 보험증명서(insurance certificate), 보험승낙서(insurance cover note) 등이 있다.

### (1) 보험증권

보험증권은 보험계약이 성립되었다는 증거자료로서 보험자(보험회사)가 피보험자(수출업자)의 청구에 의해 발행되는 계약서이다. 보험증권은 보험계약이 확정된 사실을 증명하는 증거증권이며 원칙적으로 양도가능한 유통증권이다.

### (2) 보험증명서

수출업자가 수출할 때마다 보험계약을 해야 하는 번거로움을 피하고 보험료를 줄이기 위해 일정기간 동안의 보험가입 예상물량을 추측하여 보험자(보험회사)와 포괄적 계약을 체결한 후 실제로 보험가입 증명이 필요할 때마다 보험자로부터 받는 서류가 보험증명서이다.

### (3) 보험승낙서

수출업자가 보험회사를 직접 상대하지 않고 보험중개사를 통해 보험에 부보하는 경우 보험중개사가 발행해 주는 보험승낙의 증명서류를 보험승낙서라고 한다. 제3자의 입장에서는 이 서류로만 보험계약의 성립을 확신하지 못하므로 보통 은행에서 특별한 약정이 없는 한 보험승낙서를 인수하지 않는다. 이처럼 보험승낙서는 법적 효력이 없지만 보험계약의 청약이 승낙된 시기를 증명하는 서류로는 사용될 수 있다. 여기서 보험중개사가 보험자(보험회사)에게 보험금액, 항로와 같은 보험청약서의 중요사항을 작성하여 제출하는 서류를 슬립(slip)이라고 하는데, 이를 통해 청약의 시기 등을 알아볼 수 있다.

### 2) 보험서류의 조건

보험서류의 종류 중 은행이 인수하는 유효한 서류는 보험증권과 보험증명서인데, 보험자가 발행하고 서명한 것이어야 효력이 있다. 보험서류의 발급일자는 선적일자보다 늦지 않아야 유효한데, 늦은 일자의 보험서류는 거절된다.

보험서류의 부보금액은 보험회사가 보상해 주는 최고책임한도액을 의미하는데, 신용장에 상업송장의 금액의 110%로 부보할 것을 명시하고 있다. 부보금액을 10% 가산하여 정하는 이유는 사고가 나지 않을 경우 수입업자가 최소한 10%의 이익을 얻을 것이라는 추정에 기반하여 그 희망이익(expected profit)까지 보전해 준다는 취지이다. 그리고 부보금액을 산정하는 통화는 신용장에 표시된 통화와 일치해야 하는데, 통화가 서로 다르면 환율변동에 따라 신용장금액과 차이가 발생하기 때문이다.

### 3) 보상위험범위

담보하는 위험범위는 신협회적하약관(new institute cargo clause)의 ICC(A), ICC(B), ICC(C)조건이 적용된다.

다음과 같은 경우에는 특약을 맺더라도 보상을 받지 못한다.

① 보험계약자의 고의 또는 중대과실로 인한 사고

② 화물의 포장불량으로 인한 사고

③ 피보험물의 고유의 성질과 하자로 인한 멸실 및 손실

④ 원자탄의 폭발과 같은 고성능 무기사용으로 인한 손실

⑤ 운항능력이 미비한 불량선박에의 적재로 인한 사고

### 4) 보험기간

일반적으로 보험서류에 명시되는 보험기간은 보험자의 책임의 개시시점과 종료시점을 의미하며, 책임기간이라고도 한다. 개시시점은 운송차량이나 기타 운송용구에 지체 없는 적재를 위해 처음 이동될 때나 창고 내에서 화물이 처음 이동될 때를 보험기간의 개시시점으로 본다. 한편 종료시점은 협회적하약관의 운송약관(ICC transit clause) 제8조에 따르면 다음 4개 항 중 어느 하나가 먼저 도래하면 보험계약은 종료된다.

① 최종창고에서 또는 창고 안에서 운송차량이나 기타 운송용구로부터 하역이 완료된 때

② 보험증권에 기재된 목적지 여부와 상관없이 임의의 창고 또는 보관장소에 인도된 때

③ 통상의 운송과정이 아닌 보관을 위해 운송차량이나 기타 운송용구 또는 컨테이너를 사용하기로 선택한 때

④ 최종양하항에 수출화물 전체가 양륙(적하)된 후 60일, 수입화물 전체가 양륙된 후 30일이 경과된 때

## 4. 포장명세서

포장명세서(packing list)는 포장 속에 들어있는 물품의 목록을 기술한 서류이며, 실제 포장과 중량 및 용적내역을 표시하는 각 포장의 단위내용을 기록하므로 상업송장의 기재내용을 보완하는 역할을 한다. 이 서류는 수출업자가 수입업자 앞으로 작성하는 서류로서 다음과 같은 특징을 가진다.

첫째, 상업송장의 부속서류로서 화물을 식별하기 위한 보충서류이다.

둘째, 물품의 순중량, 총중량, 용적을 기재하여 물품내용을 기술하는 서류이다.

셋째, 수출입통관절차에서 세관검사의 심사자료로 활용되는 서류이다.

넷째, 각 물품의 중량과 용적이 표시되므로 선박회사가 운송계약을 체결할 때 기준자료로 사용되는 서류이다.

포장명세서는 필요한 경우에 서명되어야 하며, 다음 예문을 통해 포장명세서의 구체적인 의의를 알 수 있다.

"A packing list records the contents of each packing unit showing actual packing and/or weight details which must agree with the other documents. Packing lists are often required by the importing country for customs inspections. The packing list must be signed where necessary."

## 5. 중량 및 용적증명서

중량 및 용적증명서(certificate of weight)는 일반적으로 수입업자가 선적할 때 물품의 중량과 용적이 매매계약서와 일치하는지 확인할 필요가 있을 때 요청하여 발행되는 서류이다. 신용장이나 매매계약서에서 요구하는 경우 수출업자나 정부의 해당 관청에서 발급할 수도 있다. 또한 운송인이 운임이나 운송비를 산출하기 위하여 작성되는 서류이다.

## 6. 원산지증명서

원산지증명서(certificate of origin)는 물품의 원산지국가 또는 제조국가들을 명시하는 신고서이다. 이것들은 모든 수입물품의 또는 그 부품의 원산지를 확인하고 싶어 하는 국가들에서나 수입물량제한이 있거나 다른 수입제한이 시행되고 있는 국가들에서 자주 사용된다. 혹은 그것은 세관에게 그 물품들이 수입관세의 특별요율에 적합한 것을 증명한다.

원산지증명서는 정부의 대리인, 즉 상공회의소에 의해 작성되며, 수입업자가 종종 수입제한을 하는 국가들로부터 유리한 관세율의 적용을 받기 위해 이 서류를 요청한다.

## 7. 검사증명서

화물이 계약서에 진술된 명세서를 충족했다는 것을 입증하기 위해 수입업자는 선적 전에 화물을 독립적인 기관(또는 자신의 대표가)에 의해 검사할 것을 요구하기도 한다. 검사증명서(inspection certificate)는 중량, 용적, 구성, 품질과 포장 등과 같은 내역을 제공하며 검사기관의 서명 또는 인장을 나타내고 있다. 일부 국가들에서는 이 서류가 품질과 가격을 둘 다 수리할 수 있다는 것을 증명하는 무하자 검사결과보고서로 알려져 있다.

[양식 10-1]

## 복합운송증권

| | |
|---|---|
| Shipper<br>CHANG WON ELECTRONICS CO. LTD<br>C.P.O. BOX 606<br>SEOUL, KOREA | B/L No.<br>BURD2009 |
| Consignee<br>TO ORDER | **K.S. LINE**<br>Korea Shipping Corporation<br>COMBINED TRANSPORT BILL OF LADING<br>BETWEEN EUROPE AND FAR EAST |
| Notify party<br>OSIO INTERNATIONAL B.V.<br>CONFECTIECENTRUM 3-1-15<br>WILHELMINAPLEIN 29, 1062HJ<br>AMSTERDAM, THE NETHERLAND | RECEIVED in apparent good order and condition accept otherwise noted the total number of Containers of Packages or units enumerated below for transportation from the place of receipt to the place of delivery subject to the terms hereof. One of the international Bill of Lading must be surrendered duly endorsed in charges for the goods. On presentation of this document (duly endorsed).<br>IN WITNESS whereof the number of Bill of Lading stated below have been signed one of which being accomplished the other(s) to be void. |

| Pre-carriage by | Place of receipt<br>BUSAN, CFS |
|---|---|
| Ocean vessel<br>K.S. GLORY | Place of delivery<br>BUSAN, KOREA |
| Port of discharge<br>ROTERDAM | Final destination<br>ROTERDAM |

| Container No. | No. of Container | Charges and Descriptions of Goods | Gross Weight (KGS) | Measurement (CBM) |
|---|---|---|---|---|
| KACU2115018/30167 | 2 CNTRS | SAID TO CONTAIN:<br>2PCS, OF<br>SOUND MIXER<br>MODEL; MX-1630<br>CHECK NO : AF830243<br>"LCL SERV, CHARGES ARE DUE AT THE DESTINATION" | 51 | 0.488 |

Total number of Containers or Packages(in words) TWO(2) CONTAINERS ONLY

| Freight and Charges | Reverse Tons | Rate | Prepaid | Collect |
|---|---|---|---|---|
| U.S. 7600 | 0.488 | 100.00/MC | | 83.15 |
| INTERIM BAF | | -0.20 % | | -0.17 |
| CAF SURCHARGE | | -14.50 % | | -12.06 |
| LCL SERVICE CHARGE(L) | | TOTAL | | 70.92 |
| WHARFAGE | | $ 4.50 | 4.50 | |
| | | $ 0.22 | 0.22 | |

| Freight amount<br>As arranged | Freight payable at | Place and date of issue<br>Seoul, Korea |
|---|---|---|
| | *Number of Original FBL*<br>*THREE(3)* | Stamp and Signature<br>As Multimodal Transport Operator<br>**K.S. LINE**<br>Korea Shipping Corporation |

Chapter 11

# 신용장결제 실무

제1절 | 수입신용장의 발행
제2절 | 매입서류의 검토
제3절 | SWIFT L/C의 해설
제4절 | 신용장발행 SWIFT 메시지 흐름도

# 제1절 수입신용장의 발행

수입업자는 수출업자와의 매매계약서상에 약정된 내용을 근거로 외국환은행과 신용장거래약정을 체결한 후 수입신용장발행신청서를 제출하여 신용장을 발행하게 된다. 신용장의 발행은 수입업자의 거래 외국환은행이 대외적으로 신용장상 금액의 지급을 확약하는 여신행위이므로 은행은 수입업자에게 대외보증채무 부담에 상응하는 담보 등을 요구한다.

**그림 11-1** | 신용장발행 신청 순서

수입계약 → 수입승인 → 신용장거래약정<br>외국환거래약정 → 신용장발행신청 → 수입신용장발행

## 1. 신용장결제방식의 거래절차

### 1) 매매계약서 체결

계약서의 Payment란에 ① "Sight Draft for the invoice amount under Transferable Irrevocable L/C", ② "By an irrevocable L/C at sight confirmed by The ××× Bank in Seoul Korea", ③ "By an irrevocable L/C at sight opened by ××× Bank, Dubai, U.A.E.", ④ "By an irrevocable letter of credit payable at sight" 등으로 기재하면 신용장결제방식이 된다.

신용장으로 결제하도록 합의하는 경우, 일반적으로 매매계약서상에 대금지급은 자유매입 취소불능신용장(freely negotiable letter of credit)을 발행하도록 명시하고, 신용장발행기한(L/C to be opened within ×× days after contract, L/C to be opened by ×× date)을 명시하는 것이 바람직하다.

### 2) 신용장 신청 · 발행

① 발행은행은 발행의뢰인의 신용상태를 조사한 후 외국환거래약정서 체결, ② 발행의뢰인의 담보(일부 또는 전체금액) 수준을 심사한 후, ③ 발행한도를 약정(credit line)하고, ④ 발행신청서를 심사한다. ⑤ 마지막으로 발행의뢰인은 발행수수료(terms charge) 등 관련 수수료를 납부한다.

### 3) 신용장 발행 · 통지의뢰

① 발행은행이 직접 수익자에게 통지하는 방법과 ② 발행은행이 수익자 소재지의 발행은행의 본 · 지점이나 환거래은행에 발행사실을 알리고 이들로 하여금 수익자에게 통지하도록 하는 방법이 있다.

### 4) 상품선적

세관수출신고 절차 후 선박회사에 선적의뢰(shipping request : S/R)를 하고 선박회사는 화물을 선적하고 운송한다. 수출업자는 물품의 원자재를 수입해서 조달한다. 수출업자는 상품의 선적은 신용장상의 최종선적기일(latest shipping date) 이내에 이루어져야 한다.

### 5) 선적서류 매입의뢰

매입은행이 신용장의 제조건(terms and conditions)과 제시된 서류의 기재내용의 일치 여부를 심사한 후 일치하는 경우에 환가료(exchange commission)[01] 및 취급수수료를 공제하고 자기자금으로 대금을 먼저 지급한다.

01 • 환가료(exchange commission, periodic interest) : 매입은행이 수출업자에게 매입대금을 자기자금으로 지급한 후 발행은행으로부터 보상받는 기간에 해당하는 이자 성격의 수수료
- 대체료(in lieu of exchange commission) : 매입대금을 원화로 지급하는 경우에는 징수하지 않고 매입대금을 외화로 지급하는 경우에만 징수하는 수수료
- 재매입(renegotiation) : 신용장상에 매입은행이나 지급은행 등이 특정 은행으로 지정이 되어 있는 경우에 지정되지 않은 은행이 서류의 매입을 한 경우에는 당해 지정된 은행으로 재매입(renegotiation)을 신청하여야 한다.

### 6) 서류송부 · 대금결제청구

매입은행은 매입한 서류를 발행은행으로 송부한다. 그리고 대금청구를 위하여 신용장상에 기재되어 있는 결제은행 앞으로 환어음을 송부하여 대금결제신청을 한다. 발행은행은 서류를 심사하여 신용장의 조건일치 여부를 확인한 후 수입업자에게 서류의 도착을 통지한다. 서류의 일치 여부에 따른 지급 또는 부도권한은 서류접수 익일부터 제5은행 영업일 내에 발행은행이 결정할 수 있다.

### 7) 대금결제

발행은행은 서류의 조건일치 여부를 심사한 후 하자가 없을 경우에 발행은행의 자기자금으로 먼저 매입은행에 대금을 결제한다. 발행은행의 대금결제수권을 받은 결제은행(settling bank, reimbursing bank)은 발행은행의 계좌에서 출금하여 매입은행의 계좌로 대금을 입금하고 각각 출금통보(debit advice)와 입금통보(credit advice)를 동시에 한다. 발행은행으로부터 대금을 받지 못할 경우 매입은행은 수익자에게 이미 지급했던 대금의 반환요청(소구권 ; with recourse right)을 이행할 수 있다. 그러나 발행은행과 확인은행의 경우에는 소구권이 존재하지 않는다. 발행은행은 서류를 수입업자에게 인도하면서 대금을 지급받는다. 이때 발행의뢰인이 대금지급을 하지 아니할 경우 서류를 인도하지 않는다.

**참고** **수입대금 결제금액 산정방법**

① **송금방식인 경우** : 전신환매도율(T.T. selling rate)×수입금액=결제금액

② **차기 또는 상환방식인 경우** : 전신환매도율+환가료{통화별 연환가료율×7(또는 8일)/360×매매기준율}=수입어음 결제율

수입어음 결제율×신용장금액=결제금액

③ **Usance인 경우** : 물품대금=신용장금액×Usance 상환일기준 전신환매도율

Usance 이자=수입금액×Usance 이자율×Usance 기간/360×수입어음 결제율

## 2. 신용장발행 시 유의사항

### 1) 신용장 자체에 관한 사항

① 수익자(수출업자), 발행의뢰인(수입업자)의 회사명, 주소 등은 약호를 사용하지 않는 것이 좋다.

② 신용장금액은 숫자와 문자를 병기하며 금액 앞에 tolerance로 10% 이내에서 과부족을 인정한다.

③ 선적기일, 유효기일 및 서류제시 기일표기 시 해석상 오해의 소지가 없도록 월표시는 문자로 하는 것이 좋으며, 날짜표시 앞에 to, until 등의 표현이 있을 경우 그날 자체도 포함된다. 또한 제시기간을 명시하지 않는 경우 운송서류 발행일 이후 21일까지를 제시기한으로 하여 이 이후에 제시된 서류는 수리가 거절된다.

### 2) 환어음 및 결제에 관한 사항

① 환어음 발행금액은 Commercial Invoice 금액과 일치하고 신용장 액면금액을 초과하지 않아야 한다.

② 지급기일(tenor)은 계약서 등 지급근거와 일치해야 하는데, 일람불(at sight)과 기한부(usance, ~days after sight)가 있다.

③ 결제방법은 지급(payment), 연지급(deferred payment), 매입(negotiation), 인수(acceptance) 등 네 가지가 있으며, 매입방식이 가장 많이 이용된다.

### 3) 운송서류에 관한 사항

① 요구되는 선적서류의 종류와 통수 및 선적서류의 조건을 구체적으로 명시하여야 한다.

② 선적서류는 선화증권(bill of lading), 상업송장(commercial invoice), 보험증권(insurance policy/insurance certificate) 등의 기본서류와 원산지증명서(certificate of origin), 포장명세서(packing list), 영사송장(consular invoice), 검사증명서(inspection certificate) 등의 보충서류로 구분한다.

#### 4) 상품 및 선적에 관한 사항

① 상품에 대한 과다한 명세는 지양하고 명세가 복잡한 경우 대표적인 상품명세만 적고 Details as per Offer(contract) No~ 등으로 표시한다.

② 선적기한 및 선적항, 도착항이 계약내용과 일치하는지 여부를 확인할 필요가 있다.

③ 분할선적(partial shipment)에 대하여 아무런 언급이 없는 경우 분할선적은 허용되는 것으로 해석한다.

#### 5) 특수조건

특수조건(special instructions)은 수입업자의 국가, 상품 및 거래방식 등의 특성에 따라 요구되는 사항으로서 일반적으로 신용장발행의뢰인이 수익자의 사전양해 없이 삽입한다. 따라서 수익자는 애매모호한 표현이나 이행불가능한 사항인 경우 발행자에게 통보하여 변경이나 삭제를 요청할 수 있다.

##### (1) 은행수수료 부담

일반적으로 수익자(수출업자)가 부담하나 추징금(less charge) 등의 처리에 있어서 가끔 신용장거래 당사자 간에 분쟁의 대상이 될 수 있으므로 명확히 표시할 필요가 있다.

(예) "All banking charges outside Korea are for beneficiary's account."

##### (2) 선적서류 제시기간

통상 선적 후 2주 이내로 정하는데, 선적서류 발행일로부터 21일을 경과한 경우 지체서류 용인조항이 없는 한 수리거절사유가 된다. 단, 어떠한 경우에도 선적서류는 신용장의 유효기일 이전에 제시하여야 한다.

(제시기간 경과서류 수리허용조항의 예) "Documents presented later than 21

days after the date of issuance of shipping document acceptable."

### (3) 신용장의 양도 관련

신용장에 명시적으로 'Transferable'이라고 표시된 경우에 한하여 양도할 수 있으며, 달리 명시되어 있지 않는 한 양도가능신용장은 1회에 한하여 양도할 수 있다.

### (4) 중계무역 시 제3자 서류 허용 여부

중계무역의 경우에는 제3자가 송화인(consignor)으로 되어 있는 운송서류를 수리 거절한다는 문언이 없는 한 수리가 가능하다. "Third party documents"라는 문구의 사용을 지양하고 "The transport documents indicating as the consignor of the goods a party other than the beneficiary of the credit acceptable."과 같이 구체적으로 기술하는 것이 바람직하다.

### (5) 과부족 용인조항(more or less clause)

신용장에 명시된 상품의 수량이 초과 또는 부족해서는 안 된다고 약정하고 있지 않는 한, 어음발행액이 신용장금액을 초과하지 않으면 5%의 과부족이 허용된다. 단, 이러한 과부족 허용한도는 수량을 포장단위 또는 개개품목의 개수로 명시하고 있는 경우에는 적용되지 않는다.

(예) "Tolerance of 5% more or less in amount and quantity is acceptable."

### (6) 선박회사 지정조항(nomination clause)

정형거래조건을 FOB와 같이 수입업자가 운임을 부담하는 조건으로 채택할 경우 수입업자가 운송회사를 구체적으로 지정할 수 있다.

(예) "Shipment to be effected by ×× shipping co. only."

### (7) 은행인수조항(banker's usance)

신용장의 발행은행이 연지급어음을 인수 · 할인하도록 한 경우, 수출업자는 연지급어음을 발행하나 매입은행은 일람불로 매입 처리하게 된다. 즉, 물품대금에 외상 기간에 대한 이자가 포함되어 있지 않다.

(예) "Beneficiary's drafts drawn under this credit are negotiable on a at sight basis irrespective tenor of draft."

## 3. 수출대금 회수(Nego)

매입은행이 지정되어 있는 경우 지정된 은행에서 매입절차를 진행해야 하며, 지정은행이 아닌 수출업자의 거래은행에 매입을 의뢰할 경우 필히 재매입(re-nego) 절차를 거쳐야 한다. 1차 매입은행은 엄밀한 의미에서 지정된 매입은행(재매입은행)에 매입을 의뢰하는 은행이다.

서류 네고는 서류제시기간 이내로서 유효기일 이내에 제시되어야 한다. 즉, 두 가지 기일을 동시에 충족시켜야 한다. 지급, 연지급, 인수, 매입을 위하여 은행이 지정된 경우 지정은행이 아닌 수익자의 거래은행에 유효기일까지 서류를 제시하면 하자가 된다. 그러므로 수익자는 어떠한 경우라도 유효기일 이내에 지정은행으로 서류를 제시하여야 한다.

유효기일이 은행의 영업일이 아닐 경우, 그 다음 영업일까지 유효기일이 연장된다.

**그림 11-2** | 수출대금의 회수절차

수출물품의 통관 · 선적 → 화환어음 거래약정 체결 → 화환어음 및 선적 서류 작성 · 구비 → 화환어음 매입의뢰 → 매입서류 검토 → 매입대금의 지급

### 1) 은행의 매입절차

① 서류의 접수 : 접수증 발급

② 기장 : 은행 비치 매입대장에 기록

③ 신용장조건과 일치 여부 및 서류 상호 간의 모순 여부 조사

④ 보완지시 : 송장, 어음 등 수출업자의 노력으로 정정이 가능한 서류에서 사소한 실수를 발견한 경우

⑤ 매입이행 : 신용장액면금액에서 무역금융금액, 제수수료 · 이자 등을 공제한 잔액을 수출업자 계정에 입금시킨 후 계산서만 수출업자에게 발급(이때 신용장 원본은 그 뒷면에 매입사실을 기재한 후 수출업자에게 되돌려줌)

⑥ Covering Letter 작성 : 결제은행(발행은행 등)에 서류를 송부할 때 첨부하는 송부서류의 겉장에 매입사실, 서류의 명세, 검토의견, 상환청구이행 여부 등에 관한 사항을 지정서식에 표시

⑦ 서류의 발송 : 분실 등에 대비하여 서류를 2조로 나누어 각각 다른 항공편으로 2회에 걸쳐 발송하는 것이 보통이지만 신용장의 지시대로 이행

⑧ 상환요청서 발송 : 실제로 대금을 지급할 은행에 발송
매입제한 신용장하에서 거래은행이 지정은행이 아닌 경우에는 서류 전체를 매입제한은행으로 발송하여 재매입(re-nego)신청

**참고** **매입금액 산출방식**

**① 일람출급신용장(at sight)**

- 지급금액 : 매입금액×전신환매입률
- 차감금액(환가료) : 매입금액×대고객매매기준율×표준우편일수/360×년 환가요율

**② 기한부신용장(usance)**

- 지급금액 : 매입금액×전신환매입률
- 차감금액(환가료) : 매입금액×대고객매매기준율×(표준우편일수+usance기간)/360×년 환가요율(일부 확정일 출급조건인 경우는 Usance 해당 기간만 징구)

## 2) 하자서류의 매입

서류의 하자(discrepancy)라 함은 신용장조건과 불일치하거나 또는 서류상호 간에 모순되는 것을 말하며, 이러한 서류상의 하자는 수출환어음의 부도 또는 서류수리거절의 원인이 되며 매입대금을 상환받지 못하는 결과를 초래하게 된다.

수입업자인 신용장발행의뢰인의 자금사정의 악화 등 신용상태의 변동이나 수입

지 시장상황의 여건변화 등에 따라서 사소한 하자라도 발견되면 이를 이유로 지급 또는 인수를 거절하는 등 소위 마켓클레임(market claim)을 제기하는 경우가 빈번히 발생한다.

서류의 하자로 인해 어음이 일단 부도 또는 인수거절이 되면 국내거래와는 달리 법률이나 관습의 상이 또는 의사소통의 불편 등으로 인하여 이의 해결이 쉽지 않다. 따라서 수출업자는 신용장 내도 시 신용장상의 제조건을 면밀히 검토해야 하며, Nego 시 환어음 작성과 기타 선적서류의 작성에 세심한 주의를 기울여야 한다.

매입은행은 일단 서류의 하자가 발견된 경우에는 신용장의 기능을 보충하는 형태의 조치를 취하게 되며, 이 경우 신용장상에 미리 약정된 내용에 따라 수수료로서 추징금(less charge)을 부과할 수 있다.

한편 Nego를 완료하고도 일정기간이 지난 후 매입은행이 수출업자에게 추가로 Less Charge 납부통지서를 보내는 경우가 있는데, 이는 매입은행이 매입한 환어음과 선적서류를 발행은행으로 송부하고 이를 발행은행이 심사하는 과정에서 발생한 하자에 대한 수수료이다.

Less Charge는 매입은행이 Nego 시 수출업자로부터 환가료를 받았으나 발행은행에서 이 기간을 초과하여 신용장대금을 지연입금시킨 경우 및 Nego 시에 발견하지 못한 은행수수료가 해외은행으로부터 추가로 청구된 경우에 발생하는 비용으로 매입은행은 이러한 비용을 수출업자에게 추가로 청구하게 된다.

수입업자의 수입대금 입금지연 또는 발행은행의 매입은행에 대한 입금지연에 대해 Less Charge를 수출업자가 부담하는 것은 신용장거래의 특성상 수출업자가 신용장의 수익자이기 때문이다. 비용발생 원인이 수입업자의 입금지연으로 인한 경우 수출업자는 일단 Less Charge를 결제한 후 이에 대해 추후 Less Charge 부과 통지사실과 처리내역을 수입업자에게 통지하여 개별적으로 정산해야 한다.

### (1) 서류하자의 주요 내용

수출환어음의 매입과 관련하여 부도 또는 지급거절의 사유가 되는 하자의 주요 내용은 다음과 같다.

① 선적기일 경과(late shipment)

② 제시기간 경과(late presentation)

③ 환적(transhipment)

④ 분할선적(partial shipment)

⑤ 할부선적 상이(irregular installment shipment)

⑥ 수취선화증권(received B/L)

⑦ 선박 상이(different shipping line)

⑧ 수화인 상이(different consignee)

⑨ 통지처 상이(different notify party)

⑩ 신용장금액 초과발행(overdrawing)

⑪ 상품명세 상이(different description of goods)

⑫ 부보조건 상이(insurance not covered as in L/C))

⑬ 서류 불비(lack of documents)

### (2) 부도통보 접수 후의 조치사항

① 신용장발행은행으로부터 부도통보를 접수하면 즉시 부도서류는 별도의 지시가 있을 때까지 보관하라는 내용의 전문을 매입은행의 명의로 발송해야 한다.

② 수출업자는 지체 없이 하자사항을 검토한 후 유효기간이 남아 있으면 정정한 서류를 매입은행을 통하여 발행은행에 송부한다. 발행은행은 그 후 정정된 운송서류가 신용장조건과 일치할 때에는 부도처리할 수 없다.

③ 선적지연 등과 같은 이유로 부도처리되면 즉시 수입업자와 해결을 강구해야 한다.

④ 수입업자와 원만히 해결되지 못하면 동 제품을 제3자에게 판매할 수 있는지를 신속히 조사한 후 해결책을 찾는다.

⑤ 부도기간이 길면 지연이자, 창고료 등의 비용이 크며, 제품의 변질 등도 고려하여 신속한 해결책을 강구하는 것이 바람직하다.

### (3) 하자서류의 매입방법

서류의 하자내용이 신용장의 유효기일이 경과되어 매입은행에 제시되는 경우 또는 선화증권상에 선적기일이 경과되어 지연 선적이 기재되는 경우에는 수출업자가 임의로 재작성이나 정정을 할 수가 없게 된다. 이러한 경우 매입은행에서는 하자의 경중, 채권보전, 매입신청인의 거래실적 또는 신용도에 따라 다음의 네 가지 방법 중에서 택일하여 처리한다.

① L/C를 선적서류에 맞추어 수정한 후 매입하는 방법

② L/C 발행은행 앞으로 하자내용을 통보하여 매입 여부를 전신으로 조회한 후 매입하는 방법(cable nego)

③ 환어음을 추심한 후 대금이 입금되었을 때 지급하는 방법(collection basis)

④ 발행은행이 대금지급 거절 시 수출업자가 책임진다는 각서(확인서)를 징구한 후 매입하는 방법(L/G nego)

#### 가) 추심 후 매입

추심(collection) 후 매입은 매입신청을 받은 서류를 직접 매입하지 않고 추심의뢰하여 결제한 후에 대금을 지급하는 방법이다. 수출업자로서는 추심기간만큼 자금회전에 압박을 받게 되며, 추심처리에 소정의 추심수수료를 부담해야 한다.

추심 후 매입은 다음과 같은 경우에 활용한다.

① 중대한 하자가 있는 서류로서 부도가 거의 확실시 되는 경우

② 환거래약정 체결이 안 된 은행이 발행한 신용장으로서 그 진실성이 의심되는 경우

③ 매입신청인의 신용상태가 불량한 경우

④ 기타 수출대금 회수가 어려울 것으로 판단되는 경우

#### 나) 보증부 매입

보증부 매입(under reserve negotiation)은 매입은행이 매입한 서류가 하자로 인하여 매입어음이 부도되는 경우에 수출업자가 매입은행에 수출환어음 매입대금을 상환하겠다는 요지의 확인서를 제출받고 매입하는 방법이다. 보증부 매입은 발

행은행의 지급보증과는 관계없이 수출업자의 신용만으로 매입하는 것이므로 담보 제공이 필요하며, 환가료 징수 시에 수출업자는 추가수수료를 부담해야 한다.

수출업자는 발행은행이 발행의뢰인(수입업자)에게 하자서류에 대한 협상권(발행의뢰인의 클레임 포기, 즉 웨이버(waiver) 협상)을 행사한다는 전제하에 수입업자로부터 선적서류 하자에도 불구하고 대금을 결제한다는 Letter of Guarantee(L/G)를 받고 매입을 의뢰하는 것이다. 이때 수출업자가 매입은행에 제시하는 각서(확인서)는 보상장(letter of indemnity)이다.

### 다) 신용장조건변경 후 매입

신용장조건변경 후 매입은 시간적 여유가 있는 경우에 수익자가 신용장발행의뢰인에게 연락하여 신용장조건변경을 받아서 매입하도록 하는 방법으로서, 매입은행으로서는 가능하면 이 방법을 취하는 것이 가장 안전하다.

이 경우 일반적으로 수입업자가 조건변경 수수료 부담과 번거로움을 이유로 보증부 매입을 하도록 통지해 오는 경우가 많으므로 수출업자는 동의한 증빙서류를 서류 매입 시에 신용장의 요구서류 외에 추가하여 발송하는 것도 한 방법이다.

### 라) 조회 후 매입

조회 후 매입(cable nego)은 발행은행에 제시된 서류의 하자내용을 지적하고 동 하자에도 불구하고 매입해도 무방한지의 여부를 조회하여 발행은행으로부터 매입 승인을 얻은 다음 매입하는 방법이다. 조회결과 발행은행의 동의가 있으면 이는 당해 신용장의 조건변경과 동일한 효력을 가지므로 안전한 매입방법이 된다.

간혹 환어음 매입의 과정에서 매입은행이 무역사기를 당하는 경우도 있다. 매입은행의 환어음 매입에 따른 위험의 관점에서 볼 때 추심 후 매입이 가장 안전하며, 그 다음으로 보증부 매입, 신용장조건변경 후 매입 순으로 선호하는 편이며, 조회 후 매입방법이 가장 거래상의 위험이 크다.

# 제2절 매입서류의 검토

## 1. 환어음

환어음(draft, bill of exchange)이란 채권자인 환어음발행인(drawer)이 채무자인 지급인(drawee)에게 그 채권금액을 지명인 또는 소지자에게 일정한 일자 및 장소에서 무조건 지급할 것을 위탁하는 요식증권, 유가증권이며 유통증권을 말한다.

환어음은 당사자가 2개국 이상에 걸쳐 있기 때문에 준거법이 문제가 되나 법규상 어음행위는 행위지의 어음법에 의하도록 규정되어 있다. 예를 들어, 어음이 한국에서 발행되고 미국에서 지급되는 경우 어음발행행위는 한국 어음법의 적용을 받게 되고 그 지급행위에 관하여는 미국의 어음법이 적용된다.

환어음은 영국의 '환어음법(Bill of Exchange Act, 1882)'과 '추심에 관한 통일규칙(Uniform Rules for Collections : URC, 1978 Revision, Publication No. 322)'에 의하여 처리되고 있다. 추심에 관한 통일규칙(URC)은 환어음의 취급에 관한 중요한 기준과 해석을 규정한 것으로 한국에서는 전국은행협회에서 1979년 7월부터 채택하여 시행하고 있다.

### 1) 환어음의 당사자

#### (1) 발행인(drawer)

환어음을 발행하고 서명하는 자, 즉 채권자인 수출업자를 말한다. 환어음이 유효하게 취급되기 위해서는 발행인의 기명날인(signature)이 반드시 있어야 한다.

#### (2) 지급인(drawee)

환어음의 지급을 위탁받는 채무자로서 통상 신용장발행은행 또는 수입업자(accountee)가 된다.

#### (3) 수취인(payee)

환어음금액의 지급을 받는 자로서 보통은 환어음을 매입한 매입은행이 된다. 그러나 경우에 따라서는 신용장발행은행이나 발행은행이 지정하는 은행이 될 수도 있으며, 발행인이 지정하는 제3자가 될 수도 있다.

이상에서 살펴본 환어음의 당사자 관련 내용을 정리하면 다음과 같다.

| 구분 | 신용장방식 | 추심방식 |
|---|---|---|
| 발행인 | 수출업자 | 수출업자 |
| 지급인 | 발행은행 또는 상환은행 | 수입업자 |
| 수취인 | 매입은행 | 수출업자<br>(추심 전 매입 : 매입은행) |

### 2) 환어음의 종류

#### (1) 화환어음과 무담보어음

환어음이 다른 운송서류와 함께 발행되면 화환어음(documentary bill of exchange)이라고 하며, 반면 운송서류가 첨부되지 않고 환어음만으로도 결제가 가능할 경우에는 무담보어음(clean bill of exchange)이라고 한다.

대부분의 수출대금 결제에는 상품을 대표하는 선화증권 등을 비롯한 부대서류가 첨부되며 이때 발행되는 어음은 화환어음이 된다. 그러나 환어음을 단순히 수수료, 보험료, 운임 등의 지급에 사용할 경우에는 운송서류가 필요하지 않기 때문에 환어음 하나만 가지고도 결제가 가능한 무담보어음이 이용된다.

#### (2) 일람불어음과 기한부어음

환어음은 어음상에 기재된 만기일에 따라서 일람불어음과 기한부어음으로 구별한다. 전자는 어음이 제시되면 즉시 지급되는 조건이며, 후자는 제시된 후 일정기간 후에 지급되는 어음을 말하는데 기한부어음은 다시 다음과 같이 구별할 수 있다.

① 일람 후 정기불(after sight) : 환어음이 수입업자에게 제시(presentation)되고 난 후 일정기간 후에 대금이 지급되는 것으로, 보통 '30 days after sight(30 d/s)', '60 days after sight(60 d/s)' 등과 같이 표시한다.

② 일부 후 정기불(after date) : 환어음을 발행하여 매입은행에 매입을 의뢰한 경우 수출업자가 환어음 매입신청을 한 뒤 일정기일이 경과 후 지급되는 것으로서, 예를 들면 '30 days after date(30 d/d)', '60 days after date(60 d/d)'로 표시한다.

여기서 'date'라고 하는 것은 어음발행일자를 말한다. 같은 30일 기한부어음이라도 일부 후 정기불어음이 운송서류가 전달되는 데 소요되는 우편일수만큼 빨리 결제가 된다. 즉, 일부 후 정기불어음은 어음발행 시에 이미 결제일이 확정되지만, 일람 후 정기불어음은 당해 어음이 수입업자에게 제시된 후에야 비로소 결제일이 확정될 수 있다.

한편 기한부어음에서는 어음의 인수(acceptance)행위가 수반되는데, 어음의 인수는 곧 기한부어음이 지급인에게 제시되었을 때 만기일에 지급할 것을 약속하는 서명행위이다. 대부분의 경우 어음인수인은 만기일에 가서 어음지급인(drawee)이 된다.

### (3) 은행어음과 개인어음

이는 환어음상에 기재된 지급인(drawee)이 누구냐에 따른 구분이다. 지급인이 은행명으로 기재되어 있는 어음을 은행어음(bank bill)이라고 하며, 반면 수입업자를 비롯한 일반 개인이 지급인으로 되어 있으면 개인어음(private bill)이라고 한다.

### (4) 상환청구가능어음과 상환청구불능어음

환어음에 대한 지급거절이 있을 경우, 환어음을 매입한 선의의 소지인이 어음발행인에게 대금의 상환을 청구할 수 있느냐 없느냐에 따라 환어음은 상환청구가능어음과 상환청구불능어음으로 구분된다.

한국의 경우는 환어음법상 모든 환어음은 상환청구가 가능하도록 되어 있어 외국에서 발행된 상환청구불능어음이 한국에서는 그 효력을 발휘하지 못한다.

### 3) 환어음의 기재사항

환어음은 요식증권이므로 그 형식은 기재사항에 의하여 결정된다. 이 기재사항에는 필수기재사항과 임의기재사항으로 구분할 수 있다. 다음의 필수기재사항, 즉 ① 환어음의 표시, ② 무조건 위탁문언, ③ 금액(숫자, 문자), ④ 지급인(drawee), ⑤ 지급만기일의 표시, ⑥ 수취인의 표시, ⑦ 지급지의 표시, ⑧ 발행일 및 발행지의 표시, ⑨ 발행인의 기명날인의 어느 하나가 누락되어도 환어음으로서의 법적 효력이나 구속력을 갖지 못하게 된다.

한편 환어음의 임의기재사항으로는 ① 환어음번호, ② 신용장번호, ③ 신용장 발행일자, ④ D/A, D/P어음의 표시, ⑤ 환율 및 이자문언 등이다.

수익자는 발행은행, 확인은행 또는 상환은행, 인수은행 등 지정은행 앞으로 환어음을 발행해야 하며, 발행의뢰인 앞으로 발행할 수 없다. 그럼에도 불구하고 신용장에서 발행의뢰인 앞 환어음발행을 지시한 경우 은행은 이러한 환어음을 제1질권으로서의 환어음으로 인정하지 않고 '단순한 추가서류'로만 간주한다.

### 4) 환어음에 관한 사항

#### (1) 어음번호

특별한 의미는 없고 다만 후일 참조할 경우가 생길 때 편리하게 하기 위해서 기재한다.

#### (2) 발행일

환어음의 발행일은 외국환은행이 어음과 함께 제시된 선적서류를 매입한 날짜이며 이는 신용장 유효기일 이내여야 한다.

### (3) 발행지

환어음의 효력은 행위지 법률에 의해 처리되므로 발행지를 꼭 표시하여야 한다. 발행지는 도시명까지만 표시해도 되므로 'Seoul, Korea'라고 기재하면 된다.

### (4) 금액

환어음의 발행금액은 보통 Invoice금액과 일치하여 for 100% of Invoice value로 표기하는 것이 원칙이다. 그러나 송금이나 혼합결제방식인 경우에는 for 60% of Invoice Value와 같이 Invoice금액의 일정률에 대해 어음을 발행하도록 하는 경우도 있다.

상업송장금액의 100% 이하로 어음을 발행하도록 신용장에 요구하는 경우에는 그 조건을 충족시켜야 하며 이러한 경우의 신용장 문구는 다음과 같다. "available by your draft at sight on us for ~% invoice value"에서 ~%란에 97% 등과 같이 발행할 수 있는 어음금액을 표시해 주고 있다. 송장금액 전액에 대해 어음을 발행할 경우에는 100% of invoice value 또는 full invoice value 등과 같이 나타낸다.

한편 신용장상에 화물의 수량을 5%까지 초과해서 선적하였을 경우에는 송장금액은 신용장금액을 초과하지만 환어음은 신용장금액까지만 발행하여야 한다. 그러나 신용장상에 신용장의 금액이 "5% More or less in quantity and amount to be acceptable"이라고 명시되어 있을 경우에는 환어음의 금액이 신용장의 금액을 초과해서 발행할 수도 있다.

### (5) 지급만기일의 표시(tenor)

어음상의 문언 중 at~sight of의 at~다음에 기재되는 것이 만기일의 표시가 된다. 신용장의 조건에 따라 차이가 있지만 크게 일람출급(sight draft)과 기한부(usance draft) 두 가지로 구분된다.

일람출급일 경우 at ×× sight of 로 표시되며 기한부일 경우 at ○○ days after sight 또는 at ○○ days after B/L date의 형식으로 기재하면 된다. 또한 ○월 ○일에 지급하겠다는 확정일 출급일 경우에는 동란에 지급일자를 적으면 된다.

참고 **어음기간 표시방법**

① **At sight(일람출급)**
- Reimburse(상환방식 : 발행은행이 지정한 상환은행으로 매입은행이 청구)
- Remittance(송금방식 : 매입은행이 지정한 은행으로 발행은행이 송금)

② **Usance at 90days after sight(일람 후 정기출급 : 지급인에게 제시된 날로부터)**
- at 90days after date(일부 후 정기출급 : 환어음의 발행일로부터)
- at 90days after B/L date(특정일자 후 정기출급 : 선적일로부터 90일)

③ **Usance 신용장은 90일 동안의 이자에 대한 신용공여 부담을 누가 지느냐에 따라**
- 해외은행에서 신용공여를 하면 Overseas Banker's Usance
- 수출업자가 신용공여를 하면 Shipper's Usance
- 신용장발행은행이 신용공여를 하면 Domestic Banker's Usance

### (6) 수취인(payee)

환어음의 지급을 받는 자로서 발행인이 될 수도 있고, 발행인이 지정하는 제3자가 될 수도 있다. 어음상의 문언 중 pay to~ 다음에 기재되는 것으로 통상 신용장 거래 시는 매입은행이 기재된다.

### (7) 문자금액

어음금액을 아라비아 숫자가 아닌 문자로 표시하는 곳으로, 예를 들어 미화 12,345.70달러일 경우 SAY US DOLLARS TWELVE THOUSAND THREE HUNDRED FORTY FIVE AND CENTS SEVENTY ONLY라고 기재한다(이때 SAY는 생략할 수 있으나 ONLY는 생략할 수 없음). 문자로 표기된 금액과 (4)번 항의 숫자로 표시된 금액을 병기하게 되는데 이 경우 양자 간에 차이가 나면 문자가 우선한다. 또한 표시되는 통화의 종류는 완전하게 기재되어야 한다. 막연히 Dollars($)나 Pound(£)로 표시되어서는 안 되며 반드시 US Dollars(US$), Sterling Pound(Stg £)로 표시되어야 한다.

### (8) Charge the same to Account of

이것은 은행이 수출대금 지급인에게 지시하는 내용으로서 당해 환어음이 수출대금 지급인에 의하여 결제될 때 그 자금은 Account of~ 이하에 기재되는 자(수입업자)로부터 회수하라는 의미이다. 따라서 Account of~ 이하는 신용장상의 Accountee가 기재된다. 이 문구는 법적인 필수문구는 아니나 오랜 상관습상 계속 사용되고 있다.

### (9) 신용장발행은행

Drawn Under~ 이하에는 환어음의 발행근거를 기재하게 되는데, 먼저 신용장 발행은행(issuing bank)을 기재하며 D/P, D/A 등 무신용장방식의 경우에는 공란 또는 계약서상 지정은행을 기재한다.

### (10) 신용장번호

이 난은 신용장번호를 기재하는 곳으로 L/C상에 요구가 있으면 T/S번호도 같이 기재하며, 또한 D/A, D/P인 경우에는 계약서번호를 기재한다. 두 개의 신용장을 근거로 하나의 환어음을 발행해도 좋다는 문구(combined shipment with other credits are acceptable)가 있을 경우에는 다음과 같이 표시한다. "Drawn Under L/C No~ for US$~and Drawn Under L/C No~for US$~"

### (11) 신용장발행일자

신용장상의 발행일자를 기재한다.

### (12) 지급인(drawee)과 지급지

지급인과 지급지를 기재하는 곳으로 지급지는 신용장에 별도 명시가 없는 한 도시명의 표시만으로도 충분하다. 만약 지급지 기재가 없으면 지급인의 표시지로 보충하여 어음 효력을 구제할 수가 있다. 지급인은 신용장의 발행은행이나 발행의뢰인, 즉 수입업자가 될 수도 있고 또 다른 제3의 은행이 될 수도 있다.

통상적으로 신용장이 지급인을 지시하는 문구는 "Documentary credit which is available by negotiation of your draft at sight drawn on~"이며 이 문구 중에서 drawn on~ 이하에 나타나는 것이 바로 지급인이 된다. '~on us'라고 되어

있으면 신용장발행은행, 'on buyer' 또는 '~on accountee'인 경우에는 신용장발행의뢰인이 지급인이 되며 'on~' 이하가 발행은행이 아닌 다른 은행일 경우에는 그곳이 바로 지급은행이 된다.

**[양식 11-1]**

**환어음**

citibank

**BILL OF EXCHANGE**

NO. ____________ DATE ______ .. ______ , KOREA

FOR USD –

AT ______________ OF THIS FIRST BILL OF EXCHANGE (SECOND OF THE SAME TENOR AND DATE BEING UNPAID) PAY TO **Citibank Korea Inc.** OR ORDER THE SUM OF

**1**

SAY US DOLLAR ONLY

VALUE RECEIVED AND CHARGE THE SAME TO ACCOUNT OF ______________

DRAWN UNDER ______________

L/C(CONTRACT) NO. ______________ DATED ______________

TO

---

citibank

**BILL OF EXCHANGE**

NO. ____________ DATE ______ .. ______ , KOREA

FOR USD –

AT ______________ OF THIS SECOND BILL OF EXCHANGE (FIRST OF THE SAME TENOR AND DATE BEING UNPAID) PAY TO **Citibank Korea Inc.** OR ORDER THE SUM OF

**2**

SAY US DOLLAR ONLY

VALUE RECEIVED AND CHARGE THE SAME TO ACCOUNT OF ______________

DRAWN UNDER ______________

L/C(CONTRACT) NO. ______________ DATED ______________

TO

**BILL OF EXCHANGE**

① NO. 123456 BILL OF EXCHANGE, ② MAY 10, 2021 ③ SEOUL, KOREA
④ FOR US$53,200.－
⑤ AT ××××× SIGHT OF THIS ORIGINAL BILL OF EXCHANGE(SECOND OF THE SAME TENOR AND DATE BEING UNPAID) PAY TO ⑥ WOORI BANK OR ORDER THE SUM OF
⑦ SAY US DOLLARS FIFTY THREE THOUSAND TWO HUNDRED ONLY ;
VALUE RECEIVED AND CHARGE THE SAME TO ACCOUNT OF ⑧ TOKYO SUPPLY LTD.
⑨ DRAWN UNDER THE MITSUBISHI BANK, LTD. HEADOFFICE TOKYO, JAPAN
⑩ L/C NO. U.1041509 ⑪ DATED APRIL 17, 2021
⑫ TO THE MITSUBISHI BANK, LTD.
HEADOFFICE, TOKYO

⑬ K.K. TRADING CO.

### (13) 발행인의 기명날인

환어음을 발행하는 자는 신용장상의 수익자 또는 양도받은 경우에는 양수인이 되며 반드시 기명날인까지 해야 된다. 사용되는 발행인의 서명날인은 화환어음 약정 시 은행에 제출된 서명감과 일치하여야 한다.

## 2. 파손화물보상장

파손화물보상장(letter of indemnity : L/I)은 운송화물이 손상되었을 경우 운송인이 고장부선화증권(foul B/L, dirty B/L)을 발행하지 않고 무고장선화증권(clean B/L)을 발행함으로써 부담하게 되는 책임을 송화인(consignor)이 부담하겠다고 하는 송화인의 서면상의 약속증서를 말한다.

운송인이 송화인으로부터 수취한 물품에 대하여 그 수취 시에 운송물품의 수량, 상태 등을 선화증권에 명확하게 기재하는 것이 원칙이다. 즉, 운송물품이 본선에 선적될 때 물품에 대한 손상이 있는 경우에, 이들 손상부분은 선화증권면의 비고란(remarks)에 화물의 외관이나 포장상태 등에 관한 사고적요가 기재되면, 이 선화증권은 고장부선화증권으로 된다.

그런데 일반적으로 신용장거래에 있어서는 대부분 무고장선화증권을 요구하고 있어 고장부선화증권으로는 환어음을 취결하는 것이 불가능하기 때문에, 송화인은 파손화물보상장을 제출하고서 선화증권면의 사고적요를 삭제한 무고장선화증권을 인수받는 것이 일반적으로 행해져 오고 있다.

**[양식 11-2]**

## 파손화물보상장

**LETTER OF INDEMNITY**

2021. 5.

S.S.M.V. "    " Voyage No. Sailed

Dear Sir,

In consideration of your handling us clean Bill of Lading for our shipment by the above vessel as described below, the mate's receipt at which bears the following clause:

We hereby undertake and agree to pay on demand any clean that may thus arise on the shipment and/or the cost of any consequent reconditioning and generally to indemnify yourselves and/or agents and/or the owners of the said vessel against all consequences that may arise from your action.

Further, should any claim arise in respect of this goods, we hereby authorize you and/or agents and/or owners of the vessel to disclose this Letter of Indemnity to the underwriters concerned.

Your faithfully,

B/L No.

Marks & Nos.    No. of Packages    Description    Destination

## 3. 신용장통일규칙의 주요 조항

### 1) 과부족 용인조항(Tolerance in credit amount)

신용장통일규칙(UCP 제30조)에서는 신용장상에 과부족을 허용하지 않는다는 금지문언이 없는 한, 계약상에 명시된 수량이 포장단위(packing unit) 또는 개별품목(individual item)의 개수로 명시되어 있는 경우가 아니면, 즉 살화물(bulk cargo)의 경우에는 신용장금액이 초과되지 않는 범위 내에서 5%의 과부족이 허용되는 것으로 본다. 그러나 무신용장방식 거래(D/P, D/A 등)에서는 이러한 규정이 적용되지 않으므로 계약서에 More or less clause를 포함시키는 것이 바람직하다.

계약서상에 다음과 같이 "3% more or less at seller's option", "Seller has the option of delivering 3% more or less on contract quantity", "Quantity, unless otherwise arranged, shall be subject to a variation of 3% plus or minus at Seller's option." 등으로 표현하여 인도수량에 일정범위 내에서의 과부족을 허용하는 조항을 포함시킨다.

신용장거래에서는 10% 이내의 과부족을 허용하는 것으로 해석한다(제30조 a항). 구체적으로 과부족의 허용범위를 설정하지 않고 '약(대략)'이란 표현을 이용하여 과부족조항과 유사한 효과를 거둘 수 있다. 즉, 수량 또는 단가 앞에 'about', 'circa', 'approximately' 등과 유사한 용어를 사용하는 경우이다.

### 2) UCP 600상의 기간용어

① from, till(until), to : 당해 일자를 포함

② after, before : 당해 일을 제외

③ on or about : 지정일을 제외하고 5일의 전후로 이루어지는 기간을 지칭하되, 전후 양 끝 날을 각각 포함하여 11일의 기간 내 선적, '예컨대 on or about July 25, 2020'는 2020년 7월 20일부터 30일까지 선적

④ 당해 월의 first half, second half : 전반(1일~15일), 후반(16일~말일)

⑤ 당해 월의 beginning, middle, end : 상순(1일~10일), 중순(11일~20일), 하순(21일~말일)

### 3) 신용장의 유효기간과 선적기일과의 관계

신용장상에 유효기간은 정해져 있으나 선적기일은 정해져 있지 않은 경우에는 신용장의 유효기간을 선적기일로 간주한다.

UCP 600 제36조 a항에 의하면 신용장의 유효기간이 천재지변(acts of God), 폭동, 소요(civil commotions), 내란(insurrections), 전쟁, 동맹파업, 사업소 폐쇄(lockouts) 등 이른바 불가항력(force majeure) 이외의 사유, 예컨대 일요일이나 국경일, 당해 은행창립일 등으로 인해 은행이 휴업하는 날짜인 경우 그날이 신용장의 휴효기간이면 다음 최초의 영업일까지 유효기간은 자동 연장되는 것으로 본다.

그러나 이러한 규정을 이유로 하여 선적의 최종일은 연장되지 않는다고 규정하고 있다. 따라서 이러한 경우에는 당초의 유효기간, 즉 지정되었거나 간주된 선적기일 이전에 선적을 완료하여야 한다.

### 4) 일반조건(general terms)

UCP 600 제6조에 신용장의 이용가능성, 유효기일 및 제시장소(availability, expiry date and place for presentation)에 대하여 규정하고 있다.

a . 신용장은 제시를 위한 유효기일(expiry date)을 명시하여야 한다. 신용장 대금의 결제(honour) 또는 매입을 위하여 명시된 유효기일이 제시를 위한 유효기일(expiry date for presentation)이다.

b. 신용장이 사용될 수 있는 은행의 장소를 제시를 위한 장소라고 한다. 어떤 은행에서라도 이용가능한 신용장에서는 어떤 은행이라도 제시장소가 될 수 있다.

UCP 600 제29조에서 신용장의 유효기일의 연장 또는 제시를 위한 최종일의 연장에 대하여 다음과 같이 규정하고 있다.

a. 신용장의 유효기일 또는 제시를 위한 최종일이 제36조(불가항력 ; force majeure)에 언급된 사유 이외의 사유로 제시를 받아야 하는 은행의 휴업일에 해당하는 경우에는 그 유효기일 또는 제시를 위한 최종일의 경우에 따라 최초

의 다음 은행영업일까지 연장된다.

b. 제시가 최초의 다음 은행 영업일에 행해지는 경우에는 지정은행은 발행은행 또는 확인은행에 제시가 제29조 a항에 따라 연장된 기간 이내에 제시되었다는 설명을 서류송부장(covering letter)에 기재하여야 한다.

(예시문언) "Documents were presented within the time limits extended in accordance with sub-article 29(a) of UCP 600."

c. 선적을 위한 최종일은 제29조 a항의 결과로서 연장되지 않는다.

### 5) 신용장 사용방법 기재예시

① 매입신용장(환어음의 사용은 선택적임)

"41D : Available with … by … : ABC Bank, Hong Kong by Negotiation"

"41D : Available with … by … : Any Bank, by Negotiation"

② 지급신용장(환어음의 사용은 선택적임)

"41a : Available with … by … : ABC Bank, Hong Kong by  Payment"

"41a : Available with … by … : Issuing Bank by sight Payment"

③ 연지급신용장(환어음 요구하지 않음)

"41D : Available with …by … : ABC Bank, Hong Kong by Deferred Payment"

④ 인수신용장(환어음 요구함)

"41D : Available with … by … : ABC Bank, Hong Kong by Acceptance"

⑤ 분할어음발행(청구) 또는 분할선적 : 동일 운송수단, 동일한 운송구간을 위한 선적을 증명하는 두 세트 이상의 운송서류로 이루어진 제시는 그 운송서류가 같은 목적지를 표시하고 있다면 비록 이들 서류가 선적일자가 다르고, 적재항과 수탁지 또는 발송지가 다를지라도 분할선적으로 간주되지 않는다. 만약 그 제시가 두 세트 이상의 운송서류로 이루어지는 경우 어느 운송서류에 의하여 증명되는 가장 늦은 최종선적일(the latest date of shipment)을 선적일로 본다. 동일한 운송방식 내에서 둘 이상의 운송수단상의 선적을 증명하는

하나 또는 둘 이상의 세트의 운송서류로 이루어진 제시는, 비록 운송수단들이 같은 날짜에 같은 목적지로 향하더라도 분할선적으로 본다.

**참고** **분할선적으로 간주되지 않는 경우와 간주되는 경우**

동일한 항로상의 동일한 목적지를 향하는 동일한 운송수단으로의 선적임이 확인된 복수의 선적서류가 제시된 경우 선적일, 선적항, 수탁자 및 발송지가 상이하더라도 분할선적으로 간주되지 않는다. 그러나 동일한 운송방법이나 상이한 운송수단에 의한 선적임이 확인된 복수의 선적서류가 제시된 경우에는 선적일, 선적항, 수탁지 및 발송지가 동일하더라도 분할선적으로 간주된다. 예컨대, 인천항에서 일부는 A선박에 선적하고 나머지는 B선박에 같은 일자에 선적되고 하역항이 같은 경우라도 분할선적으로 간주된다. 왜냐하면 각기 다른 선박에 선적되었으므로 같은 날짜에 선적되었더라도 하역항에서 서로 다른 날짜에 도착할 수 있고 수입업자 입장에서 각기 다른 선박에서 화물을 받아야 하기 때문이다.

## 4. 수입화물선취보증서

신용장결제 시 매입은행이 발행은행으로 보내는 서류는 항공편으로 오고 화물은 해상으로 오기 때문에 수입지에서는 화물보다 서류가 먼저 도착하는 것이 일반적이다. 그런데 선박회사로부터 화물도착통지(arrival notice)가 왔는데도 불구하고 발행은행에 아직 서류가 도착하지 않았을 경우에는 수입업자가 도착한 화물을 찾을 수 없게 된다. 이럴 경우 수입업자인 신용장발행의뢰인은 물품을 통관하지 못하므로 체선료, 창고료, 화재보험료 등을 부담해야 하고, 심지어는 물품의 판매시기를 놓칠 수도 있다.

해상운송에서의 운송서류인 선화증권은 유가증권이고 선박회사에서는 상법의 규정에 따라 B/L과 화물을 교환하는 방식으로만 화물을 인도할 수 있기 때문이다. 이와 같은 경우에 수입업자는 선적서류가 도착하기 전에 수입물품을 인도받기 위하여 발행은행으로부터 보증서를 발급받아 선박회사에 선화증권의 원본 대신 제출하고 수입화물을 인도받을 수 있다. 이때 사용되는 발행은행의 보증서가 바로 수입화물선취보증서(letter of guarantee : L/G)이다.

즉, L/G의 발급은 선적서류 도착 전 물품의 인도로부터 발생하는 모든 문제를 발행은행이 책임지고 차후에 선화증권 원본이 도착하면 이를 선박회사에 제출할 것을 보증하는 발행은행의 보증서이므로 선적서류의 원본을 인도하는 것과 동일한 효과가 있으며, 수입업자는 L/G 발급 시 수입보증금으로 L/G금액 전액을 반드시 현금 예치하여야 한다.

특히 여기서 주의할 사항은 외국환은행이 L/G를 발급하게 되면 신용장조건과 일치하지 않는 선적서류가 도착하여도, 화물이 이미 수입업자에게 인도된 후이므로 매입은행에 대하여 수입어음의 인수를 거절할 수 없다는 것이다.

### 1) L/G의 주요 내용

L/G는 발행은행이 선박회사 앞으로 발행하는 지급보증서 또는 각서의 일종으로서 다음과 같은 내용이 기재되어 있다.

① B/L이 도착하면 즉시 선박회사에 제출하겠다는 약속문언

② 화물인도로 인하여 발생되는 모든 책임을 은행이 부담하겠다는 약속문언

③ 양륙지 지급운임 및 기타비용과 선적지에 있어서의 미납선임 및 비용 등 일체를 지급할 것을 명시

### 2) L/G 발급으로 인한 효과

① 발행은행 측의 클레임 제기권 박탈 : L/G로 찾은 화물에 하자가 있거나, 추후 도착하는 선적서류에 하자가 발견되더라도 클레임 제기를 할 수 없게 된다.

② 일람조건의 외상인 경우 기간계산 기산일 차이 발생 : 신용장조건이 '90 days after sight'인 경우 수입업자가 발행은행에 신용장대금을 납부하여야 하는 날은 L/G 발급일로부터 기산되나, 발행은행이 매입은행 또는 수출업자에게 외상대금을 결제해야 하는 날짜는 실제로 서류가 도착한 익일부터 기산된다.

### 3) 발급절차

발행은행은 수입업자로부터 수입화물선취보증의 발급신청이 있으면 신청인으로

부터 다음과 같이 제 서류를 징구하고 각 서류의 기재내용의 상호 일관성을 세밀히 검토한 후 L/G를 발급한다.

① 발급은행 소정의 수입화물선취보증서 및 보증서발행신청서 각각 1부씩을 작성하여 보증서발급신청서는 은행에서 보관하고, 수입화물선취보증서는 수입업자가 선박회사에 제출하여 선착화물을 인도받는다.
② 선화증권 사본은 수입화물선취보증서 발행 증빙서류로서 은행에 제출한다.
③ 상업송장 사본은 L/G 등의 내용과 일치하는가를 심사하기 위한 서류로 수입화물선취보증서 발급 시 은행에 제출해야 한다.

## 5. 수입화물대도

발행은행이 서류도착 사실을 수입업자에게 통보하고 신용장대금 결제 후 이 서류를 인수할 것을 요구하였으나 수입업자가 결제자금이 없을 때 은행은 상당한 어려움에 처한다. 왜냐하면 발행은행은 대금지급을 받지 않고 서류를 수입업자에게 넘겨줄 수도 없고, 그렇다고 무작정 선적서류를 자신이 보유하고 있을 수도 없는 지경에 처하게 되기 때문이다. 도착한 화물은 소유권이 은행에 귀속되어 화물보관에 따른 비용(창고료 등) 및 위험부담을 은행이 책임져야 하나 은행은 이 화물의 처분경로를 알지 못하여 기간이 경과될수록 손해가 가중되기 때문이다. 이러한 경우의 해결책으로 제시된 것이 바로 국제금융의 일종인 수입화물대도(trust receipt : T/R)제도이다.

수입화물대도계약을 통해 은행은 물품의 소유권을 가진 신탁자로서 수입업자를 수탁자로 하여 물품을 은행과 체결한 일정한 계약목적 범위 내에서 처분하도록 인도한다. 수입화물대도계약은 은행이 수입화물선취보증서 또는 선적서류 인도 후부터 대금결제일까지의 기간 동안 신용공여에 대한 담보권을 확보하려는 일종의 신탁계약이라고 할 수 있다.

즉, 수입업자가 발행은행과 T/R약정을 체결하면 은행은 이 약정에 따라 화물의 소유권은 자행이 보유한 채로 화물의 점유권을 수입업자에게 이양하여 줄 수 있고,

수입업자는 수입대금의 결제 없이 선적서류를 받아 화물을 찾은 후 이 화물을 처분한대금으로 신용장대금을 결제할 수 있기 때문이다.

수입화물대도(T/R)에는 수입결제대금의 적립 없이 수입화물선취보증서(L/G) 발행에 따른 T/R과 기한부 수입에 따른 T/R이 있다.

### 1) T/R의 법적 성격

T/R의 법적 성격을 양도담보, 조건부매매, 대리관계 등 여러 가지로 해석하는 설이 있으나 일반적으로 '화물의 신탁적 양도'라고 해석하는 것이 통설이다. 따라서 T/R이 발행되면 은행과 수입업자 간에 화물처분에 관한 위임계약을 체결한 것으로 간주되기 때문에 만일 수입업자가 선박회사로부터 화물을 찾아서 그것을 위임계약의 내용대로 처리하지 않고 임의처분을 한다면 이는 형법상의 '배임죄' 성립이 가능하다(예 : 화물처분대금으로 신용장대금을 결제하지 않고 유용하는 경우).

은행의 입장으로는 수입업자의 계약위반이 있을 경우 형사처벌을 할 수 있는 근거가 마련되고 이 형사처벌의 두려움 때문에 수입업자는 계약내용을 지키려고 노력하게 될 것이다.

### 2) 수입화물대도의 유형

① 수출용원자재 수입에 따른 T/R : 무역금융(원자재 수입자금)을 수혜하고 수입대금을 대응수출 이행 시 상환하도록 한다.

② 인수금융에 따른 T/R : Usance L/C 또는 D/A로 수입하고 연지급기간 만기일에 수입대금을 상환하도록 한다.

③ 할부지급에 따른 T/R : 외화획득용 시설재 등을 분할지급 수입하고 분할결제방식에 의거 상환하도록 한다.

④ 외화대출 및 차관자금에 의한 T/R : 외화대출 또는 차관자금 공여 시 당해 대출 또는 차관자금의 상환일정에 의거 상환하도록 한다.

# 제 3 절 SWIFT L/C의 해설

SWIFT는 전 세계적으로 통용되는 금융기관 간 메시지 연계 서비스망으로 지급결제, 외환(foreign exchange), Money Market, 무역금융, 유가증권 등에 관한 메시지 서비스를 제공한다. SWIFT는 1973년 15개국 230개 은행이 창립하여 설립된 국제은행 간 비영리법인 또는 통신망 자체를 지칭하며, 현재 벨기에 브뤼셀에 본부를 두고, 한국은 1992년 3월부터 정식으로 이용하기 시작하였다.

## 1) 화환신용장의 SWIFT FIELD별 해설

아래의 화환신용장을 SWIFT FIELD의 기재사항 조건별로 신용장의 상단부분부터 순차적 독해를 통하여 실무적으로 설명하면 다음과 같다.

**ORIGINAL WOORI BANK**

Head Office : 17, World Cup Buk-Ro 60-Gil Mapo-Gu, Seoul, 03921, Korea
TEL : 1588-5000
SWIFT : HVBKKRSEXXX
ADVICE OF ISSUE OF DOCUMENTARY CREDIT
CREDIT NUMBER : FAHGLCST500563T
OUR ADVICE NUMBER : A-0668-006-25107
ADVISING DEPT/BR : BUSINESS DEPT　　ADVISED ON : 2021-12-27
ISSUING BANK : BKKBTWTP　　ISSUED ON : 2021-12-26
BANGKOK BANK PUBLIC CO., TAIPEI P.O. BOX 22419
121 SUNG CHIANG ROAD TAIPEI, TAIWAN

Sir, Madam,
At the request of the issuing bank, and without any engagement or responsibility on our part, we are pleased to inform you that we have received the following AUTHENTICATED tele-transmission dated 2021. 12. 26.

〈Message Text〉

700 ISSUE OF A DOCUMENTARY CREDIT
***27　: sequence of total : 1/1

***40A : Form of Documentary Credit IRREVOCABLE
***20 : Documentary Credit Number : FAHGLCST500563T
***31c : Date of Issue : 2021-12-26
***40E : Applicable Rules : UCP LATEST VERSION
***31D : Date and Place of Expiry : 2022-01-30 S. KOREA
***50 : Applicant : THE TRADING CO., LTD.
4F, NO.17, 177-LANE, NANKING WEST RD. TAIPEI, TAIWAN ROC.
***59 : BENEFICIARY : KANGNAM TRADING CO., LTD.
77, JONGNO 1-KA, JONGNO-GU, SEOUL, KOREA
***32B : CURRENCY CODE, AMOUNT : USD***400,000.00
***39A : PERCENTAGE CREDIT AMOUNT TOLERANCE : 0/0
***41D : AVAILABLE WITH...BY... :
ANY BANK IN S. KOREA BY NEGOTIATION
***42C : DRAFTS AT... : SIGHT
***42A : DRAWEE : ISSUING BANK
***43P : PARTIAL SHIPMENTS : PROHIBITED
***43T : TRANSSHIPMENT : PROHIBITED
***44E : PORT OF LOADING/AIRPORT OF DESTINATION : KEELUNG, TAIWAN
***44C : LATEST DATE OF GOODS AND/OR SERVICE :
5,000 CHATTIES OF CHINESE RAW MEDICINE
PRICE TERM : CIF KEELUNG
HS CODE : 122.20.0000
***46A : DOCUMENTS REQUIRED :

1. SIGNED COMMERCIAL INVOICE IN 5 COPIES INDICATING THIS CREDIT NUMBER
2. PACKING LIST IN 4 COPIES
3. 2/3 SET OF CLEAN ON BOARD OCEAN BILLS OF LADING AND NON-NEGOTIABLE COPIES MADE OUT TO THE ORDER OF BANGKOK BANK PUBLIC CO., LTD, TAIPEI BRANCH MARKED FREIGHT PREPAID AND NOTIFY APPLICANT AND INDICATING THIS CREDIT NUMBER.
4. INSURANCE POLICY/CERTIFICATE ISSUED IN DUPLICATE DULY ENDORSED IN BLANK FOR FULL INVOICE VALUE PLUS 10 PERCENT WITH CLAIMS PAYABLE IN TAIWAN IN THE SAME CURRENCY AS THE DRAFT COVERING INSTITUTE CARGO CLAUSES(A).
5. BENEFICIARY'S CERTIFICATION STATING THAT ONE ORIGINAL B/L AND ONE COMPLETE SET OF NON-NEGOTIABLE SHIPPING DOCUMENTS HAVE BEEN SENT BY DHL TO APPLICANT DIRECTLY AFTER SHIPMENT

***47A : ADDITIONAL CONDITIONS :

SHIPMENT MUST BE CONTAINERIZED CY TO CY TERMS KEELUNG
TO CY TERMS(CY/CY(FCL/FCL : door to door)

***71B : CHARGES : ALL BANKING CHARGES OUTSIDE TAIWAN ROC INCLUDING L/C ADVISING FEE, REIMBURSEMENT COMMISSION AND DISCREPANCY CHARGE ARE FOR BENEFICIARY'S ACCOUNT

***48 : PERIOD FOR PRESENTATION : WITHIN 10 DAYS AFTER B/L DATE BUT NOT LATER THAN CREDIT VALIDITY

***49 : CONFIRMATION INSTRUCTION : WITHOUT

***78 : INSTRUCTION TO THE PAYING/ACCEPTING/NEGOTIATING BANK :

+THE AMOUNT OF EACH DRAWING MUST BE ENDORSED ON THE REVERSE HEREOF.
+THE DOCUMENTS TO BE FORWARDED BY COURIER SERVICE TO ISSUING BANK (ADD : 121, SUNG CHIANG ROAD, TAIPEI 104, TAIWAN TEL : 886-2-25073666)
+UPON RECEIPT OF DOCUMENTS WHICH ARE IN CONFIRMITY WITH THE TERMS OF THIS CREDIT, WE SHALL REMIT THE PROCEEDS TO YOU AS PER YOUR INSTRUCTION.

---

Please note that we reserve the right to make such corrections to this advice as may be necessary upon receipt of the cable confirmation and assume no responsibility for any errors and/or omission in the transmission and/or translation of the tele-transmission, and for any forgery and/or alteration on the credit. If the credit is available by negotiation, each presentation must be noted on the reverse of this advice by the bank where the credit is available. THIS ADVICE IS SUBJECT TO UNIFORM CUSTOMS AND PRACTICE FOR DOCUMENTARY CREDIT(2007 REVISION, ICC. PUBLICATION NO.600)

Yours very truly,
Assistant Manager
Advising Section
Tae-heum BAIK
Authorized Signature

## 2) 통지은행의 통지안내 문구

통지은행은 Woori Bank이며 이 통신문은 [화환신용장 발행의 통지]이며 신용장 번호, 통지은행의 참조번호, 통지은행의 부서, 통지일자, 발행은행의 명칭, 발행일자 등의 내용을 담고 있으며 통지안내 문구를 표시하고 있다.

### 3) 총페이지 표시조건

27 : Sequence of total(신용장 페이지 총수) : 1/1(1페이지 중의 1페이지)

신용장 전체 페이지 쪽 중에서 몇 페이지에 해당하고 있는지를 표시한다. 여러 페이지 중에서 순서가 이어져서 표시되어 있어야 한다. 한 페이지라도 누락된 경우에는 발행은행에 조회하여 전체 페이지를 전부 수신해야 한다.

(예) 1/4 : 총 4쪽으로 구성된 SWIFT 전신문의 1쪽이다.

### 4) 신용장의 형태와 신용장번호조건

40A : Form of Documentary Credit(신용장형태) : IRREVOCABLE(취소불능 신용장)

20 : Documentary Credit Number(신용장번호) : FAHGLCST500563T

신용장의 형태란에 반드시 취소불능(IRREVOCABLE)이라고 표시되어 있는지 여부를 점검하여야 한다. 발행은행이 부여하는 신용장의 번호가 복잡하게 구성된 경우, 특히 신용장에서 '모든 서류에 신용장번호를 기재할 것'이라고 조건이 있는 경우에는 이 신용장의 고유한 번호가 반드시 일치하도록 서류에 명확하게 표시하여야 한다.

23 : Reference to Pre-Advice

사전통지를 보냈던 신용장의 경우 'PREADV'라고 표시하고 '/'를 한 다음 그 사전통지와 관련된 참조사항을 표시한다.

(예) PREADV/100919 : 2021년 9월 19일자로 송부했던 사전통지문의 원본 신용장을 의미한다.

### 5) 발행일자, 유효기일과 종료장소조건

31C : Date of Issue(신용장발행일) : 2021-12-26(2021년 12월 26일)

40E : Applicable Rules(적용규칙) : UCP LATEST VERSION(발행일자 현재 최신판 UCP)

31D : Date and Place of Expiry(유효기일과 종료장소) : 2021-01-30 S. KOREA(2021년 1월 30일 한국)

40E : Applicable Rules(적용규칙)

신용장의 적용규칙을 표시한다.

31D : Date and Place of Expiry(유효기일과 종료장소)

발행일자와 관련된 아무런 표시가 없는 경우 SWIFT 전문이 발송된 일자를 발행일자로 간주한다. 유효기일과 종료장소는 서류가 제시되어야 하는 마지막 일자와 장소를 표시한다.

### 6) 발행의뢰인, 수익자조건

50 : APPLICANT(발행의뢰인(수입업자))

THE TRADING CO., LTD.

4F, NO.17, 177-LANE, LANKING WEST RD.

TAIPEI, TAIWAN ROC

59 : BENEFICIARY(수익자(수출업자))

KANGNAM TRADING CO., LTD

77 JONGNO 1, KA, JONG NO GU, SEOUL, KOREA

51a : Applicant Bank

신용장의 발행을 의뢰하는 발행의뢰인의 은행이 있는 경우 발행의뢰인의 은행을 표시한다.

### 7) 통화종류와 금액, 금액 과부족 용인조건

32B : CURRENCY CODE, AMOUNT(통화종류 및 금액)

USD***400,000.00

39A : PERCENTAGE CREDIT AMOUNT TOLERANCE(신용장금액 과부족 용

인비율)

○/○ 신용장금액의 편차를 표시한다.

(예) 10/5 : 표시된 금액을 기준으로 상한은 10%, 하한은 5%까지 허용한다.

39B : Additional Amounts Covered

수익자가 사용할 수 있는 추가의 금액, 예를 들어 보험료, 운임, 이자 등을 표시하는 Field이다.

### 8) 신용장 사용은행과 사용방법의 명시조건

41D : AVAILABLE WITH…BY…(신용장 사용은행과 사용방법) : ANY BANK IN S. KOREA BY NEGOTIATION(한국의 모든 은행에서 매입방식으로 사용)

'WITH' 다음에는 신용장을 사용할 수 있는 은행명을, 'BY' 다음에는 신용장의 사용방법을 표시한다.

(예) AVAILABLE WITH HSBC KR SE BY NEGOTIATION : HSBC 은행 서울 지점에서 매입으로 사용이 가능하다.

BY NEGOTIATION : 환어음 · 서류의 매입으로 사용가능

BY PAYMENT : 일람지급으로 사용가능

BY DEF PAYMENT : 환어음 없는 연지급 약정으로 사용가능

BY ACCEPTANCE : 기한부 지급환어음의 인수로 사용가능

BY MIXED PAYMENT : 혼합방식으로 사용가능

### 9) 환어음 지급기일과 어음지급인조건

42C : DRAFTS AT…(환어음의 지급기일) : SIGHT(일람지급)

42A : DRAWEE(환어음 지급은행) : ISSUING BANK(발행은행)

42C : DRAFTS AT

화환어음의 기간을 표시한다.

42a : DRAWEE

화환어음의 지급인을 표시한다.

42M : MIXED PAYMENT DERAILS

혼합지급으로 사용이 가능한 경우 그것들의 결정에 필요한 지급일자, 금액 그리고/또는 방법을 표시한다.

42P : DEFERRED PAYMENT DETAILS

기한부 지급으로 사용이 가능한 경우 그것들의 결정에 필요한 지급일자 또는 결정방법을 표시한다.

### 10) 분할선적과 환적조건

43P : PARTIAL SHIPMENTS(분할선적) : PROHIBITED(불허)

43T : TRANSSHIPMENT(환적) : PROHIBITED(불허)

### 11) 선적항(출발공항), 하역항(목적항)조건

44E : PORT OF LOADING/AIRPORT OF DEPARTURE(선적항/출발공항) : ANY PORT IN KOREA(한국의 모든 항구)

44F : PORT OF LOADING/AIRPORT OF DESTINATION(하역항/목적공항) : KEELUNG, TAIWAN(대만, 지룽)

SWIFT Field 44를 A, E, F, B로 세분화하여 각 운송서류의 종류별로 다른 Field를 사용하도록 하였다. 이전까지는 운송서류의 종류와 관계없이 하나의 Field를 사용하여, 요구하는 운송서류의 종류로서는 표시할 수 없는 운송구간을 기재하는 경우가 있었다.

44A : Place of Taking in Charge/Dispatch from.../Place of Receipt

운송서류에 표시되어야 하는(복합운송서류의 경우) 수탁지, (도로, 철도, 내륙수로 운송서류 또는 택배, 속배서비스서류의 경우) 수취지, 발송지 또는 선적지를 표시한다.

44E : Port of Loading/Airport of Departure

운송서류에 표시되어야 하는 선적항 또는 출발공항을 표시한다.

44F : Port of Loading/Airport of Destination

운송서류에 표시되어야 하는 양륙항 또는 목적공항을 표시한다.

44B : Place of Final Destination/For Transportation to …/Place of Delivery

운송서류에 표시되어야 하는 최종목적지 또는 인도장소를 표시한다.

### 12) 최종선적기일과 상품의 명세조건

44C : LATEST DATE OF SHIPMENT(최종선적기일) : 2021-01-20(2021년 1월 20일)

45A : DESCRIPTION OF GOODS AND/OR SERVICE(상품 또는 서비스명세) : 5,000 CATTIES OF CHINESE RAW MEDICINE

PRICE TERM : CIF KEELUNG

HS CODE : 1211.20,000

### 13) 요구서류조건(상업송장과 포장명세서)

46A : DOCUMENTS REQUIRED(요구서류)

1. SIGNED COMMERCIAL INVOICE IN 5 COPIES INDICATING THIS CREDIT NUMBER(이 신용장의 번호가 기재되고 서명된 상업송장 5부)
2. PACKING LIST IN 4 COPIES(포장명세서 4부)

### 14) 요구서류조건(선화증권)

3. 2/3 SET OF CLEAN ON BOARD OCEAN BILLS OF LADING AND NON-NEGOTIABLE COPIES MADE OUT TO THE ORDER OF BANGKOK BANK PUBLIC CO., LTD, TAIPEI BRANCH MARKED FREIGHT PREPAID AND NOTIFY APPLICANT AND INDICATING THIS CREDIT NUMBER(BANGKOK BANK PUBLIC CO., LTD., TAIPEI 지점의 지시식인 비유통성 선화증권 사본 2부 포함하여 무고장 본선적재 해상 선화증권 원본 2/3세트, 선화증권에는 운임선불로 표시되어 있어야 하며 통지처의 주소는 발행의뢰인으로 그리고 이 신용장의 번호를 기재한다.)

### 15) 요구서류조건(보험서류)

4. INSURANCE POLICY OR CERTIFICATE ISSUED IN DUPLICATE DULY ENDORSED IN BLANK FOR FULL INVOICE VALUE PLUS 10 PERCENT WITH CLAIMS PAYABLE IN TAIWAN IN THE SAME CURRENCY AS THE DRAFT COVERING INSTITUTE CARGO CLAUSES(A)(ICC(A) 조건으로 보험에 가입되고 환어음의 통화와 동일한 통화로 대만에서 보험금이 지급될 수 있으며 상업송장금액의 110%에 대하여 부보되며 백지배서가 되어 있는 보험증권 또는 보험증명서 2통)

### 16) 요구서류조건(수익자증명서)

5. BENEFICIARY'S CERTIFICATION STATING THAT ONE ORIGINAL B/L AND ONE COMPLETE SET OF NON-NEGOTIABLE SHIPPING DOCUMENTS HAVE BEEN SENT BY DHL to APPLICANT DIRECTLY AFTER SHIPMENT(1통의 원본 선화증권과 비유통성 선적서류의 1세트 선적 후 직접 발행의뢰인에게 DHL로 발송되었다고 기재된 수익자증명서)

### 17) 부가조건

47A : ADDITIONAL CONDITIONS(부가조건) : SHIPMENT MUST BE CONTAINERIZED CY TO CY TERMS KEELUNG(선적은 지룽(KEELUNG)항까지 컨테이너운송으로 CY(CONTAINER YARD) TO CY TERMS(CY/CY(FCL/FCL : door to door) 운송(1인 수출업자 → 1인 수입업자)이어야 한다.)

### 18) 비용부담의 주체조건

71B : CHARGES : ALL BANKING CHARGES OUTSIDE TAIWAN ROC INCLUDING L/C ADVISING FEE, REIMBURSEMENT COMMISSION

AND DISCREPANCY CHARGE ARE FOR BENEFICIARY'S ACCOUNT (신용장 통지수수료를 포함한 대만 이외에서 발생하는 모든 은행수수료, 결제수수료 및 하자수수료는 수익자의 부담으로 한다.)

수수료가 수익자 측의 부담인 경우에 한하여 표시한다. 명시가 없는 경우 매입수수료와 양도수수료를 제외한 모든 수수료는 발행의뢰인의 부담으로 간주한다.

AGENT : Agent's Commission

COMM : Our Commission

DISC : Commercial Discount

INSUR : Insurance Premium

Post : Our Postage

STAMP : Stamp Duty

TELECHAR : Tele-transmission Charges

CORCOM : Our Correspondent's Commission

WAREHOUSE : Wharfing and Warehouse

## 19) 서류의 제시기한조건

48 : PERIOD FOR PRESENTATION(서류 제시기한) : WITHIN 10 DAYS AFTER B/L DATE BUT NOT LATER THAN CREDIT VALIDITY(선화증권의 발행일자 후 10일 이내에, 단 신용장 유효기간 이내이어야 한다.)

선적 후 서류가 지급, 연지급, 인수 또는 매입을 위하여 제시되어야 하는 제한기간을 표시한다.

## 20) 신용장의 확인에 관한 조건

49 : CONFIRMATION INSTRUCTION(확인지시) : WITHOUT(확인요청 없음)

SWIFT MT 700 전신문의 'Field 49'의 확인에 대한 발행은행의 지시는 세 가지로 구분하고 있다.

CONFIRM : 전신문 수신인(통지은행)에 대하여 확인을 요청하는 것

MAY ADD : 전신문 수신인(통지은행)은 확인을 할 수 있다고 허용하는 것

WITHOUT : 전신문 수신인(통지은행)에 대하여 확인을 요청하지 않는다는 것

비수권 확인(silent confirmation)이란 수출업자 거래은행이 신용장발행은행의 요청이나 수권 없이, 신용장조건과 일치하는 제시(complying presentation)가 있는 경우에 발행은행의 확약에 추가하여 확정적인 지급확약을 하는 것을 의미한다. 비수권 확인자(silent confirmer)는 발행은행의 수권이나 요청이 없기 때문에 UCP 600에서의 확인은행으로 인정받지 못한다.

53a : Reimbursing Bank

발행은행에 의하여 상환을 이행하도록 수권받은 상환은행을 표시한다.

## 21) 지급 · 인수 · 매입은행에 대한 지시사항조건

78 : INSTRUCTION TO THE PAYING/ACCEPTING/NEGOTIATING BANK
(지급 · 인수 · 매입은행에 대한 지시사항)

+THE AMOUNT OF EACH DRAWING MUST BE ENDORSED ON THE REVERSE HEREOF(각 어음발행금액은 이 신용장의 뒷면에 배서되어야 한다.)

+THE DOCUMENTS TO BE FORWARDED BY COURIER SERVICE TO ISSUING BANK(ADD : 121, SUNG CHIANG ROAD, TAIPEI 104, TAIWAN TEL : 886-2-25073666)(모든 서류들은 발행은행 앞으로 택배배송업자에 의하여 송부되어야 한다.)

+UPON RECEIPT OF DOCUMENTS WHICH ARE IN CONFIRMITY WITH THE TERMS OF THIS CREDIT, WE SHALL REMIT THE PROCEEDS TO YOU AS PER YOUR INSTRUCTION(이 신용장의 제조건에 일치하는 서류를 수취하면, 당행은 귀행의 지시에 따라서 대금을 송금할 것이다.)

57a : 'Advise Through' Bank

수익자에게 통지하기 위하여 경유해야 하는 은행 명칭을 표시한다.

72 : Sender to Receiver Information

필요한 경우 발신은행이 수신은행에게 제공하는 정보사항을 기술한다.

PHONBEN : 수익자에게 전화로 통지한다.

TELEBEN : 수익자에게 가장 효과적인 전신으로 통지한다.

### 22) 통지은행의 안내 문구

Please note that we reserve the right to make such corrections tothis advice as may be necessary upon receipt of the cable confirmation and assume no responsibility for any errors and/or omission in the transmission and/or translation of the tele-transmission, and for any forgery and/or alteration on the credit.

If the credit is available by negotiation, each presentation must be noted on the reverse of this advice by the bank where the credit is available.

THIS ADVICE IS SUBJECT TO UNIFORM CUSTOMS AND PRACTICE FOR DOCUMENTARY CREDIT(2007 REVISION, ICC. PUBLICATION NO.600

[양식 11-3]

## 외국환거래약정서

| 은행은 본인에게 이 약정서상의 중요한 내용을 설명하여야 하며, 은행 여신거래기본약관과 이 약정서의 사본을 교부하여야 합니다. |
|---|

| 담당 | 검토자 | 결재권자 |
|---|---|---|
| | | |

**외국환거래약정서** 년 월 일

주식회사 우리은행 앞

| 본인확인 인감대조 |
|---|
| |

본인 ______________________ (인)
주소 ______________________

본인이 주식회사 우리은행(이하 "은행"이라 합니다)과 수출 · 수입 · 내국신용장발행 · "내국신용장환어음, 판매대금추심의뢰서" 매입(추심)거래 · 선적통지부 사후송금방식 수출거래에 의한 수출대금채권 매입거래를 함에 있어 "은행여신거래기본약관"이 적용됨을 승인하고 다음 각 조항을 확약합니다.

### 제1장 공통사항

**제1조(정의)**

이 약정서에서 사용하는 용어의 뜻은 다음과 같다.

① "화환어음"이란 선적서류를 첨부하여 발행되는 환어음을 말한다.

② "무화환어음"이란 화환어음에 대응하는 것으로서 환어음에 선적서류가 첨부되지 않고 그 대신 증명서 또는 확인서를 붙이는 조건으로 발행되는 환어음을 말한다.

③ "내국신용장"이란 수출물품 또는 수출용원자재를 국내에서 구매하기 위한 신용장을 말한다.

④ "선적통지부 사후송금방식 수출거래(Open Account Transaction)"란 물품매매계약에 따라서 수출상은 상품선적과 함께 운송서류를 수입상 앞으로 직접 발송하고, 일정기간 경과 후 수출대금을 수출상이 지정한 은행계좌에 수입상이 직접 입금시키는 수출거래를 말한다.

⑤ "대도"란 은행이 고객의 '수입화물대도신청'에 따라 수입거래 관련 대금 전에 동 행의 수입화물에 대한 소유권을 유지한 채 당해 수입화물을 처분할 수 있도록 허용하는 것을 말한다.

⑥ "일람출급"이란 구비한 서류를 은행에 제시하고 대금을 청구하면 즉시 대금을 지급하는 것을 말한다.

⑦ "기한부 출급"이란 일람출급에 대칭되는 것으로 30일, 60일, 90일과 같이 일정기간이 지난 후 대금을 지급하는 것을 말한다.

⑧ "차기통지서"란 은행의 예치환거래은행이 지급지시 등에 따라 자금을 출금하였다는 통지서를 말한다.

⑨ "수입화물선취보증서"란 수입물품은 이미 도착했으나 운송서류가 미도착하여 운송서류 내도 이전에 선박회사에 선화증권 원본 대신 제출하고 수입화물을 인도받는 보증서를 말한다.

⑩ "확인신용장"이란 개설은행 이외의 제3은행이 신용장에 대한 지급을 확약하는 신용장을 말한다.

⑪ "(대고객)전신환매도율"이란 현찰 외 외화 살 때 환율 또는 외화로 송금 보낼 때 적용되는 환율 등을 말한다.

⑫ "(대고객)전신환매입률"이란 현찰 외 외화 팔 때 환율 또는 외화로 송금 보낼 때 적용되는 환율 등을 말한다.

**제1조의 2(적용범위)**

이 약정은 다음 각항의 현재 및 장래의 모든 거래(전자문서교환방식에 의한 거래를 포함합니다)에 적용하기로 합니다.

① 수출거래

1. 화환어음(환어음이 첨부되지 않은 선적서류를 포함합니다. 이하 이 약정에서 같습니다.)의 매입 및 추심
2. 보증신용장 등에 의한 무화환어음(Clean Bill)의 매입
3. 기타 전 각호에 준하는 거래

② 수입거래

1. 신용장발행
2. 화환어음의 인도 및 결제
3. 보증신용장에 의한 무화환어음의 인도 및 결제
4. 기타 전 각호에 준하는 거래

③ 내국신용장발행거래

④ 내국신용장환어음 또는 판매대금추심의뢰서(이하 "내국신용장어음 등"이라 합니다)의 매입(추심)거래

⑤ 선적통지부 사후송금방식 수출거래(Open Account Transaction)에 의한 수출대금채권 매입거래(이하 수출대금채권 매입거래라 합니다)

**제2조(권리의 행사)**

① 수출화환어음 및 내국신용장어음등 매입대금(은행의 매입대금을 말합니다. 이하 이 약정에서 같습니다) 및 수출 대금채권 매입대금에 관하여 은행은 아래 제10조, 제11조, 제23조, 제24조 및 제 28조에 의하여 이를 청구하거나 금전소비대차에 의한 대출금으로 보아 어음채권(어음이 발생된 경우에 한함) 또는 여신채권 중 어느 것에 의하여도 청구할 수 있습니다 .

② 수입화환어음 및 내국신용장환어음 결제를 위한 대지급금의 경우에는 은행은 어음채권

(어음이 발행된 경우에 한함) 또는 여신채권 중 어느 것에 의하여도 청구할 수 있습니다.

제3조(담보)
본인은 제1조의 거래에 수반하는 물품 및 관련 서류를 당해 거래와 관련하여 은행에 부담하는 채무와 이에 부수하는 이자, 할인료, 수수료, 지연배상금, 기타 부대비용 등의 지급을 위한 담보로서 은행에 양도하기로 합니다.

제4조(적용환율)
적용환율은 신청서 등을 접수한 날과 관계없이 실제로 지급받거나 지급하는 날의 은행이 정한 해당 환율로 합니다. 다만, 제10조 제1항 제6호 및 제15조 단서의 경우 은행의 미수금계정처리일 또는 외화지급보증대지급금계정처리일의 은행이 정한 해당환율로 할 수 있습니다.

제5조(수수료, 비용 및 손해의 부담)
① 본인은 은행의 책임 있는 사유로 인하여 추가로 발생한 것이 아닌한 제1 조의 거래에 따른 이자, 할인료, 수수료, 지연배상금, 손해배상금, 기타 부대비용 및 은행의 권리행사, 권리보전, 담보의 취득 및 처분에 따른 비용, 운임, 보험료, 기타 모든 비용 및 손해를 부담하며, 은행이 계산근거를 구체적으로 기재하여 청구하는 바에 따라 곧 지급하기로 합니다. 다만, 본인이 계산방법 등에 관하여 이의를 제기하는 경우에는 은행은 이를 심사하여 그 결과를 통보합니다.
② 은행은 제1항의 이자, 할인료, 수수료 등 제반비용의 요율 및 계산방법을 성질상 고시하기 어려운 것을 제외하고는 고시토록 합니다.
③ 제1항의 수수료 등을 본인 이외의 자가 부담하기로 되어 있는 경우에 본인의 비용으로 은행이 본인 이외의 부담자에게 청구하였으나 입금되지 아니하여 본인에게 청구한 때는 본인이 이를 곧 지급합니다. 다만, 은행이 본인 이외의 부담자로부터 이를 지급받는 경우에는 반환합니다.

제6조(적용기간)
이 약정의 적용기간은 정하지 않기로 합니다. 다만 부득이한 사유가 있는 경우 은행이나 본인은 이 약정을 해지할 수 있으며 이 경우 해지 전에 이루어진 거래에 대하여는 이 약정을 계속 적용합니다.

제7조(준용규정)
본인과 은행은 약정되지 아니한 사항에 대하여 따로 정함이 없는 한 「신용장통일규칙」, 「추심에 관한 통일규칙」, 「은행간 신용대금상환에 관한 통일규칙」, 기타 국제 규약, 「전자무역업무표준약관」 및 은행의 관련규정에 따르기로 합니다.

### 제2장 수출거래에 대한 특약

제8조(환거래은행 및 송달방법의 선정)
신용장 또는 계약서, 매입신청서 등에 구체적으로 기재되어 있지 않은 경우 환거래은행 및 화환어음의 송달방법은 은행이 선정하기로 합니다.

제9조(결제기간의 연장)

지급의무자가 결제기간의 연장을 요청한 경우 은행은 본인의 동의를 얻어 승낙할 수 있습니다. 다만 은행이 부득이하다고 인정하는 때는 본인의 동의 없이 승낙할 수 있습니다. 이 경우 은행은 승낙한 사실을 곧 본인에게 통지합니다.

제10조(매입대금상환)

① 다음 각호에서 정한 사유 중 하나라도 발생한 경우 본인은 은행으로부터의 독촉 통지 등이 없어도 당연히 다음 각호에서 정한 화환어음 매입대금 또는 미수금의 상환의무를 지고 곧 갚기로 합니다.

1. 본인에 대하여 은행여신거래기본약관 제7조 제1항(당연 기한전 채무변제의무) 각호에서 정한 사유 중 하나라도 발생한 경우에는 모든 화환어음
2. 화환어음의 지급의무자에 대하여 은행여신거래기본약관 제7조 제1항(당연 기한전 채무변제의무) 각호에서 정한 사유 중 하나라도 발생한 경우에는 그 자가 지급의무자로 되어 있는 모든 화환어음
3. 은행의 관련규정이 정하는 기간까지 은행의 매입대금이 입금되지 아니하거나 화환어음의 인수가 이루어지지 아니하는 경우의 그 화환어음
4. 환거래은행 등으로부터 지급 또는 인수거절된 경우의 그 화환어음
5. 본인이 화환어음의 만기일 이전에 매입대금을 상환하고자 하는 경우의 그 화환어음
6. 제13호 및 제14호에 해당하는 화환어음이 은행의 관련규정이 정하는 기간까지 상환되지 아니하여 미수금계정으로 대체처리된 경우 및 은행의 관련규정에 따른 자산건전성 분류기준에 의거 회수가 불확실하거나 회수불능이 확실하여 "회수의문" 또는 "추정손실"로 분류되어 미수금계정으로 대체처리된 경우의 그 원화금액

② 본인에 대하여 은행여신거래기본약관 제7조 제4항 및 제5항(은행의 서면독촉에 의한 기한 전 채무변제의무) 각호에서 정한 사유 중 하나라도 발생한 경우 본인은 은행의 서면독촉통지 도달일로부터 10일 이상으로 은행이 정한 기간이 지나면 모든 화환어음 매입대금의 상환의무를 지고 곧 갚기로 합니다.

③ 제1항 및 제2항과 관련하여 본인은 환가료 징수기간 만료일 다음날부터 상환일 전날까지 여신연체이율로 계산한 손해배상금을 지급하기로 합니다. 다만, 부도처리가 환가료 징수기간 내에 이루어진 경우에는 부도처리일로부터 손해배상금을 기산합니다.

④ 제1항 및 제2항과 관련하여 본인은 매입신청시 제출한 화환어음 또는 매입신청서에 근거하여 매입대금을 상환하며, 은행은 본인이 매입대금과 이에 부수하는 손해배상금, 수수료, 비용 등을 변제할 때까지 화환어음 및 수출물품에 대하여 모든 권리를 행사합니다.

제11조(화환어음 등의 반환)

① 이 약정에 의하여 은행에 대한 채무의 변제 또는 은행여신거래기본약관 제10조(은행으로부터의 상계 등)에 의한 상계 등의 경우 은행은 본인에게 화환어음 및 수출물품을 채무변제 등의 시점에 반환하지 않아도 됩니다.

② 본인은 은행이 반환하는 화환어음을 은행에서 수령하기로 합니다. 다만 수출물품은 화환어음을 수령함으로써 되돌려 받은 것으로 합니다.

③ 은행의 책임없는 사유로 인하여 화환어음 및 수출물품의 반환이 불가능한 경우 은행의 반

환의무는 없는 것으로 합니다.

## 제3장 수입거래에 대한특약

**제12조(신용장의 발행, 통지 및 환거래은행 등의 선정)**

① 은행은 본인이 제출하는 신용장발행신청서(조건변경신청서 포함) 등의 기재사항에 따라 신용장을 발행, 통지합니다.

② 신용장발행신청서에 명시되어 있지 않은 경우 환거래은행(통지은행, 매입은행, 지급은행, 인수은행, 확인은행, 기타 관련은행을 말합니다. 이하 같습니다.) 및 통지방법은 은행이 선정하기로 합니다.

**제13조(대도물품의 처분)**

① 본인은 대도물품을 입고, 운반, 출고, 가공, 매도 이외의 목적으로 사용하거나 제3자에게 담보로 제공할 수 없으며 또한 기타 은행의 권리를 해하는 행위도 할 수 없습니다.

② 본인은 대도물품을 매도할 경우 금액, 물품의 인도, 대금의 영수방법 등에 관하여 미리 은행의 동의를 받기로 합니다.

③ 본인은 대도물품의 매도대금 영수 후 곧 은행에 지급하며 매도대금을 어음, 기타 유가증권 등으로 받는 경우에는 이를 곧 은행에 양도하기로 합니다.

**제14조(신용장조건과 불일치하는 화환어음)**

① 은행이 채권보전을 위하여 필요하다고 인정하는 경우 은행은 신용장조건과 볼일치하는 화환어음에 대하여 본인의 동의 없이 지급 또는 인수를 거절할 수 있습니다. 이 경우 은행은 본인에게 사후통지하기로 합니다.

② 화환어음이 은행에 도착하기 전 신용장조건과의 불일치를 사유로 환거래은행 등으로부터 지급 또는 인수 등의 동의 여부에 대한 조회를 받은 경우에도 제1항과 같습니다.

③ 은행이 본인에게 신용장조건 불일치에 관한 조회를 하였으나 본인의 회보가 은행의 관련규정이 정한 기간 내에 도착하지 않는 경우 은행은 화환어음의 지급 또는 인수에 대한 동의 또는 거절 여부를 결정할 수 있습니다.

**제15조(결제일)**

본인은 대금의 결제조건이 일람출급인 경우에는 화환어음(차기통지서가 먼저 도착하는 경우에는 그 차기통지서) 도착 후 은행의 관련규정이 정한 기일 이내에 결제하고, 기한부 출급인 경우에는 만기일에 결제하기로 합니다. 다만, 기일 이내에 결제하지 못한 경우에는 은행의 관련규정에 따라 외화지급보증대지급금계정으로 처리하여 결제하며 본인은 그 원화금액을 상환하기로 합니다.

**제16조(수입화물선취보증서에 의한 수입물품 인도)**

① 본인은 화환어음 도착 전에 운송회사로부터 수입물품을 인도받고자 하는 경우 은행에 수입화물선취보증서(항공화물운송장에 의한 수입화물인도승락서를 포함합니다. 이하 같습니다) 발급을 신청하여 은행의 사전승낙을 받아야 합니다.

② 본인은 수입화물선취보증서의 발급을 신청하는 경우 은행의 관련규정이 정하는 바에 따

라 수입결제자금을 적립하기로 합니다.

제17조(신용장의 취소 및 조건변경)

① 은행은 본인이 신청한 경우에 한하여 신용장을 취소 또는 조건변경할 수 있습니다. 다만, 그 효력은 신용장의 취소 또는 조건변경의 당사자(발행은행, 수익자, 확인신용장의 경우는 확인은행) 전원의 동의가 있어야 비로소 발생합니다.

② 제1항 본문에 불구하고 유효기일 경과 등 상당한 사유가 있는 경우 은행은 신용장을 취소할 수 있습니다. 이때 은행은 본인에게 사후 통지합니다.

제18조(제3자 명의의 신용장발행)

본인이 제3자 명의의 신용장발행을 은행에 본인명의로 신청한 경우에는 모든 부분에 있어서 이 약정이 적용됩니다.

## 제4장 내국신용장발행에 대한 특약

제19조(지급금액)

본인은 은행의 내국신용장발행에 따라 은행에 지급할 원화금액은 다음 각 항에서 정하는 바에 따르기로 합니다.

① 원화표시 외화부기 내국신용장발행의 경우에는 발행 당시의 내국신용장 원화금액에 불구하고 내국신용장 부기외화금액에 매입(추심)은행이 내국신용장어음 등을 매입(추심)하는 날의 매매기준율을 곱하여 청구한 금액

② 순수외화표시 내국신용장발행의 경우에는 해당 외화금액

③ 순수원화표시 내국신용장발행의 경우에는 해당 원화금액

제20조(구매물품의 처분)

구매물품 처분에 관하여는 제13조를 준용합니다.

제21조(신용장의 취소 및 조건변경)

은행은 본인이 관계 당사자(발행은행, 수익자)의 동의를 얻어 신청한 경우에 한하여 내국신용장을 취소 또는 조건변경할 수 있습니다. 다만, 유효기일 경과 등 상당한 사유가 있는 경우에는 은행이 신용장을 취소할 수 있습니다 이때 은행은 본인에게 사후 통지합니다.

제22조(결제일)

내국신용장의 결제일에 관하여는 제15조를 준용합니다. 다만 제15조 '화환어음'은 '내국신용장어음 등'으로 대체합니다.

## 제5장 내국신용장어음 등 매입(추심)에 대한 특약

제23조(매입대금상환)

① 다음 각호에서 정한 사유 중 하나라도 발생한 경우 본인은 은행으로부터의 독촉, 통지 등이 없어도 당연히 다음 각호에서 정하는 내국신용장어음 등 매입대금의 상환의무를 지고 곧 갚기로 합니다.

1. 본인에 대하여 은행여신거래기본약관 제7조 제1항(당연기한 전 채무변제의무) 각호에서 정한 사유 중 하나라도 발생한 경우의 모든 내국신용장어음 등
2. 내국신용장발행은행에 의하여 지급거절되는 경우의 그 내국신용장어음 등

② 본인에 대하여 은행여신거래기본약관 제7조 제4항 및 제5항(은행의 서면독촉에 의한 기한 전 채무변제의무) 각호에서 정한 사유 중 하나라도 발생한 경우 본인은 은행의 서면독촉통지 도달일로부터 10일 이상으로 은행이 정한 기간이 경과하면 모든 내국신용장어음 등 매입대금의 상환의무를 지고 곧 갚기로 합니다.

③ 제1항 및 제2항과 관련하여 본인은 매입이자 징수기간 만료일 다음날부터 상환일 전날까지 여신연체이율로 계산한 손해배상금을 지급하기로 합니다.

④ 제1항 및 제2항과 관련하여 본인이 매입대금과 이에 부수하는 손해배상금, 수수료, 비용 등을 변제할 때까지 은행은 매도물품에 대하여 모든 권리를 행사합니다.

제24조(내국신용장어음 등의 반환)

① 이 약정에 의하여 은행에 대한 채무의 변제 또는 은행 여신거래기본약관 제10조(은행으로부터의 상계 등)에 의한 상계 등의 경우 은행은 내국신용장어음 등 및 이에 첨부된 서류를 채무변제 등의 시점에 반환하지 않아도 됩니다.

② 본인은 은행이 반환하는 내국신용장어음 등 및 이에 첨부된 서류를 은행에서 수령하기로 합니다.

③ 은행의 책임 없는 사유로 인하여 내국신용장어음 등 및 이에 첨부된 서류의 반환이 불가능한 경우 은행의 반환의무는 없는 것으로 합니다.

## 제6장 수출대금채권 매입거래에 대한 특약

제25조(선적서류의 발송)

수출대금채권 매입거래와 관련한 선적서류(운송서류, 보험서류, 상업송장 및 수출계약서에 의해 요구되는 서류를 포함합니다. 이하 같습니다.)는 본인의 책임하에 발송하고 그 증빙서류를 매입신청 시 은행에 선적서류 사본과 함께 제출합니다.

제26조(수출대금채권의 양도)

본인은 수출대금채권 매입의뢰 시 은행의 정해진 양식인 수출대금채권 양도에 따른 대금지급지시서(STANDING PAYMENT INSTRUCTION)를 수출대금채권의 지급의무자(이하 지급의무자라 합니다.)에게 송부한 후 지급의무자로부터 이에 대한 동의서를 받아 은행에 제출합니다.

제27조(수출대금의 회수 등)

① 본인은 지급의무자에게 수출대금을 은행에 직접 또는 은행이 지정한 계좌에 입금하도록 지시합니다.

② 다음 각 호에서 정한 사유 중 하나라도 발생한 경우 본인은 은행으로부터의 독촉 통지 등이 없어도 당연히 다음 각호에서 정한 수출대금채권 매입대금의 상환의무를 지고 곧 갚기로 합니다.

1. 수출대금채권 만기일로부터 은행이 정한 기일까지 수출대금이 입금되지 아니하는 경

우의 당해 수출대금채권

2. 지급의무자가 만기일 이전이라도 수출대금을 지급할 의사가 없음을 명백히 한 경우의 당해 수출대금채권

제28조 (이자 등)

수출대금이 수출대금채권 만기일에 회수되지 아니하는 경우 본인은 은행이 정한 계산방법, 지급시기 및 방법에 따라 입금지연이자 또는 부도이자를 지급합니다.

제29조(준용규정)

본 장에서 따로 정하지 않은 사항은 "제2장 수출거래에 대한 특약"에 따릅니다.

| 본인은 은행여신거래기본약관 및 이 약정서 사본을 확실히 수령하고 주요 내용에 대하여 충분히 설명을 듣고 이해하였습니다. | |
|---|---|
| 본인 | (인) |

외환공통(4010411, 201×297)(2013.02. 개정)

**[양식 11-4]**

# 취소불능화환신용장발행신청서

## (APPLICATION FOR IRREVOCABLE DOCUMENTARY CREDIT)

(Reopen 구분 : □ 1차 발행 □ 2차 발행)

To : **WOORI BANK** 1. DATE :

※ Advising Bank : (BIC CODE :

※ 2. Credit No. : 용도구분 : (예시 : NS,ES,NU 등)

3. Applicant :

4. Beneficiary :

5. Amount : 통화 금액 (Tolerance : / )

6. Expiry Date : 7. Latest date of shipment :

8. Tenor of Draft □ At Sight (□ Reimburse □ Remittance)
□ Usance days

9. For % of the invoice value (Usance L/C only : □ Banker's □ Shipper's □ Domestic)

DOCUMENTS REQUIRED (46A : )

10. □ Full set of clean on board ocean bills of lading made out to the order of WOORI BANK mal
"Freight__________and notify (□ Accountee, □ Other :
Air Waybills consigned to WOORI BANK marked" Freight __________ and "notify Accountee"

11. □ Insurance Policy or certificate in duplicate endorsed in blank for 110% of the invoice value, stipulating that claims are payble in the currency of the draft and also indicating a claim setting agent in Korea. Insurance must include : the institute Cargo Clause

12. □ Signed commercial invoice in 13. □ Certificate of analysis in

14. □ Packing List in 15. □ Certificate of weight in

16. □ Certificate of origirn in issued by

17. □ Inspection certificate in issued by

18. □ Other documents(if any)

19. Description of goods and/or services(45A : ) (Price Term )

| Commodity Description | | Quantity | Unit Price | Amount |
|---|---|---|---|---|
| (H.S CODE : ) | | | | |
| Country of Origin | | | Total | |

20. Shipment From : Shipment To :

21. Partial Shipment : □ Allowed □ Prohibited 22. Transshipment : □ Allowed □ Prohibited

23. Confirmation : □
Confirmation charges : □ Beneficiary, □ Applicant

24. Transfer : □ Allowed(Transfering Bank : )

25. Documents must be presented within days after the date of shipment of B/L or other transportation documents.

Additional Conditions(47A : )

□ All banking charges(including postage, advising and payment commission, negotiation and reimbursement commission) outside Korea are for account of □ Beneficiary □ Applicant
□ Stale B/L AWB acceptable □ Charter Party B/L is acceptable □ Third party B/L acceptable
□ Third party document acceptable □ Combined shipment B/L is acceptable
□ T/T Reimbursement : □ Allowed □ Prohibited
□ Bils of lading should be issued by
□ (House) Air Waybills should be issued by
□ (     ) % More or less in quantity and amount to be acceptable
□ The number of this credit must be indicated in all documents
□ Other conditions :

※ Drawee Bank (42A) :

※ Reimbursement Bank(53A) :

Except so far as otherwise expressly stated, This Documentary credit is subject to the Uniform Customs and Practice for Documentary Credits (1993 Revision) International Chamber of Commerce Publication No. 500

위와같이 신용장발행을 신청함에 있어서 따로 제출한 외국환거래약정서의 해당 조항을 따를 것을 확약하며, 아울러 위 수입물품에 관한 모든 권리를 귀행에 양도하겠습니다.

주 소
신 청 인 (인)

인감 및 원본확인

수입(4040031, 210×297) 수입신용장발행신청서 NCR지 2매 1조(2002. 11개정)
상기 □는 선택(✓) 표시를 위한 매크로 기능 추가

[양식 11-5]

## 신용장발행을 위한 SWIFT Message Type

(MT700 Issue of Documentary Credit)

| M/O | Tag | Field Name | Content/Options |
|---|---|---|---|
| M | 27 | Sequence of Total | 1n/1n |
| M | 40A | Form of Documentary Credit | 24× |
| M | 20 | Documentary Credit Number | 16× |
| O | 23 | Reference to Pre−Advice | 16× |
| O | 31C | Date of Issue | 6n |
| M | 31D | Date and Place of Expiry | 6n29× |
| O | 51a | Applicant Bank | A or D |
| M | 50 | Applicant | 4*35× |
| M | 59 | Beneficiary | [/34×]4*35× |
| M | 32B | Currency Code, Amount | 3a 15number |
| O | 39A | Percentage Credit Amount Toterance | 2n/2n |
| O | 39B | Maximum Credit Amount | 13× |
| O | 39C | Additional Amounts Covered | 4*35× |
| M | 41a | Available with … By … | A or D |
| O | 42C | Draft at… | 3*35× |
| O | 42a | Drawee | A or D |
| O | 42M | Mixed Payment Details | 4*35× |
| O | 42P | Deferred Payment Details | 4*35× |
| O | 43P | Partial Shipment | 1*35× |
| O | 43T | Transshipment | 1*35× |
| O | 44A | Loading on Board/Dispatch/Taking in Charge at/from… | 1*65× |
| O | 44B | For Transportion to… | 1*65× |
| O | 44C | Latest Date of Shipment | 6n |
| O | 44D | Shipment Period | 6*65× |
| O | 45A | Description of Goods and/or Services | 50*65× |
| O | 46A | Documents Required | 50*65× |
| O | 47A | Additional Conditions | 50*65× |
| O | 71B | Charges | 6*35× |
| O | 48 | Period for Presentation | 4*35× |
| M | 49 | Confirmation instructions | 7× |
| O | 53a | Reimbursement Bank | A or D |
| O | 78 | instructions to the Paying/Accepting/Negotiating Bank | 12*65× |
| O | 57a | "Advise Through" Bank | A, B or D |
| O | 72 | Sender to Receiver Information | 6*35× |

주 : M : Mandatory, O : Optional

[양식 11-6]

## 수입신용장(SWIFT MT700)발행 사례

| Application header block : | |
|---|---|
| : Input/Output Identifier | : I Outgoing Message |
| : Transaction Typer | : 700 issue of a documentary credit |
| : Transaction Priority | : n Normal |
| : From | : WOORI BANK, SEOUL |
| : To | : HANKOOK BANK<br>HONG KONG BRANCH, HONG KONG |
| Text Block : | |
| /27 : sequence of total | : 1/1 |
| /40A : form of documentary credit | : IRREVOCABLE |
| /20 : documentary credit number | : M1234 606NS00018 |
| /31C : date of issue | : 06/06/20 |
| /31D : date and place of expiry | : 06/08/20 HONG KONG |
| /50 : applicant | : KOREA TOYS CO., LTD.<br>159,SAMSUNGDONG KANGNAMGU, SEOUL, KOREA |
| /59 : beneficiary | : CHINA TOYS CO., LTD.<br>RM 1000 CHAI WAN IND. CITY<br>PHASE 1, 60 WING TAIRO, CHAIWAN H.K. |
| /32B : currency code amount | : USD 119,000.00 |
| /39A : pct credit amount tolerance | : 10/10 |
| /41D : available with by name, address | : ANY BANK<br>BY NEGOTIATION |
| /42C : drafts at | : AT SIGHT |
| /42A : drawee | : HONG KONG FIRST BANK LTD., HONG KONG(ADDR 2007, JARDINE HOUSE 1 CONNAUGHT PLACE, CENTRAL, HONG KONG) |
| /43P : partial shipment | : ALLOWED |
| /43T : transshipment | : NOT ALLOWED |
| /44A : on board/Disp/taking charge | : QINGDAO, CHINA |
| /44B : for transportation to | : BUSAN, KOREA |
| /44C : latest date of shipment | : 06/08/20 |
| /45A : descr goods and/or services<br>700PAIRS OF CHINESE GIANT BEAR TOY<br>SIZE : MIN 1.5 METERS AT USD170.00, F.O.B.QINGDAO. CHINA | |
| /46A : documents required<br>+SIGNED COMMERCIAL INVOICE IN QUINTUPLICATE<br>+PACKING LIST IN TRIPLICATE<br>+FULL SET OF CLEAN ON BOARD OCEAN BILL OF LANDING MADE OUT TO THE ORDER OF WOORI BANK<br>MARKED FREIGHT COLLECT AND NOTIFY APPLICANT<br>+CERTIFICATE OF ORIGIN | |
| /47A : additional conditions<br>ALL DOCUMENTS MUST BEAR OUR CREDIT NUMBER M1234 606NS00018<br>T/T REIMBURSEMENT NOT ALLOWED<br>QUANTITY 10PCT. MORE OR LESS ALLOWED<br>+THIRD PARTY DOCUMENTS ACCEPTABLE | |
| /71B : charges | : ALL BANKING COMMISSIONS AND CHARGES INCLUDING REIMBURSEMENT CHARGES OUTSIDE KOREA ARE FOR ACCOUNT OF BENEFICIARY |
| /49 : confirmation instructions | : WITHOUT |
| /53A : reimbursement bank | : HONG KONG FIRST BANK LTD., HONG KONG(2007, JARDINE HOUSE 1 CONNAUGHT PLACE, CENTRAL, HONG KONG) |
| /78 : instructions to the pay/acc/neg bk<br>DRAFTS MUST BE SENT TO DRAWEE BANK FOR YOUR REIMBURSEMENT AND ALL DOCUMENTS TO US BY COURIER SERVICE IN ONE LOT | |
| /72 : sender to receiver information | : THIS CREDIT IS SUBJECT TO U.C.P(1993 REVISION) I.C.C. PUBLICATION NO. 600 |

## 제4절 신용장발행 SWIFT 메시지 흐름도

SWIFT MT 700은 은행이 신용장을 발행할 때 사용되는 메시지이다. 발행은행은 화환신용장의 거래조건을 SWIFT MT 700 메시지 타입을 이용해서 통지은행에 전달한다. 전달하고자 하는 내용이 정해진 길이를 초과하면 추가내용은 MT 701로 보낸다. 통지은행을 통해 수익자에게 전달된 내용은 신용공여의 지시로 인정된다. 자유매입신용장의 경우, 수익자는 이 통지문을 각 매입에 제시하여야 한다. 매입은행은 매입 시 그 통지내용을 기록하여야 한다. 통신오류를 피하려고 은행은 귀사나 당사(ourselves, us, you)라는 표현을 쓰지 않고 기관 고유 코드(BIC)를 사용한다.

MT 700은 신용장의 발행, MT 705는 통지, MT 760은 보증신용장의 발행, MT 767은 보증신용장의 수정에 쓰이는 메시지이다. 은행 간 통신을 위해 만들어진 SWIFT 메시지에 MT 798이 추가되면서 은행 간 통신에서 은행–기업 간 통신이 가능하게 되었다.

다음 [그림 11–3]과 [그림 11–4]는 신용장결제과정에서 필요한 SWIFT 메시지의 흐름을 수입업자와 은행, 수출업자와 은행으로 각각 나누어 보여준다.

## 그림 11-3 | 수입신용장의 메시지 흐름도

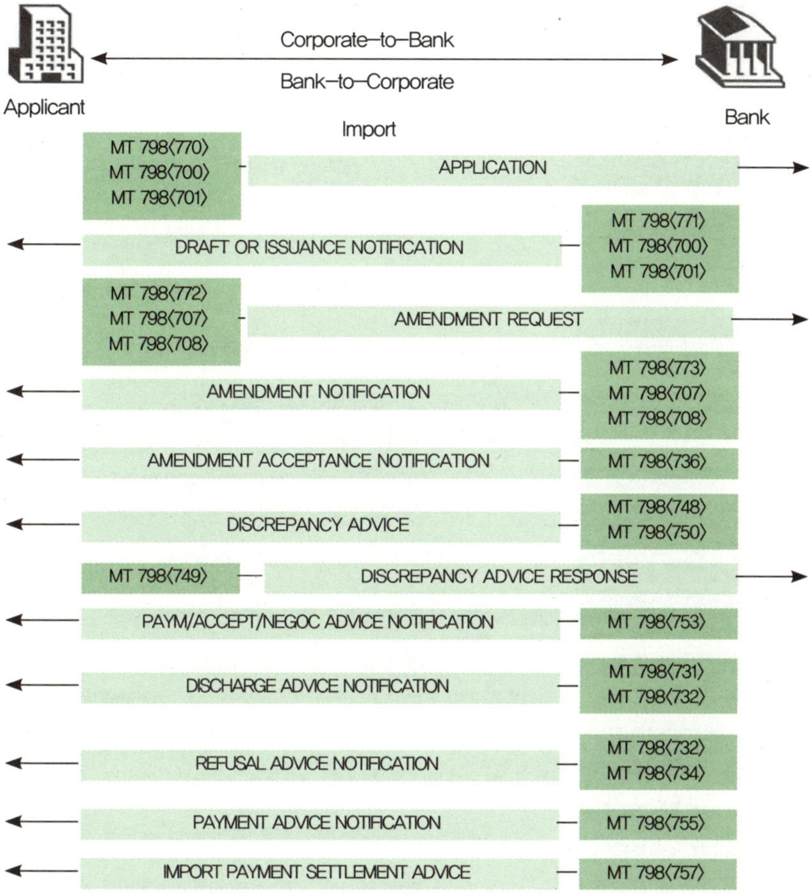


| 순서 | 기관 | 내용 |
|---|---|---|
| 1 | 기업 → 은행 | 화환신용장 발행신청 |
| 2 | 은행 → 기업 | 화환신용장 또는 초안 발행 공지 |
| 3 | 기업 → 은행 | 신용장 수정 요청 |
| 4 | 은행 → 기업 | 신용장 수정 공지와 수정 거절/허락 공지 |
| 5 | 은행 → 기업 | 서류 불일치 통지 |
| 6 | 기업 → 은행 | 서류 불일치 대응 |
| 7 | 은행 → 기업 | 지급/인수/매입 통지 |
| 8 | 은행 → 기업 | 수수료, 거절, 지급/상환 통지 |
| 9 | 은행 → 기업 | 수입 화환신용장 결제 완료 |

그림 11-4 | 수출신용장의 메시지 흐름도

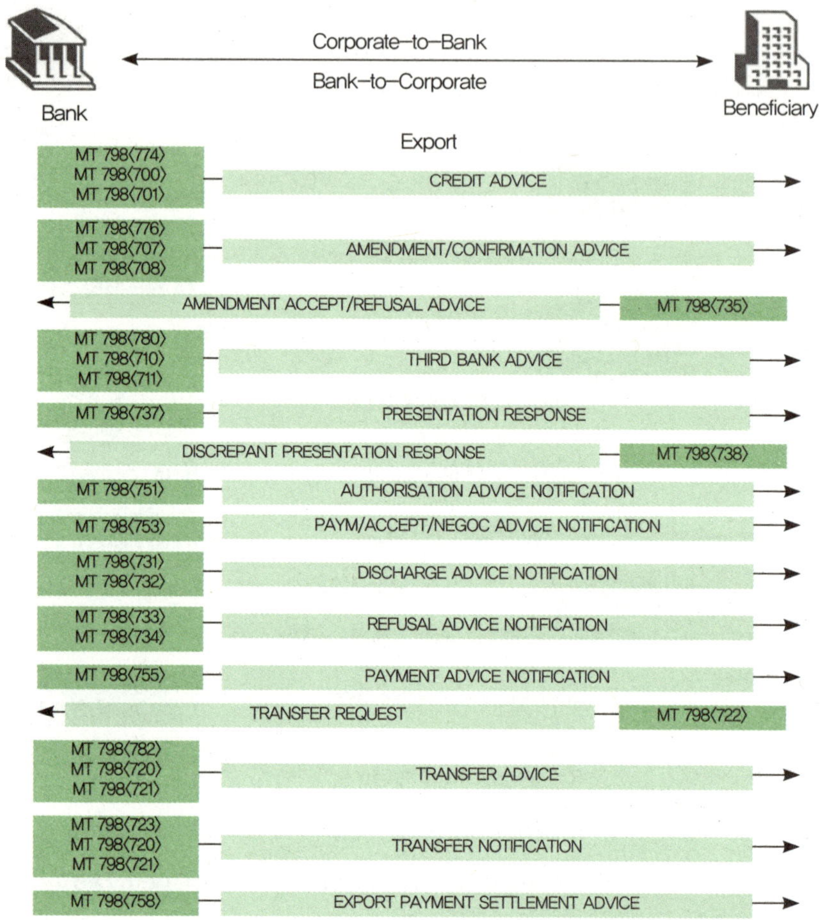


| 순서 | 기관 | 내용 |
|---|---|---|
| 1 | 은행 → 기업 | 화환신용장 통지 |
| 2 | 은행 → 기업 | 화환신용장 수정 또는 확인 통지 |
| 3 | 기업 → 은행 | 신용장 수정 허락/거절 통지 |
| 4 | 은행 → 기업 | 제3자 은행의 신용장 통지 |
| 5 | 은행 → 기업 | 신용장 통지에 대한 답장 |
| 6 | 기업 → 은행 | 서류 불일치에 대응 |
| 7 | 은행 → 기업 | 지급/인수/매입 허가 공지 |
| 8 | 은행 → 기업 | 지급/인수/매입 허가 통지 |
| 9 | 은행 → 기업 | 수수료, 거절, 지급/상환 통지 |
| 10 | 기업 → 은행 | 신용장 양도 요청 |
| 11 | 은행 → 기업 | 신용장 양도 통지 |
| 12 | 은행 → 기업 | 수출 화환신용장 결제 완료 |

신용장거래에 쓰이는 메시지 타입은 MT 700을 기본 메시지(index message)로 해서 일련의 기본 메시지로 구성되어 있다. MT 770 화환신용장 발행신청, 771 초안 통지 혹은 화환신용장 발행, MT 774 화환신용장의 통지, MT 784 보증장이나 보증신용장의 발행신청 등이 있다. 여기에 세부 사항을 지정하는 MT 700, MT 707, MT 760 등의 세부 메시지(details message)를 사용한다. 확장 메시지(extension message)도 있는데, MT 710, MT 711, MT 721 등이 그것이다. 마지막으로 연결 메시지(linking messages)가 있는데 27A, 21A, 22P 등으로 구성되어 있다. 하나의 거래에서 MT 798의 기본, 세부, 확장 메시지에서 21A와 21P의 내용이 일치해야 한다.

**그림 11-5** | 화환신용장 거래신청 시 사용되는 메시지 타입

Application for Documentary Credit Transaction

| MT | 798 Index Message | |
|---|---|---|
| 20 | 〈Transaction Reference Number〉 | CBN1246001 |
| 12 | 〈Sub-Message Type〉 | 770 |
| 77E | 〈Proprietary Message〉 | |
| | 27A 〈Message Index/Total〉 | 1/3 |
| | 21A 〈Customer Reference Number〉 | 6655378 |

| MT 798 Details Message | | |
|---|---|---|
| 20 | 〈Transaction Reference Number〉 | CBN1246002 |
| 12 | 〈Sub-Message Type〉 | 700 |
| 77E | 〈Proprietary Message〉 | |
| | 27A 〈Message Index/Total〉 | 2/3 |
| | 21A 〈Customer Reference Number〉 | 6655378 |
| | MT 700 Message | |

| MT 798 Extension Message | | |
|---|---|---|
| 20 | 〈Transaction Reference Number〉 | CBN1246003 |
| 12 | 〈Sub-Message Type〉 | 701 |
| 77E | 〈Proprietary Message〉 | |
| | 27A 〈Message Index/Total〉 | 3/3 |
| | 21A 〈Customer Reference Number〉 | 6655378 |
| | MT 701 Message | |

**그림 11-6** | 화환신용장 발행이나 초안 통지문

Notification of Draft or Issuance of Documentary Credit Transaction

| MT 798 Index Message | | | |
|---|---|---|---|
| 20 | 〈Transaction Reference Number〉 | | F123778802 |
| 12 | 〈Sub-Message Type〉 | | 771 |
| 77E | 〈Proprietary Message〉 | | |
| | 27A | 〈Message Index/Total〉 | 1/3 |
| | 21A | 〈Customer Reference Number〉 | 6655378 |
| | 21P | 〈Bank Reference Number〉 | 3227ADP-23 |
| | 20 | 〈Documentary Credit Number〉 | DC75689-00 |

| MT 798 Details Message | | | |
|---|---|---|---|
| 20 | 〈Transaction Reference Number〉 | | F123778803 |
| 12 | 〈Sub-Message Type〉 | | 700 |
| 77E | 〈Proprietary Message〉 | | |
| | 27A | 〈Message Index/Total〉 | 2/3 |
| | 21P | 〈Bank Reference Number〉 | 3227ADP-23 |

MT 700 Message
20 〈Documentary Credit Number〉 DC75689-00

| MT 798 Extension Message | | | |
|---|---|---|---|
| 20 | 〈Transaction Reference Number〉 | | F123778804 |
| 12 | 〈Sub-Message Type〉 | | 701 |
| 77E | 〈Proprietary Message〉 | | |
| | 27A | 〈Message Index/Total〉 | 3/3 |
| | 21P | 〈Bank Reference Number〉 | 3227ADP-23 |

MT 701 Message
20 〈Documentary Credit Number〉 DC75689-00

| 표 11-1 | MT 798 수입업자와 관련된 message type

| Import Documentary Credit | | | | | |
|---|---|---|---|---|---|
| MT Message Type | Sub-Message Type | Status | Max. Occur | Name | Base Message Type |
| Application for Documentary Credit – C2B | | | | | |
| MT 798 | 770 | M | 1 | LC Application Index | |
| MT 798 | 700 | M | 1 | LC Application Details | MT 700 |
| MT 798 | 701 | O | 7 | LC Application Extension | MT 701 |
| Notification of draft or Issuance of Documentary Credit – B2C | | | | | |
| MT 798 | 771 | M | 1 | LC Notification of Draft or Issuance Index | |
| MT 798 | 700 | M | 1 | LC Notification of Draft or Issuance Details | MT 700 |
| MT 798 | 701 | O | 7 | LC Notification of Draft or Issuance Extension | MT 701 |
| Request for amendment of Documentary Credit – C2B | | | | | |
| MT 798 | 772 | M | 1 | LC Amendment Request Index | |
| MT 798 | 707 | M | 1 | LC Amendment Request Details | MT 707 |
| MT 798 | 708 | O | 7 | LC Amendment Request Extension | MT 708 |
| Notification of amendment of Documentary Credit – B2C | | | | | |
| MT 798 | 773 | M | 1 | LC Notification of Amendment Index | |
| MT 798 | 707 | M | 1 | LC Notification of Amendment Details | MT 707 |
| MT 798 | 708 | O | 7 | LC Notification of Amendment Extension | MT 708 |
| Notification of Acceptance/Refusal of Amendment – B2C | | | | | |
| MT 798 | 736 | M | 1 | LC Amendment Acceptance Notice Index | |
| Advice of Discrepancy – B2C | | | | | |
| MT 798 | 748 | M | 1 | LC Discrepancy Advice Index | |
| MT 798 | 750 | O | 1 | LC Discrepancy Advice Details | MT 750 |
| Response to Advice of Discrepancy – C2B | | | | | |
| MT 798 | 749 | M | 1 | LC Discrepancy Response Index | |

| Notification of Advice of Payment/Acceptance/Negotiation – B2C | | | | | |
|---|---|---|---|---|---|
| MT 798 | 753 | M | 1 | LC Compliance Advice Index | |
| Notification of Advice of Discharge – B2C | | | | | |
| MT 798 | 731 | M | 1 | LC Discharge Advice Index | |
| MT 798 | 732 | M | 1 | LC Discharge Advice Details | MT 732 |
| Negotiation of Advice of Refusal – B2C | | | | | |
| MT 798 | 733 | M | 1 | LC Refusal Advice Index | |
| MT 798 | 734 | M | 1 | LC Refusal Advice Details | MT 734 |
| Negotiation of Advice of Reimbursement or Payment – B2C | | | | | |
| MT 798 | 755 | M | 1 | LC Payment Advice Index | |
| Settlement of Import Documentary Credit – B2C | | | | | |
| MT 798 | 757 | M | 1 | LC Import Settlement Index | |

| **표 11-2** | MT 798 수출업자와 관련된 message type

| Export Documentary Credit | | | | | |
|---|---|---|---|---|---|
| MT Message Type | Sub-Message Type | Status | Max. Occur | Name | Base Message Type |
| Advice of Documentary Credit – B2C | | | | | |
| MT 798 | 774 | M | 1 | LC Advice Index | |
| MT 798 | 700 | M | 1 | LC Advice Details | MT 700 |
| MT 798 | 701 | O | 7 | LC Advice Extension | MT 701 |
| Advice of amendment or confirmation of Documentary Credit – B2C | | | | | |
| MT 798 | 776 | M | 1 | LC Amendment Advice Index | |
| MT 798 | 707 | O | 1 | LC Amendment Advice Details | MT 707 |
| MT 798 | 708 | O | 7 | LC Amendment Advice Extension | MT 708 |
| Advice of Acceptance/Refusal of Amendment – C2B | | | | | |
| MT 798 | 735 | M | 1 | LC Amendment Acceptance Advice Index | |
| Advice of Third Bank Documentary Credit – B2C | | | | | |
| MT 798 | 780 | M | 1 | LC Third Bank Advice Index | |
| MT 798 | 710 | M | 1 | LC Third Bank Advice Details | MT 710 |
| MT 798 | 711 | O | 7 | LC Third Bank Advice Extension | MT 711 |

| Response to Documentary Credit Presentation – B2C | | | | | |
|---|---|---|---|---|---|
| MT 798 | 737 | M | 1 | LC Presentation Response Index | |
| Response to Advice of Discrepant Presentation – C2B | | | | | |
| MT 798 | 738 | M | 1 | LC Discrepant Presentation Advice Response Index | |
| Notification of Authorization to Pay, Accept or Negociate – B2C | | | | | |
| MT 798 | 751 | M | 1 | LC Authorization Index | |
| Notification of Advice of Payment/Acceptance/Negotiation – B2C | | | | | |
| MT 798 | 753 | M | 1 | LC Compliance Advice Index | |
| Negotiation of Advice of Discharge – B2C | | | | | |
| MT 798 | 731 | M | 1 | LC Discharge Advice Index | |
| MT 798 | 732 | M | 1 | LC Discharge Advice Details | MT 732 |
| Negotiation of Advice of Refusal – B2C | | | | | |
| MT 798 | 733 | M | 1 | LC Refusal Advice Index | |
| MT 798 | 734 | M | 1 | LC Refusal Advice Details | MT 734 |
| Notification of Advice of Reimbursement or Payment – B2C | | | | | |
| MT 798 | 755 | M | 1 | LC Payment Advice Index | |
| Request for Transfer of a Documentary Credit – C2B | | | | | |
| MT 798 | 722 | M | 1 | LC Transfer Request Index | |
| Advice of Transfer of a Documentary Credit – B2C | | | | | |
| MT 798 | 782 | M | 1 | LC Transfer Advice Index | |
| MT 798 | 720 | M | 1 | LC Transfer Advice Details | MT 720 |
| MT 798 | 721 | O | 7 | LC Transfer Advice Extension | MT 721 |
| Notification of Transfer of a Documentary Credit – B2C | | | | | |
| MT 798 | 723 | M | 1 | LC Transfer Notification Index | |
| MT 798 | 720 | O | 1 | LC Transfer Advice Details | MT 720 |
| MT 798 | 721 | O | 7 | LC Transfer Advice Extension | MT 721 |
| Settlement of Export Documentary Credit – B2C | | | | | |
| MT 798 | 758 | M | 1 | LC Export Settlement Index | |

Chapter 12

# 무역금융

제1절 | 무역금융의 의의

제2절 | 수출팩토링

제3절 | 포페이팅

# 제1절 무역금융의 의의

무역금융과 수출금융(export finance)을 구별 없이 사용하기도 하는데 이는 주로 수출거래에서 금융의 수요가 일어나고 수출업자에게 직접 금융이 제공되는 경우가 많기 때문이다. 그러나 실제 금융의 수혜자는 수입업자로 보아야 한다. 수출업자는 자신의 물품을 판매하면서 당연히 즉각 대금을 받아야 하므로 특별히 수혜라고 말하기 어렵지만, 수입업자는 금융기관이 대신 대금을 지급해 줌으로써 자신의 대금지급을 일정기간 연기시킬 수 있기 때문이다.

무역금융은 몇 가지 점에서 일반금융과 다른 특징이 있다. 첫째, 무역금융은 자기 변제적 금융(self-liquidating finance)이다. 즉, 수출이행과 관련하여 공여된 대출금이 수입업자가 지급하는 수출자금으로 상환되도록 제도화되어 있으므로 별도의 담보 없이도 금융상환이 가능하다. 둘째, 무역금융은 내수금융보다 위험요소가 많다. 무역금융의 경우 자금차입자는 수출업자이지만 실제 자금상환의 원천은 수입업자에 있으므로 수입업자의 신용위험 및 수입국의 국가위험을 고려해야 한다. 또한 수출입계약 및 대금결제가 외국통화로 이루어지므로 환변동리스크를 동시에 고려해야 한다. 셋째로는 무역금융은 수출용 원자재 생산 및 공급자에 대한 지원도 포함한다. 즉, 해외수입업자와의 거래로 인해 파생된 국내거래에 무역금융으로 간주한다.

## 1. 무역금융의 기능

시장에서 실물거래를 뒷받침하는 것이 금융이다. 금융의 지원 없이는 재화와 용역의 거래가 이루어질 수 없는데, 특히 실물거래의 금융기능은 더욱 중요하다. 실물거래시장에서 금융의 기능은 크게 결제, 융자 그리고 리스크인수기능으로 구분될 수 있다.

### 1) 결제기능

무역거래에서 금융의 첫 번째 기능은 결제기능이다. 무역거래는 거래 당사국의 정치, 경제, 문화, 상관습, 화폐, 법제 등이 서로 다르고, 원격성과 국제성이 존재할 뿐만 아니라 거래의 매개체인 화폐가 다르므로 결제방법이 복잡하다.

따라서 무역 당사자들은 대금지급과 수령이 항상 안전하고 정당하게 이루어지기를 원하고 있으며 그 방법과 시기에 관심을 두게 된다. 원칙적으로 이러한 것들은 양 당사자가 계약체결 시에 서로 합의한 방법과 시기에 따라 이루어지지만, 실무거래에서는 화한신용장, 추심(D/P, D/A), 송금 등의 결제방식이 활용되고 있다. 이러한 방식들은 모두 금융기관들에 의해 직 · 간접적으로 운용되고 있다.

### 2) 융자기능

무역금융의 두 번째 기능은 국제간 상품 및 서비스의 수출입대금을 융자해 줌으로써 국제교역을 촉진하는 데 있다. 무역거래는 시장에서 현금을 주고 물건을 사는 국내거래와 달리 매매계약, 제품생산, 인도, 수령 후 하자 여부 확인 등에 따른 소요시간이 길다. 또한 대부분의 국제무역거래는 외상거래로 이루어지고 있어 수출업자는 제품의 생산 및 판매부터 대금회수까지 기간 동안 자금의 조달이 필요하다.

무역금융 대부분이 수출업자 앞으로 제공되고 있으나 실제 금융의 수혜자는 수입업자라 할 수 있다. 금융기관의 무역금융 제공으로 수출업자는 수입업자의 외상거래를 허용할 수 있기 때문이다. 결국 무역금융을 통해 수입업자는 외상으로 제품을 구매할 수 있고, 수출업자는 제품을 수출함과 동시에 수출대금을 회수할 수 있어 양 당사자는 자금의 부담 없이 매매를 지속할 수 있게 된다.

이러한 금융의 매개기능은 대형 자본재의 중장기 수출금융에서 더욱 중요시된다. 즉, 식량, 연료 등 소비재를 중심으로 하는 단기무역거래에서는 수입업자의 일람불 거래가 가능하고 또는 수출업자에 의한 신용제공도 가능하다. 그러나 기계류, 선박, 플랜트 등 대형 자본재의 경우 거래대금이 거액이기 때문에 아무리 자금력이 풍부한 수입업자라 하더라도 수입대금의 일람불 지급은 곤란하며, 수출업자에 의한 신용제공도 거의 불가능하다. 따라서 금융기관의 중장기 수출금융이 제공되지 않는다면 자본재의 무역거래는 크게 위축될 수밖에 없을 것이다.

대규모 중장기 수출금융은 개도국의 경제개발 지원에 매우 효과적으로 활용되고 있다. 1990년대 후반부터 아시아, 중남미 등지의 개도국들은 경제개발에 적극적으로 나서면서 인프라 건설, 플랜트 건설 등 수 많은 대형 개발사업을 추진해 왔다. 이들 대형 프로젝트는 공사금액도 크고, 대금회수기간도 장기여서 금융이 원활하게 작동하지 못하면 프로젝트 추진 자체가 어려워 개도국의 경제개발은 상당히 지연되었을 것이다.

한편 최근 세계 각국이 저마다 경제성장을 위해 수출 확대에 주력하면서 해외시장이 구매자시장(buyer's market)으로 전환되어 감에 따라 이제는 구매자를 위한 적절한 금융제공 없이는 수출계약을 획득하지 못하는 상황을 맞고 있다. 즉, 대형 플랜트 등의 해외공사 시 발주자는 공사자금 조달을 위하여 입찰자에게 다양한 금융 조달방안을 요구하고 있어 입찰자의 가격 · 기술경쟁력 외에 금융주선능력이 수주의 관건으로 대두되고 있다. 특히 개도국 발주자의 경우 자체 재원 조달능력 부족으로 계약금액 전액에 대해 100% 금융주선을 요구하는 사례가 늘어나고 있다.

수출입거래, 해외투자, 기타 해외사업거래 등 실물거래가 복잡하고, 규모가 커질수록 금융에 대한 의존도는 더욱 높아지고 동시에 실물거래를 지원하는 금융의 방식도 고도화되고 있다.

### 3) 위험인수기능

무역금융의 세 번째 기능은 위험인수기능이다. 국제간 실물거래는 국내거래의 그것보다 더 많은 위험요소를 갖고 있다. 예를 들면, 거래 상대방인 수입업자의 신용도와 이의 변화 등을 정확히 파악하기 어렵고, 수입국의 정치 · 경제 상황 또는 제도의 변화에 따라 해당 거래가 크게 영향을 받을 수도 있다.

특히 개도국과의 거래는 더욱 위험이 큰데, 일부 개도국들은 국가위험도가 높을 뿐만 아니라 국제거래에 대한 제도적 안전장치가 미흡하므로 거래대금의 회수가 제때 이루어지지 않은 경우가 많다.

이러한 대외거래 위험을 수출업자 또는 해외투자자가 단독으로 감수해야 한다면 아무리 수익이 높은 프로젝트라 하더라도 추진되기 어려울 것이다. 이에 따라 금융기관은 대외 실물거래에서 자금의 대출뿐만 아니라 수출업자의 대금회수불능 위험을 대신 부담하는 역할을 한다.

금융기관은 광범위한 네트워크를 바탕으로 한 정보력과 분석력으로 수입업자 및 수입국의 신용도 평가에 있어 수출업자보다 훨씬 유리한 위치에 있고, 또한 수입업자의 대금상환불능 발생 시 수출업자보다 강한 협상력을 발휘할 수 있다. 이러한 금융기관의 강점이 대외 실물거래에서 위험부담을 가능하게 한다. 실제로 단기무역금융 중 수출팩토링이나 포페이팅은 수입업자의 대금상환불능 시 수출업자에게 대신 지급을 요청하지 않는 무소구조건의 금융이며, 중장기 무역금융은 대부분 구매자신용(buyer's credit)으로 제공되어 수출업자는 수입업자의 대금상환불능의 위험을 부담하지 않게 된다.

## 2. 무역금융의 유형

일반적인 무역금융은 제공시기, 기간, 대상자 등에 따라 몇 가지 형태로 구분될 수 있다.

### 1) 대외거래 형태에 의한 분류 : 수출금융/수입금융/해외프로젝트금융/해외직접투자금융

수출금융은 물품의 수출을 촉진하기 위하여 수출업자 및 수출용원자재 및 완제품 생산업자를 지원대상으로 하여 수출상품의 선적 전 및 선적 후에 필요한 자금을 지원하는 금융 형태이다.

수입금융은 수입업자에게 수입대금의 결제 또는 수입대금의 선급에 필요한 자금을 대출하는 것을 말한다. 또한 수입신용장을 개설하여 해외에 있는 수출업자에게 수출대금 지급을 보증하거나 해외의 수출팩터와 제휴하여 수입업자의 신용위험을 인수하는 수입팩토링 등이 수입금융에 해당한다.

해외프로젝트금융은 국내기업이 해외에서 수주받은 프로젝트(설비)를 제작 또는 건설하는 데 소요되는 자금을 지원하는 것이며, 해외직접투자금융은 국내기업이 해외에서 경영을 목적으로 투자한 사업에 대해 금융을 제공하는 것이다.

### 2) 선적시기에 의한 분류 : 선적전금융/선적후금융

수출업자가 수출물품을 선적하기 전, 즉 수출물품의 생산에 필요한 자금을 금융기관으로부터 공여받는 것을 선적전금융이라 부른다. 여기에는 수출품 생산업체의 생산자금 및 원자재 구매자금 그리고 국산 원자재 공급업체의 생산자금 및 원자재 구매자금 등이 포함된다.

선적전금융은 제작자금으로도 불리며, 수출업자에 대한 운전자금과 같은 성격이기 때문에 무역금융의 범주에 포함하지 않는 때도 있다. 그러나 수출의 전체 과정에서 활용되는 금융이라는 점에서 넓은 의미의 무역금융으로 취급하는 것이 일반적이다. 오히려 최근에는 수출업자의 해외시장조사나 거래처 발굴에 필요한 자금의 제공01도 무역금융으로 간주하고 있다. 미국에서는 수출업자에 운전자금을 원활하게 공급해 주기 위하여 미국수출입은행이 일반시중은행 앞으로 보증을 제공하는 운전자금보증제도(working capital guarantee)를 운용하고 있다.

한편 한국에서는 한국은행이 시중은행을 통하여 중소수출업체들에 선적전금융을 제공하는 무역금융제도가 있다. 중소수출업체들은 전년도 수출실적의 일정비율에 해당하는 금액에 대한 융자를 자신의 거래은행에 요청하여 받고, 시중은행은 이렇게 취급한 무역금융의 일정부분을 한국은행으로부터 재융자받는 방식으로 선적전 무역금융이 이루어진다.

한편 수출업자가 수출물품의 선적 후 수입업자로부터의 대금회수 전까지 금융기관으로부터 미리 자금을 융자받는 것을 선적후금융이라고 한다. 수출환어음 매입, 수출팩토링, 포페이팅, 연불금융 등 다양한 수출지원 금융 형태를 띤다.

01 해외시장개척자금

그림 12-1 | 수출절차 및 금융지원내용

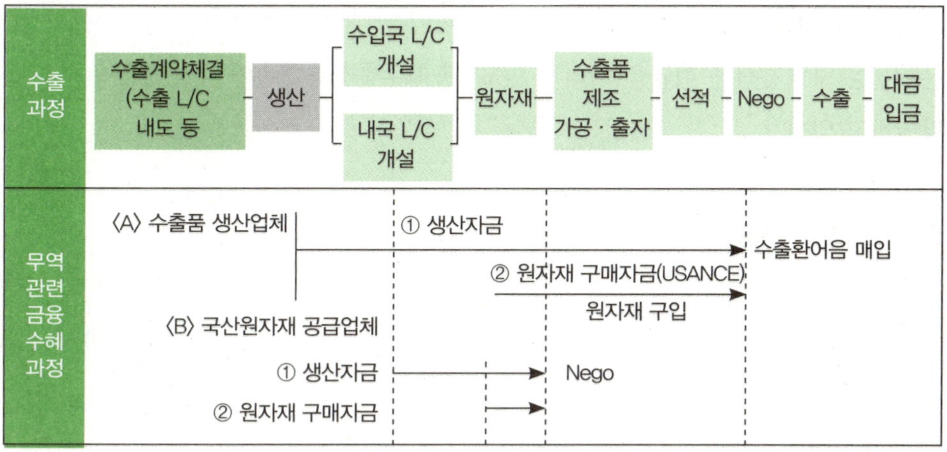


### 3) 금융의 차주에 의한 분류 : 공급자신용/구매자신용

수입업자가 수출물품 인도(또는 공사완공) 시 수출업자에게 지급하여야 할 거래대금을 전액 결제할 수 없을 때, 수입업자는 대금을 외상으로 하고 장기간에 걸쳐 분할 결제하는 방법을 택하는데 이를 연불거래라 한다.

이러한 연불거래 시 은행이 제품 인도(또는 공사완공)시점에 수출결제대금을 수출업자나 수입업자에게 지원하여 줌으로써 수출업자는 제품 인도 때 수출거래대금을 모두 회수할 수 있게 된다. 이때 수출업자를 차주(借主)로 하여 금융을 제공하는 방식을 공급자신용이라 하고, 수입업자를 차주로 하여 금융을 제공하는 방식을 구매자신용이라고 한다.

금융기관으로서는 국내 수출업자를 차주로 하는 것이 담보 설정이나 사후관리 등의 측면에서 유리하므로 공급자신용을 선호하게 되는데, 실제 우리나라에서는 IMF 외환위기 전까지는 공급자신용이 일반적이었다. 그러나 IMF 외환위기 이후 수출업자들이 금융상환 부담을 안게 되는 공급자신용방식을 피함에 따라 현재는 대부분의 연불거래가 구매자신용방식으로 이루어지고 있다.

구매자신용의 경우 수출업자는 수출물품 인도 후 수입업자의 수출대금 상환 여부를 우려하지 않아도 되고, 또한 부채비율의 증가를 피할 수 있는 이점을 갖게 된다. 한편 금융기관이 대신 해외수입업자의 상환위험을 부담하게 되는데 이 때문에 구매자신용을 취급하는 금융기관은 수입국 및 수입업자의 신용조사능력과 수입업자의 미상환 시 해결능력 등을 갖추고 있어야 한다. 따라서 우리나라에서는 시중은행들은 구매자신용 취급을 꺼리고 있고, 공적수출신용기관인 수출입은행이 주로 담당하고 있다.

**그림 12-2** | 공급자신용과 구매자신용

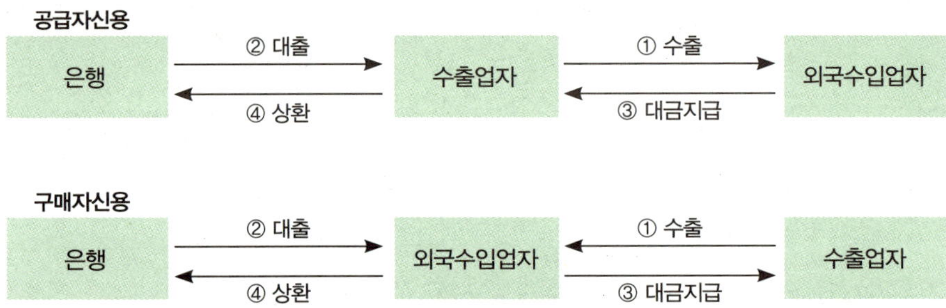


### 4) 금융제공 형태에 의한 분류 : 대출/할인/채무보증

금융기관이 무역금융을 취급하는 수단에는 여러 가지 형태가 있다. 이 중 대출(loan)이 가장 일반적인 것으로 대출은 금융기관이 수출업자 또는 수입업자를 차주로 하여 직접 자금을 제공하는 것이다.

할인(discount)은 은행이 수출입과 관련하여 발행된 어음의 소지인에 대하여 어음 액면가의 일정비율로 할인한 금액으로 매입해 주는 것을 말한다. 이는 은행이 선이자를 받고 대출해 주는 것과 같은 효과를 본다. 이때 할인어음을 매입한 은행이 또 다른 은행에 이 어음을 재매각하는 경우 이를 무역어음 재할인이라고 부른다.

채무보증(payment guarantee)은 수출입과 관련하여 대출 또는 할인을 취급하는 은행에 대하여 제3의 은행이 차주(수출업자 또는 수입업자)가 만기일에 대금을 상환하지 못할 때 대신 지급한다고 약속하는 행위이다. 채무보증은 중장기 수출금융에서 많이 활용된다. 거액의 금융제공이 필요한 대규모 플랜트 수출의 경우 많은 은행이 신디케이션을 구성하여 지원하게 되는데, 이때 상업은행들은 공적수출신용기관의 채무보증을 조건으로 신디케이션에 참여하는 것이 일반적이다.

### 5) 금융의 제공 주체에 의한 분류 : 상업금융/공적수출신용

상업금융은 일반 상업은행들이 제공하는 대출이나 보증 등을 의미한다. 단기무역금융은 대부분 상업은행들에 의해 제공되며, 중장기 무역금융에서도 유동성이 풍부한 상업은행들이 가장 많은 부분을 담당하고 있다. 그러나 상업은행들은 자신들의 수익 창출을 목적으로 무역금융을 취급함으로써 위험이 크거나 수익성이 낮은 무역거래에 대해서는 신용제공을 꺼린다.

공적수출신용은 한국수출입은행과 한국무역보험공사와 같은 공적수출신용기관에 의한 수출금융이나 수출보험을 의미한다. 우리나라 기업이 개도국 등으로부터 플랜트나 건설공사를 수주하는 경우 공적수출신용기관이 자국의 수출 촉진을 목적으로 상업금융의 한계를 보완하고 '최종위험부담자(the last resort)'로서의 소임을 수행하기 위해 취급하는 대출, 보증, 보험 등을 말한다.

## 3. 내국신용장

### 1) 개념 및 특징

내국신용장(local L/C)은 국내에서 수출업자가 수출용 완제품을 구매하여 직수출하거나 수출물품 제조업체가 수출물품 제조에 필요한 수출용원자재를 구매하여 가공한 후 직수출 또는 국내에 공급하고자 하는 경우, 해당 업체의 의뢰에 따라 외국환은행이 국내의 완제품 또는 원자재 생산업체를 수익자로 하여 발행하는 지급보증서로서 국내기업 간 거래용 신용장을 말한다.

우리나라 현행 제도상 내국신용장은 신용장 본연의 물품대금 지급보증기능 외에 금융, 세제 등 수출지원수단의 기능이 있다. 즉, 내국신용장 수익자는 거래 외국환은행에 내국신용장 어음을 매각하거나 외국환은행을 통하여 추심하는 방식에 의해 물품대금을 신속 · 확실하게 회수할 수 있고, 내국신용장을 수취한 물품공급업자가 생산자금 및 원자재금융을 융자받는 수단으로 활용할 수 있다.

내국신용장은 화환신용장과는 달리 다음과 같은 주요 특징을 갖고 있다.

첫째, 내국신용장 발행의뢰인은 수출신용장 등을 근거로 수평적으로 복수의 내국신용장을 발행할 수 있을 뿐만 아니라 물품의 제조공정에 따라 수직적으로 차수의 제한 없이 내국신용장의 발행이 가능하다.

둘째, 내국신용장은 일반수출입금융의 융자대상이 되는 금융용 내국신용장과 융자대상에서 제외되는 비금융용 내국신용장으로 이원화되어 있다. 비금융용 내국신용장도 원자재를 공급하는 업체로서는 은행의 지급보증을 통해 물품대금 회수가 보장되는 이점이 있다.

셋째, 내국신용장의 표시통화는 원화, 외화 또는 원화로 표시하되 발행일 현재 매매기준율로 환산한 외화금액을 부기하여 내국신용장 어음매입 시에 부기 외화액에 매입 당시의 매매기준율을 곱한 금액을 수익자에게 지급하게 되어 있다.

다섯째, 내국신용장으로 물품을 공급한 수익자는 발행신청인으로부터 물품수령증명서를 발급받은 후 거래은행을 통해 환어음 매입신청 또는 추심을 의뢰하여 조기에 물품공급대금을 회수할 수 있다.

여섯째, 내국신용장에 의한 거래 시 부가가치세 면제를 받는다.

일곱째, 직수출과 마찬가지로 관세환급을 받는다.

## 2) 내국신용장의 거래 당사자

내국신용장의 관계 당사자는 발행의뢰인, 발행은행 그리고 수익자로 나누어진다.

### (1) 발행의뢰인

내국신용장의 발행의뢰인은 국내에서 수출용원자재와 완제품을 구매하고자 하는 자로 구체적으로 다음과 같다.

① 외국으로부터 수출신용장, D/A 또는 D/P계약서 및 외화표시 공급계약서를 수취한 자

② 원수출신용장의 수익자인 수출업자로부터 내국신용장을 받은 자로서 소요 원자재를 조달받기 위해 그 내국신용장을 담보로 제2의 내국신용장을 발행하고자 하는 자

그림 12-3 | 내국신용장 거래절차

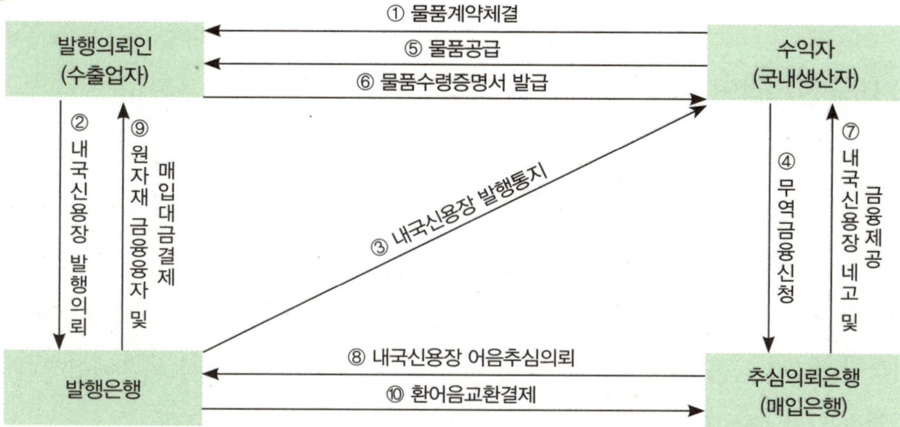


③ 원수출신용장이나 내국신용장 없이도 '수출금융 제규정'에 따라서 비축용 원자재를 구매하고자 하는 자

### (2) 발행은행

내국신용장의 발행은행은 다음과 같은 특징이 있다.

① 내국신용장의 경우 발행은행과 지급은행이 같다.

② 내국신용장 발행은행과 원수출신용장의 수출용원자재 수입승인은행은 같아야 한다.

③ 같은 원수출신용장이나 계약서를 근거로 2개 이상의 내국신용장이 발행될 때 같은 외국환은행에서만 발행할 수 있다.

④ 비축용 완제품의 구매를 위한 내국신용장은 주거래 외국환은행에서만 발행할 수 있다.

### (3) 수익자

내국신용장의 수익자는 다음 경우 중의 하나이다.

① 국내에서 수출용원자재, 수출물품 또는 외화표시 공급물자를 공급하기 위하여 매매계약을 체결한 공급자

② 제2의 내국신용장을 받고 수출용원자재를 공급하는 자

③ 단순임가공 위탁계약의 임가공 위탁자

### 3) 내국신용장의 결제

내국신용장의 수익자인 공급업자는 원자재 또는 완제품을 수출업자나 그 대리인에게 납품하고 물품수령증을 받고 내국신용장에서 요구하는 기타 서류를 갖추어 자신이 거래하는 외국환은행에 어음매입을 요청한다.

국내 외국환은행은 모두 내국신용장의 어음을 매입할 수 있으나, 내국신용장에 의하여 수출자금을 융자해 준 은행이 있을 때는 그 융자은행만이 어음매입이나 추심의뢰를 할 수 있다.

내국신용장어음을 매입한 외국환은행 또는 추심의뢰은행은 해당 내국신용장의 뒷면에 매입 또는 대금 입금일자와 금액을 기재하여야 하며, 내국신용장 발행은행은 내국신용장어음 결제마다 해당 내국신용장의 발행근거가 된 원수출신용장 등의 뒷면에 그 내용을 기재하여야 한다.

한편 내국신용장을 발행한 외국환은행은 해당 내국신용장어음이 지급 · 제시되기 전에 발행근거가 되는 원수출신용장 등의 수출대금이 입금되면 내국신용장어음 금액 해당액을 수입보증금계정에 예치하여 이를 해당 내국신용장어음의 결제자금에 충당하여야 한다.

## 4. 구매확인서

### 1) 의의

국내에서 외화획득용 원료 등을 구매하는 수단에는 무역금융을 이용하는 내국신용장에 의한 방법과 대외무역법령상의 구매확인서에 의한 방법이 있다. 구매확인서는 외화획득용 물품 또는 원자재로 사용하거나 외화획득용 전자적 형태의 무체물 또는 용역으로 사용하기 위해 구매하려는 경우에 외국환은행의 장 또는 「전자무역 촉진에 관한 법률」 제6조에 따라 산업통상자원부 장관이 지정한 전자무역기반사업자가 내국신용장에 따라 발급하는 증서를 말한다(「대외무역관리규정」, 제2조

18호).

따라서 외화획득용 원료 등을 국내에서 구매하고자 하는 자는 2011년 7월부터는 전자적으로만 발급되므로 유트레이드 허브02(https://www.utradehub.or.kr)를 통해 전자무역기반사업자인 KTNET(한국무역정보통신) 또는 거래 외국환은행을 선택하여 온라인으로 신청, 발급받아야 한다.

구매확인서는 ① 수출실적 인정(무역금융한도 산정기준 실적 포함), ② 부가가치세 영세율 적용, ③ 관세환급, ④ 외화획득용 원료의 사후관리 이행 등을 목적으로 발급되며, 내국신용장의 개설한도가 부족하거나 내국신용장을 개설할 수 없는 경우에 주로 이용하고 있다.

구매확인서는 수출용원자재를 국내에서 조달하도록 하는 방법이나 무역금융 대상 실적으로 인정되는 것이 내국신용장과 같은 점이며, 수출업자(군납업자 및 해외건설업자 포함)가 국내에서 원자재 또는 완제품을 구매하는 경우 수출업자의 신청에 따라 수출업자나 공급자 앞으로 발급하는 확인서를 말한다. 구매확인서는 선대신용장이나 사전송금방식에 의한 수출 등 수출대금이 전액 영수된 거래에서도 발급되는 특징이 있다.

## 2) 구매확인서 발급

구매확인서의 발급근거 서류는 수출신용장, 수출계약서(D/P, D/A 등), 외화매입증명서, 내국신용장, 구매확인서 등이며, 외화매입(예치)증명서는 외화획득 이행 관련 대금임이 관계서류에 의해 확인될 때 한한다. 구매확인서의 혜택은 ① 공급업체의 수출실적 인정(무역금융한도 포함), ② 외화획득용 원료의 사후관리 시 공급 이행으로 인정, ③ 관세환급, 부가가치세 영세율 적용 등이다.

내국신용장과 다른 점은 ① 발급한도에 제한이 없고, ② 대금지급에 대한 은행의 지급보증이 없으며, ③ 수출대금을 선금으로 받은 경우에도 발급할 수 있다.

02 uTradeHub는 '국가전자무역시스템으로 서류 없는 전자무역을 실현하는 국가 차원의 전자무역시스템이다. 수출입 관련 요건확인, 외환, 통관, 물류 및 대금결제를 비롯한 수출입 모든 단계의 업무를 종이서류 없이 온라인으로 처리할 수 있는 싱글윈도우이다.

가) 구매확인서 발급신청 시 구비서류

① 외화획득용 원료(물품 등) 구매(공급)확인신청서 3부

② 외화획득용 원료(물품 등) 공급계약서, 물품매도확약서

③ 수출신용장, 수출계약서 등 발급근거 서류

④ 공급자 · 공급받는 자의 인감증명서

나) 구매확인서 공급분에 대한 수출실적증명서 발급기관

① 당사자 간 직접 대금을 결제한 경우 구매확인서 발급신청 시 지정한 외국환은행에서 발급한다.

② 은행을 통한 대금결제 시 결제은행(공급자 거래은행)에서 발급한다.

③ KTNET에서 구매확인서를 발급받고 당사자들 간에 대금을 결제하였을 경우 KTNET에서 발급한다.

### 3) 구매확인서의 전자발급절차

#### (1) 구매확인서 온라인 발급의무화

「대외무역법」 개정에 따라 2011년 7월 1일부터 구매확인서의 신청과 발급이 uTradeHub를 통한 온라인으로만 발급할 수 있다. 또한 「부가가치세법 시행령」 개정을 계기로 개별 업체의 부가가치세 영세율 신고 시 구매확인서 사본 제출의무가 없으며, 구매확인서 발급시스템을 운영하는 KTNET(전자무역기반사업자)이 발급내역을 국세청에 일괄하여 제출한다.

#### (2) 구매확인서 전자발급방법

구매확인서 발급신청은 먼저 국가전자무역포털인 uTradeHub에 회원가입을 해야 하며, 회원가입시점에서 발급기관으로 KTNET 또는 거래은행을 선택할 수 있다.

그림 12-4 | 구매확인서 발급절차

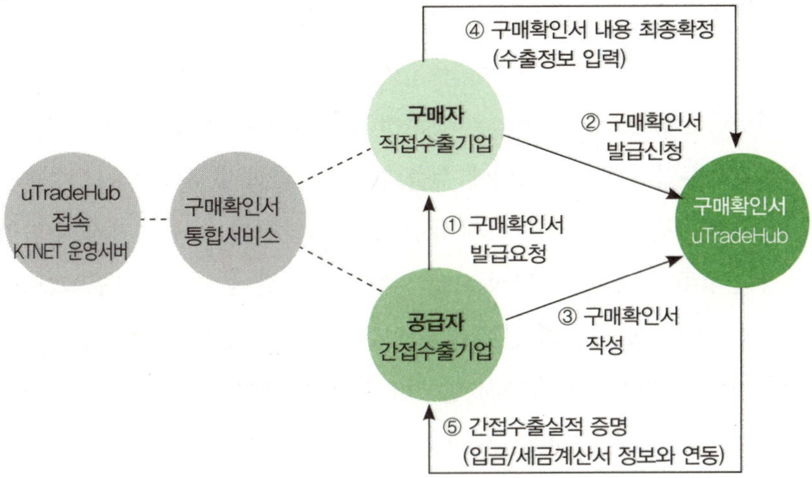


가) KTNET을 발급기관으로 지정할 경우

① uTradeHub(www.utradehub.or.kr)에 접속하여 회원가입을 한다.

② 가입신청서를 출력, 사업자등록증 사본과 함께 KTNET 고객센터로 Fax 송부한다.

③ 가입확인 후 uTradeHub 로그인, 구매확인서 메뉴를 이용 신청 · 발급한다.

나) 거래은행을 발급기관으로 지정할 경우

①~② 상기 KTNET과 동일하다.

③ 거래은행과 EDI약정 체결을 위해 uTradeHub 가입승인서를 출력하여 거래은행에 제출한다.

④ uTradeHub에 로그인하여 My Trade 메뉴 중 '거래약정관리'를 통해 약정 체결등록 및 관리한다.

⑤ 가입확인 후 uTradeHub 로그인, 구매확인서 메뉴를 이용 신청 · 발급한다.

## 제2절 수출팩토링

수출팩토링(export factoring)은 상환청구권 없이(무소구조건) 자금을 지원하는데, 이는 해외수입업자가 만기일에 수출대금을 상환하지 못하더라도 수출입은행이 수출기업에게 수출대금을 청구하지 않는 조건을 말한다. 수출업자가 수입업자에게 무신용장방식(주로 사후송금방식)으로 외상수출을 한 후 수출채권을 팩토링회사에게 일괄양도하고 수출대금의 전부 혹은 일부를 미리 지급받는 방식을 말한다. 팩토링회사는 외상 수출거래에 의해서 발생된 외상매출채권(account receivable)을 수출기업으로부터 무소구조건(without recourse)으로 매입한다.

팩토링금융을 이용할 경우, 수출기업은 수출이행 즉시 수출입은행으로부터 수출대금을 지급받게 되며, 수출대금은 만기일에 팩터(factor)가 해외수입업자로부터 직접 회수하게 된다.

**그림 12-5** | 팩토링의 기본원리

### 1. 팩토링금융의 특징

해외수입업자로부터의 수출대금 회수는 팩터가 책임지게 되며, 해외수입업자가 만기에 수출대금을 상환하지 못하더라도 팩터는 수출기업에게 수출대금 상환을 요구하지 않는다.

팩터는 수출채권 매입 즉시 해외수입업자를 대신하여 수출기업에게 수출대금을 지급하게 되므로 수출기업은 수출이행 후 해외수입업자가 수출대금을 상환할 때까지 기다릴 필요가 없으며, 수출대금 조기 회수에 따라 환차손을 예방할 수 있다. 수출기업은 팩터로부터 조기 회수한 수출대금으로 수출거래 확대에 필요한 운전자금으로 활용할 수 있으며, 고금리부채를 상환하는 데 사용할 수도 있다.

팩토링금융을 이용할 경우 외상매출채권을 현금으로 전환시키고 차입금으로도 계상되지 않기 때문에 수출기업의 재무구조가 개선된다. 또한 팩터가 팩토링금융으로 제공한 자금은 수출기업 앞 여신관리 대상에서 제외되므로 금융기관으로부터 보다 많은 여신한도를 받을 수 있어 자금조달능력을 제고할 수 있다.

전 세계적으로 팩토링시장은 유럽을 중심으로 미국 및 아시아(대만, 인도 등)에서 지속적 성장 추세를 보이고 있다.

## 2. 팩토링금융의 이용방식

팩토링금융에는 제휴방식(two-factor system)과 직접방식(one-factor system)의 두 가지 지원방식이 있다.

### 1) 제휴방식

제휴방식은 수출팩터가 수입국 팩터를 통해 해외수입업자의 신용위험을 인수하고 해외수입업자로부터 수출대금을 추심하는 방식이다. 제휴방식은 다양한 해외수입업자와 중소 규모로 반복적으로 거래하는 수출기업에 적합한 지원방식이다.

① 수출기업이 해외수입업자와의 사후송금방식 수출거래에 대하여 수출팩터에게 팩토링금융을 신청한다.

② ③ ④ 수출팩터는 수입국 팩토링회사에게 해외수입업자의 신용승인을 요청하고, 수입국 팩터(팩토링회사)는 해외수입업자의 신용조사 후 수출팩터에게 신용승인한도를 통지한다.

⑤ 수출팩터와 수출기업 간에 팩토링약정을 체결한다.

⑥ 수출기업이 수출물품을 선적한다.

⑦ ⑧ 수출기업이 수출채권매입신청서와 함께 상업송장과 선적서류를 제시하면, 수출팩터는 수출대금을 지급하게 되고 수출팩터는 수출채권을 수입국 팩토링회사에게 재양도하면서 추심을 의뢰한다.

⑨ ⑩ 수출팩터가 만기에 수입국 팩토링회사를 통하여 해외수입업자로부터 수출대금을 회수한다.

**그림 12-6 | 제휴방식의 팩토링 거래절차**

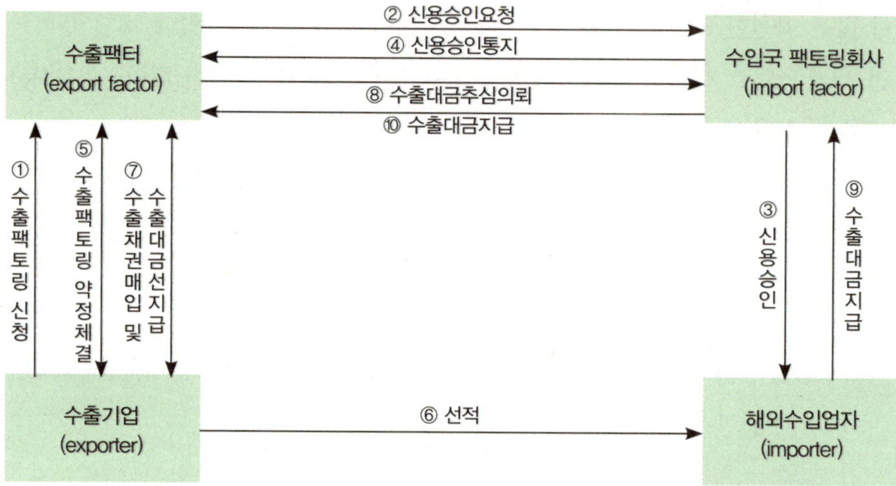


## 2) 직접방식

직접 팩토링방식을 이용하면 수출팩터가 직접 해외수입업자의 신용위험을 인수하고 해외수입업자로부터 수출대금을 추심한다. 직접방식은 신용이 우량한 해외수입업자와 대규모로 반복적으로 거래하는 수출기업에 적합한 지원방식이다.

① 수출기업이 해외수입업자와의 사후송금방식 수출거래에 대하여 수출팩터에게 팩토링금융을 신청한다.

② 수출팩터와 수출기업 간에 팩토링약정을 체결한다

③ 수출팩터는 수출기업을 통해 해외수입업자로부터 수출채권매입동의서를 받는다.

④ 수출기업이 수출물품을 선적한다.

⑤ 수출기업이 수출채권매입신청서와 함께 상업송장과 선적서류를 제시하면, 수출팩터는 수출대금을 지급하게 된다.

⑥ 수출팩터가 만기에 해외수입업자로부터 수출대금을 회수한다.

그림 12-7 | 직접방식의 팩토링 거래절차

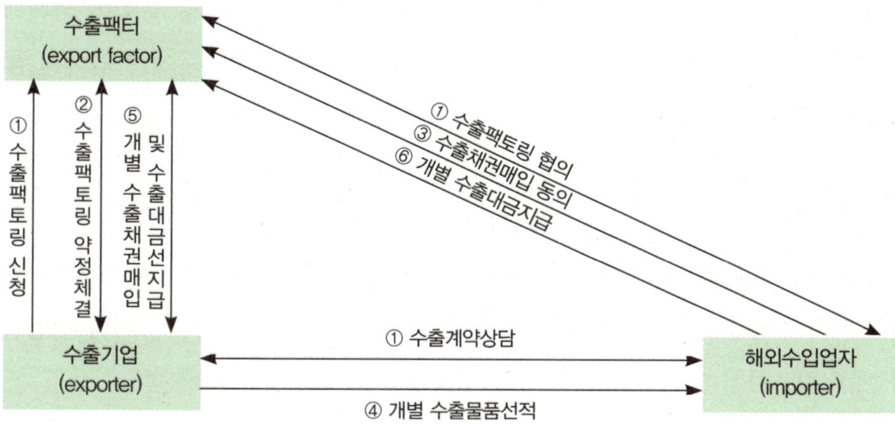


## 3. 수출팩토링의 효용성

### 1) 수출팩토링의 단점

#### (1) 수출업자의 수출비용 부담

수출팩토링 거래는 수입업자에게는 비용부담이 거의 없는 반면 수출업자는 금융비용을 포함한 많은 비용을 부담하게 된다. 무소구조건이므로 팩터에게 지급보증료에 해당하는 수수료를 지급해야 하며, 제휴팩토링을 이용할 경우 양 팩터의 수수료를 모두 부담해야 한다. 따라서 전체적인 금융비용이 다른 무역금융비용보다 더 들 수 있다.

#### (2) 매출채권거래의 제한

무역 당사자 사이에 분쟁이 발생할 경우, 팩터는 일정기간(통상 90일) 동안 지급을 유예할 수 있다. 그러나 팩터는 귀책사유가 누구에게 있는지 불분명한 상황에서 일정기간이 지나면 수출업자에게 상환청구권을 행사할 수 있으므로 수출업자에게 귀책사유가 있을 때는 불리해질 수 있다.

#### (3) 거래 국가의 제한

아직 전 세계적으로 국제팩토링에 의한 거래가 일반화되지 않고 있어 국제팩토링기구에 가입하지 않은 국가들이 많다. 따라서 국제팩토링기구에 가입하지 않은 국가들과의 수출입거래에는 국제팩토링거래 사용이 제한된다.

#### (4) 수입업자의 채권양도 승인의 거절

팩토링을 무소구조건으로 진행하려면 팩터는 적법한 채권양수인의 지위를 가지려고 채무자에게 채권양도에 대한 승인을 받아두는 것이 보통이다. 이때 수입업자가 이에 협조하지 않거나 거절할 때는 팩토링을 진행하기 곤란해진다.

### 2) 팩터의 위험

#### (1) 대금회수 위험

팩터는 수출팩토링을 취급할 때 수출업자가 수입업자 앞으로 수출채권 양도 및 입금계좌 등을 통보하고, 상업송장상에 팩터에게 수출채권을 양도하는 취지의 문구를 기재하도록 하여 수출대금을 회수하게 된다.

대금만기일에 수출대금이 입금되지 않는 경우 제휴방식에서는 수출업자 귀책사유가 아니면 수입팩터로부터 대지급을 받게 되나 직접방식에서는 현지 법규 및 소송절차 등을 거쳐 수입업자로부터 직접 수출대금을 회수하여야 한다.

한편 수출팩토링은 기본적으로 수입업자의 신용도를 바탕으로 외상수출채권을 매입하는 금융제도이므로 수입업자의 신용도가 양호할 경우 수출업자는 수출이행능력만 인정되면 지원할 수 있다. 그러나 수출 · 수입업자 간 상사분쟁 등 수출업자 귀책사유로 수출대금이 입금되지 않으면 수출업자로부터 대지급을 받아야 함에 따라 수출 · 수입업자 간 수출거래관계, 수출업자의 신용도 등에 대해서도 지속적인 사후관리가 필요하다.

#### (2) 분쟁발생 위험

수출팩토링은 판매계약서상의 미비나 현지법 저촉, 허위 등의 이유로 분쟁을 겪을 가능성이 있다. 특히 팩터는 판매계약서가 완전치 못하면 많은 위험에 노출될 수 있는데 이 중 자주 발생할 수 있는 문제들은 다음과 같은 것들이 있다.

① 반품가능판매(sale or return) : 금융을 제공한 팩터 입장에서는 반품가능조건이 있는 경우 만기일에 금융을 전액 회수하지 못할 가능성이 있다.

② 공정도에 따른 대금지급(progress payments) : 계약이행 완료 이전 시공사가 파산하였을 때 구매자는 다른 시공사를 찾아야 하고, 그로 인한 손해 등으로 이전 미결제금액에 대해 지급을 거절하는 위험이 있다.

③ 할인소급적용(retrospective discounts) : 할인소급 적용 시 팩토링금융을 전액 회수하지 못할 위험이 있다.

④ 마케팅비용(contribution to marketing) : 구매자가 마케팅비용을 물품대금에서 차감하여 지급하고 판매자가 이를 용인하지 않으면 분쟁이 발생하며, 이에 따라 팩토링금융을 전액 회수하지 못할 위험에 노출된다.

이와 같은 분쟁을 피하기 위해서는 팩터는 수출팩토링 약정 전에 위 조건들이 판매계약서상에 명확히 기술되어 있는지를 확인해야 한다. 또한 수출팩토링 약정 체결 후에는 송장의 상세내역 확인, 제품의 정상 여부 확인 등을 통해 분쟁가능성을 줄여야 한다.

### 3) 수출팩토링의 비용

수출기업이 수출팩토링을 이용하고자 할 때 부담하는 비용에는 할인료와 수출팩토링 수수료가 있다. 할인료율은 대출금리와 같은 개념으로 통상 연 Libor+가산율로 정해진다. 여기서 가산율은 거래 형태, 해외수입업자의 신용위험, 수입국의 국가위험, 대금결제기간, 수출기업의 수출이행능력 등을 고려하여 결정된다. 한편 수수료는 수출팩터가 수출팩토링을 취급하는 데 따른 관리비용과 마진 등이 포함되는데 수출채권금액의 일정비율이 적용된다.

수출팩토링비용은 수출환어음 매입이나 추심의 경우에 비해 높은 편이다. 한편 신용장방식과 비교할 때 수출팩토링비용이 일반적으로 낮으나, 신용장발행비용은 수입업자가 부담하는 데 반해 수출팩토링과 수수료는 수출업자가 부담하는 데 차이가 있다.

참고

**수출업자의 수출대금 회수 확실성 순서**
사전송금 > 수출팩토링 > 신용장 > 추심 > 사후송금

## 제3절 포페이팅

### 1. 포페이팅의 개념

포페이팅(forfaiting)이란 해외수입국 은행에서 개설한 신용장과 관련하여 발행된 환어음(bill of exchange) 및 선적서류를 포페이터(forfaiter)가 수출업자로부터 무소구(without recourse)조건[03]으로 할인 · 매입하는 금융기법을 말한다. 포페이팅 금융기법은 맨 처음 유럽지역에서 도입되었으며 원래 포페이팅이란 뜻은 프랑스어 forfait(채권의 포기 또는 양도를 의미)에서 유래하였다.

수출업자는 환어음의 만기일이 되기 전에 수입국 은행의 지급거절 위험을 회피하면서 수출 이행 즉시 포페이터로부터 수출대금을 받게 된다. 환어음의 만기일에 수입국 은행으로부터의 수출대금 회수는 포페이터가 한다.

일반적으로 포페이팅의 대상은 미래의 일정시점에 만기가 도래하고 재화나 용역을 제공하는 거래관계에서 발행되는 외상매출채권(account receivables)이나 채권(bond) 등도 포함될 수 있으나, 통상 양도하기 쉽고 국제무역에서 많이 통용되는 환어음(bill of exchange)이나 약속어음(promissory note)이 주류를 이루고 있다.

03 해외수입국 은행(발행은행)이 만기일에 수출대금을 상환하지 못하더라도 수출기업에 수출대금 상환을 청구하지 않는 조건

무소구조건 무역금융은 1950년대에 처음 소개되었다. 당시 기계설비를 제작하여 동유럽으로 수출하려는 유럽의 제조업자들은 구매력이 부족한 동유럽 수입업자들이 자본재를 구매할 수 있도록 무역금융도 제공해 주어야 했다.

1970년대 이후에는 선진국 제조업자들이 동유럽뿐만 아니라 중남미, 동남아시아, 중동 그리고 아프리카 일부 지역으로 자본재를 수출하기 위하여 무소구조건 무역금융을 이용하고 있다.

최근 포페이팅은 자본재 이외에 상품 수출과 같은 1년 이내의 단기무역거래를 지원하는 수단으로도 이용되고 있다. 더 나아가 무역거래와 관계없이 기업에 운전자금이나 장기자금을 제공하는 수단으로 무소구조건 금융이 이용되기도 한다. 이처럼 포페이팅 금융은 거래에 따라 탄력적으로 활용될 수 있어서 고객수요의 변화에 부응하면서 중요한 금융수단의 하나로 계속해서 발전하고 있다.

포페이팅은 신용장방식 수출거래뿐만 아니라 무신용장(계약서)방식 수출거래에도 활용되는데, 최근의 시장흐름은 아시아지역에서는 신용장방식을 선호하고, 유럽지역에서는 계약서방식을 주로 활용하고 있다. 계약서방식의 경우 신용도가 우량한 은행의 지급보증이 추가로 필요하다.

### 1) 포페이팅 제안서(forfaiting proposal)

통상 포페이터는 수출업자에게 포페이팅 거래에 금융을 제공하겠다는 의사표시로 예비제안서(indicative proposal)를 제시하며, 수출업자는 예비제안서에 포함된 조건들을 기초로 포페이팅 거래를 할 것인지 아닌지를 결정한다.

예비제안서에는 거래 당사자는 물론 보증인에 관한 구체적인 사항들이 명시되어 있다. 계산근거에는 수출대금의 통화, 금액, 선수금, 신용기간, 상환횟수, 수입업자가 부담할 이자 등의 기본적인 계약조건들이 제시되어 있다. 또한 수입업자와의 계약체결 예정일, 물품인도 예정일, 포페이터의 약정사항, 매입예정일 등도 상세하게 기재된다. 마지막으로 포페이터는 약정수수료(commitment fee), 유예기간(grace days), 할인방법, 할인율 등 수출채권을 할인하기 위한 금융조건을 제시한다.

계약조건이 확정되면 포페이터는 확정된 무역계약에 대하여 포페이팅 금융을 제공하기 위한 확정제안서(firm offer)를 수출업자에게 제공하게 된다. 확정제안서는 정해진 기간 내에 약정서류가 갖춰지는 경우 수출업자는 외상수출채권을 매각하고, 포페이터는 무소구조건으로 외상수출채권을 매입하기로 상호 계약한다. 이 제안서에는 포페이터가 약정서류를 접수해야 할 최종일자가 명시되는데 실무적으로 최종일자에는 예정된 인도기간, 서류작업기간 및 제조, 인도, 서류처리 중에 발생할 수 있는 지연기간 등이 고려되어야 한다.

## 2) 포페이팅의 효용성

### (1) 수출업자

포페이팅 거래에서 수출업자가 얻는 장점 중 중요한 것은 무소구조건의 어음매각으로 수출대금 미회수위험이 없다는 점과 수출상품 선적 후 즉시 수출대금을 회수할 수 있어 유동성이 제고되고, 금리 및 환율변동위험을 회피할 수 있다는 점을 들 수 있다.

이 밖에 수출대금 회수를 위한 추가경비를 지출할 필요가 없고, 거래절차가 신속하며 수출업자는 포페이팅 거래와 관련된 제반 위험요소를 수출계약금액에 미리 반영함으로써 포페이팅 거래비용을 수입업자에게 전가할 수 있다.

단점으로 수출업자는 무소구조건으로 수출채권을 포페이터에게 매각하므로 환어음 및 선적서류를 자세히 점검한 후, 포페이터에게 제시하여야 한다. 서류제시 후 선적서류 하자 등으로 개설은행이 하자비용을 청구하면 추가비용을 수출업자가 부담해야 하기 때문이다.

또한 무신용장방식 포페이팅의 경우 수출업자는 수입업자에게 포페이터가 인정하는 지급보증서를 제출하도록 요구해야 하며 이 경우 수입업자는 별도의 지급보증서 발급비용을 부담해야 하므로 추가비용이 소요된다. 결국 이 때문에 수출거래 성사가 어려워질 수 있고, 수출가격 경쟁력이 약화할 가능성도 있다.

### (2) 수입업자

포페이팅 거래에서 수입업자가 얻는 장점으로는 고정금리로 수입결제자금을 조달할 수 있으며, 포페이팅 관련 당사자들에 관한 정보를 비밀로 하는 포페이팅 시장의 관례에 따라 수입업자는 자신의 재무상태 등에 관한 정보누출을 우려할 필요가 없다.

단점으로는 지급보증서(letter of guarantee) 발급비용 등이 포함된 포페이팅 비용은 여타 금융 조달비용에 비해 다소 높으며 금융비용의 증가로 수입물품의 가격을 상승시킨다는 것을 들 수 있다.

### (3) 포페이터

포페이팅을 통해 포페이터가 얻는 장점으로는 상대적으로 간단하고 적은 분량의 서류를 받음으로써 신속한 금융지원이 가능하다는 것과 유통시장을 통해 할인매입한 어음을 매각할 수 있으며 여타 투자자산에 비해 높은 수익률을 나타낼 수 있다는 점이 있다.

한편 단점으로는 수입업자의 채무불이행에 따른 위험을 포페이터가 부담해야 하며, 포페이팅에 관한 법률과 제도의 미비로 분쟁발생 시 신속한 법적 해결이 곤란하다는 점을 들 수 있다. 또한 수입업자 및 보증은행의 신용위험을 부담하므로 이들에 대한 철저한 신용조사가 필요하고, 관련 국가의 법률이 인정하는 환어음, 약속어음 및 보증서 등에 관한 정확한 법률지식이 필요하다.

## 2. 포페이팅 금융의 특징

포페이팅은 포페이터가 수출채권을 무소구조건으로 매입하기 때문에 수입국의 채무불이행(default), 채무유예(moratorium), 송금제한 등의 국가위험과 수입업자, 수입업자은행의 대금지급불능으로 인한 신용위험, 금리 및 환율변동에 따른 우발적 위험 등 수출거래와 관련된 모든 대외채권 회수위험을 피할 수 있다.

특히 수출업자는 포페이팅 수출금융을 이용하면 외상수출 시에도 수출업자가 수출물품을 선적하고 나서 곧바로 포페이터를 통하여 수출대금을 회수할 수 있게 됨으로써 대금회수기간 동안 환율변동에 따른 환차손위험을 회피할 수 있는 이점이 있다.

포페이팅은 수출대금을 미리 확보할 수 있다는 점에서 네고와 매우 유사하나 네고와는 다르다. 네고의 수출채권담보부 대출이 아니라 수출채권을 매입함으로써 일어나는 채권의 양도개념이므로 수출기업의 입장에서 재무제표상에 계상이 되지 않는 이점이 있다.

포페이팅방식은 신용장을 이용한 방식과 보증을 이용한 방식으로 나뉜다.

포페이팅은 특히 국가위험도가 높은 새로운 시장을 개척하려는 수출기업이 활용할 수 있다. 포페이팅을 이용하면 수출품을 선적하자마자 관련 서류를 매각해 현금을 확보함과 동시에 수입국의 비상위험이나 발행은행의 미결제위험으로부터 벗어날 수 있다. 수출기업의 신용도와 관계없이 이용이 가능하므로 수출기업은 이로 인해 자금을 원활히 회전시킬 수 있게 된다.

포페이팅의 대상이 되는 어음은 국제무역에서 많이 통용되는 수출환어음이나 약속어음이며 어음은 통상 신용장이 첨부된 Usance 360일 이내에 매입이 이루어지나 경우에 따라 5~10년짜리까지 가능하다. 포페이팅 요율은 리보금리(libor ; 런던은행 간 금리)에 국가 및 신용장발행은행의 신용위험도를 감안한 가산금리가 더해져서 결정된다.

### 1) 신용장을 이용한 포페이팅방식

① 수출업자와 수입업자가 포페이팅 거래내용에 합의하고 수출입계약을 체결한다. 수입업자가 Usance L/C로 결제를 원하는 경우에 수출업자는 포페이팅 금융이 가능한 국가와 은행에 해당하는지 확인한다.

②③ 수입업자의 요청으로 발행은행은 기한부신용장을 발행, 통지은행을 통해 수출업자에게 통지한다.

④ 수출업자는 신용장에서 요구하는 조건대로 수출물품을 선적한다.

⑤ 수출업자는 포페이터와 포페이팅 계약을 체결한다.

⑥ 수출업자는 환어음, B/L, Invoice 등 선적서류를 작성하여 포페이터에게 제시한다.

⑦ 선적서류를 제출받은 포페이터는 수입국 및 발행은행의 위험도, 신용도 등을 감안하고 신용장발행은행으로부터 인수의사를 통보받으면 수출대금의 결제를 결정한다.

⑧ 신용장발행은행으로부터 선적서류의 인수가 이루어지면 수출업자는 대금회수 위험으로부터 벗어나며 포페이터는 만기일에 발행은행으로부터 대금을 회수하는 책임을 지게 된다.

그림 12-8 | 포페이팅 금융을 이용한 결제과정(신용장방식)

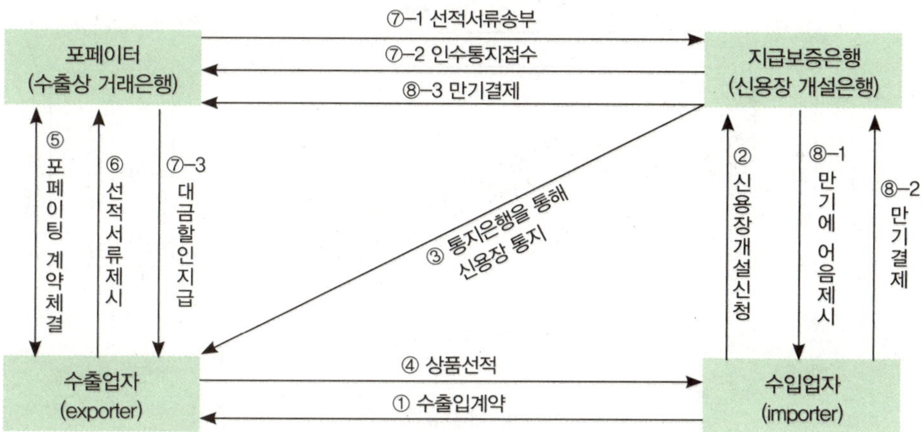


## 2) 보증을 이용한 포페이팅방식

① 수출업자와 수입업자가 포페이팅 거래내용에 합의하고 수출입계약을 체결한다.

② 계약조건에 따라 수출업자가 수입업자 앞으로 선적한다.

③ 수입업자는 수출업자가 자기 앞으로 발행한 환어음 또는 자신이 발행한 약속어음을 거래은행인 지급보증은행에 제출하며 보증을 요구한다.

④ 지급보증은행은 어음의 뒷면에 'AVAL'을 하거나 별도의 지급보증서를 발급하여 수출업자에게 송부한다.

⑤ 수출업자는 포페이터와 포페이팅 계약을 체결한다.

⑥ 포페이팅 계약체결 시 수출업자는 보증은행에서 받은 지급보증서 또는 'AVAL'을 추가한 어음을 포페이터에게 인도한다.

⑦ 포페이터는 환어음을 인수한 후 할인대금을 수출업자에게 지급한다.

⑧ 어음의 만기에 포페이터는 'AVAL' 또는 지급보증서를 보증은행에 제시한다.

⑨ 지급보증은행은 포페이터에게 대금을 결제한다.

⑩~⑪ 지급보증은행은 수입업자에게 어음 등을 제시하고 대금을 수취하여 거래를 종료한다.

그림 12-9 | 보증을 이용한 포페이팅 결제과정

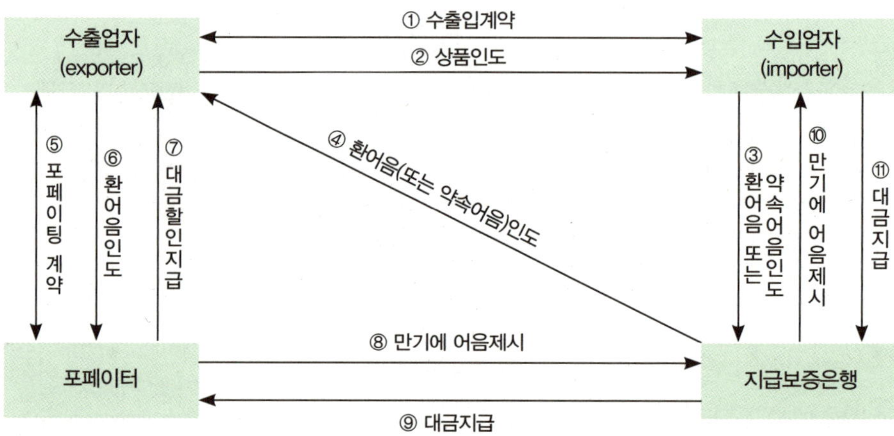


## 3. 포페이팅의 비용

### 1) 수출업자의 비용

#### (1) 할인율(discount rate)

할인율은 어음의 할인가격으로서 대출의 이자율과 유사한 개념이며, 포페이팅 거래의 성사 여부를 결정짓는 가장 중요한 변수이다. 일반적으로 할인율은 포페이터의 어음매입을 위한 자금조달비용률을 기본요율로 하고, 포페이팅 거래로부터 일어날 수 있는 각종 위험에 대한 위험가산율(risk premium)을 추가하는 형태로 결정된다.

이 밖에 어음만기, 포페이터의 마진, 표시통화의 종류 등도 할인율을 결정하는 주요 변수이다. 포페이터는 이렇게 정해진 할인율을 포페이팅 거래에 적용하여 할인일로부터 어음만기일까지의 기간에 대한 할인료를 구하고 이를 어음금액에서 차감한 할인금액을 어음매각인에게 지급한다.

#### (2) 약정수수료(commitment fee)

포페이팅 약정 시부터 할인매입일까지의 기간을 약정기간(commitment period)이라고 하고, 이 기간에 대하여 수출업자가 포페이터에게 지급하는 수수료를 약정수수료라고 한다. 약정수수료는 포페이터가 어음매입에 필요한 자금을 일정기간 대기시켜 놓음에 따라 더 높은 수익률이 기대되는 투자자산에 투자할 기회를 포기하는 데에 따른 기회비용을 보상하기 위한 개념일 뿐만 아니라, 약정기간에 금리나 환율의 급격한 변화에 대하여 포페이터가 부담하는 위험을 보상하기 위한 개념도 포함되어 있다.

#### (3) 옵션

수출업자는 포페이터에게 옵션수수료를 지불하고 옵션(option)을 요구하는 때도 있다. 옵션이란 수출업자가 수출계약을 진행하는 과정에서 포페이터가 금융을 제공할지 확신하기 어려운 경우, 수출업자는 포페이터에게 계약체결에 앞서 금융 제공을 확약할 것을 요구하는 것을 말한다. 수출업자가 옵션을 가지는 경우 합의된 기간 내에 계약이 완료되면 수출업자에게 이미 확약된 조건으로 무소구조건 금융이 가능해지며, 약정수수료비용은 옵션기간에 한정된다.

### 2) 수입업자의 비용

수출업자가 포페이팅을 이용함으로써 수입업자가 추가로 부담하게 되는 직접비용은 보증료(guarantee fee)가 전부이다. 수입업자 거래은행은 수입업자를 위하여 포페이터에게 보증서를 제공하므로 수입업자는 그에 따른 보증료를 부담하여야 한다.

일반적으로 보증료는 어음금액에 대하여 일정률의 방식으로 징수하며, 보증료율은 수입업자와 보증인의 협의로 결정된다. 한편 포페이터가 보증서 없이도 포페이팅에 따른 수입업자의 신용위험을 수용할 수 있다고 판단하는 경우, 포페이터는 자신의 신용위험 부담증가에 따른 비용을 수출업자에게 추가로 요구할 수도 있다.

보증료는 일정기간(평균 1년)마다 한 번씩 어음의 미상환 잔액에 대해 선취하는 것이 일반적이나, 예외적으로 보증계약이 이루어지는 시점에 전액을 내게 하거나 각 어음의 만기일에 징구하기도 한다.

[양식 12-1]

# 수출환어음매입(추심)신청서

우리은행 앞

| 담당 | 검토자 | 결재권자 |
|---|---|---|
| | | |

| 신청구분* | ☐ 추심 신청<br>☐ 추심건 인수시 | ☐ EFF연계 수출채권 매입<br>☐ D/A,O/A<br>☐ L/C포페이팅(무소구) | 매입번호*<br>고객번호*<br>승인신청번호* | |
|---|---|---|---|---|

아래와 같이 화환어음의 매입/추심을 신청함에 있어서 따로 제출한 외국환거래약정서 및 수출채권매입거래 약정서의 조항에 따를 것을 확약하며 신용장(계약서) 불일치 내용이 상대은행에서 통보되어 온 경우 매입(추심) 시 불일치 내용을 신고한 것으로 인정하여도 이의를 제기하지 않겠습니다. 아울러 수출물품에 대한 모든 권리를 귀 은행에 양도하겠습니

| (1) L/C 및 운송서류 내용 | | | (2) 매입(추심)신청내역 | |
|---|---|---|---|---|
| L/C번호* | | | 통화* | |
| 개설일자* | | | 금액* | |
| 수출신고필증번호* | | | 외화대체금액 | |
| 선적기일 | | | 수입보증금 | |
| 유효기일 | | | 수수료율 | 연 % (EFF연계 수출채권 매입시만 기재) |
| 수출보험등 부보여부* | Y ( ) | N ( ) | 원화입금액 | |
| 본지사간 여부* | Y ( ) | N ( ) | 수입상 법인번호<br>(D/A,O/A외화팩토링) | |

| (3) 신용장(계약서)불일치 내용* | |
|---|---|
| ① | * 위 신용장(계약서)에 의한 수출환어음매입/추심 또는 선적서류매입/추심과 관련하여 본인은 신용장(계약서) 조건과의 불일치 또는 기타사유로 인한 하자사항을 확인하며 이로 말미암은 비용 및 손해는 외국환 거래 약정서에 따라 부담하겠습니다.<br>* EFF연계 수출채권 매입거래의 경우 보험 대상이 되지 않는 채권은 환매하기로 합니다.<br>* D/A, O/A 외화팩토링(무소구) 거래의 경우 해당 수출채권매입거래약정서의 수출채권의 환매 조건에 해당되는 채권은 환매하기로 합니다.<br>* L/C포페이팅 거래의 경우 소구의무가 있는 채권은 환매하기로 합니다.<br>* O/A방식 수출채권을 귀행에 양도함에 있어 수입자에 통지 및 동의를 얻는 등 제반사항를 이행하였음을 확인합니다.<br>* 동일한 수출채권으로 금융기관을 통해 중복하여 자금지원을 받지 않았음을 확인합니다.<br>* 당사는 대한민국 제재법, 美제재법, EU제재법 그리고 UN제재를 포함한 국제사회의 제재법규(이하 "제재법") 준수 의무를 인지하고 있으며, 본건거래가 제재법을 준수함을 확인합니다. 귀행이 판단하기에 본건거래가 제재법을 위반하거나 위반이 우려되는 내용이 포함되어 있는 경우, 귀행은 언제든 업무처리를 거절/취소 할 수 있고 이로 말미암은 모든 비용 및 손해를 당사가 부담할 것을 확약합니다.<br>* 추심 후 인수통지를 접수하여 매입으로 전환 시, 귀행의 해당 신용장 개설은행에 대한 매입가능한도 부족, 수출상 신용등급이 매입가능등급 미만으로 하락, 출금계좌 수수료금액 부족 및 기타사유 등으로 귀행의 매입전환이 불가할 수 있음을 확인합니다. |
| ② | |
| ③ | |
| ④ | |
| ⑤ | |
| ⑥ | |
| ⑦ | |

년 월 일 *주 소

*신청인 (인)

| 인감 및 원본확인 |
|---|
| |

| *DOCS | DRAFT | COMM INV | B/L | FCR | AWB | PKG LIST | INSU PO/CE | CERT ORIG | INSP CERT | CONS INV | BENEF CERT | SHIP ADV | ETC |
|---|---|---|---|---|---|---|---|---|---|---|---|---|---|
| 1 ST | | | C | C | C | | C | | | | | | |
| 2 ND | | | C | C | C | | C | | | | | | |
| DRAWEE | | | | | | | | | | | | | |

| MAIL TO | | | |
|---|---|---|---|
| DRAWEE BANK* | | | |
| OPENING / COLLECTING BANK* | | COMM/INTEREST | |
| BENEFICIARY | | 특별문구(코드) | |
| ACCOUNTEE* | | H.S. NO. | |
| COMMODITY | | TRANSSHIPMENT | ALLOWED. NOT |
| DESTINATION | | PARTIALSHIPMENT | ALLOWED. NOT |

* 표시란은 고객/영업점께서 작성하시는 란입니다.

수출 (403006, 210×297) 백상지 70g/㎡(2019. 07 개정)

우리은행

**[양식 12-2]**

## 포페이팅 신청서

한국산업은행 부점 앞

귀행과 체결한 포페이팅 거래 기본약정서에 의거하여 수출환어음의 포페이팅을 다음과 같이 의뢰합니다. 단, 신용장 개설은행(확인은행)의 인수통보를 귀행이 접수하기 이전에 매입하거나 매입한 것은 귀행과 당사 간 체결된 외국환거래약정서에 따라 귀행이 당사 앞 소구권을 갖는 매입임을 확인하며 귀행의 포페이팅 여부는 "포페이팅 전환통지" 또는 "포페이팅 매입통지"를 귀행으로부터 받음으로써 확인하고 인정합니다.

<table>
<tr><td colspan="2">신용장개설은행(확인은행)의 인수통보를 접수하기 전 취급형태</td><td>□ 매입 □ 추심</td><td>매입(추심)번호</td><td>(20 . . )</td></tr>
<tr><td colspan="2">수출 구분</td><td colspan="3">□ 일반 L/C □ 본지사 간 L/C</td></tr>
<tr><td colspan="2">어음금액(상업송장금액)</td><td colspan="3"></td></tr>
<tr><td colspan="2">상품명</td><td colspan="3">(HS NO. : ) (전략물자 해당 여부 : □ 해당 □ 해당 사항 없음)</td></tr>
<tr><td rowspan="5">신용장조건</td><td>L/C No.</td><td colspan="3"></td></tr>
<tr><td>개설은행<br>(BIC CODE)</td><td></td><td>확인은행<br>(BIC CODE)</td><td></td></tr>
<tr><td>수입상</td><td></td><td>수출상</td><td></td></tr>
<tr><td>결제조건</td><td></td><td>유산스기간</td><td></td></tr>
<tr><td>최종선적일</td><td></td><td>만기일</td><td></td></tr>
</table>

Chapter 13

# 국제금융시장

제1절 | 국제금융시장의 구조
제2절 | 역외시장
제3절 | 국제금융거래

# 제1절 국제금융시장의 구조

## 1. 국제금융시장의 의의

국제금융(international finance)은 국제무역, 해외투자, 자금의 대차거래 등에 수반하여 외환, 주식, 채권 등과 같은 금융자산(financial assets)[01]의 이동이 국제적으로 이루어지는 현상을 말한다. 원래 국제금융은 국제무역 및 해외투자 등에 수반하여 나타나는 국가 간 거래의 결제 조정기능(accommodative function)을 중시하였다. 오늘날에는 금리와 환율변동에 따라 투자자가 가장 유리하고 안전한 금융자산에 투자하기 위해 범세계적으로 자금을 이동시키는 포트폴리오 투자(portfolio investment)가 크게 중시되고 있다. 이러한 국제금융을 미시적인 국제재무관리 관점에서 정의해 보면 다양한 국제금융자산이 일정 기대위험(expected risk)에서 최대의 수익성과 유동성(또는 일정한 기대수익률하에서 최소의 위험)을 찾아 국제금융시장에서 거래되는 현상이라고 말할 수 있다. 즉, 국제금융은 각국의 투자가나 차입자가 일정 기대위험 속에서 수익성, 유동성, 안정성을 극대화하기 위하여 그들의 금융자산이나 부채를 국내외 금융시장, 유로시장 및 외환시장에서 거래시킴으로써 금융자산(부채)이 범세계적 차원에서 효율적으로 배분 · 관리되는 현상이다.

한편 국제금융시장은 국제무역, 해외투자, 자금의 대차거래 등에 수반하여 금융자산의 거래가 국제적 차원에서 이루어지는 장소 또는 총체적인 거래시스템을 말한다. 즉, 국제금융시장은 국가 간에 장단기 자금의 거래가 이루어지면서 자금의 수급이 국제적 차원에서 효율적으로 연계되는 장소나 거래시스템을 총칭하는 개념이다.

전통적으로 국제금융시장은 국내 거주자 간에 자금의 대차가 이루어지는 국내

---

01 금융자산은 주택, 공장 등과 같은 실물자산(real assets)과 대칭되는 개념으로서 후자가 주택 공간의 제공, 상품의 생산과 같은 물리적 서비스(physical service)를 제공하고 있다면 전자는 현금, 예금, 채권 및 주식 등과 같은 청구권적 자산으로서 금융자산의 소유자는 다른 경제단위에 대하여 지상청구권(paper claim), 즉 채권(債權)을 갖게 된다. 따라서 투자자가 금융자산을 보유하고자 하는 것은 자산가치의 보전이나 이들 자산이 가져올 예상수익의 증대를 기대하기 때문이다.

금융시장과 대칭되는 개념으로 이용되었다. 그러나 오늘날에는 각국의 금융시장이나 외환시장에서 규제가 크게 완화 또는 철폐되고 정보통신기술(information technology : IT)이 급속히 발전하면서 금융시장의 범세계적 통합화현상이 가속화됨에 따라 국제금융시장은 거주성이나 장소를 초월하여 각국의 금융시장이나 유로시장 그리고 외환시장을 포괄하는 총체적인 거래시스템으로 이해되고 있다.

## 2. 국제금융시장의 구조

### 1) 국제금융시장 참가자

국제금융시장은 각국의 금융시장, 유로시장과 같은 역외시장(offshore market) 그리고 외환시장을 포괄한다. 국제금융시장의 주요 참가자들로는 상업은행을 비롯한 증권사, 보험회사 등 금융기관과 기업, 정부 및 정부 후원기관, 기관투자가 그리고 이들의 거래를 중개하는 딜러와 브로커 등이 있다.

#### (1) 상업은행(commercial bank)

상업은행은 첫째, 투자 및 대출 포트폴리오(portfolio)를 구성하기 위하여 국제금융시장에서 예금증서, 금융채 등 장단기 금융상품을 발행하여 자금을 조달하고, 여유자금을 공여하기도 한다. 이러한 과정에서 상업은행들은 특히 단기금융시장에 투자가들이 이용할 수 있는 다양한 단기금융상품의 공급자 소임을 수행함과 동시에 투자의 기준이 되는 각종 금리를 고시하는 등 가격결정 임무를 수행한다. 둘째, 국제금융시장에서 딜러(dealer) 역할을 하고 있다. 특히 금리스왑(swap)과 같은 금리파생상품거래에서 거래 당사자는 물론 중개인의 역할도 수행하고 있다. 셋째, 각종 수수료를 받고 보증을 제공함으로써 투자가들이 적기에 안전하게 투자자금을 회수할 수 있는 편의를 제공하고 시장의 유동성과 안전성을 높이는 역할을 한다. 이러한 보증수단 중 가장 보편적인 것으로는 신용제공한도 보증제(backup lines of credit)와 신용장제도 등이 있다.

### (2) 정부(governments)

각국 정부는 장단기 금융시장에서 국채를 발행하여 투자상품을 제공하고, 외환 보유액을 활용하여 자금을 운용함으로써 국제금융시장에 최고의 유동성을 제공하고 있다. 특히 국제금융시장에서 중추적인 역할을 하는 미국 정부의 경우에는 무위험(risk free)자산으로 인식되고 있는 단기재정증권(treasury bills), 중장기 정부채(treasury notes 및 bonds)를 발행하여 재정자금을 조달하는데 이들 장단기 정부채권금리는 시장에서 각종 금융상품의 기준금리로 이용된다.

### (3) 기업(corporations)

비은행금융기관인 기업들도 자금조달을 위해 기업어음, 채권(commercial paper, bonds) 등 금융상품을 발행하여 투자가들에게 금융상품을 제공하고, 국제무역과 연계된 은행인수어음(banker's acceptance) 등의 단기금융상품을 제공하는 등 장단기 금융상품의 주요 공급자의 역할을 하고 있다.

### (4) 정부후원기관(government-sponsored institution)

정부후원기관은 한국주택금융공사나 서민금융진흥원과 같이 정부와 연계된 금융중개기관들을 말한다. 이들 기관은 금융시장에서 금융상품 발행을 통하여 자금을 조달하고 이들 자금을 주택부문에 공급하거나 서민의 금융생활과 관련하여 신용보증 및 자금대출 등의 역할을 하고 있다.

### (5) 기관투자가(institutional investors)

금융기법의 고도화와 투자수단의 다양화 등을 배경으로 다국적 기업, 연금기금 그리고 단기고수익을 목적으로 포지션을 운영하는 헤지펀드(hedge funds) 등과 같은 기관투자가들이 막대한 자금력을 가지고 국제금융시장의 주요 기관투자가로 등장하였다. 각국의 중앙은행과 국제금융기구인 국제통화기금(IMF), 국제결제은행(BIS)[02] 등도 시장개입 및 국제 유동성지원 등을 통해 국제금융시장에 참가하고

02 국제결제은행(Bank for International Settlements : BIS)은 제1차 세계대전 이후 정부 간 전쟁배상금 관련 협정인 헤이그협정을 모체로 1930년에 설립된 국제금융기구로서 스위스 바젤(Basel)에

있다.

### (6) 딜러(dealer)와 브로커(broker)

국제금융시장의 원활한 흐름과 활성화는 전적으로 딜러와 브로커에 달려 있다. 이들은 외환거래는 물론 새로 발행된 금융상품을 판매하고 이들 금융상품을 유통시장(secondary market)에서 매매시킴으로써 다수의 매수, 매도자들을 연결해 주는 중개인 역할을 하고 있다.

## 3. 국제금융시장의 기능

일반적으로 자유무역이 세계자원의 효율적 배분과 이용을 촉진하듯이 효율적이고 완전한 국제금융시장은 세계금융자산의 최적 배분을 촉진한다. 즉, 투자가에게는 일정 예상위험에서 최대의 수익성을 보장하는 최적 자산배합(optimal mix of assets)을 가능하게 하고 차입자에게는 최소의 조달비용으로 최대의 유동성 및 안정성을 확보할 수 있는 최적 자금조달 배합(optimal mix of financing)을 가능하게 함으로써 부의 극대화(wealth maximization)를 가져오게 한다. 이러한 금융자산의 효율적 배분은 결국 각국의 실물자산의 생산성을 높이고 세계무역의 확대나 직접투자의 증대를 가져오게 함으로써 세계경제의 지속적 발전에 이바지하게 된다.

또한 원활한 국제금융거래는 직접적으로 국제유동성의 편재를 시정할 수 있게 하고 각국 금융시장의 연계성을 높임으로써 금융시장의 국제화나 개방화를 촉진하게 된다. 즉, 1970년대 오일쇼크 이후 산유국과 비산유국 간의 유동성 편재가 심화하였으나 국제금융시장을 통해서 오일달러가 환류됨으로써 이것이 비산유국의 유동성 부족을 해소하는 데 크게 이바지하였다. 그뿐만 아니라 국제금융시장에서 정보통신기술의 혁신과 금융공학에 기초한 금융기법의 고도화는 더 유리하고 다양한

---

본부를 두고 있다. BIS의 주요 기능은 회원국 간 금융협력 증진, 금융거래중개, 국제유동성 위기시의 유동성지원 주선을 통한 국제통화 및 금융시장의 안정 유지, 국제금융거래를 위한 편의제공 및 국제결제업무와 관련한 수탁자 및 대리인으로서의 역할 등이다. BIS에는 2022년 9월 말 현재 한국은행(1997년 1월 14일 가입)을 포함, 총 63개국 중앙은행이 회원국으로 가입하고 있다.

헤징(hedging)이나 재정거래의 기회를 제공한다. 이를 통해 금융자산의 효율적 거래를 가능하게 하여 자금의 수요 · 공급자 모두에게 거래자산의 높은 수익성과 안전성 그리고 유동성을 제공할 수 있게 된다.

결론적으로 국제금융시장은 세계금융자산의 효율적 배분을 촉진함으로써 거시적으로 세계 각국의 생산력 증대나 무역 및 투자 확대 그리고 개도국의 경제개발과 발전에 이바지한다. 미시적으로는 국제금융시장에서 자금수급자 모두에게 더욱 높은 유동성과 수익성 그리고 안정성이라는 효용(utility)을 제공한다.

## 제2절 역외시장

개별 국가의 통제를 받지 않고 시장 참여기관의 국적이 다양한 시장을 유로시장(euro market) 또는 역외시장(offshore market)이라고 한다.

### 1. 유로시장의 생성과 의의

#### 1) 유로시장의 생성

유로시장은 1950년대 동서 간의 냉전이라는 정치적 요인을 배경으로 생성되기 시작하여 ① 1960년대 미국의 금리상환규제 및 대외자본유출 규제조치, ② 유로은행의 자금조달 · 운영 면에서의 우위성, ③ 영국의 국제수지악화와 스털링화의 퇴조, ④ 1970년대 오일달러의 환류 등을 계기로 급성장한 초국가적인 국제금융시장이다. 유로시장의 생성 초기에는 런던시장이 유로시장의 중추적 역할을 하였는데, 특히 런던은 19세기부터 전통적인 국제금융의 중심지로서 국제간의 대차거래, 무역금융거래 및 증권거래를 중개했을 뿐만 아니라 외환 및 보험거래에도 선도적 역할을 담당했다. 런던시장은 영국의 금융당국이 외국은행업무에 직접적인 통제나 규제를 피함으로써 금융거래의 자율성과 효율성이 보장되었다. 아울러 오랜 전통을 배경으로 한 우수한 전문금융인의 경험과 고도화된 금융기법의 축적, 정보통신 시설의 확충 그리고 영국의 정치 · 경제적 안정 등에 힘입어 유로시장의 중심지로 발전하였다.

오늘날 유로시장은 런던시장 이외에도 파리, 프랑크푸르트, 룩셈부르크 등의 광역시장으로 확대되었을 뿐만 아니라 아시아의 도쿄, 싱가포르, 홍콩 등도 유로달러의 아시아 지역 딜링센터로 부상하였다. 또한 1970년대의 오일쇼크 이후 오일달러의 중개거래를 위하여 중동의 바레인이 유로시장의 기능을 수행하였고 1980년대에 들어서는 미국 내에 역외금융시장인 IBF(International Banking Facility)가 설립 · 운용됨으로써 유로시장은 전 세계 금융센터를 24시간 커버하는 범세계시장으로 광역화되었다. 또한 유로시장은 1980년대 이후 금융증권화(securitization)를 배경으로 자금 수요 패턴의 변화와 환리스크 및 금리리스크의 증대 등을 반영하여 자금조달방법이나 거래기법은 물론 금융상품의 다양화 면에서도 괄목할 만한 발전을 거듭했다.

### 2) 유로시장의 의의

유로시장은 유로커런시(eurocurrency)로 표시된 장단기 금융자산이 각국의 각종 규제를 벗어나 효율적으로 거래되고 있는 범세계적인 국제금융시장을 말한다. 오늘날 유로시장은 흔히 역외시장(offshore market) 또는 대외금융시장(external financial market)과 같은 개념으로 사용되고 있다.

유로시장은 외환시장의 기능과 불가분의 밀접한 관계를 갖는다. 유로시장이 유로예금과 대출 및 증권발행 등이 이루어지는 신용시장(credit market)인 데 반하여 외환시장은 이종통화 간의 지급수단이 교환되는 지급수단의 매매시장이다. 유로시장의 신용거래에 필요한 유로통화들은 외환시장에서의 매매를 통하여 조성된다. 즉, 유로시장의 신용거래는 외환시장의 이종통화 매매와 연계되어 이루어지게 된다.

유로시장에서 주로 예금 · 대출업무를 중개하는 금융기관을 유로은행(euro bank)이라고 하는데, 이는 어떤 은행이 특정국에서 은행업무를 영위할 때 특정국 이외의 지역에서 발행된 통화표시의 예금이나 대출업무를 수행하는 경우 이들 은행을 지칭하는 개념이다. 미국의 씨티은행 런던지점이 파운드화 이외의 통화, 즉 달러화나 엔화 등의 예금 · 대출업무를 취급하는 경우 이들 은행을 유로은행이라고 한다.

유로시장거래는 거래통화가 그 통화의 발행국 이외의 지역에서 거래되고 있는지가 중요하며 그 거래자의 거주성 여부는 유로시장거래의 성격에는 영향을 미치지 못한다. 즉, 유로은행이 유로시장에서 금융중개업무를 수행하면서 해당 거래가 거주자 또는 비거주자와의 거래인가에 상관없이 거래대상 금융자산이 유로커런시로 표시되어 있으면 이는 유로은행의 업무에 해당한다.

한편 유로시장은 거래대상 금융자산의 만기에 따라 장단기 유로시장으로 구분할 수 있는데, 단기 유로시장(euromoney market)은 주로 유로은행의 대고객거래 및 유로은행 간 거래를 중개하는 도매금융시장이다. 유로은행의 대고객거래 및 유로은행 간 거래를 중개하는 도매금융시장이다. 유로은행의 대고객거래는 주로 다국적 기업, 수출입상사, 정부기관 및 환거래은행과의 거래로서 유로예금의 예수 및 단기대출의 자금거래를 말한다. 그리고 중장기 유로시장은 유로 대출시장(eurocredit market)과 유로 자본시장(euro-capital market)으로 구분되는데 전자는 중기 대출시장을 말하며, 후자는 장기자금의 조달 · 운용시장으로서 유로채시장(eurobond market)을 지칭한다.

유로시장은 초기 단계에 은행 간 단기자금의 거래에 중점을 두었으나 1970년대에 들어서는 만기 3~10년의 신디케이트론(syndicate loan) 시장이 중장기 대출시장으로서 급성장함에 따라 차주의 범위도 선진국 간 거래에서 개도국으로 확대되고 각국의 중앙은행과의 거래도 괄목할 만한 신장을 보이게 되었다. 특히 1980년대 이후에는 유로시장은 자금조달 · 운용 형태에 있어 증권화(securitization)현상이 거래기법의 다양화와 함께 급성장하였다.

## 2. 유로시장의 특징

유로시장의 특징을 살펴보면, 첫째 유로시장이 각국의 금융규제를 벗어나 다양한 금융자산거래가 자유스럽고 효율적으로 중개되는 초국가적인 금융시장이라는 점이다. 즉, 유로은행은 국내은행에 적용되는 지급준비금 예치의무나 미국의 경우 연방예금보험공사(Federal Deposits Insurance Corporation : FDIC)에의 가입의무가 면제되는 등 자금조달비용 면에서 국내은행보다 유리한 조건을 갖고 있다. 또한 유로은행이 소재하고 있는 국가의 입장에서 보더라도 이들 유로시장의 거래가 대부분 비거주자와의 거래로서 자국의 금융정책 시행에는 직접적인 제약요인이 되지 않지만, 자국에 국제금융업무가 집중된 데 따른 금융기법의 축적이나 고용기회의 창출 등 직·간접적인 이익을 얻을 수 있으므로 이들 국가 역시 유로시장에 대한 직접적인 규제를 피하고 있다.

이처럼 유로시장은 각국의 금융규제나 통제를 직접적으로 받지 않고 있어 국내금융시장에서의 거래보다 매우 효율적이고 경쟁적으로 거래가 수행됨으로써 예대간 금리 격차(spread)도 국내시장에서보다 줄어들게 된다.

둘째, 유로은행에 대하여 각국 지급준비제도의 예치의무가 부과되지 않는다. 이 의미는 유로은행들이 각국의 중앙은행 통제에서 벗어나 은행업무가 더 자유스럽고 효율적으로 수행될 수 있지만 각 은행이 스스로 유로통화의 최종자금공급자의 역할을 해야 한다는 의미이기도 하다. 이러한 위험가능성에도 불구하고 지금까지 유로시장에서의 실질적인 거래위험이 없었던 것은 기본적으로 유로은행이 자산·부채의 운용에 있어 만기구조가 대체로 일치하는 매치된 거래(matched dealing)원칙이 적용되어 왔기 때문이다.

유로은행의 개별 거래를 보면 자산·부채의 만기구조 등이 다소 상이할 수도 있겠으나 일정기간을 통해서 유로은행의 전체적인 자산·부채구성을 만기구조 면에서 보면 매치된 거래의 성격을 갖고 있어 금리 및 환리스크 그리고 유동성위험의 노출 정도가 상대적으로 낮다고 할 수 있다. 단기 유로시장에서의 거래는 콜머니(call money)를 제외하고는 주로 3개월 만기의 단기 정기예금(time deposits)이 주종을 이루고 있으며, 이들 거래단위도 대체로 100만 달러 이상으로서 도매금융시장(wholesale financial market)의 성격을 가진 점이 소매금융시장으로서 국내 시장과는 다른 점이다.

셋째, 유로시장은 그 기능수행 면에서 공간적으로나 시간상으로 제약을 받지 않는 범세계적인 국제금융시장이다. 따라서 유로시장은 일정한 장소나 공간에 국한되는 협의의 시장이 아니고 전자통신기기에 의한 거래는 물론 컴퓨터화한 시장정보가 블룸버그(Bloomberg), 로이터(Reuters), 인터넷 등에 의해 24시간 동안 세계의 모든 금융시장에 제공됨으로써 전 세계 금융시장의 기능을 수행하게 된다. 즉, 모든 정보가 각국의 금융시장에 끊임없이 유입되고 이것이 모든 시장에 즉시 확산함으로써 유로시장에서의 금융자산 가격은 이들 정보를 계속해서 그리고 즉시 반영하는 가장 효율적인 가격이 된다. 유로시장거래는 스왑이나 옵션 등 다양한 국제금융기법을 이용하여 금융자산의 효율적 배분을 촉진함으로써 투자가나 차입자 모두에게 높은 유용성을 제공하고 있다.

넷째, 유로시장은 금리나 자금의 상대적 이용가능성(availability) 면에서 각국의 금융시장과 밀접히 연계되어 각국의 지급준비금정책이나 금리정책이 유로시장의 예대금리에 직접적인 영향을 미치게 된다. 이에 따라 유로은행의 포트폴리오 구성에도 상당한 영향을 초래하게 된다. 또한 유로시장 내에서도 유로 단기시장과 유로 장기시장 그리고 유로 CP시장 등이 분화되어 있어 동시에 상호 밀접한 관련성을 가지고 있다. 따라서 이들 시장 간에 금융자산의 대체거래가 신속하고 광범위하게 이루어질 수 있다.

## 3. 유로커런시

유로커런시(eurocurrency)는 미 달러화, 스위스 프랑화, 영국 파운드화 및 일본 엔화 등과 같이 국제적 교환성을 갖는 통화들이 이들 통화의 발생국 이외의 지역에서 거래되는 경우 이들 통화를 지칭하는 개념이다. 예컨대, 미국의 투자가가 뉴욕의 아메리카은행(Bank of America)에 예치된 1백만 달러의 예금을 씨티은행(Citi Bank) 런던지점이나 로이드은행(Lloyds Bank) 동경지점으로 이체하였을 때 이들 달러는 유로달러가 된다. 또 엔화가 일본 이외의 지역, 즉 프랑크푸르트 또는 싱가포르에 있는 은행에 예치될 때 이들 통화는 유로엔이 된다. 따라서 유로커런시는 유럽지역에서 거래되는 통화에 국한되는 지역적인 개념이 아니고 특정 통화가 그 통화의 발행국 이외의 지역에서 거래되는 경우 이들 통화를 지칭하는 것으로 거래대상 통화에 따라 유로달러, 유로엔, 유로스위스프랑 등 여러 유로통화들이 생성될 수 있게 된다. 이들 유로커런시 가운데 주종통화는 역시 유로달러인데, 이는 유로달러가 유로시장거래에서 가장 큰 비중을 차지하고 있을 뿐만 아니라 1950년대 후반 유로시장의 생성기에 유로달러가 주도적인 역할을 하였기 때문이다.

한편 미국에서는 비거주자와의 금융자산거래를 목적으로 1981년 12월 역외금융을 전담할 IBF(International Banking Facility)가 설립되었는데, IBF는 사실상 국제금융의 자유지역(free for international banking operations)으로서 IBF와의 거래에 대해서는 지급준비금예치나 세제 면에서 혜택을 부여함으로써 이들 거래도 유로시장에서의 거래로 간주하고 있다. 따라서 유로달러는 미국 이외의 여타 지역뿐만 아니라 미국의 IBF에 예치 · 거래되고 있는 달러도 포함하는 개념이다. 한편 유로커런시거래는 그 형태에 따라 ① 특정 유로시장에서 표시통화만을 변동시키는 경우와 ② 특정 유로통화를 가지고 운용지역만을 변동시키는 경우 그리고 ③ 표시통화와 운용지역을 다 같이 변동시키면서 거래가 이루어지는 경우로 나눌 수 있는데, 이러한 거래 형태에 따라 수반되는 리스크 내용도 다르게 된다. 즉, 런던시장에서 유로달러예금을 만기에 유로엔예금으로 전환할 때는 환리스크가 수반되지만, 프랑크푸르트의 유로달러예금을 만기에 런던의 유로달러예금으로 전환할 때는 정치리스크(political risk)나 금리리스크가 수반된다. 또한 런던의 유로달러예금을 만기에 싱가포르의 유로엔예금으로 전환할 때는 금리 · 환리스크 및 정치리스크가 다 같이 발생하게 된다.

## 제3절 국제금융거래

어떤 거래를 국제금융거래로 볼 것인가에는 세 가지의 구분기준이 있다.

첫째는 '국경'으로서 해외 또는 외국에서 금융거래가 이루어지면 국제금융거래로 보는 것이다. 예를 들어, 삼성전자가 홍콩에서 채권을 발행하는 것이다.

둘째는 '외국인'과 금융거래를 하는 경우이다. 예를 들어, 외국투자자에게 국내 주식을 매각하는 것이 그것이다.

셋째는 '외국돈' 표시로 거래하거나 외국돈으로 결제를 하는 것이다. 원화가 국제화되지 못했기 때문에 우리나라 수출입거래의 거의 전부가 달러, 유로화, 엔화 등 외화로 결제되고 있다.

국제금융거래로 보려면 이 세 가지 기준 중 하나만 충족해야 하는지 아니면 세 가지 모두 충족해야 하는지 일관된 논리는 없다. 「외국환거래법」에서는 규제대상이 되는 '외환거래'로서 위 세 가지 기준 어느 하나라도 해당되는 경우로 정하고 있다.

특정 금융거래를 국제금융거래로 구분하게 되면 별도의 법규제가 적용되기도 하지만 세제상의 차이가 적지 않다. 대부분 국가들이 외국자본 유치를 위해 세제특혜를 주고 있기 때문에 국제금융거래로 인정받으면 세제 면에서 이익을 볼 수 있는 경우가 많다.

국내금융거래와 국제금융거래의 구분은 정보통신 기술발전과 국제화 진전에 따라 점차 의미가 퇴색되고 있다. 국경 밖 외국에서 이루어진 금융거래를 국제금융거래라 하지만 인터넷으로 외국주식이나 채권투자가 가능하므로 사실상 국경 구분의 의미가 없다.

또한 '외국인'의 정의도 쉽지 않다. 외국국적을 가진 사람인지, 출생지나 주소지를 외국에 두고 있는 사람인지 여러 가지 기준이 있다. 우리 증권시장에서 사용되는 '검은머리 외국인'이라는 용어도 외국인투자자 구분이 그만큼 애매하다는 것을 나타내 주는 사례이다.

법적으로 외국인 대신에 '비거주자(non-resident)'라는 용어를 사용하는데 문제는 나라마다 거주자 인정기준이 다르다는 것이다. 이에 따라 나라마다 자기 나라

거주지라고 해서 세금을 부과하기 때문에 동일한 소득에 대해서 여러 나라가 중복과세를 하는 문제가 발생한다.

## 1. 국제금융거래의 특징

국제금융거래가 국내금융거래와 구분되는 가장 큰 특징은 외환결제(foreign exchange settlement)가 뒤따른다는 것이다. 외환거래 자체가 국제금융거래의 주종을 차지하기도 한다. 이에 따라 국제금융시장의 가장 기초를 구성하는 것이 외환시장이며 국제금융거래에 수반되는 리스크 중 가장 큰 것이 환리스크이다. 물론 외국과의 채권, 채무를 서로 상계시켜 실제로 결제가 발생하지 않을 수 있지만 상계방식도 결제의 한 방법으로 볼 수 있다.

둘째로 금융거래계약에 관한 법의 집행력이 외국에는 미치지 못하므로 상대방에 대한 신뢰나 시장자율협약, 관습 등에 의해 거래의 효력이 인정된다. 신용도가 낮은 경우에는 담보 내 지급보증을 사전에 추가하고 불리한 가격을 감수해야 거래를 할 수 있다.

따라서 후진국 기업이나 금융기관들은 국제금융시장에서 비용을 추가로 부담하기 때문에 선진국 기업이나 금융기관들에 비해 불리한 입장에 서게 된다. 또한 거래비용 때문에 소액거래자는 추가비용 부담을 해야 한다. 한마디로 국제금융시장은 '평등한' 시장이 아니라는 것이다.

국제금융시장 자율협약의 대표적인 것으로서 국제파생상품협회(International Swaps and Derivatives Association : ISDA)의 'Master Agreement'를 들 수 있다. 통화옵션, 금리선도계약, 스왑계약 등 장외파생상품(OTC derivatives)의 기본 거래조건들을 표준화한 것으로서 개별 국가 금융당국의 법령보다도 우선적으로 적용된다.

셋째로 국제금융거래에는 2개 이상 국가의 법이 동시에 적용되는 경우가 많다. 따라서 국내금융거래에 비해서 법리스크(legal risk)가 크므로 주요국의 관련된 법규에 대한 사전검토가 필수적이다.

문제는 이들 관련 당사국의 법령이 상호 배치되거나 중첩된 경우가 많기 때문에 어느 나라 법령을 우선 적용할 것인가를 둘러싸고 주권충돌(sovereignty collision)의 가능성이 크다는 것이다. 각국이 자국기업 또는 국민에 대해서 자국법령을 적용하려 하지만 실질적으로 이들 법령은 자국영토 내에서만 통제력이 미친다.

오늘날 교통과 통신의 발달로 기업의 해외진출 또는 개인의 해외활동이 확대되고 그에 따라 국제금융거래도 과거와는 비교가 되지 않을 정도로 규모가 커졌다. 그런데도 각국은 해외에 진출한 국내기업이나 자국민에게 자국법령을 적용하려 하니 진출국 정부와 마찰이 늘어날 수밖에 없다. 이러한 주권충돌에서 발생하는 비용은 결국 해당 기업이나 개인의 부담으로 돌아올 수밖에 없다. 따라서 국제활동이 많은 기업이나 개인은 개별 국가의 주권간섭이 적은 지역으로 경제적 근거지나 주소지를 옮기는 노력을 하게 되고 이에 따라 세계 각지에 유로금융시장 또는 역외금융센터(offshore financial center)가 생성 · 발전되어 왔다.

이러한 경향에 주목해서 각국은 거꾸로 다국적 기업이나 부유한 개인들을 유치하기 위해서 외국인투자에 대해서 내국인보다 특혜를 주는 'Ring-fencing' 정책을 경쟁적으로 펼쳐왔다. 이 때문에 국제금융거래에 대해서는 개별 국가의 주권행사가 그만큼 제약될 수밖에 없다.

외국인 및 외국기업에 대해 특혜제공이나 규제완화를 경쟁적으로 하다 보니 국내정책의 독립성이 침해되고 세금수입이 해외로 유출되는 문제가 대두되었다. 또 각국 정부당국의 통제권 밖에 있는 유로금융자본 또는 'Hot Money'가 각국 금융시장을 교란하는 데 대한 우려가 커졌다. 이 때문에 2008년 글로벌 금융위기 이후 이들 유로금융자본과 국제금융영업을 하는 대형 금융회사들을 통제하기 위한 국제적 공조체제가 강화되고 있다. 이 체제는 공정한 경쟁여건을 마련하기 위해 각국이 규제와 세금을 비슷한 수준으로 할 것을 각국에 권장하고 있다.

## 2. 국제금융거래의 종류

국제금융거래는 앞에서 언급한 구분기준이나 상품별, 시장별로 볼 때 여러 가지 종류로 나눌 수 있다. 첫째는 거주자의 해외거래(overseas transaction)와 국내에서 외국인의 거래(foreigner's transaction)로 분류할 수 있다. 나라마다 이 두 거래에 대해서는 차별적인 정책태도를 가지고 있다. 우선 거주자의 해외금융거래에 대해서는 국내기업의 국제진출 확대 차원에서는 지원을 하는 반면에, 자본이나 세원(稅源)의 해외유출 억제 차원에서는 규제를 한다. 외국인의 국내금융거래에 대해서는 외국자본의 국내도입 차원에서는 지원을 하되 국내금융시장 교란방지 차원에서는 규제를 한다.

개발도상국에서 규제완화를 하는 순서를 보면 대개 거주자 해외금융거래 자유화를 먼저 추진하고 다음으로 외국인의 국내금융거래 자유화를 추진한다. 그 이유는 외국인의 금융조달능력이나 거래기술이 내국인보다 뛰어나다고 보기 때문이다.

둘째는 기업이나 개인이 금융회사의 고객으로서 하는 거래와 금융회사가 고객의 필요를 충족시키기 위해서 또는 자체 필요에 의해서 국제금융거래를 하는 것으로 분류하는 것이다. 은행에서는 전자를 소매금융영업(retail business), 후자를 도매금융영업(wholesale business)으로 구분한다. 정유사에서 원유수입대금을 결제하기 위해서 은행에서 달러를 매입해서 송금을 하는 것이 전자의 예이고, 은행이 필요한 달러를 외환시장에서 조달하는 것이 후자의 예이다.

각국 금융당국에서는 소매금융거래와 도매금융거래에 대해서 차별적으로 규제를 하는 것이 보통이다. 우선 외환이 부족한 개도국에서는 개인이나 기업의 국제금융거래에 대해서 실수요원칙을 적용해서 규제한다. 즉, 외환결제를 무역대금결제 등 실수요거래 증빙이 있는 경우에만 허용하는 것이다.

은행의 국제금융거래에 대해서는 국내거주자를 상대하거나 통화량 변동을 초래하지 않는 영업에 대해서는 규제를 느슨하게 하는 것이 국제관례이다. 예를 들어, 런던금융시장에 진출한 외국은행에 대해서는 영국국민을 직접 상대하는 예금 대출 영업을 하지 않는 경우에는 규제를 거의 하지 않는다고 한다. 또 싱가포르금융시장에서 은행들은 해외에서 조달한 달러를 국내 싱가포르달러로 환전을 하지 않는 한 운용에 아무런 제한을 하지 않는다고 한다.

마지막으로 국제금융거래는 상품별로 분류할 수 있다. 외환, 단기외화자금, 채권, 주식, 펀드, 파생상품 등이 세계 각지의 금융시장에서 거래되고 있다.

국제금융거래 중 특수한 형태로서 역외금융거래(offshore financial transaction)가 있다. 이것은 해외에서 조달한 자금을 바로 해외에서 사용하는 거래이다. 예를 들어, 현대자동차가 일본에서 채권을 발행, 자금을 조달하고서 중국에 투자하는 것이다. 한국에서는 자산과 부채발생 기표(book keeping)만 이루어지는 것이다. 만약 현대자동차가 직접 이러한 장부처리를 하는 주체가 될 경우 규제나 비용문제가 있다면 제주도 같은 곳에 이러한 거래의 기표만 전문적으로 취급하는 서류상의 회사(이를 '페이퍼컴퍼니'라고 한다)를 설립해서 처리할 수 있을 것이다. 1960년대 이후 국제금융시장에서 이러한 장부 기장만 전문적으로 취급하는 역외금융센터(offshore financial center)가 전 세계 곳곳에 설립되었다.

# 참/고/문/헌


강병호, 금융기관론(제22판), 2020, 박영사

고영미, "핀테크 소액해외송금업의 도입과 관련한 법적 연구", 2017, 안암법학 52권

권재중 외, 금융기관론, 2013, 율곡출판사

금융결제국 결제정책팀, 지급결제시스템 리스크 유형별 관리대책과 정책과제, 2005, 한국은행

남풍우, 무역결제론(전정4판), 2020, 도서출판 두남

박광서, 무역결제(제4판), 2017, 삼영사

신창섭 · 김희준, "핀테크 발전에 따른 무역결제방식의 변화와 법적 논의사항", 2020, 무역상무학회지

안병수, "블록체인기반 무역결제의 도입에 관한 연구", 2018, 국제상학

윤광운 · 최영봉 · 순성문, 무역결제론(제3판), 2014, 삼영사

이강남, 국제금융론(제4전정수정판), 2006, 법문사

이내준, "국제무역결제를 위한 핀테크 도입에  관한 탐색적 연구", 2020, 무역연구

이봉수 · 정재환, 무역결제론, 2020, 박영사

이우형 · 김철호 · 우광명 · 이양기, 무역결제론, 2014, 삼영사

이윤 · 정홍주, "무역거래알선사이트에서의 결제방식 선택요인: 알리바바를 중심으로", 2019, 무역학회지

이재민 · 배인성, 글로벌 무역금융(개정판), 2015, 도서출판 두남

전순환, 무역결제론, 2013, 한올출판사

최창열 · 함형범, "무역결제방식 변화에 따른 비금융기관 지급결제서비스 활용에 대한 연구", 2017, 무역보험연구

최희식 · 조양현, "모바일 간편결제 시스템 개선 방향 연구", 2019, 디지털산업정보학회

한국금융연수원, KBI 금융지식(제2판), 2012, 한국금융연수원

G. Benston and C. W. Smith, "The Transaction Cost Approach to the Theory of Financial Intermediation," *Journal of finance*, May 1976.

# 찾아보기


## ㄱ

가격정책 74
간접금융방법 21
간접수출(indirect exporting) 3
간접증권 24
간접표시법 15
개방신용장 195
개인수표 84
거래비용 절감기능 22
거래 환리스크 59
거절증서 152
검사증명서 247
견적송장 242
계약생산 8
고객주의의무제도 51
고액현금거래보고제도 51
공용송장 243
공인인증서 52
공적수출신용 319
과부족 용인조항(more or less clause) 255, 272
구매확인서 322
구상무역신용장 213
국제결제은행(Bank for International Settlements : BIS) 30
국제라이선싱 7
국제상업회의소 166, 169
국제표준은행관행 169, 225
국제프랜차이징 7
균형포지션 58
금리스왑(interest swap) 64
금액변환 24
기간경과 선화증권 239
기명식 선화증권 238
기탁신용장 215
기한부신용장 199
기한부어음 263

## ㄴ

내국신용장 217, 319
내국환(domestic exchange) 78
네팅 72
누진지급조건 104

## ㄷ

DART(전자공시시스템) 49
단기금융시장 헤지 63
단순송금방식 102
당발환 98
대손위험 25
대외지급수단 83
도덕적 해이 25
독립성의 원칙 162
동시개설신용장 214
동시지급 103

ㄹ

래깅 71
리딩 71

ㅁ

만기변환 24
매도율 16
매도포지션 58
매도환 99
매입률 16
매입은행 161, 176
매입제한신용장 195, 196
매입포지션 58
매입환 99
매칭 71
모바일 결제 27
무담보어음 263
무사고선화증권 238
무소구 조건 326
무역금융 312
무예치환거래은행 104
무화환추심 135
물적 담보 44

ㅂ

발행은행 159, 173
발행의뢰인 159
발행인 262
Banker's Usance 200
법정지급준비제도 29
보관선화증권 237
보증부 매입 260
보증서(letter of guarantee) 208
보증신용장 207
보통환 99
보험서류 243
보험승낙서 244
보험증권(insurance policy) 244
보험증명서(insurance certificate) 244
복합운송 선화증권 239
본선수취증(mate's receipt) 234
부두수취증 237
분배 효율성 20
비은행 예금취급기관 21
비재무리스크 31

ㅅ

사고부선화증권 238
사기거래배제 원칙의 정의 222
사회자본 32
사회적 책임 32
사후송금방식 122
상당일치의 원칙 221
상업송장 241
상업신용장 188
상품인도결제방식 117
상환신용장 194
상환은행 176
상환청구(recourse) 191
상환청구가능신용장 191
서류상환지급조건 103
서류의 하자(discrepancy) 257
서류인도결제방식 119
선대신용장 211
선도(forward) 61
선물(futures) 61
선물환거래 61
선물환투기 63
선물환 헤지 61
선적선화증권 236
선적전금융 316
선적지시서(shipping order) 234

선적후금융 316
선지급 102
선화증권(bill of lading : B/L) 232
세관송장 243
소구권 252
송금신용장 193
송금환 98
수익자 159, 173
수입금융 315
수입신용장발행신청서 250
수입화물대도 277
수입화물선취보증서(letter of guarantee 275
수출금융 312, 315
수출대금 회수(Nego) 256
수출송장 242
수출팩토링 326
수취선화증권 237
수취인 263
수평포지션 58
스왑(swap) 64
Shipper's Usance 200
SWIFT(Society for Worldwide Interbank Financial Telecommunications) 106
SWIFT 신용장 191
시장리스크 31
시중은행 34
신설투자 4
신용등급 48
신용등급체계 48
신용리스크 31, 56
신용보증 44
신용보증기관 44
신용장 156
신용장 발행의뢰인 172
신용장통일규칙 166
신용정보업 46
신용조사업 47
신용조회업 47
신용조회회사 47
신용평가업 48
신용협동기구 40

ㅇ

양도가능신용장 206
양도은행 177
어음교환 49
엄밀일치의 원칙 220
역선택 25
역외금융거래 358
역외금융센터 358
연지급 103
연지급은행 160
영사송장 243
영업 환리스크 59
예금보험제도 29
예대금리차 54
예치환거래은행 104
Open Account방식 123
옵션 65
외국통화 매매 97
외국통화표시법 15
외국환 78, 97, 110, 162, 166, 172, 188, 220
외국환거래법 87
외국환거래약정서 251
외국환은행 79
외상매출채권 326
외화증권 84
외화채권 84
외환시장 8
우편신용장 191

원산지증명서 247
위험변환 24
위험인수기능 314
유동성 24
유동성의 원칙 29
UCP 600 224
URC 262
은산분리 원칙 37
은행 33
은행 간 결제시스템 105
은행수표 83
은행의 공공성 33
eUCP 229
인수은행 160, 176
인수인도조건 134
인적 담보 44
인터넷전문은행 36
일람불(at sight) 253
일람불어음 263
일람출급방식 103
일람출급신용장 198
일반은행 34

ㅈ

자금세탁 50
자산변환기능 23
자산 · 부채관리 74
자유매입신용장 195
재매입 251
재무리스크 31
전대신용장 211
전신신용장 191
전신환 99
전자금융사업자 27
전자신용장 통일규칙 168, 229
점두시장 11
정크본드 48
제로섬 게임 9
조건부지급확약서 156
주문자상표부착방식에 의한 수출 8
주문지급조건 102
주의의무 51
중량 및 용적증명서 247
지급결제제도 26
지급금지명령 222
지급기일(tenor) 253
지급신용장 197
지급은행 160, 175
지급인 262, 132
지급인도조건 103, 132
지방은행 34
직접금융방법 20
직접수출(direct exporting) 3
직접증권 24
집단선화증권 237
집합투자업자 21

ㅊ

차액결제 54
채권추심업 48
채무보증 318
청산결제방식 124
청산능력 30
추상성의 원칙 164
추심결제방식 130
추심은행 132
추심의뢰은행 131
추심의뢰인 131
추심지시서 145
추심환 98
취소불능신용장 190

ㅋ

KTNET(한국무역정보통신) 323
코레스은행(correspondent bank)제도 39
콜옵션(call option) 67
클린신용장 188

ㅌ

타발환 98
토마스신용장 216
통과선화증권 238
통지은행 159, 174
통화선물 65
통화스왑(currency swap) 64
통화옵션 66
투기등급 48
투자매매업자 21
투자부적격등급 48

ㅍ

파생금융상품 60
파손화물보상장(letter of indemnity 235, 238, 270
페이퍼컴퍼니 358
포장명세서(packing list) 246
포트폴리오위험 25
포페이팅(forfaiting) 332
포페이팅 신청서 342
풋옵션 68

ㅎ

하자서류의 매입 257
할부지급신용장 205
할인 69, 318
해외자원개발 7
해외직접투자 4, 95
해외프로젝트금융 315
헤지 60
현물가격(spot price) 61
현물상환지급조건 103
협의거래보고제도 51
혼재화물선화증권 237
혼합지급 104
화폐 26
화환신용장 188, 189
화환어음 263
확인신용장 190
확인은행 160, 174
환거래은행(correspondent bank) 80
환노출 57
환변동보험 70
환산 환리스크 59
환어음 262
환어음의 당사자 262
환율 14
환적 선화증권 239
환차손 57
환차익 57
환포지션 57
회전신용장 210
희망이익(expected profit) 245

## | 저자약력 |

**여희정**

충남대학교, 인문학사
University of Toulouse 1, 경제학 석사
University of Toulouse 1, 경영학 박사
현재, 계명대학교 국제통상학과 교수로 재직 중

**[도서]**

- 무역실무론, 2020, 도서출판 청람
- 국제통상학의 이해, 2019, 도서출판 청람
- 무역거래론, 2016, 도서출판 청람
- 무역결제론, 2016, 도서출판 청람

**[논문]**

- 아시아항만의 효율성 분석에 관한 연구: DEA 방법을 중심으로
- 우리나라 해운산업 안정화를 위한 해운정책보험의 개발
- 유럽행 컨테이너 화물의 철도 운송경로에 관한 연구
- 한국 손해보험사의 해외 재보험거래의 효율성 분석: 프랑스 보험사와의 비교 연구
- Competitiveness of Asian Container Terminals
- Geography of Mergers and Acquisitions in the Container Shipping Industry
- Equity Level and Expatriates of Foreign Subsidiaries: A Case of Korean FDI, Are Shippers Satisfied with the Diversified Provision of Logistics Service by Shipping Companies? A Study between the UK and South Korea 외 다수

## 국제무역결제론

2023년 2월 20일 1판 1쇄 인쇄
2023년 2월 25일 1판 1쇄 발행

저 자 | 여희정
발행인 | 이수영
발행처 | 도서출판 청람
서울시 마포구 독막로 288(대흥동, 세양상가 109호)
전 화 | 02)3272-2601(대)~2
팩 스 | 02)3272~2603
이메일 | crbooks@daum.net
홈페이지 | http://www.crbooks.co.kr
등 록 | 2000년 8월 26일 제6-0509호

ISBN 978-89-5972-932-6 93320 [정가 25,000원]